世界经济千年统计

The World Economy

Historical Statistics

精校本

〔英〕安格斯·麦迪森 著
（Angus Maddison）

伍晓鹰 施发启 译
伍晓鹰 校订

北京大学出版社
PEKING UNIVERSITY PRESS

著作权合同登记号　图字:01-2006-0771

图书在版编目(CIP)数据

世界经济千年统计:精校本/(英)安格斯·麦迪森著;伍晓鹰,施发启译. —北京:
北京大学出版社,2024.1
ISBN 978-7-301-34669-3

Ⅰ.①世… Ⅱ.①安… ②伍… ③施… Ⅲ.①国际经济—经济统计
Ⅳ.①F222.5

中国国家版本馆 CIP 数据核字(2023)第 215392 号

书　　　名　世界经济千年统计(精校本)
　　　　　　SHIJIE JINGJI QIANNIAN TONGJI (JINGJIAOBEN)
著作责任者　〔英〕安格斯·麦迪森(Angus Maddison) 著　伍晓鹰　施发启　译
责 任 编 辑　张　燕　郝小楠
标 准 书 号　ISBN 978-7-301-34669-3
出 版 发 行　北京大学出版社
地　　　址　北京市海淀区成府路 205 号　100871
网　　　址　http://www.pup.cn
微信公众号　北京大学经管书苑(pupembook)
电 子 邮 箱　编辑部 em@pup.cn　总编室 zpup@pup.cn
电　　　话　邮购部 010-62752015　发行部 010-62750672　编辑部 010-62752926
印 刷 者　北京宏伟双华印刷有限公司
经 销 者　新华书店
　　　　　　720 毫米×1020 毫米　16 开本　22.25 印张　395 千字
　　　　　　2009 年 1 月第 1 版
　　　　　　2024 年 1 月第 2 版　2024 年 1 月第 1 次印刷
印　　　数　0001—4000 册
定　　　价　82.00 元

经济合作与发展组织（OECD）

根据 1960 年 12 月 14 日在巴黎签署并于 1961 年 9 月 30 日生效的《经济合作与发展组织公约》第 1 条,经济合作与发展组织(OECD)应推行以下既定政策:

- 实现最高的可持续增长和就业,"提高成员国的生活水平,同时保持金融稳定,从而对世界经济发展做出贡献"。
- 在经济发展过程中,促进成员国和非成员国的经济健康发展。
- 根据国际义务,在多边和非歧视的基础上促进国际贸易的发展。

OECD 的创始成员国包括奥地利、比利时、加拿大、丹麦、法国、德国、希腊、冰岛、爱尔兰、意大利、卢森堡、荷兰、挪威、葡萄牙、西班牙、瑞典、瑞士、土耳其、英国和美国。后来加入的成员国包括:日本(1964 年 4 月 28 日加入)、芬兰(1969 年 1 月 28 日加入)、澳大利亚(1971 年 6 月 7 日加入)、新西兰(1973 年 5 月 29 日加入)、墨西哥(1994 年 5 月 18 日加入)、捷克共和国(1995 年 12 月 21 日加入)、匈牙利(1996 年 5 月 7 日加入)、波兰(1996 年 11 月 22 日加入)、韩国(1996 年 12 月 12 日加入)和斯洛伐克共和国(2000 年 12 月 14 日加入)。* 欧共体委员会也参与 OECD 的工作(《经济合作与发展组织公约》第 13 条)。

OECD 发展中心由 OECD 理事会于 1962 年 10 月 23 日成立,成员包括 OECD 的 23 个成员国:奥地利、比利时、加拿大、捷克共和国、丹麦、芬兰、法国、德国、希腊、冰岛、爱尔兰、意大利、韩国、卢森堡、墨西哥、荷兰、挪威、波兰、葡萄牙、斯洛伐克共和国、西班牙、瑞典、瑞士,以及阿根廷和巴西(1994 年 3 月加入)、智利(1998 年 11 月加入)、印度(2001 年 2 月加入)。欧共体委员会也加入了 OECD 发展中心的咨询委员会。

OECD 发展中心的目的是汇集各成员国在经济发展以及一般经济政策的制定与执行方面的知识和经验,使这些知识和经验适合各国或各地区在发展过程中的实际需要,并通过适当的方式使其成果惠及所有国家。

OECD 发展中心在 OECD 内具有特殊和自主的地位,从而在履行其职能时具有适当的独立性,但中心可以使用 OECD 在发展领域的现有经验和知识。

本出版物所表达的观点及采用的论点完全代表作者个人立场,不代表 OECD 或其成员国以及 OECD 发展中心成员国的立场。

从地缘政治到政治算术[*]

——《世界经济千年统计》中文精校本导言

可以想象,这样一部关于经济数据的著述很难让一般读者感到兴奋。然而,对于阅读过麦迪森先生《世界经济千年史》(中文精校本,2022)的读者,这部作为其姊妹篇的《世界经济千年统计》(中文精校本,2024)实在不容失之交臂。在这部著作中,麦迪森以坚实的数据理论、广泛的数据搜集、系统的数据梳理以及透明的数据过程,支撑了他对人类长期经济增长的计量探索和挑战性的结论。这是一部试图在麦迪森标准下,整理全球迄今所有的国民账户数据和相关估计方法,从而建立麦迪森全球增长测算体系的史无前例的著作。她不仅把我们带进了人类的千年历史,也激起了我们关于人类因何要计算所有个体经济活动的宏观效果的好奇心。

这一切是如何开始的?

从数据的角度,一个非常有意义的问题是:"这一切是如何开始的?"答案是缘于地缘政治的"政治算术",这就是我想在本导言中所讨论的主题。不要说本书读者,就是国际政治和经济领域的资深学者,很多也未必知道"政治算术"的概念和由来,以及它与现代宏观经济学的关系,更不知道它如何与今日因国际

* 本导言由中文版译者撰写,并非英文版原书内容的一部分。本导言所表达的观点及相关论点完全代表译者个人立场,不代表 OECD 或其成员国以及 OECD 发展中心成员国的立场。

关系风云突变而变得炙手可热的地缘政治话题相关联。然而，在以回顾人类宏观经济测算发展史为主题的《世界经济千年统计》的导论中，麦迪森先生开篇讨论的就是英国学者威廉·配第（William Petty）以当时的地缘政治关系为背景的两部政治算术著作——《献给英明人士》（1665）和《政治算术学》（1676）。① 因此，在《世界经济千年统计》中文精校本问世之际，我认为很有必要探讨一下历史上地缘政治危机与以"政治算术"为目的的宏观经济测算的起源和发展之间的关系及其现实意义。

我曾在《世界经济千年史》中文精校本（2022）的译者导言中探讨了人类历史上地缘政治关系变化，特别是地缘政治危机如何推动了以自由市场经济为核心的制度建设，突出了被麦迪森先生融合在其长期增长案例中的重要的市场主题，也就是影响自由市场资本主义发展的制度主题。经济增长与政治制度的关系并不是一个新问题。道格拉斯·诺斯（Douglass North）开创的新制度经济学派关注的就是国家制度变迁对经济增长的影响（见诺斯《西方世界的兴起》，1973）。相比之下，尽管没有忽略制度的重要性，特别是主要经济体政治制度的经济影响②，麦迪森更关注的是有利于国际市场竞争的制度建设，也就是基于规则的国际政治经济秩序的改善对长期经济增长的影响。

谈到制度建设，多数人很容易想到那些旨在改善现有制度结构的各种改革方案、政策、法规等等，而不会立即联想到宏观经济测算的重要性和必要性，更难设想这样的重要性和必要性首先必须来自国家之间基于公众纳税能力的经济实力比较所产生的压力。其实，正是这样的国际经济实力比较推动了至少两个与人类文明密切相关的重要进步：一是启发了国家内部从知识阶层到统治或施政的官僚精英集团对国家致富能力或经济动力的深入思考，进而形成了开发和提高这种能力的制度保障；二是启发了国家之间在思考和处理地缘政治关系时的成本意识，从而使经济理性成为确立国际秩序时的重要因素。麦迪森认为这始于 17 世纪中叶由配第所开创的政治算术学。配第和其他政治算术学的先驱者们勇敢地接受了 17 世纪科学革命对人类认识自己的经济和政治问题的逻

---

① 1665 年和 1676 年指两部著作的完稿时间。根据多数出版物，《献给英明人士》完稿可能是在 1664 年，由于不确定，此处沿用了麦迪森在《世界经济千年统计》中使用的文献年份。

② 毫无疑问，尽管有时是隐含地，麦迪森一直将不同国家的制度视作影响经济增长的重要变量。举例来说，有兴趣的读者可以从《世界经济千年史》第三章中的图 3.1、图 3.2 和图 3.3 中得到非常有益的启发。这些图示很有说服力地展示了具有不同制度的国家集团之间截然不同的增长表现。正是基于此，我认为麦迪森对人类长期增长表现的量化有力地支持了诺斯的"长期增长制度假说"。

辑能力的挑战。随后,经过几代人的努力,政治算术学不仅推动了以宏观经济管理政策为目标的现代宏观经济学的发展,更重要的是,它也成为基于规则的国际经济制度,以及国际秩序建设所不可或缺的计量工具。

地缘政治危机与政治算术学的出现

所谓地缘政治,如我在《世界经济千年史》精校本导言中所阐述的,是指地理上相邻或相关国家之间基本上由经济利益所左右的政治关系。由于无法克服的地理障碍,当其中某个重要因素的变化打破了既有均衡,使相对经济成本发生重大变化,而有关各方无法接受因此而可能导致的经济利益进而政治权力必须被重新分配时,就可能会酿成不诉诸武力就无法解决的危机。在重商主义时代,解决地缘政治危机主要依靠的就是弱肉强食的"丛林法则"。无论哪个国家或势力集团在危机中胜出,对峙的各方都要付出巨大的生命与财产代价。从这个意义上说,地缘政治危机从来都是对参与国的公共资源动员能力或税收能力的严格考验。这样,如何最大限度地动员公共资源的问题就自然将各国政府引向了对本国的税源,即财富创造能力的关心。同样重要的是,如何在地缘政治危机中胜出也促使各国政府必须关心其对立国的财富创造能力。正是这样的动机刺激了本国生产情况测算、国际收入比较以及历史人口统计学的出现。借用配第对自己的研究工作的界定,麦迪森认为这些通过数字及其所建立的经济逻辑关系去评价和论证政府事务的艺术可以被统称为政治算术学(political arithmetic),它就是现代宏观经济学用以观察整体经济活动的宏观经济测算的前身。

开政治算术学先河的威廉·配第,是以《赋税论》(1662)为题,从比较英格兰和爱尔兰的税收问题开始他的国民收入研究的。1665年,在《献给英明人士》中,他进一步改进了方法,更系统地从人口、收入、支出、土地存量、其他实物和人力资本的存量等方面对英格兰和威尔士进行了比较,其目的实际上是为正在进行中的第二次英荷战争(1665—1667)提供一个基于资源动员有效性评估财政政策执行情况的定量分析框架。英荷战争,包括牵扯其中的法国、西班牙等对荷兰的战争,本质上都是重商主义之战。直接起因是英国在1651年颁布了旨在保护其本土航海贸易垄断的《航海法案》。英国在由此引起的第一次英荷战争(1652—1654)中险胜荷兰,然而却在随后因进一步强化其利益的《航海法案》修订所引起的两次英荷战争中都失败了。饶有意味的是，配第的研究工作几乎与英荷战争同步，而且在关注英国的同时，也转向了对法国和荷兰经济的比较工作，从两国的效率表现引申到制度问题。他的结论是法国的效率远不如荷兰。其后来得到亚当·斯密和道格拉斯·诺斯高度评价的《政治算术学》成稿于 1676 年，当时整个英国还处在第三次英荷战争（1672—1674）失败的沮丧气氛之中。

政治算术学揭示的制度问题

作为 17 世纪科学革命的主要参与者、古典经济学的奠基人，配第的工作并没有停留在建立描述性的宏观经济变量指标上，而是深入到这些变量可能反映的政治逻辑关系，特别是相同变量在不同经济体之间的比较所可能揭示的制度性差异或问题。正如麦迪森在《世界经济千年统计》中总结性地引述的：

（虽然）法国人口是荷兰的十倍，但是荷兰商船队的规模却是法国的九倍，对外贸易额是法国的四倍，而利率水平只相当于法国的一半。荷兰的海外资产非常庞大，而法国的海外资产却微不足道。荷兰经济高度专业化，其大部分食物依靠进口。它在对外战争中雇用外国人，而将本国劳动力集中于高生产率部门。密集的城镇居民、优良的港口和内部水道降低了运输和基础设施建设费用，降低了政府服务成本，同时也降低了对存货的需求。此外，荷兰的财产所有权非常明晰，其良好的登记注册制度促进了财产的转让，有效的法律体系和健全的银行体系为企业经营创造了良好的环境。虽然税收很高，但是纳税的基础是支出而非收入，从而鼓励了储蓄，促进了节约和勤奋工作。

麦迪森认为，正是配第这样从政治算术角度对法国和荷兰进行的比较研究，才启发了斯密和诺斯等人后来对经济增长的制度性思考。那么，我们应该怎么理解荷兰最终还是败于法荷战争（1672—1678）和第四次英荷战争（1780—1784）呢？正确的回答是：政治算术学本质上并不是关于如何战而取胜的学问，而是如何提高效率以不断创造财富，从而提高公共资源能力的学问。人类文明发展至今的主流并不是种族、阶级和国家之间不断血腥厮杀的结果，而是通过不断学习以提高创造——而不是掠夺——财富能力的结果，这个学习过程包括如何建立并改善共同遵守的市场规则以消除或降低战争的风险。这样看,不论是荷兰主动退出战争,还是英国主动放弃恪守"丛林法则"的重商主义,都反映了这个推动人类文明进程的学习过程。

西欧的"政治算术旋风"

或许我们可以把配第之后直到 18 世纪末的西欧称作"政治算术的旋风时代"。这样说主要是因为它的兴起不仅将对那些看似无关的社会、经济乃至政治现象的观察和研究活动迅速地卷入其中,而且吸引了各种背景的研究者,除了配第这样的大学教授——甚至还是解剖学教授和哲学家,还有财政大臣、贵族、将军、工程师、数学家、公务员,乃至记者、商人等等,不一而足,这的确是今天难以想象的。这场"政治算术旋风"说明,17 世纪科学革命鼓励了社会精英阶层对政治和经济问题的逻辑思考,鼓励了对配第式的国民经济核算工作进行基于经济活动内在逻辑的、系统化的改进。像科学问题一样,人们感到了反映客观事实的数据中所包含的逻辑力量。凭借着宏观经济测算所获得的数据,生产、收入和支出流量之间的关系,它们对存量的依赖,以及较长时间跨度上这些流量和存量的变动(特别是人口及其阶层变动)所可能引起的经济实力的变化等,逐渐进入了学者们的视野。

在麦迪森看来,除配第外,对政治算术学最重要的贡献分别来自与配第同时代、出身布商的英国人口统计学家约翰·格兰特(John Graunt),以及稍晚出身公务员的英国学者格里高利·金(Gregory King)。在《对死亡率登记的观察》(1662)一书中,格兰特建立了最早的生命表,它奠定了现代社会从生命保险、国民税收到政府公共债务的重要理论和方法的基础。麦迪森认为,根据不同年龄组死亡概率重建人口统计的方法确定无疑地使格兰特成为 17 世纪科学殿堂中的伟人之一。格兰特之后,身兼天文学家和数学家的埃德蒙德·哈雷(Edmond Halley)进一步改进了格兰特对于生命预期的分析,首次在人寿保险中引入了关于预期寿命的基本数学原则。

从宏观经济测算的角度,麦迪森对格里高利·金的贡献评价更高,认为他的工作"已经预示了现代核算体系中的相互平衡关系"。金的题为《关于英国现状的自然和政治的观察与结论》(1696)的研究是因英国前税务大臣一篇关于政府财政如何应对战争需要的论文而起。后者提出的一个关于政府实际和潜在收入及支出的清晰而完整的描述，特别是如何将财政信息融于宏观经济分析的方法，刺激了金去尝试建立三个互相关联且平衡的国民生产、收入和支出账户，附带一个收入-财富账户和一个国际比较账户。尽管很不成熟，但金的账户体系要比后来西蒙·库兹涅茨（Simon Kuznets）和理查德·斯通（Richard Stone）分别依据美国和英国的经济情况所建立的，更接近以现代"国民收入"概念为核心的经济核算体系——现行的联合国国民账户体系（the System of National Accounts，SNA）的前身，早了将近一个半世纪。

政治算术学者的政治命运

在当时，像政治算术学这样基于数据逻辑的研究是崭新的领域，它对既有的社会、政治和经济制度极具挑战性，因为它颠覆了人们的传统知识，打开了人们认识社会、政治和经济问题的新视野。它是开放性的、非垄断性的。它刺激研究者们不断地、竞争性地提出新的观点和方法，否定旧的观点和方法。无须讳言，不管是从国内通过税收进行资源动员的角度，还是从税收收入的国际比较角度，它的政治动机都是十分明显的。在这个意义上，一个由宪政制度维护的议会政治是在当时保证数据科学性，防止其沦为政治附庸的重要条件。事实上，代表不同利益集团的政党竞争在本质上必然会鼓励这种学术上的竞争。在"光荣革命"（1688—1689）之后的英国，随着1689年《权利法案》的诞生，议会政治成为政治算术学兴起的极其重要的制度条件。

配第的两部著作在1690年和1691年公开出版后也在法国掀起了政治算术的"旋风"。参与者中影响最大的是作为职业军人的布瓦斯吉尔伯（Pierre de Boisguilbert）和军事工程师出身的沃班（Sebastien le Prestre de Vauban）。他们都对法国的经济状况作了非常悲观的评价，基于自己的测算结果挑战了当时的政治制度。他们认为财政结构需要更加有效和公平，必须减少国家对经济的干预。不难想象，政治算术学在王权统治下的法国比在议会制度下的英国要冒更大的政治风险。布瓦斯吉尔伯的两部著作都是匿名出版的。曾激进地建议废除所有现存财产税、收入税和国内过境税的沃班，则不断受到官方的封禁，他的书在他去世前的一个月被全部销毁了。极权制度对数据和测算的干预早已存在，这反而说明了数据逻辑的力量。

作为公共产品的政府经济统计

"政治算术"在 17 世纪中期至 18 世纪末期的"旋风"时代虽然发展很快,但是还没有形成一个完整的学术体系,因此还不能通过系统的教学和研究工作推动自身的发展。其实,创立了古典经济学的亚当·斯密的《对国民财富本质和原因的探究》①也是在 18 世纪 70 年代中期问世的。此后,特别是自 19 世纪中期英国主动放弃重商主义、推行自由贸易以来,促进宏观经济测算进一步发展的,不仅是探究微观经济行为的经济学原理逐渐进入对整体经济现象的观察,从而推动了统计指标之间经济行为逻辑关系的建立,更重要的是对宏观经济统计指标的需求开始进入公共产品领域。

专职统计普查和调查的政府统计机构的建立肯定了国家统计和测算工作的公共管理性质,这同时也意味着宏观经济指标作为公共产品的出现。不难理解,这首先发生在已经建立了议会政治的英国和英联邦国家,因为它要求一个更为高效、透明和公平的财政体系。19 世纪初到第一次世界大战之间,政府统计部门主要出现在欧洲、北美、澳大利亚和新西兰。服务于公共利益而不是个别集团私利的统计数据,使宏观经济测算开始有了更加可靠的统计计量基础。相比配第的时代,这是一个重大的进步。配第实际上是站在地主的立场上挑战重农主义的,认为真正的财富并非仅仅来自土地,还来自劳动。所以,为了增加政府的收入,应该提高对工资收入而不是对地租的课税。但是,对所有国民经济活动结果的测算与公布,作为一种公共产品,在原则上是利益中性的。

各种普查和调查数据不但刺激了新的测算,也促使研究者们重新梳理历史上的测算结果及其所使用的方法,建立起更加可靠、系统和可比的时间和空间序列。此外,数据的增加也刺激了统计分析技术的进步,比如指数编制技术的开发使分析复杂的宏观经济总量指标的变化成为可能。现代"国民收入"概念的初建及其官方估算首先出现在"大萧条"时期(1929—1933)的美国,是由库兹涅茨在国会的邀请下用了两年的时间于 1934 年做出的。对于开始缓慢走出"大萧条"阴影的美国经济来说,库兹涅茨的国民收入账户指标被当时的胡佛政府认为是观察经济表现,从而改进公共政策的一个极为重要的工具。库兹涅茨

---

① 国内通常译为《国富论》,尽管这一译法并不准确,将对国民财富的研究误为对国家财富的研究。

本人也因其在这个领域的奠基性贡献而获得了 1971 年的诺贝尔经济学奖。

服务于国际经济和政治关系的政治算术

国家在地缘政治关系中的地位从一开始就是政治算术学需要回答的核心问题。国家间自由贸易原则的推行产生了一系列基于规则的制度建设的要求，这就需要参与贸易的各国的宏观经济统计数据。据大致估计，到第一次世界大战前，已经有 200 多个旨在维持自由贸易及其他政治、科学、文化和社会交往的国际组织在运作。在 19 世纪的最后三十年，全球举行了近 300 次国际会议，而在 20 世纪初短短的十几年间，全球就举办了近 1500 次国际会议。这些会议的主要目的就是制定各种平衡各方利益的国际合约。根据各国承诺遵守的共同原则，这些合约要求各参与国提供可比、可查、公正且透明的统计数据。这不仅使一国的统计数据成为服务于国际经济和政治关系的公共产品，而且也促进了参与国提高各自统计数据的质量。

在这一背景下，更多具有国际宏观测算视野的学者出现了。他们努力探索，试图在"政治算术"的原则下建立一个可以容纳多国经济数据的可比分析框架。根据麦迪森的评价，当时在经济总量水平的国际比较方面做出首要贡献的是具有记者背景的爱尔兰人迈克尔·穆尔哈尔（Michael Mulhall）。他在 1896 年第一次建立了一个可比的框架，使用各国国民收入统计数据，对 1894—1895 年间约占世界产出 60% 的 22 个国家给出了前后一致的国民产出和财富的比较。他也首次使用了假设的分行业总产出增加值率，以消除各国总产值中不同的重复计算因素，提高国家之间数据的可比性。

在穆尔哈尔之后几乎半个世纪，建立世界性国民账户的工作才由牛津大学出身的经济学家科林·克拉克（Colin Clark）向前推进了一大步。显然，库兹涅茨建立的美国国民收入账户和其他英联邦国家的政府统计，成为克拉克研究工作重要的数据基础。在其 1940 年所著的《经济发展的条件》一书中，克拉克通过一种以购买力平价计算的"国际单位"，将其对 50 个国家的国民收入估计纳入一个统一的框架之中。根据这个框架，他不仅首次得出了 1925—1934 年世界收入结构的大致估计值，同时也对其中主要经济体建立了始自 19 世纪中期自由贸易时代、跨越第一次世界大战时期（1914—1918）、最后经历"大萧条"时期的国际增长比较。至此，人类才第一次有了对变化中的全球地缘政治关系的量化认识。

战争与和平催生的现代宏观经济测算

　　第二次世界大战(1939—1945)是人类迄今所经历的最大也是最残酷的地缘政治危机。它不仅要求最大限度同时最有效地动员本国资源,也要求最清楚准确地了解敌友各方的潜在经济能力。战争爆发时,曾经面对"大萧条"对经济增长的挑战,从有效总需求不足角度系统地提出政府宏观经济政策管理问题的梅纳德·凯恩斯(Maynard Keynes),说服了财政部长在其战争预算中引入了一套克拉克式的国民收入账户。麦迪森认为这些官方账户成了英国政府制定策略并最终赢得战争的重要统计分析工具。在战后总结经验时,著名的剑桥增长经济学家尼古拉斯·卡尔多(Nicholas Kaldor)认为,这种完整统一的国民经济统计视野使得英国在战时资源动员方面远比德国更有效率。

　　国民收入账户的标准化是国际比较的重要基础。战时对英国国民收入账户标准化的尝试是由剑桥经济学家斯通爵士所设计的。在此基础上,斯通与另一位剑桥经济学家詹姆斯·米德(James Meade)合作,于1941年对英国的国民收入进行了首次官方估算。1944年,尽管战争仍然在进行中,英国、加拿大和美国的专家们就展开了深入协商,急切希望将他们各自使用的国民收入统计概念和方法标准化,为战后的经济重建做准备。战后,美国旨在迅速重建自由资本主义市场体系的"经济恢复计划"(又称"马歇尔计划"),成为推动这种标准化努力的新的契机,因为它涉及北约各成员国的分摊机制问题。麦迪森认为这使编制国际可比的、标准的国民收入账户在政治上显得尤为必要。

　　"马歇尔计划"的实施是与一系列国际组织的恢复与建立同步的,后者是"冷战"威胁下人类为了避免新的地缘政治灾难而进行的制度性努力。以经合组织(OECD)及其前身欧洲经合组织(OEEC)为对象,斯通在数量和价格指数、投入产出和国民收入账户,以及人口模型的构建和标准化方面做出了重要贡献,支持了这样的制度性建设。今天的联合国国民账户体系(SNA),就始于斯通自1947年开始的标准化努力。是他推动了1953年版国民收入账户在OEEC各国的实施,此后又推动了SNA在联合国范围内的普及及其1968年和1993年版本的修订。如今,就是那些曾经否定服务业对国民收入的贡献,但是在"冷战"结束后转向市场经济的前社会主义国家,也已经接受了SNA方法。

被誉为"GDP 教父"的斯通于 1984 年获得了诺贝尔经济学奖。

可以说，两次世界大战和之间发生的"大萧条"所引出的宏观经济管理问题，以及二战后重建自由贸易国际秩序的迫切需要，催生了以库兹涅茨—斯通的国民账户为代表的宏观经济测算体系。加上随后的标准化努力，宏观经济学的实证条件成熟了，这不仅促成了第二次世界大战之后现代宏观经济学理论的发展，也推动了与其密切相关的增长经济学的发展。我们知道，麦迪森在《世界经济千年史》中对库兹涅茨发展阶段的挑战离不开人均国民收入的测算问题，而且经济增长理论中著名的"两个剑桥学派的资本争论"亦离不开资本测算问题。这样，宏观经济测算就从主要服务于本国政治和政府经济管理所需要的统计指标构建工作，逐渐发展为严谨的、由宏观经济学理论与方法所指导的，通过系统地构建 GDP 生产、收入和使用账户、投入–产出表、金融账户、资产负债表和国际收支账户，既可以观察短期经济波动，又可以分析长期经济增长的重要经济学科。

"政治算术"与"生命算术"

"政治算术"于人类文明进步的深刻意义应该始于"生命算术"。不难推理，原始的算术来自与人类生存需要进而根本利益直接相关的对食物的"计数"需要。它的产生是生命驱动的自然演化的结果，因为对有限且供给极不确定的食物的分配和管理从来都是生命攸关的。逐渐地，一些简单的，或许可以被称为"生命算术"的计算规则产生了。完全可以理解，对一个原始的利益共同体来说，这种"生命算术"必须是利益中性的，否则就会导致整个共同体的崩溃。这种利益中性条件和我们前面讨论的对作为公共产品的政府统计数据以及为公共利益服务的"政治算术"的要求，在本质上是完全一致的。它源于生命内在动力的对剩余的不懈追求，不断促进知识积累和技术进步——这也与由原始的"生命算术"发展起来的数理逻辑密不可分。生产率的提高增加了剩余，其结果是既刺激了市场交易的扩大，也鼓励了通过权力对剩余的争夺和各种方式的不平等占有。最终，还是"生命算术"式的理性，迫使重商主义"丛林法则"下的各方势力在自由贸易的原则下妥协了。

在重读麦迪森《世界经济千年史》的基础上，我曾试图提炼出这样的命题，即地缘政治危机促进了制度改进，进而推动了作为人类文明进步基础的收入与财富的增长(见《世界经济千年史》精校本导言)。在这篇随笔中,通过梳理先生关于宏观经济测算史发展脉络的讨论,我进一步延伸了上述假说,使其成为一个更加完整的命题,那就是,基于数量逻辑的"政治算术",在解析生产、收入和支出的经济逻辑以服务于本国政治需要的同时,也支持了人类旨在克服地缘政治危机的、有利于收入与财富增长的国际经济和政治秩序建设。这样就可以把"政治算术"嵌入一个"地缘政治—制度建设—长期增长"的逻辑框架中,既作为其不可或缺的计量基础,又符合其源自生命的自然演化逻辑。

地缘政治与"政治算术"的未来

今天的人类生活在一个史无前例的,技术进步不断加速,同时地理障碍日趋消失,但地缘政治关系却日趋复杂的世界。科学和技术创新几乎每天都在各个领域推进着技术前沿,挑战着昨日的不可能性。这迫使投资者不断地改变对未来收益的预期,从而,不论是从深度和广度上,还是从方向上,都会导致前所未有的不确定性。这不仅会强化国际市场的竞争,也必然会通过对全球价值链的影响,加剧地缘政治博弈——君不见,政治可能"诱惑"或利用技术,技术亦可能"绑架"政治?从这个角度看,以麦迪森量化观察的人类千年经济增长的历史,特别是 19 世纪以来得益于"自由贸易"的工业化-现代化的历史为鉴,一个旨在改善地缘政治关系,维护和促进自由与公平交易及交流的国际经济、政治和社会秩序,就显得愈发重要了。

"政治算术"的重要性不会消失。然而,作为公共产品的各国政府统计数据是否可以保证利益中性,取决于以制约权力为核心的政治制度改革是否可以推进,这也是越来越受到学术界关注的"政府 GDP 数据政治问题"的症结所在。[①]数据的吊诡之处在于它既可以反映真相,也可以编造谎言。民间所谓"官出数据,数据出官"的说法恰恰道出了权力可能对数据的扭曲。历史上的独裁者们崇拜强权政治,蔑视法律规则。所以身边的官员们就会夸大实力、掩盖缺点,甚至编造数据,以投其所好。历史上任何专制社会的经济数据从来都是吹嘘"形势大好"的,因为提供数据的官员们知道,那个权倾天下、喜欢日日新装的皇帝,

---

① 关于 GDP 政治性的学术讨论,可参见英国曼彻斯特大学经济学教授 Diane Coyle 的著作:*GDP: A Brief but Affectionate History* (Princeton University Press, Revised edition, September 22, 2015).

相信自己的衣服永远是越来越漂亮的。

"政治算术"的出现与发展是人类文明进程的重要组成部分，是人类的经济理性力量所驱动的自然演化过程使然。这种理性的力量一次又一次地让不同族群、集团和国家不得不权衡成本与利益，放弃消耗生命与财富的厮杀，回到以规则和合约为基础的、竞争性的经济和政治交流上来，维护一个共同遵守、共同治理、共享和共赢的国际秩序。尽管史无前例的技术进步和更加复杂的地缘政治关系正在造成新的利益冲突，甚至可能极端至核武大国之间的直接对峙，也很难想象这种理性的力量会消失。诚然，变化总是会改变现有的利益分配格局。为了避免冲突，国家之间必须采取妥协的态度。妥协促进学习和交流，战争导致防备和封闭。而后者会进一步扩大那些引起利益变化的差距。

恰恰是退让、妥协、合约，以及尊重原则基础上的履约，而不是战争——不是利益问题上的动辄穷兵黩武，推动了人类文明的进程。这样说，显然是与长期以来颇有影响力的所谓"战争创造历史"的主流观点相反的。应该进一步强调的是，妥协的精神就是市场的精神，或者说是满足各方利益的交换精神。妥协的目的只有一个，那就是和平。最终，是和平而不是战争，才使知识和财富得以积累，才使创新有了可预期的商业基础。也正是因为妥协于各方利益的重要性，我们才需要严格的约束规则，才需要准确的计算。所以，"政治算术"，不管以什么形式，仍然还会存在。可以预测，大数据和人工智能的发展肯定会改善国民账户的算法，杜绝数据造假，但其政治性不会被削弱。

最后，借此机会，我由衷地表达对最终促成《世界经济千年统计》中文精校本问世的所有参与者的谢意，特别是本书原来的责任编辑郝小楠女士和接替她负责后续工作的张燕女士，感谢她们精益求精、不放过任何疑点的精神。让我感动的还有北大出版社经济与管理图书事业部的林君秀主任，不仅因为她参加了有关本书版式设计细节的几乎所有讨论，也因为她过去 20 多年来对我主持的麦迪森著作翻译工作的支持。此外，我也要感谢 2022 年秋季担任我在北大的"世界经济千年史"课程助教的宋玉鹏同学，是他带病从头至尾初步校阅了本书的文字，特别是梳理了涉及全球主要国家和多种语言的、浩繁的文献来源和统计表。我本人对所有可能遗留的问题和疏漏负全责。

伍晓鹰

2023 年仲夏，初稿于法国布列塔尼，雷恩

2023 年仲秋，完稿于北京大学燕东园寓所

写在中文版问世之际[*]

——首版译者序

　　安格斯·麦迪森教授的《世界经济千年统计》既是他的《世界经济千年史》一书中所使用的方法和资料来源的补充、更新、修改,也是其重要的延伸。这种延伸特别体现在他对宏观经济计量方法的出现和发展变化的批判性考察。这两部著作是不可分离的姊妹篇。现在,我们终于将这两部姊妹篇的中译本完满地献给了我们的中文读者。

　　本书不但对《世界经济千年史》中有关各经济体经济增长表现的估算和分析提供了方法上和资料来源上的细节,而且谨慎地、批判性地考察了资料的可靠性。我想再次重复我在《世界经济千年史》中译本出版时所强调的一点,那就是,麦迪森在资料的真伪判断和取舍过程中所提出的假设是完全透明的,因此读者完全可以根据同样的资料信息提出不同的假设,从而进行不同的估算。这对于在极其有限的数据条件下开展计量经济史的工作是十分重要的。数据上的问题从来都不难提出,但不易解决。在不同假设下重新估算长期序列,可能是改进现有估计的最好方法。我觉得,国内青年学者们在热衷于计量经济学方法的同时,忽略了这些方法对数据质量的严格要求。哈佛大学经济学家兹维·格里利谢斯(Zvi Griliches)在晚年也曾反复指出大学在研究生培养中不应该在

　　* 本序言由中文版译者撰写,并非英文版原书内容的一部分。本导言所表达的观点及相关论点完全代表译者个人立场,不代表 OECD 或其成员国以及 OECD 发展中心成员国的立场。

注意计量经济学技术训练的同时，忽视基础数据的价值以及它们的搜集和处理方法。像麦迪森这样到八十岁高龄仍然在数据的处理和计算上亲历亲为的经济学大师并不多。他的确是我们的楷模。

特别应该向中文版的读者介绍的是，麦迪森在本书中第一次全面系统地、批判性地讨论了先驱者们在宏观经济计量和国际比较方法上的贡献和缺陷。他的讨论包括了几乎所有在这个领域树立了里程碑的大师们和他们的代表性著作和工作：从威廉·配第（William Petty）的《献给英明人士》（1665）和《政治算术学》（1676）到格里高利·金（Gregory King）的《关于英国现状的自然和政治的观察与结论》（1696）；从迈克尔·穆尔哈尔（Michael Mulhall）的《工业与国民财富》（1896）和科林·克拉克（Colin Clark）的《经济发展的条件》（1940）到西蒙·库兹涅茨（Simon Kuznets）所主持编制的第一个官方国民账户体系（1934）；再从理查德·斯通（Richard Stone）设计的现代国民账户体系（SNA）到米尔顿·吉尔伯特（Milton Gilbert）和欧文·克莱维斯（Irving Kravis）对货币购买力平价所进行的首次官方测算。

此外，读者会注意到麦迪森对宏观经济计量和国际比较方法产生和发展的讨论涉及了它们深刻的政治和经济背景。这对我们目前正在经历的、由美国金融体系危机所引发的全球经济危机有着非同寻常的意义。众所周知，1929—1933 年的大萧条催生了以凯恩斯学说为核心的宏观经济学。实际上，麦迪森告诉我们，经济危机和国家的政治、经济、国防需要一直都是历史上宏观经济计量发展的重要条件。当前这场自大萧条以来最严重的全球性金融和经济危机也不会例外。它已经对如何在经济，特别是贸易和金融全球化的条件下观察资本流动提出了新的要求。不仅如此，经济的全球化也必然对国际价格的比较，即国际购买力平价（PPP）提出新的要求。留心的读者可能已经注意到对世界银行最新的（2005）全球 PPP 估计的争论（参见麦迪森在即将于 2009 年出版的《收入与财富评论》第 55 卷专刊中的讨论）。此外，我认为应该通过某种国际组织和研究者的协调，尽快尝试建立《国际投入产出表》和《国际资金流量表》。

最后应当说明的是，本书的主要翻译工作是由施发启完成的。他扎实的专

业知识和翻译《世界经济千年史》的丰富经验是本书中文版能够顺利出版的重
要保证。当然,我本人要对任何翻译上的错误和遗漏负责。我还要借此机会特
别感谢北京大学出版社经济与管理图书事业部主任林君秀女士对我所主持的
麦迪森著作翻译工作的长期支持,以及郝小楠编辑一丝不苟的专业精神。最
后,我更要感激我的夫人慧珍对本书翻译工作的理解和帮助,以及她在身体不
适的情况下参与的修改稿校对和录入工作。

伍晓鹰

2008 年圣诞节于香港

英文版推荐序

本书是 OECD 自 1965 年以来为安格斯·麦迪森出版的第八部著作,也是他在 2001 年出版的《世界经济千年史》的姊妹篇。《世界经济千年史》一经问世就受到了历史学家、经济学家和公众的一致好评,而且一直是一部畅销书。

本书不但更新、修改以及补充了麦迪森早期对经济增长动态、不平衡增长模式及其深层原因的全面调查分析,而且提供了更加充分的数据来源注释以及更加详细的人口、GDP 和人均收入的估计值。麦迪森在数据处理上的严谨性、在考察数据来源可靠性时所采用的比较和评估方法的系统性,以及在如何填补数据缺口方面提出的建议和采取的做法,都堪称宏观计量经济史研究的楷模。

本书对过去两千年的非洲和哥伦布以来的拉丁美洲的发展进程进行了比以往更加详尽的考察。此外,它还对 17 世纪以来宏观经济计量方面的文献进行了批判性的综述,目的是为在时间和空间跨度上比较国际经济表现提供一个研究上的指导。

采用计量方法对世界各个地区的长期经济表现进行比较有益于政策制定。这体现在几个方面:对发展中国家来说,它有助于加强统计信息方面的工作,从而有利于政府在面对不确定性时进行决策。对 OECD 国家来说,它可以提醒我们在长期发展中关注人口变化、技术变迁和市场制度对经济表现的重要影响。本书同时也可以让我们深入理解影响不同经济体之间和地区之间在发展中出现的趋同或分异的重要因素。它对于理解当前有关全球化利弊的复杂争论也具有重要的贡献。

卢卡·T.卡切里
(Louka T. Katseli)
OECD 发展中心主任
2003 年 8 月

致　谢

首先我要感谢 Derek Blades 先生的鼓励以及对本书中表格和所有文字所做的详细评论。Bart van Ark、Roger Brown、Ian Castles、Colm Foy、David Henderson 和 Eddy Szirmai 对本书的部分章节提供了有益的意见。Elizabeth Maddison 帮助我大大提升了计算机知识。Gerard Ypma 在组织第一章到第七章的基础统计数据方面提供了帮助。Ly Na Tang Dollon 在第八章表格的编辑上提供了帮助。Sheila Lionet 对本书的手稿进行了整理,使之达到了出版的要求。Alan Heston、David Roberts 和 Michael Ward 回答了许多有关《宾夕法尼亚大学世界表》(PWT)、OECD 和世界银行所估计的购买力平价换算因子的疑问。Steve Broadberry 和 Dirk Pilat 对我的相对 GDP 水平估计值提供了历史背景下的交叉检验。Cathy Ward 就国际货币基金组织估计的世界 GDP 数据提供了原始材料。Henk Jan Brinkman 和 Ian Kinniburgh 提供了联合国的世界人口和 GDP 数据。Nanno Mulder 和 Thomas Chalaux 在世界人口的测算方面为我提供了帮助。Pierre van der Eng 允许我使用他对印度尼西亚、马来西亚和斯里兰卡的 GDP 估计值。此外,我还收到了以下学者的有益意见和研究材料:Maks Banens 和 Jean-Pascal Bassino(关于越南),Luis Bertola(关于乌拉圭),Claes Brundenius(关于古巴),John Coatsworth、Stanley Engerman 和 Andre Hofman(关于拉丁美洲),Thomas David(关于瑞士),David Good 和 Max-Stephan Schulze(关于奥匈帝国的后继国),Bryan Haig(关于澳大利亚),Richard Hooley(关于菲律宾),Andrew Kamarck 和 J. R. McNeill(关于非洲),马德斌、伍晓鹰和许宪春(关于中国),Katya Maddison(关于中东),Michelangelo van Meerten(关于比利时),Patrick O'Brien(关于埃及),Cormac O Grada 和

Mary O'Mahony(关于爱尔兰)，Sevket Pamuk(关于土耳其和奥斯曼帝国的后继国)，Leandro Prados(关于西班牙)，Siva Sivasubramonian(关于印度)，Jean-Claude Toutain（关于法国）。Alan Bowman、Carol Kidwell 和 William Mc-Neill 对本书使用的纪年法给出了有益意见。Michèle Alkilic-Girard 和 Myriam Andrieux 帮助查找了本书所需的参考文献。最后需要说明的是，我对收到的建议并不总是全部采纳的，上述致谢并不意味着这些建议的提出者都支持我的观点。

安格斯·麦迪森

2003 年 8 月

引　言

本书旨在作为当前和过去宏观经济历史研究的数量参考手册和指南,它同时也是 2001 年 OECD 出版的《世界经济千年史》(*The World Economy：A Millennial Perspective*)的配套读物。该书的主要宗旨是回顾过去两千年世界经济发展历程,并探索不同区域发展出现巨大差异的原因。这些分析的依据是对人口、产出以及人均收入水平和变动的全面定量测算和分析。该书的统计附录提供了 1950—1998 年各年的估计值以及追溯到公元 1 世纪的 8 个基准年的估计值。至于 1870—1950 年各年的估计值,可在我早先写的《1820—1992 年世界经济考察》(*Monitoring the World Economy 1820—1992*)一书中找到。

本书对 1950—2003 年的人口估计值、1820—2001 年的 GDP 和人均 GDP 估计值进行了修订和更新,尽可能将年度数据向前追溯到 1820 年,并提供更全面的资料来源注释和对弥补数据缺口的替代方法的解释。对于 1820 年以前的估计值,尽管修订很少,但本书给出了更多国家的估计细节,并对拉丁美洲和非洲的发展轮廓进行了更细致的考察。除了 7 个非洲国家,按 1990 年国际元计算的基准产出的估计值保持不变。

在人口、GDP 和人均 GDP 的年度数据覆盖范围的拓展方面,欧洲和西方后裔地区的表现最为突出。在《世界经济千年史》中,欧洲和西方后裔地区的年度数据共约 4 200 条,在本书中则约为 15 200 条;在《世界经济千年史》中,拉丁美洲、亚洲和非洲三者的年度数据共约 15 300 条,在本书中则约为 22 600 条。

本书的导论扼要阐述了从 17 世纪到目前的国民经济核算和人口统计学的发展历程,它主要是依据我 1998 年在耶鲁大学的库兹涅茨纪念讲座中所使用的部分材料。第一章到第六章解释了用于估算主要区域中各经济体基本数据

的方法和资料来源。第七章总结了估算 1950—2001 年全世界总量数据所使用
的方法和存在的问题。第八章总结了估算公元 1—1950 年世界总量数据所使
用的方法和存在的问题。[*] 正如第八章解释的那样，在过去的四分之一世纪中，
有关数量经济历史的研究取得了长足进步，单个学者的努力因国际研究网络的
创立而得到了强化。其结果是，我们对经济增长经验的范围、追赶过程、增长趋
同和分化及其成因有了更清晰的认识。目前有关研究主要集中在经济加速增
长的近两个世纪，但对更早世纪的研究则很少。因此，目前研究者对 1800 年前
后的欧洲和亚洲的相对收入水平存在不同的看法。在我个人看来，将有关数量
研究往过去进一步延伸有可能解决部分分歧。对遥远过去的无差异处理或忽
视有两个原因：一是越向过去追溯，数量证据就越少，因而对更早的世纪进行数
量分析几乎是不现实的；二是在 19 世纪之前经济增长非常缓慢，因而对其进行
数量分析意义不大。有观点认为，现代经济增长起源于 18 世纪晚期的突然起
飞（即第一次工业革命），农业虽起源于 8 000 年以前，但在工业革命之前的大部
分时期内由于马尔萨斯陷阱而停滞不前。我对这种观点不敢苟同，理由可参见
本书第八章中的解释。

安格斯·麦迪森

2003 年 8 月

---

[*] 该章最后的基本表格则给出了公元 1—2001 年的估计值。——译者注

THE
WORLD
ECONOMY:
HISTORICAL
STATISTICS

目录

第八章
公元 1—2001 年
的世界经济

正文表格目录

基本表格目录

导论 宏观经济计量的先驱者

国民账户*是一个用来评价当期经济表现和增长潜力的不可或缺的工具，也是进行经济发展水平国际比较的基础。它已成为计量经济史学家分析的一个重要工具。有时候人们会认为国民账户的方法太"现代"了，因而不适用于分析较远的过去。事实上，国民经济核算、国际收入比较以及历史人口统计学都起源于 17 世纪，当时这门"通过数字论证与政府活动相关事务的艺术"被称为政治算术。

| 17 世纪的先驱者 |

最早的先驱者是**威廉·配第**（William Petty，1623—1687），他是 17 世纪科学革命中的一位重要人物。17 世纪 40 年代他在巴黎当过哲学家托马斯·霍布斯（Thomas Hobbes）的研究助理，50 年代他曾任牛津大学的解剖学教授，并且在克伦威尔征服爱尔兰后组织了爱尔兰全国土地清册调查，他是 60 年代英国皇家学会的创始人之一，他同时也是发明家、制图师、经济学家、企业家和一个富裕王朝的奠基人。在其《献给英明人士》（*Verbum Sapienti*，1665）中，他通过一套英格兰和威尔士的综合账户展示了他对这两个国家人口、收入、支出、土地存量、其他实物资产和人力资本的估计值，旨在提供一个用以分析战时（1664—1667 年的第二次英荷战争）财政政策执行和资源动员有效性的数量分析框架。

他的《政治算术学》（*Political Arithmetick*，1676）是对荷兰和法国经济表现所做的一个比较研究，并采用了一些核心指标来说明荷兰经济的优越性。法国人口是荷兰的十倍，但是荷兰商船队的规模却是法国的九倍，对外贸易额是法国的四倍，而利率水平只相当于法国的一半。荷兰的海外资产非常

---

* 国民账户对一国总量经济的生产、收入及支出进行记录与核算，反映当期总体经济运行的各种投入、产出、支付及流量关系，国内通常称为"国民经济核算账户"。作者使用的是目前国际上通行的由联合国等国际组织于 1993 年制定的国民账户体系（SNA）。该体系于 2008 年更新。——译者注

庞大，而法国的海外资产却微不足道。荷兰经济高度专业化，其大部分食品依靠进口，在对外战争中雇用外国人，而将本国劳动力集中于高生产率部门。密集的城镇居住、优良的港口和内部水道降低了运输和基础设施建设费用，降低了政府服务成本，同时也降低了对存货的需求。此外，荷兰的财产所有权非常明晰，其良好的登记注册制度促进了财产的转让，有效的法律体系和健全的银行体系为企业经营创造了良好的环境。虽然税收很高，但是纳税的基础是支出而非收入，从而鼓励了储蓄，促进了节约和勤奋工作。荷兰是经济效率方面的楷模，它对英国政策的制定提供了很好的借鉴，而当时流行的法国强大的观点明显夸大了事实。

这两部著作在配第生前以手稿的形式广为流传，在他去世后分别于 1690 年和 1691 年出版。它们的出版重新激发了人们对政治算术方面的研究兴趣。

第二个主要的贡献来自**格里高利·金**（Gregory King，1648—1712），源于他对**查尔斯·戴夫南特**（Charles Davenant，1656—1714）所著的《关于战争* 的补给方式和手段的论文》（*Essay upon Ways and Means of Supplying the War*，1694）所作的回应。戴夫南特在清晰地说明经济问题方面颇具文学天分（他的父亲是位有名的诗人，据称他还是威廉·莎士比亚的孙子）。作为前税务大臣，在税收是经由税吏之手征收的时候，他就首次对政府实际和潜在的收入及支出做出了清晰完整的描述。这种将财政信息运用于宏观经济分析的方法给金留下了深刻的印象。他与戴夫南特建立了密切的联系，而戴夫南特详尽引用了金的著作，并称他为"计算艺术方面的绝妙天才和大师"。当时出版有关公共政策这类敏感问题的著作需要官方许可，而且作者有被当做持不同政见者而遭到制裁的危险。为了设法避免这种风险，金将他手稿的副本传给戴夫南特、罗伯特·哈利（Robert Harley，1661—1724）以及其他一些人以征求意见，但并不将它们公开出版。戴夫南特是一位有着广泛人际关系的国会议员，而金只是一位谨小慎微的公务员，正处于从司职宗谱纹章的没落小吏转谋更有利可图的公共会计大臣职位的过程当中。哈利后来成为财政大臣和安妮女王的一位实权首相。

金在这个领域的研究工作主要集中在 1695—1700 年。他的《关于英国现状的自然和政治的观察与结论》（*Natural and Political Observations and Conclusions on the State and Condition of England*，1696）（以下简称为《观察》）高

---

*　指 1688—1697 年的奥格斯堡同盟战争（War of the League of Augsburg）。——译者注

度集中地阐述了他所得出的结果,但是他的 300 页的《手记》[*Notebook*,1973
年由拉斯来特(Laslett)以摹写形式出版]可以让人理解到他细致的步骤和深入
的分析。1802 年,金的《观察》由乔治·查尔默斯(George Chalmers)作为附录
收入其著作《大不列颠的比较实力》(*Comparative Strength of Great Britain*)
中,第一次以完整形式出版。该书引起了**帕特里克·科库豪恩**(Patrick Colqu-
houn,1745—1820)的兴趣,他试图使用新的资料(来自最初两次人口普查和首
次建立的所得税账户)模仿重建金的收入账户,同时建立一个更全面的生产账
户以反映 1812 年的增加值。然而,金的《手记》直到 1917 年才为世人所知,并
由大卫·格拉斯(David Glass)于 1965 年首次考察整理。这本书是一个宝库,
完全值得计量经济史学家们更彻底地挖掘和探索。

现代标准的国民账户体系提供了一个覆盖整个经济的内在逻辑统一的宏
观经济学框架,这个框架可以用三种方法进行交叉检验。从收入的角度看,它
是工资、租金和利润的总和;从支出的角度看,它是消费者、投资者和政府的最
终支出的总和;从生产的角度看,它又是不同部门,即农业、工业、服务业的增加
值的总和(剔除了重复因素)。这个框架也能够扩展到包括对劳动投入和资本
存量的度量,以及对劳动生产率和全要素生产率的计算。

金所建立的四维账户体系已经预示了这个现代核算体系中的一些相互平
衡的关系:

(1)最知名的是他对 1688 年社会分层结构的描述,揭示了 26 种类型住户
的数量、平均规模、收入和支出、储蓄或对社会转移支付的依赖程度以及经济活
动类型。为了构建这一社会分层结构,金利用在宗谱纹章管理办公室工作 30
年的经验,走访了英格兰的许多地方,以了解占有约三分之二国民收入的那部
分人群的贵族封号的继承文件及其经济和社会地位状况。从 1695 年开始,英
国对出生、死亡和婚姻征收累进人头税,作为税收大臣,他有机会得到大量关于收
入结构的最新信息。此外,炉灶税是获知住户数量及其平均规模的又一信息
渠道。

(2)金的第二个方面的账户描述了按产品类型划分的政府支出和消费者支
出,这些资料是基于土地税,食品、酒类和烟草的消费税,以及他所进行的对服
装和纺织品的专门调查而得来的。在《观察》一书中,这一账户非常扼要,但从
《手记》中可以清晰地看到,他所得到的总量是详尽估算的结果,其所包含的信
息已足以近似地估计出现代概念的 GDP(参见表 1,在这里我对金估算的总量

进行了补充，因为他的总量范围比现在的标准要狭窄）。

表1　1688年英格兰和威尔士的国内总支出

（千英镑，按市场价格计算）

项目	金额	项目	金额
食品	**13 900**	**教育与健康**	**1 150**
面包、饼干及糕饼	4 300	学费	250
牛肉、羊肉及猪肉	3 300	纸张、书本及油墨	500
鱼肉、家禽及蛋类	1 700	医药	400[a]
奶制品	2 300		
水果和蔬菜	1 200	**个人及专业服务**	**3 100**
盐、调味品、食用油及糖果	1 100	家庭佣人	1 600[a]
		娱乐	500
饮料和烟草	**7 350**	法律、金融、理发、酒馆及饭馆	1 000[a]
啤酒和轻啤酒	5 800		
葡萄酒和白兰地	1 300	**旅行交通**	**430**
烟草、烟斗、鼻烟	250[a]	公路旅行	280[a]
		水路旅行	150[a]
服装	**10 393**		
男士外衣	2 390	**政府、宗教和国防**	**4 844**
衬衫、领结和饰边	1 300	军队薪酬	1 530[a]
男士内衣	100	教会酬金	514[a]
男士配件	85	市政薪金	1 800[a]
女士外衣	904	办公用品	1 000[a]
女士内衣	1 400		
女士睡衣和睡裙	500	**资本形成总额**	**3 675**
女士配饰品	335	建筑	975[a]
帽子及假发	568	运输设备	700[a]
手套及手笼	410	其他设备	2 000
手帕	200		
长短袜	1 011	**国内总支出**	**54 042**
鞋类	1 190	格里高利·金得出的总额	41 643[b]
		附加项目	12 399[a]
家庭居住费用	**9 200**		
租金和虚拟租金	2 200[a]		
燃料、蜡烛和肥皂	2 000		
床及被褥	1 500		
床单及桌布	1 500		
铜器、锡器	1 000		
木头及玻璃器具	1 000		

a. 我从《手记》中添加的项目；

b. 《观察》一书中显示的项目合计。

资料来源：格里高利·金的《手记》[*Notebook*，in Laslett（1973）]和《观察》[*Observations*，in Barnett（1936）]。

（3）他的生产账户并不完善，只列出了农业（包括农作物和家畜）和林业的增加值。他的《手记》中提供了许多其他项目的详细数量指标，包括纺织业、造纸业的增加值，建筑业和造船业的原料投入以及劳动力成本的详细构成等。此外，它还提供了在家具、陶器、瓷器、玻璃制品、工具和运输设备方面的支出。这些支出在经过扣除原料投入、运输和流通费用等调整后，可以推出增加值。

（4）账户的第四个方面是他整理及合并后的 1688 年财富和收入账户。该账户揭示了财产和劳动收入，以及实物资产和人力资本的资本化价值。该账户类似于配第所建立的 1665 年账户，只是估计资本的方法有所不同。

金还建立了第五个账户，即通过比较 1688 年和 1695 年英格兰、法国、荷兰的人均消费以及人均公共收入和支出，来说明各国在战时资源动员能力上的不同。该账户还对英格兰 1698 年前的国民收入进行了预测。他对法国和荷兰所作的估算在许多方面都非常粗略，既没有考虑如何测算实际产出随时间的变化，也没有在进行国际比较时对不同的货币购买力进行调整。

（表 2 显示了 1688 年和 1996 年的英国国内支出结构。）

表 2　1688 年和 1996 年英国国内支出结构　　　　　　　　　　　（%）

	1688 英格兰和威尔士	1996 英国
食品	25.7	6.5
饮料和烟草	13.6	5.9
服装和鞋类	19.2	3.7
照明、燃料和能源	3.7	2.2
家具、装饰和家用设备	9.3	4.0
个人服务	3.0	1.2
小计	**74.5**	**23.5**
租金及虚拟租金	4.1	10.0
教育	1.4	5.4
健康	0.7	6.7
消遣和娱乐	0.9	5.7
交通和通信	0.8	10.6
其他	1.9	11.5
小计	**9.8**	**49.9**
私人总消费（合计）	84.2	73.4
政府消费(教育、保健除外)	9.0	10.9
资本形成总额	6.8	15.8
国内支出总额	**100.0**	**100.0**
人均 GDP 水平（以 1990 年国际元计）	1 411	17 891

资料来源：1688 年的数据来自表 1，1996 年的数据来自 OECD 的《1984—1996 年国民账户》（*National Accounts 1984—1996*，Vol. 2，Paris，1998）。

框图 1　作为人口统计学先驱者的政治算术学家们

第一位正式的人口统计学家是**约翰·格兰特**（John Graunt，1620—1674），他是配第的好友。格兰特的《对死亡率登记的观察》（*Observations on the Bills of Mortality*）一书于 1662 年出版，包含了自 1603 年以来伦敦殡葬和洗礼的大量周数据和年度数据，这些数据都经过了细心加工和调整。格兰特搜集了 20 年有关死亡原因的资料，并细分为 81 类。此外，他还搜集到 1631 年人口局部普查的数据，这为他进行人口增长的估算提供了基础。

格兰特将通常的慢性病和流行传染病区分开来。瘟疫是间或流行的传染病，最糟糕的年份是 1603 年，当时 82% 的人口死亡是由此导致的。虽然没有死亡年龄的直接资料，但他对那些影响婴幼儿、儿童以及老年人的疾病进行了分组，建立了一套大致有代表性的年龄组疾病资料，进而创建了一个粗略的存活表。该表显示 0—6 岁的死亡率是 36%，而只有 3% 的人能活到 66 岁以上。这就是最早的生命表，它在英、法、荷都引起了广泛的兴趣。在这些国家，养老金和唐提联合养老保险[tontines，一种基于预期寿命的抽彩，由洛伦佐·唐提（Lorenzo Tonti）于 1652 年发明]构成了公共债务的一部分。**埃德蒙德·哈雷**（Edmond Halley，1656—1742）在其《人类死亡率与养老金价格确定初探》（"Degrees of Mortality of Mankind；with an Attempt to Ascertain the Price of Annuities"，*Philosophical Transactions of the Royal Society*，1693）一文中改进了格兰特对于生命预期的粗略分析，并明确引入了人寿保险的基本数学原则。

在分析对比伦敦的殡葬和洗礼数据时，格兰特发现殡葬的数字更大些。通过对出生和死亡平均差异的比较，他得出结论，每年从小城镇和乡村地区到伦敦的净迁入人口大约有 6 000 人。作为交叉检验，他分析了靠近南安普敦的一个叫拉姆西（Romsey）的小镇的年度数据。在 90 年间，这个小镇净增加了 1 059 人，其中 300 人留在了拉姆西，400 人移民到美洲，还有 300—400 人迁移到了伦敦。在其著作的第三版（1665）中，格兰特把分析扩展到德文郡的蒂沃顿镇和肯特郡的克兰布鲁克镇，所得的结论也证实了拉姆西与伦敦之间人口流动量的估计。

由于随时间推移出生人口大量增长，显然人口总量就会增长，而住房存量的增加也证实了这一点。格兰特运用年龄结构和可能的出生率，并结合其他资料推断，在此之前的 56 年间，伦敦的人口扩张了两倍半。

　　格兰特得出结论,英格兰和威尔士的人口是伦敦人口的 14 倍。他的这一倍数是由几个指标推算得来的,包括伦敦的税收负担比例、全国不同地区的地图分析、可能定居密度、教区的平均规模。

　　在格兰特以前,从来没人想过使用死亡率数据来重新构建伦敦的人口统计。他对数据进行了细致的考察并对覆盖面进行了调整,谦虚且谨慎地解释了他所精心构建的推论和分析技术,这些都为现代历史人口统计学打下了坚实的基础。因而他确定无疑地成为 17 世纪科学殿堂中的伟人之一。

　　格里高利·金对格兰特关于英格兰和威尔士的人口估算又做了重大改进。他有更多的伦敦以外地区的数据,以及基于房屋数量(乡村 100 万间、城市 30 万间)的炉灶税数据。他从戴夫南特那里得到基于烟囱税的房屋使用情况证据。他还在利奇菲尔德、哈菲尔德和巴克法斯特利组织了小型的人口普查,以进一步核对家庭规模。他对家庭规模的估计值小于格兰特的估计值,他发现一个家庭的平均人口是 4.23 人。但这个估计值包括了住在家庭内的佣人、学徒以及未婚农业劳动力。如果扣除这几项,则一个家庭的平均人口是 3.8 人。

　　金估算的 1695 年英格兰和威尔士的人口是 550 万,比格兰特估算的 640 万要少很多,但基本上与里格利等(Wrigley et al.,1997)的估计相一致,后者运用了现代人口统计学的复杂技术和大量计算重建了 1580—1837 年的英国人口史。

　　金还估算了 1695 年的世界人口,他的估算是基于对全球地表面积的计算、陆地占总面积的比例和不同类型陆地的可能定居密度做出的。他在《手记》中估计的世界总人口为 6.26 亿人,这同我对 1700 年世界人口的估计值(6.04 亿)非常接近,而完全不同于与他同时代的配第所估计的 3.2 亿人口以及里西奥利(Riccioli,1672)估计的 10 亿人口。

　　1695—1707 年,法国兴起了估算国民收入的热潮。1695 年**皮埃尔·德·布瓦斯吉尔伯**(Pierre de Boisguilbert,1646—1714),诺曼底省的省会鲁昂市的一位中将(上诉法庭的首席法官和庭长)匿名出版了《法国在路易十四统治下的崩溃》(*La France ruinée sous le règne de Louis XIV*)一书,对法国的经济状况做了非常悲观的评价,认为财政结构需要更加有效和公平,要减少国家对经济政策的干预。而到 1697 年这本书出现了一个新版本（也是匿名出版的），但其标题《对法国经济的剖析》(Le détail de la France)已不再那么具有煽动性了。布瓦斯吉尔伯对 17 世纪 90 年代早期袭击法国的饥荒和人口下降颇为关注，他宣称国民收入自 1660 年以来已减少了三分之一，但并未提供详细论据。布瓦斯吉尔伯的书并未引起太多的注意，但却激发起**塞巴斯蒂安·勒普斯特雷·德·沃班**(Sebastien le Prestre de Vauban，1633—1707)的兴趣。他是一位军事工程师，设计并监督了北部和东部边界防御工事的建造，成功地围困过许多敌方城市，还在大西洋沿岸建造了港口和边界贸易站。沃班元帅在几十年的时间里在法国的许多地方结交了地方当局并为建设项目动员了资源，因此在职业生涯的晚期，他日益热衷于成为一名社会工程师也就不足为奇了。布瓦斯吉尔伯和沃班的著作与英国政治算术学派的著作论调截然不同，这两位法国作者都深信他们国家的经济已经处于很危险的状态，而英国学者对英国的经济则要乐观得多。

沃班于 1707 年出版了《皇家的什一税》(Le dîme royale)一书，这是一个改革税收结构的详尽方案，包括了对新税制下潜在收入的详细估算。1695 年 1 月他向国王提交的一个关于临时征收战时人头税的方案被采纳，这对他的详尽方案是一次鼓励。他的临时方案在 1695 年被采纳实行，而在战争结束的 1697 年被废除。这种税与 1695—1705 年英国的人头税很类似。税负按皇太子以下的 22 个纳税人等级逐渐递减，因此纳税人的社会地位可以用来估计其收入水平。1701 年，这种税作为"租税"(taille)的地方性补充税被再次引入，但不再具有原来根据偿付能力分级征收的关键特征(Collins，2001*，pp. 133—134，165—167)。

布瓦斯吉尔伯和沃班想要改变的这种法国税收收入体系效率很低而且很不公平。其中主要的直接税"租税"对贵族和公职人员予以大量减免。一些减免是针对个人(personnelle)，而另外一些减免则是针对特定财产(réelle)。税率在不同地区，如在选举区省份和税收自治省份之间各不相同（在布列塔尼、勃艮第、朗格多克和普罗旺斯，税率很大程度上由地方当局决定）。此外，对跨地区边界的货物征收国内流通税(traites)，抑制了国内统一市场的发展。直接税和间接税主要由税吏(tax farmers)和包税商(traitants)征收，他们提前向当局

---

* 英文原书中对该文献未予详细列示，经多方查证，未找到原文。——译者注

预付税款,然后将征收到的所有税款据为己有。在基层的 36 000 个教区里,税收义务由集体分摊。很大一部分公共官员的职位是用钱买来的,或是从亲戚那里继承而来的。他们中间多数人要支付年费(paulette)以确保其职位可以继承下去。其实,他们所得的工资(gages)就相当于他们为购买职位所付钱款的利息。其结果是,官僚机构因拥有大量官员而膨胀,然而很多官员并不是全职受雇的。主要的间接税是盐税(gabelle),其税率在不同地区间各不相同,例如,在盐产地布列塔尼基本为零,而在勃艮第却很高(另一方面,勃艮第的酒税却很低)。结果是走私泛滥,用于税吏的支出居高不下。相比而言,英国有一个在所有这些方面都更为高效、透明和公平的财政体系。它于 1694 年创立了首个中央银行,并为政府长期债务市场的发育奠定了坚实的基础。在法国,编制国家预算的最初尝试是奈克尔(Necker)于 1781 年所著的《致国王的财政报告书》(*Compte Rendu au Roi*),而法国银行(Banque de France)直到 1800 年才建立起来。

沃班建议废除所有现存的财产税、所得税和国内流通税等,取而代之以一种单一的所得税,这种税不允许免除,也不允许存在地区差异。同时他建议简化盐税的税率结构以减少走私,还建议就奢侈品和在酒吧消费的酒水开征新的间接税。

为了估计他倡导的新体系所能带来的潜在税收收入,沃班对国民收入、人口和国土面积进行了估算。为了估算国土面积,他对法国 38 个地区的 5 种不同来源的地图面积进行了粗略的平均,估计出总面积约为 6 000 万公顷。这一结果有一定程度的夸大。法国目前的面积是 5 500 万公顷,而在当时(即洛林和萨瓦地区并入以前)只有约 5 000 万公顷。事实上,金对法国面积的估计(5 100万公顷)要准确得多。为了估算人口,沃班使用了 28 个省有关当局 1694—1700年间的估计数据,他估计的人口总数为 1 910 万,就其所覆盖的地区而言,与现代的估计值非常接近(Bardet and Dupaquier,1997, p. 449),而金对法国人口的估计(1 400 万)则要低得多。

沃班对国民收入的估算非常粗略且不统一。他衡量农业用的是总产出,没有扣除购买饲料和种子的支出,也没有扣除建筑和设备的维修费。他既没有区分农业收入的不同种类,也没有包括农村地区的非农业活动。他列出 10 种来自财产和劳动力的非农业收入,分析的精细程度要远逊于格里高利·金,这是因为在他所处的法国,可以得到的财政和其他方面的资料要比英国少得多,而这些资料对于进行严谨的国民经济总体分析是必不可少的。

　　沃班估算的农业产出是基于对诺曼底的一个样本研究，该研究得到了一位匿名朋友（可能是布瓦斯吉尔伯）的相助。他假定 80% 的土地收益来自农作物、家畜、葡萄种植和林业，且三分之一的农田在休耕。据此他估算了每平方里格（等于 20 平方公里）小麦的产量和产值。他假定该单位产值也适用于牧业活动、葡萄种植和林业。由此他所估算出的税收收入比当时诺曼底的教会什一税收入高出 24%。但是，他将诺曼底作为代表，并根据全法国土地面积与诺曼底土地面积之比，将对诺曼底的计算放大推算出全国税收收入。在进一步保守地扣除 10% 后，他认定如果对总产出征收 5% 的税，那么全法国的税收收入应是 6 000 万里弗赫*。如果我们将他得出的税收收入（占总产出的 5%）乘上 20 倍，则法国的农业总产出就应该是 12 亿里弗赫（而他最初的估计意味着总产出是 16.67 亿里弗赫）。但如果我们扣除农业投入，调整他对法国土地面积的高估部分，并考虑诺曼底的人口密度要比全国平均密度大的事实，他的计算可能极大地高估了来自农业的国民收入。

　　沃班对非农业收入的估计是 3.52 亿里弗赫，其中，估计 32 万间城市房屋的租金和虚拟租金（除去修缮和维护费用后的净值）为 3 200 万里弗赫，政府债务利息为 2 000 万里弗赫，来自商业、银行业、渔业、航运业、粮食加工业等的混合收入为 5 800 万里弗赫，政府职员的薪酬和退休金为 4 000 万里弗赫，法律收入为 1 000 万里弗赫。他假定佣工共计 150 万人，其薪酬共计 3 000 万里弗赫，还假定 200 万名非农业劳动力和工匠的收入共为 1.62 亿里弗赫，他从平均日工资推出这一数据，且假定一年的工作日为 185 天（扣掉 52 天周日、38 天公共假日、50 天异常天气、20 天进行集市贸易以及 25 天生病）。除了以上三类人群，他并没有给出参与农业和非农业活动的人数。他建议引入一种中国式的户籍制度来弥补这一缺陷，并增设一个统计表反映按年龄、性别和职业分类的详细信息，由地方当局每年进行填报。沃班很可能已经意识到自己对非农业收入的估算并不准确，因为他在开始分析时坚称非农业收入大于农业收入。他本应能够对他的估计值进行更仔细的核实以期更加准确。对于超过 350 万的非农业劳动力以及他们的家庭而言，他所估计的 32 万间非农户房屋明显偏低。

　　沃班强调在他的体系下，征税成本将大大降低，而且从现有体系转变过来

---

　　* 里弗赫（livre）为法国旧时流通的货币，1 里弗赫的价值曾相当于 1 磅白银。——译者注

也不会有任何代价。他觉得根本不需要税吏和包税商所提供的服务,并把他们称为"血吸虫"。他觉得转向征收农业实物税将会很顺利,并建议将征收的物品存入政府仓库,但并没有解释政府该如何处置这些物品。同样,他无视失去税收豁免特权的上层社会人士的反对。在其著作的第八章中,他列出了所有可能反对这个方案的群体,并认为国王依靠自己所掌握的 20 万武装人员可以轻易地镇压任何可能的反抗。从政治角度来看,沃班的方案既显得幼稚,又容易激化矛盾。1701 年 2 月,即沃班去世前的一个月,他的书受到了官方的封禁,所有副本也被毁掉了。

18 世纪以来的先驱者

从 18 世纪初到 20 世纪 40 年代,在英国大概有 30 次对国民收入测算的尝试,但测算的口径和方法都大相径庭。其中大多数仅从收入方面进行测算,并未从支出或生产的角度加以验证。而且大多数只是在某一给定时点上的估算。由于在提出适当的价格平减指数方面所做的工作极为有限且着手很晚,这些时点估算很难与对经济增长的测算联系起来(Clark,1937)。但是,这些估算对于计量经济史学家来讲仍然是非常有用的。由于菲利斯·迪恩(Phyllis Deane)的详细考证,这些尝试性的测算工作为后来的研究者对英国经济增长的开拓性研究提供了起点和灵感。这些研究者包括迪恩和科尔(Deane and Cole,1964),费恩斯坦(Feinstein,1972),马修斯、费恩斯坦和奥德林-斯密(Matthews, Feinstein and Odling-Smee,1982)以及克拉夫茨(Crafts,1985)。这些新一代的计量经济史学家们所作的回溯性估算通常都是基于现代国民收入核算的国际标准体系。

斯图登斯基(Studenski,1958)引述了 18 世纪后期对法国国民收入进行的 9 种尝试性估算。其中有些是对沃班的估算的改进,其中较重要的是拉瓦锡(Lavoisier)的《法兰西王国的财富》(*De la richesse territoriale du royaume de France*,1791)和阿瑟·杨格(Arthur Young,1794,Chapter 15)对 1787—1789 年间法国农业产出所作的详细估算。杨格发现,诺曼底的土地生产率要远高于法国其他地区,这就进一步证实了沃班的确高估了法国的农业产出。

在 1800 年和第一次世界大战之间,在欧洲、北美、澳大利亚和新西兰,宏观经济计量的统计学基础有了很大程度的提高。人口普查的实施为人口统计学分析提供了一个更好的基础。统计部门收集了贸易、运输、财政和金融、就业、工资和价格的数据。有关农业、采矿业和制造业商品的产出信息也越来越多。随着指数编制技术的开发,估计复杂总量的时间变化和空间差异成为可能。

虽然当时对国民收入的估算在不断增多,但在估算质量和可比性方面却没有什么改进。这些估算对经济增长的严谨分析几乎没有什么帮助,而且它们在覆盖范围和使用方法上也存在很大差异。

在经济总量水平的国际比较方面做出了重大贡献的是**迈克尔·穆尔哈尔**(Michael Mulhall,1836—1900)。

穆尔哈尔是爱尔兰人,在罗马接受教育,作为一名记者在阿根廷度过了其早期的工作生涯。他在1880—1896年间出版了四部重要著作,运用人口普查、贸易和商业资料来描述世界经济发展。他的《工业与国民财富》(*Industry and Wealth of Nations*,1896)一书的贡献在于对国民产出和财富的前后一致的比较。他以可比的形式对1894—1895年间约占世界产出60%的22个国家给出了详细的资料来源和大量精心组织整理的统计资料。他参考了已有的国民收入测算资料,根据自己的经验判断标准来评价所有国家的增加值。他还对自己所用的国民财富测量方法提供了标准大纲。他的方法是简单而又透明的。为了确定总增加值,他将每个国家的经济分成9个部门,对每个部门的总产出进行估算。为避免重复计算,他对投入进行了扣除,具体如表3所示。

表3　Mulhall(1896)按经济部门估算的增加值

经济部门	增加值
农业	占该部门总产出的60%
制造业	占该部门总产出的50%
矿业、林业和渔业	占该部门总产出的100%
商业	占该部门国内总销售额的10%
运输	占该部门国内总销售额的10.5%
房租	相当于房屋存量价值的6%
家庭佣人	相当于房租的2/3
公共服务	相当于税收收入的50%
专业服务	相当于上述8项总和的10%

穆尔哈尔对欧洲和西方后裔国家的涵盖非常全面,但对世界其他国家的估计仅限于阿根廷和南非两国。他提供了8个国家收入水平的现价估计,时间跨

度从 1812 年到 1895 年。他所作的 1894 年国家间比较是以当时英镑汇率折算成现价进行的。

穆尔哈尔对蒂莫西·科夫兰(Timothy Coghlan)产生了极大的影响。科夫兰是新南威尔士的政府统计员,他对澳大拉西亚*的 7 个殖民地的国民收入进行了首次官方估算,并在 1886—1905 年间定期发布。

科林·克拉克(Colin Clark,1905—1989)在其 1940 年所著的《经济发展的条件》(*Conditions of Economic Progress*)一书中,将建立世界国民账户的工作向前推进了一大步。在该书中,他将 30 个国家的国民收入估计进行了统一整理(pp.40—41),在整理过程中进行了调整,以减少估算中的国家特性差异,并(基于实际工资指标)对另外 20 个国家进行了粗略的替代性估算,从而得出1925—1934 年世界收入的粗略估计值(p.56)。此外,他还构建了一种比较粗略的购买力平价(PPP)指标,并使各个国家的收入估计值按照他采用的"国际单位"(以 1925—1934 年美元的平均购买力为基础)具有可加性。与穆尔哈尔在标准化基础上做出自己的多国估计不同,克拉克在很大程度上担当了对他人估计结果的编辑角色,他的目的是实现最大范围的覆盖。为了测算经济增长,他对 15 个国家从 1850 年到 20 世纪 30 年代的一些年份的实际收入指标进行了时间序列比较(pp.146—148),但从许多方面来看,这些比较的意义不大,因为他希望在不同且不一定总是具有可比性的"时点"估计值之间建立起粗略的联系,并采用了一些并不可靠的平减指数。

克拉克于 1940 年得出的估算结果现在已全部被更好的估计值所取代了,但他的工作仍具有很大的历史价值,因为他几乎对 19 世纪和 20 世纪在这个领域公开发表论文和著作的所有经济学家和统计学家的工作进行了深入全面的研究,而且和与他同时代的从事此项工作的统计员们有着广泛的联系。他往往毫不犹豫地按照他自己关于国民账户适当覆盖面的观点和对特定项目的处理方式来对这些研究中的估计值进行调整。此外,他还在经济分析中使用了这些估计值。系统的比较分析是检验估计值是否可靠和一致的一种好方法,而且可能会促进对"异常值国家"的更细致的研究。然而在 1940 年,人们还没有在国民账户的内容和计算方法上形成统一的认识,从而限制了对不同估计值所进行的比较研究。

---

* 英文为 Australasia,一般指澳大利亚、新西兰和附近的太平洋岛屿。——译者注

│　现代的研究者　│

关于美国国民账户的第一个官方估算是由**西蒙·库兹涅茨**（Simon Kuznets，1901—1985）于1934年做出的。那时的美国经济正处于极度萧条之中。国民账户被认为是改进公共政策的一个重要工具。在英国，1939年战争的爆发导致了17世纪90年代戴夫南特与金携手合作的类似情况再现。1940年2月，梅纳德·凯恩斯（Maynard Keynes）出版了《怎样支付战争经费：为财政部长提供的一个激进计划》（*How to Pay for the War：A Radical Plan for the Chancellor of the Exchequer*）一书，他的论证结构就建立在科林·克拉克所开发的国民账户的基础上（他们两人早在1931—1937年就已建立了紧密的联系，当时凯恩斯正在分析失业原因及应对措施）。凯恩斯说服财政部长在其1941年预算中首次引入了一套官方国民账户。这些账户成为英国政府制定策略并赢得战争的重要工具。这种完整统一的统计视角使得英国在战时资源动员方面远比德国有效（Kaldor，1946）。

1944年，英国、加拿大和美国的统计学家们展开了协商，目的在于将他们所使用的国民账户统计概念和方法标准化（Denison，1947）。在战后几年中，因为需要更好地评估马歇尔援助计划的内容和北约各成员国的负担分摊机制，所以编制可比的国民账户在政治上显得尤为必要。

这个标准化国民账户体系的大部分是由**理查德·斯通**（Richard Stone，1913—1991）设计的，他与詹姆斯·米德（James Meade）曾于1941年一起对英国的国民收入进行了首次官方估算。他还为欧洲经济合作组织（OEEC）和经济合作与发展组织（OECD）出版的《数量和价格指数》（*Quantity and Price Indexes*，1956）、《投入产出与国民账户》（*Input-Output and National Accounts*，1961）和《人口核算与模型构建》（*Demographic Accounting and Model Building*，1971）制定了大纲。他的鸿篇巨制是在他死后出版的《英国社会科学中的实证研究者，1650—1900》（*Some British Empiricists in the Social Sciences，1650—1900*，1997）。斯通和米尔顿·吉尔伯特（Milton Gilbert，1951年以前为美国国民收入账户的主要负责人，1960年以前为OEEC经济学和统计学部主任）在20世纪50年代非常活跃，二人致力于推动1952年的标准化体系在OEEC各国的贯彻实施。此后不久，OEEC体系就与联合国所采用的体系合并,这一体系在战后被官方统计员应用于大多数国家,但不包括那些社会主义国家,后者的国民账户排除了很多服务性生产活动,而且存在着一些重复计算。

米尔顿·吉尔伯特(Milton Gilbert,1909—1979)和**欧文·克莱维斯**(Irving Kravis,1916—1992)是对货币购买力平价进行官方测算的先驱者,其成果于1954年由OEEC发布。克莱维斯通过1968年开始的国际比较项目(ICP)大大地扩展了PPP测算的范围,并于1978年和他的同事艾伦·海斯顿(Alan Heston)和罗伯特·萨默斯(Robert Summers)一起创建了《宾夕法尼亚大学世界表》(PWT),以弥补ICP覆盖面的不足。

由于这些先驱者们的努力和探索,我们已经有了176个经济体自1950年以来GDP增长的官方数据,以及可用来对经济水平进行比较的PPP指标。这些数据和指标事实上已成为所有经济体制定经济政策的主要工具。

第一章
西　欧

西欧 1500—1700 年的人口增长率数据以及 1500—1820 年的 GDP 增长率数据(除法国外)全部来源于《世界经济千年史》一书的附录 B。1820 年后的数据来源请参见下文。

人口:1820—1950 年各年的人口估算数据来源详见以下对各国的注释。1950 年后的人口数据则来源于美国人口普查局的国际项目中心(International Programs Center,US Bureau of the Census,October 2002)。

GDP:有关 1820—1950 年各年的 GDP 估算详见下文。在大多数情况下,这些国家的数据来源注释都是麦迪森的《1820—1992 年世界经济之考察》(*Monitoring the World Economy 1820—1992*,1995,pp. 126-139)一书中相应部分的简化版本,但对法国、荷兰、葡萄牙、瑞士和西班牙的估计值进行了修订。我还对没有采用的奥地利和希腊新的估计值数据进行了评论。1950 年后各国的 GDP 数据均来源于《世界经济千年史》一书的附录 C,其中有关数据更新如下:1995—2001 年的实际 GDP 变动数据来源于 OECD 的《1989—2000 年 OECD 国家的国民账户》(*National Accounts of OECD Countries*,1989—2000,Vol. 1)和《季度国民账户统计》(*Quarterly National Accounts Statistics*,2/2002)。《世界经济千年史》(pp. 171-174,189-190)*解释了如何得到 1990 年 GDP 的基准水平值。除德国和英国外,为了消除边界变动的影响,我对 GDP 的估计值进行了适当调整。

奥地利:按照 1913 年价格计算的 1830 年、1840 年、1850 年、1860 年和1870—1913 年各年分行业的 GDP 估计值来自考泽尔(A. Kausel)的《1830—

---

* 此处所引用的麦迪森《世界经济千年史》一书的页码为英文版页码。下同。——译者注

1913 年的奥地利国民收入》（"Österreichs Volkseinkommen 1830 bis 1913"），该文载于《1829—1979 年奥地利中央统计局的历史和成果》（*Geschichte und Ergebnisse der zentralen amtlichen Statistik in Österreich 1829—1979，Beiträge zur österreichischen Statistik*，Heft 550，Vienna，1979，pp. 692-693）。假定 1820—1830 年人均 GDP 的变动与 1830—1840 年的相同（Kausel，1979，p.701）。按照 1937 年价格计算的 1913—1950 年分行业和支出项目的 GNP 数据来源于考泽尔（A. Kausel）、内梅特（N. Nemeth）和塞德尔（H. Seidel）的《1913—1963 年奥地利国民收入》（"Österreichs Volkseinkommen，1913—1963"，*Monatsberichte des Österreichischen Institutes für Wirtschaftsforschung*，14th Sonderheft，Vienna，August 1965，pp. 38，42）；1937—1945 年的数据来源于布切克（F. Butschek）的《1938—1945 年奥地利经济》（*Die Österreichische Wirtschaft 1938 bis 1945*，Fischer，Stuttgart，1979，p.65）；1950 年后的数据来源于 OECD。考泽尔的估计针对领土的变化进行了修正，参考了当前奥地利边界内的人口和产出。考泽尔还发表了关于狭义的内莱塔尼亚（奥匈帝国中对应奥地利的部分）1830—1913 年的估算结果（Kausel，1979，见上文）。广义的内莱塔尼亚还包括现在的波希米亚、摩拉维亚、加利西亚、布科维纳、的里雅斯特地区、达尔马提亚（达尔马提亚随后分属捷克斯洛伐克、波兰和南斯拉夫三国）。考泽尔起初是奥地利中央统计局国民经济核算司司长，随后成为奥地利中央统计局的副局长。他发表于 1979 年的文章只是为庆祝奥地利统计局成立 150 周年而出版的计量经济史研究论文集中的一部分。这部周年庆典卷还包括了其他很多文章，例如赫尔佐曼诺夫斯基（H. Helczmanovszki）有关奥匈帝国不同区域的综合人口统计学分析研究论文《奥匈帝国的人口》（"Die Bevölkerung Österrreich-Ungarns"）等。

大卫·古德（David Good）和马同恕（Tongshu Ma）在《1870—1989 年中欧和东欧可比经济增长率》（"The Economic Growth of Central and Eastern Europe in Comparative Perspective，1870—1989"，*European Review of Economic History*，1999，Vol. 3，Part 2，pp. 105，107）一文中否认了 Kausel（1979）根据非常粗略的计算方法得到的估算结果，并提出了另外一种"基础更坚实的"和"更可行的"估计方法。事实上，他们的方法来源于回归和三个替代指标，这三个替代指标分别是人均寄信数量、粗出生率和非农业人口占全部劳动力的比重。他们的估算涉及的时期为 1870—1910 年，得到的 GDP 增长率比考泽尔的要低。在早期的估算中,Good(1994)采用了5个替代指标和另一个不同的估计方法,并惊喜地发现他所得到的结果与考泽尔的结果"几乎一致"。古德和马同恕将考泽尔的直接估计值进行特征化处理是不准确的,我们找不到任何证据可以证明考泽尔的直接估计值是错的,而古德和马同恕的替代估计值是对的。但是,对于那些没有直接估计值的国家和时期,他们的替代估计值还是有用的(见本书第二章)。

麦克斯-斯蒂芬·舒尔茨(Max-Stephen Schulze)在《19世纪晚期哈布斯堡经济的增长和停滞模式》("Patterns of Growth and Stagnation in the Late Nineteenth Century Habsburg Economy", *European Review of Economic History*, December 2000, pp.311-340)一文中提供了1870—1913年内莱塔尼亚和外莱塔尼亚(Transleithenia,哈布斯堡王朝中对应匈牙利的部分)年度GDP和人均GDP的可靠估计结果。在该文中,他并没有对现代的奥地利给出估计值,而是使用了古德和马同恕的结果。他得出现代奥地利的经济增长比内莱塔尼亚慢的结论,这与考泽尔得到的结果正相反。考泽尔估计的奥地利1913年人均GDP比内莱塔尼亚高60%,而舒尔茨估计的差距则为29%。表1-1给出了我根据考泽尔的结果估计出的1830年、1870年和1913年的人口和GDP,最后给出了舒尔茨的估计值。

表1-1　现代和哈布斯堡王朝时期的奥地利人口和GDP(1830—1913)

	现代奥地利	内莱塔尼亚其他地区	整个内莱塔尼亚
人口(千人)			
1830	3 538	12 292	15 830
1870	4 520	16 028	20 248
1913	6 767	22 572	29 339
GDP(百万1990年国际元)			
1830	4 937	11 150	16 087
1870	8 429	16 574	25 003
1913	23 451	39 187	62 638
人均GDP(1990年国际元)			
1830	1 395	907	1 016
1870	1 865	1 034	1 235
1913	3 465	1 736	2 135
舒尔茨的人均GDP估计值			
1870	1 856		1 421
1913	2 871		2 222

比利时：1820—1846 年农业产出的变动数据来源于马丁·古森斯（Martine Goossens）的《1812—1846 年区域视角下的比利时农业经济发展》（*De Economische Ontwikkeling van de Belgische Landbouw in Regional Perspectief，1812—1846*，Lenven，1989）。1831—1846 年工业产出的估计值由让·加迪索尔（Jean Gadisseur）提供（假定 1820—1831 年这一时期的增长率与 1831—1842 年相同）。假定 1820—1846 年服务业产出与人口变化同步。1846—1913 年 GDP 数据是根据加迪索尔的《1846—1913 年比利时农业生产研究》（"Contribution à l'étude de la production agricole en Belgique de 1846 à 1913"，*Revue belge d'histoire contemporaine*，Vol. Ⅳ，1-2，1973）一文中提供的农业和工业产出变动推算出来的。服务业产出数据来自同一来源，并假定其与服务业就业人数同步变动，根据拜罗克（P. Bairoch）的《劳动年龄人口及其结构》（*La Population active et sa structure*，Brussel，1968，pp. 87-88）中提供的普查年度数据得到。1913 年的权重以及 1913—1950 年的 GDP 数据来自卡波奈尔（C. Carbonnelle）的《1900—1957 年比利时生产变化研究》（"Recherches sur l'évolution de la production en Belgique de 1900 à 1957"，*Cahiers Économiques de Bruxelles*，No. 3，April 1959，p. 358）。卡波奈尔只给出几个基准年的 GDP 数据，但却提供了许多年份的产品产量数据。对于卡波奈尔提供总产品产量数据的所有年份，为了得到 GDP 的估计值，根据插值方法补算了服务业增加值。1914—1919 年和 1939—1947 年这两个时期的 GDP 数据是在 1913 年和 1920 年之间以及 1939 年和 1948 年之间分别通过插值得到的，假定比利时 GDP 的变动模式与法国的相同。1820—1950 年的人口数据来源于《比利时和比利时属刚果统计年鉴（1955）》（*Annuaire statistique de la Belgique et du Congo Belge*，1955）。由于德国在 1925 年将奥伊彭和马尔梅迪两处领土划给比利时，使得比利时人口增加了 0.81%，假定相应地使其产出增长 0.81%，为了消除此影响又对相关数据进行了调整。

丹麦：按照 1929 年要素成本计算的 1820—1947 年分行业 GDP 数据来自汉森（S. A. Hansen）的《丹麦的经济增长》（*Økonomisk vaekst i Danmark*，Vol. Ⅱ，Institute of Economic History，Copenhagen，1974，pp. 229-232）。按照 1955 年要素成本计算的 1947—1960 年 GDP 数据来自索仑·拉尔森（Søren Larsen）的《1947—1965 年产出和要素总收入的修正时间序列》（"Reviderede tidsserier for produktionsvaerdi og bruttofaktorindkomst for perioden 1947—

1965",CBS,Copenhagen,1992)。1820—1950 年的人口数据来源于 Hansen (1974,见上文)。丹麦在 1921 年获得了北石勒苏益格地区后,总人口数增加了 5.3%,GDP 增加了 4.5%,为了消除这一影响,对相关数据进行了必要调整。

芬兰:按照市场价格计算的 1860—1960 年分行业 GDP 数据来自耶尔佩(R. Hjerppe)的《1860—1985 年芬兰经济:经济增长与结构变化》(*The Finnish Economy 1860—1985:Growth and Structural Change*,Bank of Finland,Helsinki,1989,pp.198-200)。正如海基宁(S. Heikkinen)、耶尔佩(R. Hjerppe)、考基安宁(Y. Kaukiainen)、马卡宁(E. Markkanen)和努梅拉(I. Nummela)在《1750—1913 年芬兰的生活水平》("Förändringar i levnadsstandarden i Finland,1750—1913",in G. Karlson,ed.,*Levestandarden i Norden 1750—1914*,Reykjavik,1987,p.74)一文中指出的那样,假定 1820—1860 年芬兰的人均 GDP 增长了 22.5%。1820—1950 年的人口数据来源于图尔佩宁(O. Turpeinen)的《1751—1970 年芬兰按年龄分组的死亡率》(*Ikaryhmittainen kuolleisuus Suomessa vv. 1751—1970*,Helsinki,1973)。芬兰在 1940 年和 1944 年割让了部分领土给苏联,但是人口数并没有因此减少,因为被割让领土上的所有居民都迁回了芬兰。

法国:麦迪森(Maddison,1995)对法国 1820—1870 年的 GDP 估计值已被修订。对于农业和服务业,我使用了图坦(J-C. Toutain)的实际 GDP 变化率来估算,但对于工业,因为他计算出的增长率比其他学者估计的要高很多,所以我没有采用他的估计值[参见图坦的《1789—1982 年法国的国内产值》(*Le produit intérieur de la France de 1789 à 1982*,Presses Universitaires de Grenoble,1987)],而是采用了勒布瓦耶(M. Levy-Leboyer)和勃艮第(F. Bourguignon)的《19 世纪的法国经济》(*L'économie Francaise au XIXe siècle*,1984)中的工业指数,并借用了图坦的 1870 年产业权重来估算。图坦曾经大幅修订了他对 1820—1870 年的估计值,参见图坦的《1789—1990 年法国的国内生产总值》("Le produit intérieur brut de la France,1789—1990",ISMEA,*Histoire et Sociétés,histoire économique et quantitative*,1,No.11,Presses Universitaires de Grenoble,1997,pp.5-136),修订之后的值显示服务业增长较快。这里我采用了他对农业和服务业的新估计值,同时采用了勒布瓦耶和勃艮第对工业的估计值。1870 年以后的数据来源不变,参见 Maddison(1995,pp.127-130)。

1500—1600 年和 1700—1820 年的人均 GDP 增长率都没有被修订,但

1600—1700 年的人均 GDP 增长率被修订了。对于 17 世纪后半叶，正如布瓦斯吉尔伯和沃班指出的那样，由于大饥荒和持续不断的战争的影响，我认为法国人均收入应处于停滞状态。

法国人口和 GDP 的估计值都是按法国现在的领土计算的，剔除了 1871—1918 年间失去阿尔萨斯-洛林以及在 1861 年获得新领土（萨瓦、上萨瓦、尼斯和滨海阿尔卑斯的周边地区）的影响，后者使法国在 1861 年的人口增加了 60 万，达到 3 739 万。1820—1860 年的人口数据来源于亨利（L. Henry）和布雷约（Y. Blayo）的《1740—1860 年的法国人口》（"La population de la France de 1740 à 1860"，*Population*，November 1975，pp. 97-99）；1861—1950 年的人口数据来源于《1966 年法国统计年鉴》（*Annuaire statistique de la France*，1966，pp. 66-72）。

德国：1918 年以前的 GDP 和人口估计值是以 1870 年边界为基础的，1919—1945 年的 GDP 和人口估计值是以 1936 年边界为基础的，1946 年以后的 GDP 和人口估计值则以现在的边界为基础。Maddison（1995）给出了联邦德国 1820—1992 年按照 1989 年边界估计的人口和 GDP 值，并剔除了疆域变化带来的影响。因德国边界变动非常复杂，目前很难通过一致调整得到统一后的德国整个时期的人口和 GDP 估计值。

（1）1871 年，德国从法国手中夺取了阿尔萨斯-洛林地区，使得德国的人口和 GDP 增加了 4%。

（2）1918—1922 年间，德国失去了阿尔萨斯-洛林、梅梅尔、但泽、奥伊彭、马尔梅迪、萨尔、北石勒苏益格和东部上西里西亚。按 1918 年德意志帝国边界计算，上述这些地区拥有德国全部 6 681.1 万人口中的 733 万，即旧德意志帝国在人口方面比失去领土后的德国多了 12.3%。但是，在人均收入方面，1913 年的德意志帝国扣除失去领土的余下区域比整个区域的平均水平要高出 2.4%，使其总收入损失了 9.7%。有关人口损失，参见麦迪森的《资本主义发展的动力》（*Dynamic Forces in Capitalist Development*，1991，pp. 232-235）；有关人均收入差距，参见格鲁宁（F. Grunig）的《德国国民经济核算入门》（"Die Anfänge der volkswirtschaftlichen Gesamtrechnung in Deutschland"，*Beitrage zur empirischen Konjunkturforschung*，Berlin，1950，p. 76）。

（3）1935 年，德国重新获得了萨尔地区，人口和收入增加了 1.79%。

（4）1938 年，德国吞并了奥地利，并从捷克斯洛伐克手中夺取了苏台德地区。之后它又占领了阿尔萨斯-洛林以及波兰和南斯拉夫的部分地区。1941

年,这些地区使得德国 GDP 比按照 1937 年的边界计算增加了 22.4%。

(5) 第二次世界大战之后,德国在 1936 年的疆域范围内分裂成德意志联邦共和国、德意志民主共和国和奥得-尼斯河以东的地区,其中奥得-尼斯河以东的地区随后并入波兰和苏联版图(哥尼斯堡变成加里宁格勒)。

(6) 1991 年[*],德意志民主共和国又变为德意志联邦共和国的一部分。

有关德国边界变化及其对 GDP 影响的详尽核算,参见麦迪森的《资本主义发展的阶段》("Phases of Capitalist Development", *Banca Nazionale del Lavoro Quarterly Review*,No. 121,p. 134)和 Maddison(1995,pp. 130-133)。有关边界变动对于人口的影响,参见麦迪森的《资本主义发展的动力》(*Dynamic Forces in Capitalist Development*,1991,pp. 226-237)。麦迪森在《世界经济千年史》(2001,p. 178)中就德国边界变动对其人口和 GDP 的影响进行了综述。

1820—2001 年 GDP 数据来源如下:1820 年、1830 年和 1850 年的 GDP 数据是根据蒂利(R. H. Tilly)对普鲁士的相应估计值推算出来的,参见蒂利的《19 世纪德国的资本形成》("Capital Formation in Germany in the Nineteenth Century",in P. Mathias and M. M. Postan,eds.,*Cambridge Economic History of Europe*,Vol. Ⅶ,Ⅰ,1978,pp. 395,420,441)。也就是说,我用普鲁士估计的农业和工业人均产出乘以整个德国的人口计算得到德国的农业和工业产出,并假定德国服务业的产出与人口同步变化。GDP 总量数据根据 1850 年三次产业比重估计,后者来源于霍夫曼(W. G. Hoffmann)、格伦巴赫(F. Grumbach)和海瑟(H. Hesse)的《19 世纪中叶以来德国的经济增长》(*Das Wachstum der deutschen Wirtschaft seit der Mitte des 19. Jahrhunderts*,Springer,Berlin,1965,p. 454)。

1850—1938 年的 GDP 数据是以 1950 年数据为基础,根据实际 GDP 变化率得到的,基础数据取自霍夫曼、格伦巴赫和海瑟的《19 世纪中叶以来德国的经济增长》(pp. 454-455)。由于霍夫曼等人没有估算 1914—1924 年的数据,该时期的工业和农业变动模式根据德西里尔(J. Dessirier)的《1870—1928 年不同国家工业和农业产出的可比指数》("Indices comparés de la production industrielle et production agricole en divers pays de 1870 à 1928",*Bulletin de la statistique générale de la Franc*,Études spécials,October-December 1928)一文中的产出估计值得到,而服务业产出则根据霍夫曼等人估算出的 1913 年和

---

[*] 民主德国和联邦德国于 1990 年 10 月 3 日统一,此处疑为原书笔误。——译者注

1925 年的服务业数据通过插值法得到。

按照 1939 年价格 (支出法) 和 1938 年领土 (包括奥地利和苏台德地区) 计算的 1938—1944 年的 GNP 数据来源于哈拉尔德森 (W. C. Haraldson) 和德尼森 (E. F. Denison) 的 《 1936—1944 年德国的国民生产总值 》["The Gross National Product of Germany 1936—1944", *Special Paper 1* (mimeographed), in J. K. Galbraith (ed.), *The Effects of Strategic Bombing on the German War Economy*, US Strategic Bombing Survey, 1945]。1946 年的数据 (以 1936 年为基础) 来源于 《 占领区的经济问题 》(*Wirtschaftsproblemen der Besatzungszonen*, D. I. W. Duncker and Humblot, Berlin, 1948, p. 135)。至于 1945 年后的联邦德国和民主德国的 GDP 数据来源，参见 Maddison (1995, pp. 131-132；2001, p. 178) 的解释。表 1-2 显示了 1870—1991 年间边界变化带来的影响。

表 1-2　边界变化对德国 GDP 的影响 (1870—1991)

	联邦德国 1990 年边界	民主德国 1990 年边界	德国 1991 年边界	德国 1936 年边界	德国 1913 年边界 (不含阿尔萨斯-洛林)
GDP (百万 1990 年国际元)					
1820	16 390				26 819
1870	44 094				72 149
1913	145 045			225 008	237 332
1936	192 910	74 652	267 562	299 753	
1950	213 942	51 412	265 354		
1973	814 786	129 969	944 755		
1990	1 182 261	82 177	1 264 438		
1991	1 242 096	85 961	1 328 057		

希腊：按国际单位计算的 1913—1929 年实际产出数据来源于克拉克的 《 经济发展的条件 》(*Conditions of Economic Progress*, 3rd edition, Macmillan, London, 1957, pp. 148-149)；1929—1938 年按要素成本计算的 GNP 数据来源于 《 经济学 》(*Ekonomikos Tachydromos*, 22 May 1954)；1938—1950 年的数据来源于 OEEC 的 《 欧洲和世界经济 》(*Europe and the World Economy*, Paris, 1960, p. 116)。1950 年以后的数据来源于 OECD 的 《 国民账户 》(*National Accounts*) 各期。假定 1820—1913 年的人均 GDP 与东欧的 GDP 总量同步变化。1820—1900 年的人口数据根据米歇尔 (B. R. Mitchell) 的 《 1750—1970 年欧洲

历史统计》(*European Historical Statistics 1750—1970*，Macmillan，London，1975，p. 21)中的有关数据通过插值法得到。1900—1940 年的数据来源于斯温尼尔森(I. Svennilson)的《欧洲经济的增长与停滞》(*Growth and Stagnation in the European Economy*，ECE，Geneva，1954，pp. 236-237)，1941—1949 年的数据来源于联合国的《1951 年人口年鉴》(*Demographic Yearbook 1951*，New York，1952，pp. 124-125)。为了消除疆域变化的影响,我对有关数据进行了适当调整。希腊在 19 世纪 20 年代从土耳其独立出来后疆域不断扩张,1864 年得到了爱奥尼亚群岛,1881 年得到了塞萨利,1898 年事实上得到了克里特岛,1913 年得到了伊庇鲁斯、马其顿、色雷斯和爱琴海群岛,1947 年得到了罗德岛和多德卡尼斯群岛的其他部分。

乔治·柯斯特勒诺斯(George Kostelenos)在《现代希腊的货币和产出》(*Money and Output in Modern Greece*，Centre of Planning and Economic Research，Athens，1995)一书中提供了 1858—1938 年希腊第一、第二和第三产业的现价产出估计值。虽然他没有估计三次产业的实际产出,但构造出了一个总量平减指数以获得按 1914 年价格计算的 GDP 估计值(pp. 457-459)。此外,他还计算了同期的货币供应量增长,并使用货币流通速度检验他的 GDP 估计值的准确性(进而修正了他对 1858—1859 年 GDP 的估计结果)。与以前的研究者相比,尽管柯斯特勒诺斯更注重搜集现有的相关证据,但他的直接测算仍然存在三个问题:(1)他构造的 GDP 平减指数非常粗糙,只涉及 11 个项目的价格(其中 6 个项目贯穿整个时期),并且这 11 个项目仅限于农产品或矿产品,其权重为相应项目的总产出(1860 年、1875 年、1899 年和 1914 年)。为了提高 GDP 指标的可接受性,就必须构造出分行业的实际 GDP 指数。我不清楚这是否可行,但我知道这样做是有益的。(2)第二个问题是疆域变化。柯斯特勒诺斯在他所研究的时期没有关注希腊的边界变化,但他给出的人口数字却清楚地表明边界变化的影响。他给出的人口数字有以下四个主要断裂点:1864 年人口突然增长了 21%,1881 年增长了 18%,1913 年增长了 77%,1920 年增长了 15%。但是,他没有讨论如何找到产出的适当数据来调整由新旧领土变化带来的差异等问题。从他得到的估计值来看,这些问题很难解决。他得出人均收入在 1910—1912 年增长了 63%,1913 年下降了 25%,1914 年增长了 25%。1883—1887 年也存在类似的问题,这段时期人均 GDP 几乎增长了 90%。虽然目前尚不清楚是否可以成功地解决这些问题,但是人们不能就此批评柯斯特勒诺斯就试图解决这些由内在因素决定的难题所做出的努力。(3) 第三个问题是柯斯特勒诺斯揭示出 19 世纪希腊经济是停滞不前的，1910 年的人均收入比 1860 年的还要低 6％。如果以我的 1938 年数据为基础，他估计的 1858 年希腊人均 GDP 的值将达到 1 550 国际元（1990 年价格），这与德国和瑞典的水平相当，且比东欧的平均水平高出约 70％。这一结果是不可能的。最近柯斯特勒诺斯［与佩特梅扎斯（Petmezas）等人合作］修正了他早先的估计值，其新结果显示希腊的经济增长更快且更平滑，并且追溯到了 1833 年。经济增长变快的主要原因是他使用了新的平减指数——"滚动指数"，该指数的基期是变动的，并分别通过 1860 年、1886 年、1914 年各产业的权重进行加总。修订后的结果更加接近实际，但仍是试探性的。希腊国家银行即将出版的刊物将对此进行更加充分和完整的解释。有关柯斯特勒诺斯在这方面的研究，参见他的《19 世纪和 20 世纪希腊的经济增长和不平等：一种试探性研究》("Economic Growth and Inequality in Greece in the 19th and 20th Century: A Tentative Approach", 2001, www. eco. rug. nl/ggdc)。

爱尔兰：1920 年前的爱尔兰数据可参见下面有关英国的注释。正如费恩斯坦（C. H. Feinstein）在《1855—1965 年英国的国民收入、支出和产出》(*National Income, Expenditure and Output of the United Kingdom 1855—1965*, Cambridge University Press, 1972, Table 6)中所估计的那样，1920 年爱尔兰的人均 GDP 水平相当于英国（剔除南爱尔兰）的 54％。1926—1950 年的数据来源于肯尼迪（K. A. Kennedy）的《生产率与产业增长：爱尔兰的经验》(*Productivity and Industrial Growth: The Irish Experience*, Oxford University Press, 1971, p. 3)。1921—1949 年的人口数据来源于联合国的《1960 年人口统计年鉴》(*Demographic Yearbook 1960*, New York)。

意大利：1820 年和 1861—1970 年各年的 GDP 变化来源于麦迪森的《1861—1989 年意大利经济增长的修正估计》("A Revised Estimate of Italian Economic Growth 1861—1989", *Banca Nazionale del Lavoro Quarterly Review*, June 1991)。对于 1970 年之后的 GDP 数据，我采用了意大利国家统计局的估计值，它对地下经济（占全部 GDP 的 20.2％）的覆盖比其他国家更全面，在其他国家，游离于官方国民核算统计网之外的地下经济活动通常约占 GDP 的 3％，参见布雷兹（D. Blades）的《隐蔽经济与国民核算》("The Hidden Economy and the National Accounts", OECD, *Occasional Studies*, June 1982, p.39）。因此我对 GDP 基准水平进行了 3 个百分点的下调，以提高数据的国际可比性。这对实际 GDP 的变化率没有影响，但所有年份的水平都下降了。

　　1820 年的人口数据来源于贝洛克（K. J. Beloch）的《意大利的人口史》（*Bevölkerungsgeschichte Italiens*，de Gruyter，Berlin，1961，pp. 351-354）。有关常住人口的年度变化，1861—1950 年的数据来自意大利国家统计局的《1861—1975 年意大利统计概要》（*Sommario di statistiche storiche dell'Italia，1861—1975*，Istat，Rome，1976），并调整到年中值。1821—1861 的年度估计值是通过对数插值法计算得来的，计算的平均年增长率是 0.644％。加洛韦（P. R. Galloway）对意大利北部人口的估计结果显示，1821—1861 年该地区的人口年均增长率为 0.703％，参见加洛韦的《利用逆外推法重新估计 1650—1881 年意大利北部人口》（"A Reconstruction of the Population of Northern Italy from 1650 to 1881 Using Annual Inverse Projection"，*European Journal of Population*，10，1994，pp. 223-274）。为了消除领土变化的影响，需要对人口和 GDP 数据进行调整。1866 年在与奥地利交战结束后，威尼斯成为意大利的一部分。1870 年后，教皇国也并入了意大利版图。1919 年，南蒂罗尔、原奥地利的滨海区和港口扎拉也并入了意大利。1922 年，阜姆被并入。1945 年，扎拉、阜姆和威尼斯-朱利亚部分地区被割让给南斯拉夫。在 1954 年达成和解协议之前，的里雅斯特的归属一直处于争议之中以及国际接管之下，1954 年后该城市的市区和海岸线划归意大利，内陆地区划归南斯拉夫。1947 年汤达和布里加被并入法国版图。有关这些领土变化的影响可以参见 Maddison（1995，p.231）。

　　荷兰：1820—1913 年人口和 GDP 的估计值来自斯米茨（J-P. Smits）、郝令思（E. Horlings）和范赞登（J. L. van Zanden）的《1800—1913 年荷兰的 GDP 及其构成》（*Dutch GDP and Its Components，1800—1913*，Groningen，2000），其中数据被郝令思调整为年中值。1913—1960 年的 GDP 数据来源于范博肖弗（C. A. van Bochove）和惠特科尔（T. A. Huitker）的《1900—1986 年主要国民核算序列》（"Main National Accounting Series，1900—1986"，*CBS Occasional Paper*，No.17，The Hague，1987）。1960 年后的数据来源于 OECD 的《国民账户》。1913—1950 年的人口数据来源于《荷兰经济 70 年时间序列数据》（*Zeventig jaren statistiek in tijdreeksen*，CBS The Hague，1970，p.14），并被调整为年中值。

　　挪威：1865—1950 年按不变市场价格计算的支出法 GDP 数据来源于《1865—1960 年的国民账户》（*National Accounts 1865—1960*，Central Bureau of Statistics，

Oslo，1965，pp. 348-359)，其中固定资本形成总额被下调了三分之一，以扣除修理和维护支出。至于1939—1944年估计值的缺口，我利用了来源于奥科鲁斯特(O. Aukrust)和布捷维(P. J. Bjerve)的《挪威的战争代价》(*Hva krigen kostet Norge*，Dreyers，Oslo，1945，p. 45)中的国民收入变动(不包括1940—1944年从盟军基地开始的航运和捕鲸活动)。假定1945年的数据为1944年和1946年的中间值。对于1820—1865年，我假定挪威的人均GDP变化率与瑞典相同。

在霍登(F. Hodne)和格里特恩(O. H. Grytten)的《1835—1915年挪威的国内生产总值》("Gross Domestic Product of Norway 1835—1915"，*Occasional Papers in Economic History*，Umeå University，1994)一文中可找到追溯到对1835年挪威GDP的有趣的估计值。他们在1865年的官方估计值的基础上对19世纪的三个时点(1835年、1845年和1850年)的估计值进行了调整，得到的增长率比我假定的要快(他们对1850年人均GDP的估计值比我的估计值约小五分之一)。当北欧小组完成他们对斯堪的纳维亚半岛的数据评估后，对1820—1865年挪威更权威的估计可能会面世。1770—1950年年中的人口数据来源于《1968年历史统计数据》(*Historical Statistics*，*1968*，CBS，Oslo，1969，pp. 44-47)。

葡萄牙：1851—1910年的GDP变动数据来源于巴迪尼(C. Bardini)、卡雷拉斯(A. Carreras)和派德罗·莱恩斯(Pedro Lains)的《意大利、西班牙和葡萄牙的国民账户》("The National Accounts for Italy，Spain and Portugal"，*Scandinavian Economic History Review*，1，1995，p. 135)。他们估算了农业和工业的产出，并且结合这两个产业部门的变动来测算总的实物产出，以此作为GDP变动的替代估计。我借用了他们估计的农业和工业产出，根据1910年的产业部门权重，并假定其他经济部门(商业、运输和服务)的产出一半与人口同步变化，另一半与总的实物产出同步变化，从而大致推算出GDP数据。1910—1958年的GDP数据和1910的产业部门权重来源于巴提斯达(D. Batista)、马丁斯(C. Martins)、平海罗(M. Pinheiro)和雷斯(J. Reis)的《1910—1958年葡萄牙GDP的新估计值》("New Estimates for Portugal's GDP，1910—1958"，Bank of Portugal and European University Institute，October，1997)。1834—1946年的GDP变动估计值可在努奈斯(A. B. Nunes)、马塔(E. Mata)和瓦勒里奥(N. Valerio)的《1833—1985年葡萄牙的经济增长》("Portuguese Economic Growth，1833—1985"，*Journal of European Economic History*，Fall，1989)一文中找到。他们通过1947—1985年3个替代指

标(出口、财政收入与公共支出)与 GDP 变动的关系使用回归方法得到 1834—
1946 年 GDP 的估计值。他们计算出的 1834—1851 年的数据波动较大,没有明
确显示出经济增长。这是一个政治和经济不稳定的时期,在此之前爆发了拿破
仑战争和巴西帝国的崩溃。我采用了他们对 1850—1851 年 GDP 变动的估计
值,并假定 1820 年的人均 GDP 水平与 1850 年的相同。

　　1820 年和 1833—1864 年的人口变动数据来源于 Nunes,Mata,and Vale-
rio(1989,p. 292),1821—1832 年数据采用插值法得到。1865—1949 年数据来
源于瓦勒里奥的《葡萄牙的历史统计》(*Portuguese Historical Statistics*,INE,
Lisbon,2001,Vol. 1,pp. 52-53)。人口估计值被调整为年中值。

　　西班牙:正如 Maddison(1995,p. 138)所解释的那样,1820—1850 年的实
际 GDP 变动数据来自普拉多斯(Prados,1982);1850—1990 年的数据来源于
普拉多斯的《1850—2000 年西班牙的经济进展》(*El Progreso Economico de
Espana*,*1850—2000*,Universidad Carlos Ⅲ,Madrid,2002)。1821—1849
年的人口数据是根据卡雷拉斯(A. Carreras)主编的《19 世纪和 20 世纪西班牙
的历史统计》(*Estadisticas Historicas de Espana:Siglos ⅩⅨ-ⅩⅩ*,Fundacion
Banco Exterior,Madrid,1989,pp. 68-72)中提供的 1820 年和 1850 年的数据
通过插值法得到的;1850—1949 年人口数据来自 Prados(2002)。

　　瑞典:1820—1950 年的人口和 1820—1960 年分行业 GDP 的初步估计值由
奥勒·克兰兹(Olle Krantz)善意提供。有关他的估计方法,可参见他的《19 世纪
初以来瑞典历史 GDP 的新估计》("New Estimates of Swedish Historical GDP Since
the Beginning of the Nineteenth Century",*Review of Income and Wealth*,June
1988)。他已经对这些估计值进行了修订,不久将提供一个最终版本。

　　瑞士:假定 1820—1851 年的人均 GDP 变动与法国和德国的平均水平相
同。1851—1913 年各年实际 GDP 的估计值来自里兹曼-布利肯斯托弗(H.
Ritzmann-Blickenstorfer)的《瑞士的历史统计》(*Historical Statistics of Switz-
erland*,Chronos,Zürich,1996,pp. 859-879)中的两个替代的平减序列的平均
值。1924—1950 年以 1913 年国际单位计算的实际 GDP 估计值来自克拉克
(C. Clark)的《经济发展的条件》(*Conditions of Economic Progress*,3rd ed.,
Macmillan,London,1957,pp. 188-189)。1913—1924 年各年 GDP 变动数据
是根据安德里斯特(F. Andrist)、安德森(R. G. Anderson)和威廉斯(M. M.
Williams)的《瑞士的实际产出:1914—1947 年的新估计值》("Real Output in
Switzerland:New Estimates for 1914—1947",*Federal Reserve Bank of St.*

Louis Review，May/June 2000）一文中对经济活动的相关估计值推算出来的，并加以调整，使之与 Clark（1957）估计的 1913—1924 年的 GDP 变动相一致。1950 年后的数据来源于 OECD。1830 年、1840 年、1850 年的人口数据来源于考泽尔的《150 年经济增长》（*150 Jahre Wirtschaftswachstum*，Staatsdruck-erei，Vienna，1985，p. 12）。假定 1820—1830 年的人口增长率与 1830—1840 年的相同。1851—1870 年各年人口变动数据来源于里兹曼的《瑞士的历史统计》（同上）；1871—1949 年的数据来源于《1952 年瑞士统计年鉴》（*Annuaire statis-tique de la Suisse 1952*，Federal Statistical Office，Bern，1953，pp. 42-43）。

英国：对于英格兰、威尔士和苏格兰，1801—1831 年的 GDP 变动数据来自克拉夫茨（N. F. R. Crafts）和哈利（C. K. Harley）的《产出增长和英国工业革命：克拉夫茨–哈利观点的再陈述》（"Output Growth and the British Industrial Revolution：A Restatement of the Crafts-Harley View"，*Economic History Review*，November 1992，p. 715），按照迪恩（P. Deane）在《1830—1914 年英国国民生产总值的新估计》（"New Estimates of Gross National Product for the United Kingdom 1830—1914"，*Review of Income and Wealth*，June，1968）中的假设，假定 1831 年爱尔兰人均产出为英国的一半，并且从 1801 年开始人均产出增长速度也是英国的一半，对相关数据以英国为基础进行调整。1830—1855 年各年的实际 GNP 变动数据来源于 Deane（1968，p. 106）。1855—1960 年各年按要素成本计算的 GDP 变动数据（实际支出法、产出法和收入法 GDP 估计值的平均值）来源于费恩斯坦的《1855—1965 年英国的国民收入支出和产出》（*National Income Expenditure and Output of the United Kingdom 1855—1965*，Cambridge，1972，pp. T18-T20）。

对于 1815—1871 年来说，除蒙茅斯外的英格兰人口数据是根据里格利（E. A. Wrigley）、戴维斯（R. S. Davies）、俄朋（J. E. Oeppen）和斯柯菲尔德（R. S. Scho-field）的《1580—1837 年从家史追述看英国人口史》（*English Population History from Family Reconstitution 1580—1837*，Cambridge，1997，p. 614）中提供的每隔五年的估计值通过插值法得到的。蒙茅斯和威尔士 1811—1871 年的人口数据是根据每隔十年的人口普查结果通过插值法得到的，可参见米歇尔（B. R. Mitchell）的《英国历史统计摘要》（*Abstract of British Historical Statistics*，1962，p. 20）。苏格兰 1815—1817 年人口数据来源于 Mitchell（1962，见上文，pp. 8-9）。爱尔兰 1791—1821 年的数据来源于狄克森（D. Dickson）、格拉达（C. O Grada）和道尔特里（S. Daultry）的《1672—1821 年炉灶税、住户规模和爱尔兰人口变化》（"Hearth Tax，Household Size and Irish Population Change

1672—1821", *Proceedings of the Royal Irish Academy*，Vol. 82，C，No. 6，Dublin，1982，p. 156）。1821—1841 年的数据来源于李（J. Lee）的《论饥荒前爱尔兰人口普查的准确性》（"On the Accuracy of the Pre-Famine Irish Censuses"，in J. M. Goldstrom and I. A. Clarkson，*Irish Population*，*Economy and Society*，Oxford，1981，p. 54）；1842—1920 的数据来源于 Mitchell（1962，pp. 8-9），为了以李的同期数据为基础，1842—1847 年的数据被上调了 2.44%。1871—1949 年英国的人口数据来源于 Feinstein（1972，pp. T120-T121）。1920 年及之前的人口和 GDP 数据都包括了整个爱尔兰。

表 1-3 给出了 1820—2001 年各基准年英国按地理划分的项目。20 世纪 90 年代之前，爱尔兰的人均收入水平一直远低于大不列颠，但现在已超越后者。

表 1-3　爱尔兰/爱尔兰共和国和英国的经济增长（1820—2001）

	英国	爱尔兰	英格兰、威尔士和苏格兰	北爱尔兰
		人口（千人）		
1820	21 239	7 101	14 138	
1840	26 745	8 348	18 396	
1870	31 400	5 419	25 981	
1913	45 649	4 346	41 303	
1920	<u>46 821</u> *	<u>4 361</u>	42 460	
1920	43 718	**3 103**	42 460	1 258
1950	50 363	**2 969**	48 986	1 377
1973	56 223	**3 072**		1 530
2001	59 905	**3 839**		1 689
		GDP（百万 1990 年国际元）		
1820	36 232	6 231	30 001	
1840	53 234	8 638	44 596	
1870	100 179	9 619	90 560	
1913	224 618	11 891	212 727	
1920	<u>212 938</u>	<u>11 078</u>	201 860	
1920	205 056	**7 882**	201 860	3 196
1950	347 850	**10 231**		
1973	675 941	**21 103**		
2001	1 202 074	**89 113**		

---

* 表中带下划线的数字表示对 1920 年数据的另一种估计值。下同。——译者注

（续表）

	英国	爱尔兰	英格兰、威尔士和苏格兰	北爱尔兰
人均 GDP（1990 年国际元）				
1820	1 707	880	2 121	
1840	1 990	1 035	2 424	
1870	3 191	1 775	3 487	
1913	4 921	2 736	5 150	
1920	4 568	2 540	4 754	2 540
1920	4 690	**2 540**		
1950	6 907	**3 446**		
1973	12 022	**6 867**		
2001	20 066	**23 201**		

资料来源：Maddison(2001)，p.247。黑体字表示爱尔兰共和国的数据。

13 个西欧小国：1950—2001 年冰岛和卢森堡公国的 GDP 变动数据来源于 OECD 的《国民账户》各期；1950—1990 年塞浦路斯和马耳他的相应数据来源于 Maddison(1995)，并根据国际货币基金组织的相关数据进行了更新。这里我们假定 9 个小国（安道尔、海峡群岛、法罗群岛、直布罗陀、格陵兰、马恩岛、列支敦士登、摩纳哥和圣马力诺）的人均 GDP 与 12 个西欧国家的平均值相同；同时，假定 1950 年以前 13 个小国的人口和人均 GDP 水平与 12 个西欧国家的对应值同步变动。

表 1-4　13 个西欧小国的人口和 GDP(1950—2001)

	1950	1973	1990	2001
人口（千人，年中值）				
冰岛	143	212	255	278
卢森堡	296	350	382	443
塞浦路斯	494	634	681	763
马耳他	312	322	359	395
其他 9 个国家	285	389	482	516
13 国合计	1 529	1 907	2 159	2 595
GDP（百万 1990 年国际元）				
冰岛	762	2 435	4 596	6 131
卢森堡	2 481	5 237	8 819	16 452
塞浦路斯	930	3 207	6 651	9 823
马耳他	278	855	2 987	4 790
其他 9 个国家	1 429	4 718	8 152	10 357
13 国合计	5 880	16 452	31 205	47 553
人均 GDP（1990 年国际元）				
冰岛	5 336	11 472	18 024	22 054
卢森堡	8 382	14 963	23 086	37 138
塞浦路斯	1 883	5 058	9 767	12 874
马耳他	894	2 655	8 320	12 127
其他 9 个国家	5 013	12 129	16 913	20 077
13 国合计	3 846	8 627	14 453	19 855

表 1a-1　12 个西欧国家的人口(1500—1868)　　　（千人，年中值）

	奥地利	比利时	丹麦	芬兰	法国	德国	意大利
1500	2 000	1 400	600	300	15 000	12 000	10 500
1600	2 500	1 600	650	400	18 500	16 000	13 100
1700	2 500	2 000	700	400	21 471	15 000	13 300
1820	3 369	3 434	1 155	1 169	31 250	24 905	20 176
1821	3 386	3 464	1 167	1 186	31 460	25 260	20 306
1822	3 402	3 495	1 179	1 202	31 685	25 620	20 437
1823	3 419	3 526	1 196	1 219	31 905	25 969	20 568
1824	3 436	3 557	1 213	1 235	32 127	26 307	20 701
1825	3 452	3 589	1 228	1 252	32 350	26 650	20 834
1826	3 469	3 620	1 243	1 268	32 538	26 964	20 968
1827	3 486	3 652	1 255	1 310	32 727	27 249	21 103
1828	3 504	3 685	1 265	1 326	32 917	27 540	21 239
1829	3 521	3 717	1 270	1 343	33 108	27 807	21 376
1830	3 538	3 750	1 273	1 364	33 300	28 045	21 513
1831	3 555	3 782	1 275	1 374	33 439	28 283	21 652
1832	3 573	3 814	1 276	1 378	33 598	28 535	21 791
1833	3 590	3 846	1 284	1 383	33 718	28 801	21 932
1834	3 608	3 879	1 295	1 387	33 859	29 071	22 073
1835	3 626	3 912	1 306	1 391	34 000	29 390	22 215
1836	3 614	3 945	1 315	1 399	34 178	29 702	22 358
1837	3 662	3 978	1 325	1 409	34 357	30 013	22 502
1838	3 680	4 012	1 335	1 420	34 537	30 365	22 647
1839	3 698	4 046	1 347	1 430	34 718	30 746	22 793
1840	3 716	4 080	1 357	1 441	34 900	31 126	22 939
1841	3 739	4 115	1 371	1 456	35 059	31 475	23 087
1842	3 762	4 151	1 385	1 476	35 218	31 787	23 236
1843	3 785	4 187	1 392	1 495	35 378	32 086	23 385
1844	3 808	4 223	1 414	1 516	35 539	32 394	23 536
1845	3 831	4 259	1 430	1 536	35 700	32 743	23 687
1846	3 855	4 296	1 444	1 555	35 829	33 059	23 840
1847	3 878	4 333	1 456	1 573	35 959	33 231	23 993
1848	3 902	4 371	1 470	1 591	36 089	33 289	24 148
1849	3 926	4 408	1 484	1 610	36 219	33 452	24 303
1850	3 950	4 449	1 499	1 628	36 350	33 746	24 460
1851	3 978	4 477	1 517	1 642	36 479	34 055	24 617
1852	4 006	4 506	1 536	1 652	36 609	34 290	24 776
1853	4 035	4 534	1 552	1 663	36 739	34 422	24 935
1854	4 063	4 563	1 569	1 673	36 869	34 531	25 096
1855	4 092	4 592	1 590	1 683	37 000	34 586	25 257
1856	4 120	4 621	1 612	1 692	37 060	34 715	25 420
1857	4 150	4 651	1 634	1 703	37 120	34 979	25 584
1858	4 178	4 680	1 653	1 715	37 180	35 278	25 748
1859	4 206	4 710	1 674	1 726	37 240	35 633	25 914
1860	4 235	4 740	1 696	1 738	37 300	36 049	26 081
1861	4 263	4 774	1 717	1 754	37 390	36 435	26 249
1862	4 292	4 809	1 739	1 774	37 520	36 788	26 418
1863	4 321	4 844	1 761	1 794	37 710	37 184	26 610
1864	4 350	4 879	1 777	1 813	37 860	37 602	26 814
1865	4 380	4 915	1 799	1 833	38 020	37 955	27 023
1866	4 409	4 950	1 814	1 840	38 080	38 193	27 256
1867	4 439	4 986	1 833	1 831	38 230	38 440	27 411
1868	4 469	5 023	1 852	1 776	38 330	38 637	27 501

（千人，年中值）（续表）

	荷兰	挪威	瑞典	瑞士	英国	西欧 12 国合计
1500	950	300	550	650	3 942	**48 192**
1600	1 500	400	760	1 000	6 170	**62 580**
1700	1 900	500	1 260	1 200	8 565	**68 796**
1820	2 333	970	2 585	1 986	21 239	**114 571**
1821	2 365	984	2 611	1 998	21 551	**115 738**
1822	2 400	998	2 646	2 008	21 832	**116 904**
1823	2 435	1 013	2 689	2 020	22 117	**118 076**
1824	2 474	1 028	2 727	2 031	22 407	**119 243**
1825	2 514	1 044	2 771	2 042	22 698	**120 424**
1826	2 543	1 062	2 805	2 054	22 996	**121 530**
1827	2 561	1 079	2 828	2 065	23 275	**122 590**
1828	2 585	1 093	2 847	2 077	23 560	**123 638**
1829	2 610	1 108	2 863	2 088	23 847	**124 658**
1830	2 633	1 124	2 888	2 100	24 139	**125 667**
1831	2 653	1 137	2 901	2 112	24 433	**126 596**
1832	2 665	1 150	2 923	2 123	24 684	**127 510**
1833	2 683	1 163	2 959	2 135	24 937	**128 431**
1834	2 707	1 174	2 983	2 147	25 194	**129 377**
1835	2 732	1 188	3 025	2 159	25 452	**130 396**
1836	2 762	1 202	3 059	2 171	25 715	**131 420**
1837	2 791	1 214	3 076	2 183	25 968	**132 478**
1838	2 821	1 224	3 090	2 195	26 223	**133 549**
1839	2 853	1 233	3 106	2 208	26 483	**134 661**
1840	2 886	1 241	3 139	2 220	26 745	**135 790**
1841	2 921	1 254	3 173	2 235	27 004	**136 889**
1842	2 952	1 271	3 207	2 251	27 277	**137 973**
1843	2 981	1 286	3 237	2 266	27 511	**138 989**
1844	3 014	1 302	3 275	2 282	27 785	**140 088**
1845	3 047	1 319	3 317	2 298	28 040	**141 207**
1846	3 069	1 337	3 343	2 314	28 272	**142 213**
1847	3 071	1 351	3 362	2 330	28 118	**142 655**
1848	3 069	1 363	3 397	2 346	27 683	**142 718**
1849	3 076	1 377	3 441	2 363	27 429	**143 088**
1850	3 098	1 392	3 483	2 379	27 181	**143 615**
1851	3 133	1 409	3 517	2 399	26 945	**144 168**
1852	3 167	1 425	3 540	2 406	27 076	**144 989**
1853	3 194	1 440	3 563	2 412	27 248	**145 737**
1854	3 218	1 457	3 608	2 427	27 446	**146 520**
1855	3 235	1 479	3 641	2 442	27 697	**147 294**
1856	3 253	1 501	3 673	2 457	27 978	**148 102**
1857	3 277	1 521	3 688	2 471	28 186	**148 964**
1858	3 294	1 543	3 734	2 484	28 422	**149 909**
1859	3 304	1 570	3 788	2 497	28 660	**150 922**
1860	3 318	1 596	3 860	2 510	28 888	**152 011**
1861	3 340	1 614	3 917	2 524	29 128	**153 105**
1862	3 366	1 627	3 966	2 538	29 401	**154 238**
1863	3 397	1 646	4 023	2 552	29 630	**155 472**
1864	3 431	1 668	4 070	2 566	29 842	**156 672**
1865	3 460	1 690	4 114	2 579	30 089	**157 857**
1866	3 484	1 707	4 161	2 593	30 315	**158 802**
1867	3 510	1 716	4 196	2 607	30 572	**159 771**
1868	3 543	1 724	4 173	2 623	30 845	**160 496**

表 1a-2 12 个西欧国家的人口(1869—1918) （千人，年中值）

	奥地利	比利时	丹麦	芬兰	法国	德国	意大利
1869	4 499	5 029	1 871	1 734	38 890	38 914	27 681
1870	4 520	5 096	1 888	1 754	38 440	39 231	27 888
1871	4 562	5 137	1 903	1 786	37 731	39 456	28 063
1872	4 604	5 178	1 918	1 819	37 679	39 691	28 233
1873	4 646	5 219	1 935	1 847	37 887	40 017	28 387
1874	4 688	5 261	1 954	1 873	38 044	40 450	28 505
1875	4 730	5 303	1 973	1 899	38 221	40 897	28 630
1876	4 772	5 345	1 994	1 928	38 398	41 491	28 837
1877	4 815	5 394	2 019	1 957	38 576	42 034	29 067
1878	4 857	5 442	2 043	1 983	38 763	42 546	29 252
1879	4 899	5 492	2 064	2 014	38 909	43 052	29 425
1880	4 941	5 541	2 081	2 047	39 045	43 500	29 534
1881	4 985	5 606	2 101	2 072	39 191	43 827	29 672
1882	5 030	5 673	2 120	2 098	39 337	44 112	29 898
1883	5 075	5 740	2 137	2 130	39 472	44 404	30 113
1884	5 121	5 807	2 160	2 164	39 629	44 777	30 366
1885	5 166	5 876	2 186	2 195	39 733	45 084	30 644
1886	5 212	5 919	2 213	2 224	39 858	45 505	30 857
1887	5 257	5 962	2 237	2 259	39 889	46 001	31 049
1888	5 303	6 007	2 257	2 296	39 920	46 538	31 243
1889	5 348	6 051	2 276	2 331	40 004	47 083	31 468
1890	5 394	6 096	2 294	2 364	40 014	47 607	31 702
1891	5 446	6 164	2 311	2 394	39 983	48 129	31 892
1892	5 504	6 231	2 327	2 451	39 993	48 633	32 091
1893	5 563	6 300	2 344	2 430	40 014	49 123	32 303
1894	5 622	6 370	2 367	2 511	40 056	49 703	32 513
1895	5 680	6 439	2 397	2 483	40 098	50 363	32 689
1896	5 739	6 494	2 428	2 515	40 192	51 111	32 863
1897	5 798	6 548	2 462	2 549	40 348	51 921	33 078
1898	5 856	6 604	2 497	2 589	40 473	52 753	33 285
1899	5 915	6 662	2 530	2 624	40 546	53 592	33 487
1900	5 973	6 719	2 561	2 646	40 598	54 388	33 672
1901	6 035	6 801	2 594	2 667	40 640	55 214	33 877
1902	6 099	6 903	2 623	2 686	40 713	56 104	34 166
1903	6 164	6 997	2 653	2 706	40 786	56 963	34 436
1904	6 228	7 086	2 681	2 735	40 859	57 806	34 715
1905	6 292	7 175	2 710	2 762	40 890	58 644	35 011
1906	6 357	7 258	2 741	2 788	40 942	59 481	35 297
1907	6 421	7 338	2 775	2 821	40 942	60 341	35 594
1908	6 485	7 411	2 809	2 861	41 046	61 187	35 899
1909	6 550	7 478	2 845	2 899	41 109	62 038	36 213
1910	6 614	7 498	2 882	2 929	41 224	62 884	36 572
1911	6 669	7 517	2 917	2 962	41 307	63 852	36 917
1912	6 724	7 590	2 951	2 998	41 359	64 457	37 150
1913	6 767	7 666	2 983	3 027	41 463	65 058	37 248
1914	6 806	7 723	3 018	3 053	41 476	66 096	37 526
1915	6 843	7 759	3 055	3 083	40 481	66 230	37 982
1916	6 825	7 762	3 092	3 105	39 884	66 076	38 142
1917	6 785	7 729	3 130	3 124	39 288	65 763	37 981
1918	6 727	7 660	3 165	3 125	38 542	65 237	37 520

	荷兰	挪威	瑞典	瑞士	英国	西欧 12 国合计
1869	3 575	1 729	4 159	2 639	31 127	**161 847**
1870	3 610	1 735	4 169	2 655	31 400	**162 386**
1871	3 636	1 745	4 186	2 680	31 685	**162 570**
1872	3 662	1 755	4 227	2 697	31 874	**163 337**
1873	3 670	1 767	4 274	2 715	32 177	**164 541**
1874	3 745	1 783	4 320	2 733	32 501	**165 857**
1875	3 788	1 803	4 362	2 750	32 839	**167 195**
1876	3 832	1 829	4 407	2 768	33 200	**168 801**
1877	3 883	1 852	4 457	2 786	33 576	**170 416**
1878	3 834	1 877	4 508	2 803	33 932	**171 840**
1879	3 986	1 902	4 555	2 821	34 304	**173 423**
1880	4 043	1 919	4 572	2 839	34 623	**174 685**
1881	4 079	1 923	4 569	2 853	34 935	**175 813**
1882	4 130	1 920	4 576	2 863	35 206	**176 963**
1883	4 180	1 919	4 591	2 874	35 450	**178 085**
1884	4 226	1 929	4 624	2 885	35 724	**179 412**
1885	4 276	1 944	4 664	2 896	36 015	**180 679**
1886	4 326	1 958	4 700	2 907	36 313	**181 992**
1887	4 378	1 970	4 726	2 918	36 598	**183 244**
1888	4 432	1 977	4 742	2 929	36 881	**184 525**
1889	4 485	1 984	4 761	2 940	37 178	**185 909**
1890	4 535	1 997	4 780	2 951	37 485	**187 219**
1891	4 585	2 013	4 794	2 965	37 802	**188 478**
1892	4 632	2 026	4 805	3 002	38 134	**189 829**
1893	4 684	2 038	4 816	3 040	38 490	**191 145**
1894	4 743	2 057	4 849	3 077	38 859	**192 727**
1895	4 803	2 083	4 896	3 114	39 221	**194 266**
1896	4 866	2 112	4 941	3 151	39 599	**196 011**
1897	4 935	2 142	4 986	3 188	39 987	**197 942**
1898	5 003	2 174	5 036	3 226	40 381	**199 877**
1899	5 070	2 204	5 080	3 263	40 773	**201 746**
1900	5 142	2 230	5 117	3 300	41 155	**203 501**
1901	5 221	2 255	5 156	3 341	41 538	**205 339**
1902	5 305	2 275	5 187	3 384	41 893	**207 338**
1903	5 389	2 288	5 210	3 428	42 246	**209 266**
1904	5 470	2 297	5 241	3 472	42 611	**211 201**
1905	5 551	2 309	5 278	3 461	42 981	**213 064**
1906	5 632	2 319	5 316	3 560	43 361	**215 052**
1907	5 710	2 329	5 357	3 604	43 737	**216 969**
1908	5 786	2 346	5 404	3 647	44 124	**219 005**
1909	5 862	2 367	5 453	3 691	44 520	**221 025**
1910	5 922	2 384	5 449	3 735	44 916	**223 009**
1911	5 984	2 401	5 542	3 776	45 268	**225 112**
1912	6 068	2 423	5 583	3 819	45 426	**226 548**
1913	6 164	2 447	5 621	3 864	45 649	**227 957**
1914	6 277	2 472	5 659	3 897	46 049	**230 052**
1915	6 395	2 498	5 696	3 883	46 340	**230 245**
1916	6 516	2 522	5 735	3 883	46 514	**230 056**
1917	6 654	2 551	5 779	3 888	46 614	**229 286**
1918	6 752	2 578	5 807	3 880	46 575	**227 568**

表 1a-3　12 个西欧国家的人口（1919—1969）　　　　　（千人，年中值）

	奥地利	比利时	丹麦	芬兰	法国	德国	意大利
1919	6 420	7 628	3 202	3 117	38 700	60 547	37 250
1920	6 455	7 552	3 242	3 133	39 000	60 894	37 398
1921	6 504	7 504	3 285	3 170	39 240	61 573	37 691
1922	6 528	7 571	3 322	3 210	39 420	61 900	38 086
1923	6 543	7 635	3 356	3 243	39 880	62 307	38 460
1924	6 562	7 707	3 389	3 272	40 310	62 697	38 810
1925	6 582	7 779	3 425	3 304	40 610	63 166	39 165
1926	6 603	7 844	3 452	3 339	40 870	63 630	39 502
1927	6 623	7 904	3 475	3 368	40 940	64 023	39 848
1928	6 643	7 968	3 497	3 396	41 050	64 393	40 186
1929	6 664	8 032	3 518	3 424	41 230	64 739	40 469
1930	6 684	8 076	3 542	3 449	41 610	65 084	40 791
1931	6 705	8 126	3 569	3 476	41 860	65 423	41 132
1932	6 725	8 186	3 603	3 503	41 860	65 716	41 431
1933	6 746	8 231	3 633	3 526	41 890	66 027	41 753
1934	6 760	8 262	3 666	3 549	41 950	66 409	42 093
1935	6 761	8 288	3 695	3 576	41 940	66 871	42 429
1936	6 758	8 315	3 722	3 601	41 910	67 349	42 750
1937	6 755	8 346	3 749	3 626	41 930	67 831	43 068
1938	6 753	8 374	3 777	3 656	41 960	68 558	43 419
1939	6 653	8 392	3 805	3 686	41 900	69 286	43 865
1940	6 705	8 346	3 832	3 698	41 000	69 835	44 341
1941	6 745	8 276	3 863	3 702	39 600	70 244	44 734
1942	6 783	8 247	3 903	3 708	39 400	70 834	45 004
1943	6 808	8 242	3 949	3 721	39 000	70 411	45 177
1944	6 834	8 291	3 998	3 735	38 900	69 865	45 290
1945	6 799	8 339	4 045	3 758	39 700	<u>67 000</u>	45 442
1946	7 000	8 367	4 101	3 806	40 290	64 678	45 725
1947	6 971	8 450	4 146	3 859	40 680	66 094	46 040
1948	6 956	8 557	4 190	3 912	41 110	67 295	46 381
1949	6 943	8 614	4 230	3 963	41 480	67 991	46 733
1950	6 935	8 639	4 271	4 009	41 829	68 375	47 105
1951	6 935	8 678	4 304	4 047	42 156	68 876	47 418
1952	6 928	8 730	4 334	4 091	42 460	69 146	47 666
1953	6 932	8 778	4 369	4 139	42 752	69 550	47 957
1954	6 940	8 819	4 406	4 187	43 057	69 868	48 299
1955	6 947	8 868	4 439	4 235	43 428	70 196	48 633
1956	6 952	8 924	4 466	4 282	43 843	70 603	48 921
1957	6 966	8 989	4 488	4 324	44 311	71 019	49 182
1958	6 987	9 053	4 515	4 360	44 789	71 488	49 476
1959	7 014	9 104	4 547	4 395	45 240	72 014	49 832
1960	7 047	9 119	4 581	4 430	45 670	72 481	50 198
1961	7 086	9 166	4 610	4 461	46 189	73 123	50 523
1962	7 130	9 218	4 647	4 491	47 124	73 739	50 843
1963	7 176	9 283	4 684	4 523	47 808	74 340	51 198
1964	7 224	9 367	4 720	4 549	48 340	74 954	51 600
1965	7 271	9 448	4 758	4 564	48 763	75 639	51 987
1966	7 322	9 508	4 798	4 581	49 194	76 206	52 332
1967	7 377	9 557	4 839	4 606	49 569	76 368	52 667
1968	7 415	9 590	4 867	4 626	49 934	76 584	52 987
1969	7 441	9 613	4 891	4 624	50 353	77 144	53 317

	荷兰	挪威	瑞典	瑞士	英国	西欧 12 国合计
1919	6 805	2 603	5 830	3 869	46 534	**222 505**
1920	6 848	2 635	5 876	3 877	46 821	**223 731**
1921	6 921	2 668	5 929	3 876	44 072	**222 433**
1922	7 032	2 695	5 971	3 874	44 372	**223 981**
1923	7 150	2 713	5 997	3 883	44 596	**225 763**
1924	7 264	2 729	6 021	3 896	44 915	**227 572**
1925	7 366	2 747	6 045	3 910	45 059	**229 158**
1926	7 471	2 763	6 064	3 932	45 232	**230 702**
1927	7 576	2 775	6 081	3 956	45 389	**231 958**
1928	7 679	2 785	6 097	3 988	45 578	**233 260**
1929	7 782	2 795	6 113	4 022	45 672	**234 460**
1930	7 884	2 807	6 131	4 051	45 866	**235 975**
1931	7 999	2 824	6 152	4 080	46 074	**237 420**
1932	8 123	2 842	6 176	4 102	46 335	**238 602**
1933	8 237	2 858	6 201	4 122	46 520	**239 744**
1934	8 341	2 874	6 222	4 140	46 666	**240 932**
1935	8 434	2 889	6 242	4 155	46 868	**242 148**
1936	8 516	2 904	6 259	4 168	47 081	**243 333**
1937	8 599	2 919	6 276	4 180	47 289	**244 568**
1938	8 685	2 936	6 298	4 192	47 494	**246 102**
1939	8 782	2 954	6 326	4 206	47 991	**247 846**
1940	8 879	2 973	6 356	4 226	48 226	**248 417**
1941	8 966	2 990	6 389	4 254	48 216	**247 979**
1942	9 042	3 009	6 432	4 286	48 400	**249 048**
1943	9 103	3 032	6 491	4 323	48 789	**249 046**
1944	9 175	3 060	6 560	4 364	49 016	**249 088**
1945	9 262	3 091	6 636	4 412	49 182	**247 666**
1946	9 424	3 127	6 719	4 467	49 217	**246 921**
1947	9 630	3 165	6 803	4 524	49 519	**249 881**
1948	9 800	3 201	6 884	4 582	50 014	**252 882**
1949	9 956	3 234	6 956	4 640	50 312	**255 052**
1950	10 114	3 265	7 014	4 694	50 127	**256 376**
1951	10 264	3 296	7 073	4 749	50 290	**258 086**
1952	10 382	3 328	7 125	4 815	50 430	**259 434**
1953	10 493	3 361	7 171	4 878	50 593	**260 975**
1954	10 615	3 394	7 213	4 929	50 765	**262 493**
1955	10 751	3 427	7 262	4 980	50 946	**264 112**
1956	10 889	3 460	7 315	5 045	51 184	**265 884**
1957	11 026	3 492	7 364	5 126	51 430	**267 717**
1958	11 187	3 523	7 409	5 199	51 652	**269 638**
1959	11 348	3 553	7 446	5 259	51 956	**271 707**
1960	11 486	3 581	7 480	5 362	52 372	**273 807**
1961	11 639	3 610	7 520	5 512	52 807	**276 246**
1962	11 806	3 639	7 562	5 666	53 292	**279 157**
1963	11 966	3 667	7 604	5 789	53 625	**281 663**
1964	12 127	3 694	7 661	5 887	53 991	**284 115**
1965	12 292	3 723	7 734	5 943	54 350	**286 472**
1966	12 455	3 754	7 808	5 996	54 643	**288 595**
1967	12 597	3 786	7 868	6 063	54 959	**290 255**
1968	12 725	3 819	7 912	6 132	55 214	**291 806**
1969	12 873	3 851	7 968	6 212	55 461	**293 747**

表 1a-4　12 个西欧国家的人口（1970—2003）　　　　（千人，年中值）

	奥地利	比利时	丹麦	芬兰	法国	德国	意大利
1970	7 467	9 638	4 929	4 606	50 787	77 783	53 661
1971	7 500	9 673	4 963	4 612	51 285	78 355	54 006
1972	7 544	9 709	4 992	4 640	51 732	78 717	54 366
1973	7 586	9 738	5 022	4 666	52 157	78 950	54 797
1974	7 599	9 768	5 045	4 691	52 503	78 966	55 226
1975	7 579	9 795	5 060	4 711	52 758	78 682	55 572
1976	7 566	9 811	5 073	4 726	52 954	78 299	55 839
1977	7 568	9 822	5 088	4 739	53 165	78 161	56 059
1978	7 562	9 830	5 104	4 753	53 381	78 066	56 240
1979	7 549	9 837	5 117	4 765	53 606	78 081	56 368
1980	7 549	9 847	5 123	4 780	53 870	78 298	56 451
1981	7 565	9 852	5 122	4 800	54 147	78 402	56 502
1982	7 574	9 856	5 118	4 827	54 434	78 335	56 536
1983	7 552	9 856	5 114	4 856	54 650	78 122	56 630
1984	7 553	9 855	5 112	4 882	54 947	77 855	56 697
1985	7 558	9 858	5 114	4 902	55 171	77 685	56 731
1986	7 566	9 862	5 121	4 917	55 387	77 713	56 734
1987	7 576	9 870	5 127	4 932	55 630	77 718	56 730
1988	7 596	9 884	5 130	4 947	55 873	78 031	56 734
1989	7 624	9 938	5 133	4 962	56 417	78 645	56 738
1990	7 718	9 969	5 141	4 986	56 735	79 380	56 743
1991	7 813	10 004	5 154	5 014	57 055	79 984	56 747
1992	7 910	10 045	5 171	5 041	57 374	80 598	56 841
1993	7 983	10 084	5 188	5 065	57 658	81 132	57 027
1994	8 022	10 116	5 206	5 087	57 907	81 414	57 179
1995	8 042	10 137	5 233	5 106	58 150	81 654	57 275
1996	8 056	10 157	5 262	5 122	58 388	81 891	57 367
1997	8 072	10 181	5 284	5 136	58 623	82 011	57 479
1998	8 092	10 203	5 302	5 148	58 866	82 024	57 550
1999	8 111	10 223	5 320	5 158	59 116	82 075	57 604
2000	8 131	10 242	5 336	5 167	59 382	82 188	57 719
2001	8 151	10 259	5 353	5 176	59 658	82 281	57 845
2002	8 170	10 275	5 369	5 184	59 925	82 351	57 927
2003	8 188	10 289	5 384	5 191	60 181	82 398	57 998

（千人，年中值）（续表）

	荷兰	挪威	瑞典	瑞士	英国	西欧 12 国合计
1970	13 032	3 877	8 043	6 267	55 632	**295 723**
1971	13 194	3 903	8 098	6 343	55 907	**297 839**
1972	13 330	3 933	8 122	6 401	56 079	**299 565**
1973	13 438	3 961	8 137	6 441	56 210	**301 103**
1974	13 541	3 985	8 161	6 460	56 224	**302 169**
1975	13 653	4 007	8 193	6 404	56 215	**302 629**
1976	13 770	4 026	8 222	6 333	56 206	**302 824**
1977	13 853	4 043	8 252	6 316	56 179	**303 246**
1978	13 937	4 059	8 276	6 333	56 167	**303 706**
1979	14 030	4 073	8 294	6 351	56 228	**304 298**
1980	14 144	4 086	8 310	6 385	56 314	**305 157**
1981	14 246	4 100	8 320	6 425	56 383	**305 864**
1982	14 310	4 115	8 325	6 468	56 340	**306 238**
1983	14 362	4 128	8 329	6 501	56 383	**306 483**
1984	14 420	4 140	8 343	6 530	56 462	**306 795**
1985	14 491	4 152	8 356	6 565	56 620	**307 204**
1986	14 572	4 167	8 376	6 604	56 796	**307 815**
1987	14 665	4 186	8 405	6 651	56 982	**308 472**
1988	14 761	4 209	8 445	6 705	57 160	**309 474**
1989	14 849	4 226	8 493	6 765	57 324	**311 113**
1990	14 952	4 242	8 559	6 838	57 493	**312 757**
1991	15 066	4 262	8 617	6 923	57 666	**314 306**
1992	15 174	4 286	8 676	7 001	57 866	**315 984**
1993	15 275	4 312	8 722	7 064	58 027	**317 539**
1994	15 382	4 337	8 769	7 120	58 213	**318 750**
1995	15 459	4 359	8 825	7 166	58 426	**319 831**
1996	15 533	4 381	8 859	7 198	58 619	**320 832**
1997	15 613	4 406	8 865	7 213	58 808	**321 691**
1998	15 705	4 433	8 868	7 225	59 036	**322 451**
1999	15 800	4 458	8 871	7 242	59 293	**323 271**
2000	15 892	4 481	8 873	7 262	59 522	**324 197**
2001	15 981	4 503	8 875	7 283	59 723	**325 088**
2002	16 068	4 525	8 877	7 302	59 912	**325 884**
2003	16 151	4 546	8 878	7 319	60 095	**326 618**

表 1a-5　4 个西欧国家的人口和西欧的总人口(1500—1868)（千人，年中值）

	爱尔兰[a]	希腊	葡萄牙	西班牙	13 个西欧小国合计	西欧 29 国合计
1500	800	1 000	1 000	6 800	276	**57 268**
1600	1 000	1 500	1 100	8 240	358	**73 778**
1700	1 925	1 500	2 000	8 770	394	**81 460**
1820	7 101	2 312	3 297	12 203	657	**133 040**
1821	7 200	2 333	3 316	12 284	665	**134 336**
1822	7 267	2 355	3 335	12 366	672	**135 632**
1823	7 335	2 376	3 354	12 449	678	**136 933**
1824	7 403	2 398	3 373	12 532	685	**138 231**
1825	7 472	2 420	3 393	12 615	692	**139 544**
1826	7 542	2 443	3 412	12 699	698	**140 782**
1827	7 612	2 465	3 432	12 784	704	**141 975**
1828	7 683	2 488	3 452	12 869	710	**143 157**
1829	7 755	2 511	3 472	12 955	716	**144 312**
1830	7 827	2 534	3 491	13 041	722	**145 455**
1831	7 900	2 557	3 512	12 128	727	**145 520**
1832	7 949	2 581	3 532	13 216	733	**147 572**
1833	7 998	2 605	3 552	13 304	738	**148 630**
1834	8 047	2 629	3 475	13 392	743	**149 616**
1835	8 096	2 653	3 595	13 482	749	**150 875**
1836	8 146	2 677	3 617	13 571	755	**152 040**
1837	8 196	2 702	3 639	13 662	761	**153 242**
1838	8 247	2 727	3 661	13 753	767	**154 457**
1839	8 298	2 752	3 683	13 845	774	**155 715**
1840	8 349	2 777	3 704	13 937	780	**156 988**
1841	8 400	2 803	3 715	14 030	787	**158 224**
1842	8 422	2 829	3 726	14 123	793	**159 444**
1843	8 441	2 855	3 738	14 217	799	**160 598**
1844	8 479	2 881	3 749	14 312	805	**161 835**
1845	8 497	2 908	3 760	14 407	811	**163 093**
1846	8 490	2 934	3 771	14 503	817	**164 238**
1847	8 205	2 961	3 783	14 600	820	**164 819**
1848	7 640	2 989	3 794	14 697	820	**165 018**
1849	7 256	3 016	3 804	14 795	822	**165 525**
1850	6 878	3 044	3 816	14 894	825	**166 194**
1851	6 514	3 072	3 827	14 974	828	**166 869**
1852	6 337	3 100	3 839	15 055	833	**167 816**
1853	6 199	3 129	3 850	15 136	837	**168 689**
1854	6 083	3 158	3 858	15 217	842	**169 595**
1855	6 015	3 187	3 867	15 299	846	**170 493**
1856	5 973	3 216	3 875	15 381	851	**171 425**
1857	5 919	3 246	3 889	15 455	856	**172 410**
1858	5 891	3 273	3 925	15 526	861	**173 494**
1859	5 862	3 306	3 963	15 584	867	**174 642**
1860	5 821	3 336	4 000	15 642	873	**175 862**
1861	5 788	3 367	4 074	15 699	880	**177 125**
1862	5 776	3 398	4 113	15 754	886	**178 389**
1863	5 718	3 430	4 131	15 809	893	**179 735**
1864	5 641	3 461	4 176	15 864	900	**181 073**
1865	5 595	3 493	4 201	15 920	907	**182 378**
1866	5 523	3 525	4 226	15 976	912	**183 441**
1867	5 487	3 558	4 251	16 032	918	**184 530**
1868	5 466	3 591	4 276	16 088	922	**185 373**

a. 这里给出有关爱尔兰 1500—1920 年的人口数字仅供参考，它们不包括在合计数中，因为英国 1500—1920 年的人口数字已包括整个爱尔兰，在此之后仅包括北爱尔兰省。

表 1a-6　4 个西欧国家的人口和西欧的总人口（1869—1918）（千人，年中值）

	爱尔兰[a]	希腊	葡萄牙	西班牙	13 个西欧小国合计	西欧 29 国合计
1869	5 449	3 621	4 302	16 144	930	**186 844**
1870	5 419	3 657	4 327	16 201	933	**187 504**
1871	5 398	3 694	4 353	16 258	941	**187 816**
1872	5 373	3 732	4 379	16 315	949	**188 712**
1873	5 328	3 770	4 405	16 372	958	**190 046**
1874	5 299	3 809	4 431	16 429	966	**191 492**
1875	5 279	3 848	4 458	16 487	975	**192 963**
1876	5 278	3 887	4 484	16 545	983	**194 700**
1877	5 286	3 927	4 511	16 603	992	**196 449**
1878	5 282	3 967	4 538	16 677	1 000	**198 022**
1879	5 266	4 008	4 571	16 768	1 009	**199 779**
1880	5 203	4 049	4 610	16 859	1 018	**201 221**
1881	5 146	4 090	4 651	16 951	1 027	**202 532**
1882	5 101	4 132	4 691	17 043	1 036	**203 865**
1883	5 024	4 174	4 732	17 136	1 045	**205 172**
1884	4 975	4 217	4 773	17 230	1 054	**206 686**
1885	4 939	4 260	4 815	17 323	1 064	**208 141**
1886	4 906	4 303	4 857	17 418	1 073	**209 643**
1887	4 857	4 347	4 899	17 513	1 082	**211 085**
1888	4 801	4 392	4 942	17 600	1 092	**212 551**
1889	4 757	4 437	4 985	17 678	1 101	**214 110**
1890	4 718	4 482	5 028	17 757	1 111	**215 597**
1891	4 680	4 528	5 068	17 836	1 121	**217 031**
1892	4 634	4 574	5 104	17 916	1 131	**218 554**
1893	4 607	4 621	5 141	17 996	1 140	**220 043**
1894	4 589	4 668	5 178	18 076	1 150	**221 799**
1895	4 560	4 716	5 215	18 157	1 161	**223 515**
1896	4 542	4 764	5 252	18 238	1 171	**225 436**
1897	4 530	4 813	5 290	18 320	1 181	**227 546**
1898	4 518	4 862	5 327	18 402	1 191	**229 659**
1899	4 502	4 912	5 366	18 484	1 202	**231 710**
1900	4 469	4 962	5 404	18 566	1 212	**233 645**
1901	4 447	4 997	5 447	18 659	1 223	**235 665**
1902	4 435	5 032	5 494	18 788	1 234	**237 886**
1903	4 418	5 067	5 541	18 919	1 244	**240 037**
1904	4 408	5 102	5 589	19 050	1 255	**242 197**
1905	4 399	5 138	5 637	19 133	1 266	**244 238**
1906	4 398	5 174	5 686	19 316	1 277	**246 505**
1907	4 388	5 210	5 735	19 450	1 289	**248 653**
1908	4 385	5 246	5 784	19 585	1 300	**250 920**
1909	4 387	5 283	5 834	19 721	1 311	**253 174**
1910	4 385	5 320	5 884	19 858	1 323	**255 394**
1911	4 381	5 355	5 935	19 994	1 334	**257 730**
1912	4 368	5 390	5 964	20 128	1 346	**259 376**
1913	4 346	5 425	5 972	20 263	1 358	**260 975**
1914	4 334	5 463	5 980	20 398	1 362	**263 255**
1915	4 278	5 502	5 988	20 535	1 367	**263 637**
1916	4 273	5 541	5 996	20 673	1 371	**263 637**
1917	4 273	5 580	6 005	20 811	1 376	**263 058**
1918	4 280	5 620	6 013	20 950	1 380	**261 531**

a. 这里给出有关爱尔兰 1500—1920 年的人口数字仅供参考，它们不包括在合计数中，因为英国 1500—1920 年的人口数字已包括整个爱尔兰，在此之后仅包括北爱尔兰省。

表 1a-7　4 个西欧国家的人口和西欧的总人口(1919—1969)（千人，年中值）

	爱尔兰[b]	希腊	葡萄牙	西班牙	13 个西欧小国合计	西欧 29 国合计
1919	4 352	5 660	6 021	21 091	1 384	**256 661**
1920	4 361	5 700	6 029	21 232	1 389	**258 081**
1921	3 096	5 837	6 071	21 411	1 393	**260 241**
1922	3 002	5 890	6 146	21 628	1 398	**262 045**
1923	3 014	6 010	6 223	21 847	1 402	**264 259**
1924	3 005	6 000	6 300	22 069	1 407	**266 353**
1925	2 985	5 958	6 378	22 292	1 411	**268 182**
1926	2 971	6 042	6 457	22 518	1 416	**270 106**
1927	2 957	6 127	6 538	22 747	1 420	**271 747**
1928	2 944	6 205	6 619	22 977	1 425	**273 430**
1929	2 937	6 275	6 701	23 210	1 429	**275 012**
1930	2 927	6 351	6 784	23 445	1 434	**276 916**
1931	2 933	6 440	6 869	23 675	1 439	**278 776**
1932	2 949	6 516	6 954	23 897	1 443	**280 361**
1933	2 962	6 591	7 040	24 122	1 448	**281 907**
1934	2 971	6 688	7 127	24 349	1 453	**283 520**
1935	2 971	6 793	7 216	24 579	1 457	**285 164**
1936	2 967	6 886	7 305	23 810	1 462	**285 763**
1937	2 948	6 973	7 396	25 043	1 467	**288 395**
1938	2 937	7 061	7 488	25 279	1 471	**290 338**
1939	2 934	7 156	7 581	25 517	1 476	**292 510**
1940	2 958	7 280	7 675	25 757	1 481	**293 568**
1941	2 993	7 362	7 757	25 979	1 485	**293 555**
1942	2 963	7 339	7 826	26 182	1 490	**294 848**
1943	2 946	7 297	7 896	26 387	1 495	**295 067**
1944	2 944	7 284	7 967	26 594	1 500	**295 377**
1945	2 952	7 322	8 038	26 802	1 505	**294 285**
1946	2 957	7 418	8 110	27 012	1 510	**293 928**
1947	2 974	7 529	8 183	27 223	1 514	**297 304**
1948	2 985	7 749	8 256	27 437	1 519	**300 828**
1949	2 981	7 856	8 329	27 651	1 524	**303 393**
1950	2 963	7 566	8 443	28 063	1 529	**304 940**
1951	2 959	7 646	8 490	28 298	1 544	**307 024**
1952	2 952	7 733	8 526	28 550	1 559	**308 754**
1953	2 947	7 817	8 579	28 804	1 574	**310 696**
1954	2 937	7 893	8 632	29 060	1 591	**312 607**
1955	2 916	7 966	8 693	29 319	1 600	**314 605**
1956	2 895	8 031	8 756	29 579	1 613	**316 758**
1957	2 878	8 096	8 818	29 842	1 636	**318 987**
1958	2 852	8 173	8 889	30 106	1 661	**321 318**
1959	2 843	8 258	8 962	30 373	1 682	**323 824**
1960	2 832	8 327	9 037	30 641	1 701	**326 346**
1961	2 818	8 398	9 031	30 904	1 717	**329 115**
1962	2 830	8 448	9 020	31 158	1 729	**332 342**
1963	2 850	8 480	9 082	31 430	1 747	**335 251**
1964	2 864	8 510	9 123	31 741	1 759	**338 111**
1965	2 876	8 550	9 129	32 085	1 773	**340 884**
1966	2 884	8 614	9 109	32 452	1 787	**343 440**
1967	2 900	8 716	9 103	32 850	1 803	**345 628**
1968	2 913	8 741	9 115	33 239	1 819	**347 633**
1969	2 926	8 773	9 097	33 566	1 837	**349 946**

b. 1921 年及以后的数据是指爱尔兰共和国。

表 1a-8　4 个西欧国家的人口和西欧的总人口 (1970—2003)（千人, 年中值）

	爱尔兰[b]	希腊	葡萄牙	西班牙	13 个西欧小国合计	西欧 29 国合计
1970	2 950	8 793	9 044	33 876	1 853	**352 240**
1971	2 978	8 831	8 990	34 195	1 869	**354 702**
1972	3 024	8 889	8 970	34 513	1 883	**356 845**
1973	3 073	8 929	8 976	34 837	1 907	**358 825**
1974	3 124	8 962	9 098	35 184	1 929	**360 466**
1975	3 177	9 047	9 411	35 564	1 915	**361 743**
1976	3 228	9 167	9 622	35 997	1 914	**362 752**
1977	3 272	9 308	9 663	36 439	1 922	**363 850**
1978	3 314	9 430	9 699	36 861	1 939	**364 949**
1979	3 368	9 548	9 725	37 200	1 957	**366 096**
1980	3 401	9 643	9 778	37 488	1 990	**367 457**
1981	3 443	9 729	9 850	37 751	2 009	**368 647**
1982	3 480	9 790	9 860	37 983	2 020	**369 371**
1983	3 504	9 847	9 872	38 184	2 030	**369 920**
1984	3 529	9 896	9 885	38 363	2 040	**370 509**
1985	3 540	9 936	9 897	38 535	2 050	**371 162**
1986	3 541	9 967	9 907	38 708	2 064	**372 001**
1987	3 540	9 993	9 915	38 881	2 086	**372 887**
1988	3 530	10 004	9 921	39 054	2 110	**374 092**
1989	3 513	10 056	9 923	39 215	2 131	**375 950**
1990	3 508	10 158	9 923	39 351	2 159	**377 856**
1991	3 531	10 283	9 919	39 461	2 188	**379 688**
1992	3 557	10 357	9 915	39 549	2 218	**381 580**
1993	3 577	10 415	9 931	39 628	2 245	**383 334**
1994	3 594	10 462	9 955	39 691	2 268	**384 719**
1995	3 611	10 489	9 969	39 750	2 285	**385 936**
1996	3 633	10 511	9 980	39 804	2 303	**387 063**
1997	3 669	10 533	9 995	39 855	2 322	**388 065**
1998	3 711	10 556	10 012	39 906	2 340	**388 977**
1999	3 754	10 579	10 030	39 953	2 359	**389 945**
2000	3 797	10 602	10 048	40 016	2 377	**391 036**
2001	3 841	10 624	10 066	40 087	2 395	**392 101**
2002	3 883	10 645	10 084	40 153	2 412	**393 061**
2003	3 924	10 666	10 102	40 217	2 429	**393 957**

b. 1921 年及以后的数据是指爱尔兰共和国。

表 1b-1 12 个西欧国家的 GDP 水平(1500—1868)

(百万 1990 年国际元)

	奥地利	比利时	丹麦	芬兰	法国	德国	意大利
1500	1 414	1 225	443	136	10 912	8 256	11 550
1600	2 093	1 561	569	215	15 559	12 656	14 410
1700	2 483	2 288	727	255	19 539	13 650	14 630
1820	4 104	4 529	1 471	913	35 468	26 819	22 535
1821			1 541		38 524		
1822			1 564		37 267		
1823			1 564		38 706		
1824			1 611		40 025		
1825			1 623		38 526		
1826			1 646		39 783		
1827			1 693		39 179		
1828			1 716		39 158		
1829			1 681		40 415		
1830	4 948	5 078	1 693		39 655	37 250	
1831			1 681		40 378		
1832			1 728		44 090		
1833			1 716		43 416		
1834			1 809		43 663		
1835			1 798		45 312		
1836			1 798		44 803		
1837			1 844		45 669		
1838			1 856		47 899		
1839			1 879		46 367		
1840	5 628		1 938		49 828		
1841			1 938		51 045		
1842			1 949		49 933		
1843			2 054		52 595		
1844			2 159		54 497		
1845			2 218		52 833		
1846		7 277	2 265		52 965		
1847		7 633	2 253		58 806		
1848		7 665	2 370		55 198		
1849		7 892	2 510		56 933		
1850	6 519	8 216	2 649	1 483	58 039	48 178	33 019
1851		8 442	2 521		57 188	47 941	
1852		8 668	2 615		60 931	48 890	
1853		8 894	2 626		57 969	48 653	
1854		9 444	2 638		60 763	49 840	
1855		9 509	2 930		59 842	49 128	
1856		10 026	2 766		62 469	53 162	
1857		10 285	2 813		66 038	55 773	
1858		10 350	2 790		70 645	55 536	
1859		10 350	2 977		66 046	55 773	
1860	7 528	10 867	2 953	1 667	70 577	59 096	
1861		11 029	3 000	1 680	66 154	57 672	37 995
1862		11 320	3 093	1 590	71 812	60 520	39 141
1863		11 644	3 292	1 718	74 416	65 029	38 377
1864		12 032	3 257	1 756	75 256	66 928	39 523
1865		12 032	3 373	1 744	73 157	67 165	40 503
1866		12 388	3 373	1 763	73 651	67 640	42 482
1867		12 452	3 373	1 622	69 308	67 877	38 950
1868		12 905	3 432	1 782	75 958	71 912	40 668

（百万 1990 年国际元）（续表）

	荷兰	挪威	瑞典	瑞士	英国	西欧 12 国合计
1500	723	192	382	411	2 815	**38 459**
1600	2 072	304	626	750	6 007	**56 822**
1700	4 047	450	1 231	1 068	10 709	**71 077**
1820	4 288	1 071	3 098	2 165	36 232	**142 693**
1821	4 458		3 255			
1822	4 498		3 220			
1823	4 702		3 342			
1824	4 871		3 463			
1825	4 871		3 498			
1826	4 902		3 185			
1827	5 125		3 307			
1828	5 373		3 603			
1829	5 492		3 463			
1830	5 300		3 394		42 228	
1831	5 298		3 255		44 249	
1832	5 638		3 463		43 800	
1833	5 742		3 638		44 249	
1834	5 750		3 638		46 046	
1835	5 823		3 725		48 517	
1836	5 980		3 777		50 314	
1837	6 205		3 638		49 640	
1838	6 380		3 429		52 336	
1839	6 485		3 777		54 806	
1840	6 588		3 864		53 234	
1841	6 734		3 742		52 111	
1842	6 756		3 742		50 988	
1843	6 680		3 899		51 886	
1844	6 723		4 247		55 031	
1845	6 807		4 020		57 951	
1846	6 837		3 933		61 770	
1847	6 869		4 177		62 219	
1848	6 938		4 438		62 893	
1849	7 119		4 595		64 016	
1850	7 345	1 653	4 490	3 541	63 342	**238 474**
1851	7 551		4 334	3 633	66 037	
1852	7 642		4 351	3 863	67 160	
1853	7 578		4 334	3 729	69 631	
1854	7 790		4 769	3 314	71 428	
1855	7 941		5 013	3 873	71 203	
1856	8 036		4 856	3 869	76 370	
1857	8 179		4 995	4 200	77 717	
1858	8 039		5 395	5 298	77 942	
1859	7 810		5 656	5 035	79 964	
1860	7 887		5 743	4 379	81 760	
1861	8 007		5 413	4 691	84 007	
1862	8 123		5 709	5 049	84 680	
1863	8 427		5 918	5 047	85 354	
1864	8 760		6 283	4 778	87 600	
1865	9 015	2 301	6 057	5 183	90 296	
1866	9 255	2 344	6 109	5 135	91 644	
1867	9 335	2 405	6 005	4 514	90 745	
1868	9 286	2 393	6 161	5 333	93 665	

表 1b-2　12 个西欧国家的 GDP 水平（1869—1918）

（百万 1990 年国际元）

	奥地利	比利时	丹麦	芬兰	法国	德国	意大利
1869		13 390	3 630	1 910	78 029	72 386	41 146
1870	8 419	13 716	3 782	1 999	72 100	72 149	41 814
1871	9 029	13 780	3 793	2 013	71 667	71 674	42 272
1872	9 099	14 621	4 003	2 083	78 313	76 658	41 647
1873	8 888	14 718	3 979	2 204	72 822	79 981	43 274
1874	9 287	15 203	4 096	2 255	82 070	85 914	43 130
1875	9 333	15 171	4 166	2 300	84 815	86 389	44 365
1876	9 545	15 365	4 248	2 428	77 880	85 914	43 431
1877	9 873	15 559	4 131	2 370	82 070	85 440	43 409
1878	10 201	16 012	4 295	2 326	81 058	89 474	44 051
1879	10 131	16 174	4 435	2 351	76 001	87 338	44 561
1880	10 272	16 982	4 540	2 364	82 792	86 626	46 690
1881	10 694	17 209	4 586	2 300	85 971	88 762	43 541
1882	10 764	17 791	4 750	2 524	90 017	90 186	47 354
1883	11 210	18 050	4 913	2 619	90 306	95 170	47 218
1884	11 514	18 211	4 936	2 639	89 294	97 543	47 556
1885	11 444	18 438	4 971	2 703	87 705	99 917	48 542
1886	11 819	18 664	5 170	2 837	89 150	100 629	50 695
1887	12 640	19 376	5 357	2 881	89 728	104 663	52 090
1888	12 617	19 505	5 392	2 990	90 595	108 935	51 920
1889	12 499	20 443	5 462	3 092	92 906	112 021	49 686
1890	13 179	20 896	5 788	3 265	95 074	115 581	52 863
1891	13 648	20 929	5 905	3 233	97 241	115 343	52 648
1892	13 953	21 446	6 045	3 137	99 697	120 090	49 688
1893	14 047	21 770	6 162	3 258	101 431	126 023	51 967
1894	14 868	22 093	6 290	3 514	105 188	129 109	51 235
1895	15 267	22 611	6 640	3 706	103 021	135 279	52 027
1896	15 501	23 063	6 885	3 948	107 933	140 026	53 456
1897	15 829	23 484	7 049	4 140	106 488	144 061	51 091
1898	16 721	23 872	7 165	4 319	111 690	150 231	55 646
1899	17 072	24 357	7 469	4 217	118 048	155 690	56 944
1900	17 213	25 069	7 726	4 415	116 747	162 335	60 114
1901	17 283	25 295	8 052	4 364	114 980	158 538	64 016
1902	17 963	25 813	8 239	4 274	112 990	162 335	62 231
1903	18 128	26 395	8 729	4 562	115 447	171 354	65 196
1904	18 409	27 074	8 916	4 734	116 314	178 236	65 805
1905	19 441	27 851	9 068	4 811	118 336	182 034	69 477
1906	20 191	28 433	9 324	5 003	120 504	187 492	72 087
1907	21 434	28 854	9 674	5 175	125 705	195 799	80 214
1908	21 528	29 145	9 978	5 233	124 983	199 122	82 149
1909	21 458	29 695	10 363	5 463	130 185	203 156	88 494
1910	21 763	30 471	10 678	5 584	122 238	210 513	85 285
1911	22 443	31 183	11 250	5 744	134 230	217 633	90 839
1912	23 568	31 926	11 250	6 063	145 356	227 127	91 574
1913	23 451	32 347	11 670	6 389	144 489	237 332	95 487
1914	19 572	30 300	12 405	6 108	134 230	202 207	95 413
1915	18 154	29 935	11 542	5 801	131 485	192 002	106 730
1916	17 933	31 672	12 032	5 878	138 131	193 900	119 746
1917	17 548	27 199	11 320	4 939	117 036	194 138	125 383
1918	17 186	21 917	10 946	4 281	92 328	194 612	127 249

（百万 1990 年国际元）（续表）

	荷兰	挪威	瑞典	瑞士	英国	西欧 12 国合计
1869	9 552	2 491	6 474	5 836	94 339	
1870	9 952	2 485	6 927	5 581	100 180	**339 103**
1871	9 942	2 521	7 048	5 964	105 570	**345 273**
1872	10 146	2 680	7 379	5 684	105 795	**358 108**
1873	10 472	2 735	8 058	5 844	108 266	**361 242**
1874	10 213	2 827	8 371	6 550	110 063	**379 979**
1875	10 908	2 913	8 005	7 275	112 758	**388 398**
1876	11 074	2 998	8 527	7 109	113 881	**382 400**
1877	11 364	3 011	8 249	6 416	115 004	**386 896**
1878	11 468	2 919	8 197	6 535	115 454	**391 988**
1879	11 074	2 955	8 058	6 517	115 004	**384 599**
1880	12 313	3 047	8 440	6 955	120 395	**401 416**
1881	12 540	3 072	8 458	7 078	124 663	**408 873**
1882	12 875	3 060	8 806	6 870	128 257	**423 253**
1883	13 816	3 047	8 893	6 887	129 155	**431 284**
1884	14 065	3 108	9 137	7 666	129 380	**435 051**
1885	14 378	3 145	9 102	8 268	128 706	**437 319**
1886	14 594	3 164	9 067	8 593	130 728	**445 109**
1887	15 178	3 200	9 102	8 554	135 894	**458 663**
1888	15 707	3 341	9 345	8 757	141 959	**471 062**
1889	15 707	3 457	9 833	8 766	149 596	**483 468**
1890	15 070	3 549	9 972	9 389	150 269	**494 895**
1891	14 783	3 580	10 094	8 856	150 269	**496 530**
1892	15 006	3 659	10 303	9 627	146 676	**499 328**
1893	15 157	3 757	10 320	10 014	146 676	**510 582**
1894	15 524	3 769	10 529	9 783	156 559	**528 460**
1895	16 015	3 806	11 051	10 861	161 500	**541 783**
1896	15 405	3 922	11 695	11 142	168 239	**561 217**
1897	16 959	4 118	12 112	11 716	170 485	**567 533**
1898	17 310	4 130	12 374	11 927	178 796	**594 181**
1899	17 566	4 247	12 652	12 513	186 208	**616 982**
1900	17 604	4 320	13 104	12 649	184 861	**626 156**
1901	17 958	4 436	12 965	12 511	184 861	**625 148**
1902	18 796	4 528	12 948	12 801	189 578	**632 497**
1903	19 197	4 510	13 905	12 554	187 556	**647 532**
1904	19 334	4 504	14 044	13 223	188 679	**659 273**
1905	19 953	4 559	14 201	13 543	194 295	**677 567**
1906	20 661	4 724	15 123	14 972	200 808	**699 323**
1907	20 679	4 901	15 454	15 110	204 627	**727 627**
1908	20 694	5 060	15 419	14 873	196 316	**724 500**
1909	21 457	5 195	15 315	15 648	200 808	**747 235**
1910	22 438	5 379	16 237	16 177	207 098	**753 860**
1911	23 263	5 544	16 637	16 530	213 162	**788 458**
1912	23 998	5 795	17 107	16 701	216 307	**816 772**
1913	24 955	6 119	17 403	16 483	224 618	**840 743**
1914	24 281	6 254	17 246	16 496	226 864	**791 376**
1915	25 105	6 523	17 246	16 658	245 058	**806 239**
1916	25 779	6 731	17 020	16 606	250 449	**835 878**
1917	24 131	6 119	14 932	14 790	252 695	**810 230**
1918	22 634	5 893	14 706	14 737	254 268	**780 758**

表 1b-3　12 个西欧国家的 GDP 水平 (1919—1969)

(百万 1990 年国际元)

	奥地利	比利时	丹麦	芬兰	法国	德国	意大利
1919	14 503	25 854	12 359	5 169	108 800	156 591	105 980
1920	15 571	29 921	12 942	5 782	125 850	170 235	96 757
1921	17 236	30 439	12 569	5 974	120 648	189 511	95 287
1922	18 784	33 414	13 841	6 606	142 322	206 188	100 210
1923	18 597	34 611	15 299	7 092	149 691	171 318	106 266
1924	20 754	35 743	15 346	7 277	168 474	200 557	107 312
1925	22 161	36 293	14 996	7 692	169 197	223 082	114 397
1926	22 536	37 523	15 871	7 986	173 676	229 363	115 595
1927	23 216	38 913	16 186	8 612	170 064	252 321	113 094
1928	24 295	40 951	16 735	9 194	181 912	263 367	121 182
1929	24 647	40 595	17 855	9 302	194 193	262 284	125 180
1930	23 967	40 207	18 917	9 194	188 558	258 602	119 014
1931	22 044	39 496	19 127	8 970	177 288	238 893	118 323
1932	19 769	37 717	18 625	8 932	165 729	220 916	122 140
1933	19 113	38 525	19 220	9 526	177 577	234 778	121 317
1934	19 277	38 202	19 804	10 606	175 843	256 220	121 826
1935	19 652	40 563	20 247	11 059	171 364	275 496	133 559
1936	20 238	40 854	20 749	11 807	177 866	299 753	133 792
1937	21 317	41 404	21 251	12 478	188 125	317 783	142 954
1938	24 037	40 466	21 765	13 123	187 402	342 351	143 981
1939	27 250	43 216	22 803	12 561	200 840	374 577	154 470
1940	26 547	38 072	19 606	11 909	165 729	377 284	155 424
1941	28 446	36 067	17 668	12 299	131 052	401 174	153 517
1942	27 016	32 962	18 065	12 337	117 470	406 582	151 610
1943	27 672	32 198	20 061	13 756	111 546	414 696	137 307
1944	28 376	34 094	22 161	13 762	94 207	425 041	111 562
1945	11 726	36 132	20 493	12 963	102 154	302 457	87 342
1946	13 695	38 267	23 690	14 017	155 326	143 381	114 422
1947	15 102	40 563	25 020	14 343	168 330	161 011	134 446
1948	19 230	42 989	25 697	15 481	180 611	190 695	142 074
1949	22 865	44 736	27 471	16 420	205 174	223 178	152 563
1950	25 702	47 190	29 654	17 051	220 492	265 354	164 957
1951	27 460	49 874	29 852	18 501	234 074	289 679	177 272
1952	27 484	49 486	30 144	19 121	240 287	314 794	190 541
1953	28 680	51 071	31 859	19 255	247 223	341 150	204 288
1954	31 611	53 173	32 478	20 941	259 215	366 584	214 884
1955	35 105	55 696	32 828	22 008	274 098	406 922	227 389
1956	37 520	57 313	33 225	22 673	287 969	436 086	237 699
1957	39 818	58 381	35 746	23 739	305 308	461 071	251 732
1958	41 272	58 316	36 551	23 867	312 966	481 599	265 192
1959	42 445	60 160	39 270	25 285	321 924	516 821	281 707
1960	45 939	63 394	40 367	27 598	344 609	558 482	296 981
1961	48 378	66 478	42 926	29 701	363 754	581 487	321 992
1962	49 550	69 904	45 295	30 627	387 937	606 292	347 098
1963	51 567	72 988	45 579	31 636	408 090	623 382	371 822
1964	54 662	78 128	49 843	33 235	435 296	661 273	386 333
1965	56 234	80 870	52 117	35 002	456 456	695 798	395 020
1966	59 399	83 440	53 539	35 843	479 631	715 393	415 639
1967	61 205	86 695	55 339	36 600	501 799	717 610	445 232
1968	63 925	90 293	57 613	37 442	523 967	755 463	482 462
1969	67 945	96 302	61 283	41 048	560 280	805 410	510 051

（百万 1990 年国际元）（续表）

	荷兰	挪威	瑞典	瑞士	英国	西欧 12 国合计
1919	28 049	6 890	15 558	15 707	226 640	**722 099**
1920	28 898	7 324	16 463	16 726	<u>212 938</u>	**739 408**
1921	30 670	6 719	15 854	16 311	195 642	**736 859**
1922	32 342	7 502	17 351	17 890	205 750	**802 200**
1923	33 140	7 667	18 273	18 925	212 264	**793 144**
1924	35 561	7 630	18 847	19 631	221 024	**858 158**
1925	37 058	8 102	19 544	21 065	231 806	**905 392**
1926	40 028	8 279	20 640	22 120	223 270	**916 887**
1927	41 700	8 597	21 284	23 307	241 240	**958 535**
1928	43 921	8 879	22 293	24 609	244 160	**1 001 498**
1929	44 270	9 705	23 651	25 466	251 348	**1 028 497**
1930	44 170	10 421	24 138	25 301	249 551	**1 012 040**
1931	41 475	9 613	23 268	24 246	236 747	**959 491**
1932	40 901	10 255	22 641	23 422	238 544	**929 593**
1933	40 826	10 500	23 076	24 593	245 507	**964 560**
1934	40 078	10 837	24 834	24 642	261 680	**1 003 848**
1935	41 575	11 302	26 418	24 543	271 788	**1 047 566**
1936	44 195	11 993	27 949	24 626	284 142	**1 097 965**
1937	46 716	12 422	29 272	25 796	294 025	**1 153 541**
1938	45 593	12 734	29 759	26 785	297 619	**1 185 615**
1939	48 687	13 339	31 813	26 752	300 539	**1 256 847**
1940	42 898	12 152	30 873	27 032	330 638	**1 238 163**
1941	40 627	12 446	31 395	26 851	360 737	**1 252 277**
1942	37 133	11 963	33 309	26 175	369 721	**1 244 342**
1943	36 235	11 724	34 789	25 944	377 807	**1 243 734**
1944	24 306	11 112	35 972	26 571	362 983	**1 190 146**
1945	24 880	12 452	36 947	34 202	347 035	**1 028 782**
1946	41 999	13 786	41 001	36 543	331 985	**968 114**
1947	48 613	15 365	42 011	40 944	327 044	**1 032 793**
1948	53 804	16 589	43 316	41 768	337 376	**1 109 630**
1949	58 546	16 913	44 900	40 631	349 955	**1 203 351**
1950	60 642	17 838	47 269	42 545	347 850	**1 286 544**
1951	61 914	18 665	49 148	45 990	358 234	**1 360 663**
1952	63 162	19 332	49 845	46 369	357 585	**1 408 150**
1953	68 652	20 225	51 237	48 001	371 646	**1 483 287**
1954	73 319	21 229	53 395	50 705	386 789	**1 564 323**
1955	78 759	21 639	54 944	54 117	400 850	**1 664 355**
1956	81 654	22 771	57 032	57 710	405 825	**1 737 477**
1957	83 950	23 432	59 591	60 002	412 315	**1 815 085**
1958	83 701	23 218	59 887	58 732	411 450	**1 856 751**
1959	87 793	24 411	61 714	62 425	428 107	**1 952 062**
1960	95 180	25 813	64 986	66 793	452 768	**2 082 910**
1961	95 455	27 377	68 710	72 200	467 694	**2 186 152**
1962	101 993	28 159	71 599	75 661	472 454	**2 286 569**
1963	105 686	29 254	75 411	79 370	490 625	**2 385 410**
1964	114 446	30 662	80 562	83 541	516 584	**2 524 565**
1965	120 435	32 305	83 643	86 195	529 996	**2 624 071**
1966	123 754	33 556	85 383	88 305	540 163	**2 714 045**
1967	130 267	35 690	88 272	91 008	552 277	**2 801 994**
1968	138 627	36 498	91 475	94 272	574 775	**2 946 812**
1969	147 552	38 140	96 056	99 584	585 207	**3 108 858**

表 1b-4　12 个西欧国家的 GDP 水平(1970—2001)

(百万 1990 年国际元)

	奥地利	比利时	丹麦	芬兰	法国	德国	意大利
1970	72 785	102 265	62 524	44 114	592 389	843 103	521 506
1971	76 506	106 103	64 191	45 036	621 055	867 917	531 385
1972	81 256	111 679	67 578	48 473	648 668	903 739	546 933
1973	85 227	118 516	70 032	51 724	683 965	944 755	582 713
1974	88 588	123 494	69 379	53 291	704 012	952 571	610 040
1975	88 267	121 855	68 921	53 905	699 106	947 383	596 946
1976	92 307	128 743	73 382	53 676	729 326	993 132	635 737
1977	96 624	129 549	74 573	53 808	756 545	1 021 710	654 108
1978	96 273	133 231	75 674	54 934	777 544	1 050 404	678 494
1979	101 525	136 350	78 356	58 756	802 491	1 092 615	716 984
1980	103 874	142 458	78 010	61 890	813 763	1 105 099	742 299
1981	103 771	140 680	77 316	63 043	822 116	1 109 276	745 816
1982	105 750	142 665	79 650	65 090	842 787	1 099 799	749 233
1983	108 716	142 648	81 656	66 849	852 644	1 119 394	758 360
1984	109 077	146 180	85 241	68 866	865 172	1 150 951	777 841
1985	111 525	147 650	88 897	71 184	877 305	1 176 131	799 697
1986	114 135	149 854	92 135	72 873	898 129	1 202 151	822 404
1987	116 053	153 392	92 406	75 861	920 822	1 220 284	847 870
1988	119 730	160 632	93 482	79 581	961 287	1 260 983	880 671
1989	124 791	166 396	93 728	84 092	1 000 286	1 302 212	906 053
1990	130 476	171 442	94 863	84 103	1 026 491	1 264 438	925 654
1991	134 944	174 880	96 184	78 841	1 036 379	1 328 057	938 522
1992	136 754	177 695	97 413	76 222	1 051 689	1 357 825	945 660
1993	137 455	175 072	98 232	75 347	1 041 232	1 343 060	937 303
1994	140 949	180 312	103 884	78 327	1 061 556	1 374 575	957 993
1995	143 849	185 047	107 713	81 311	1 079 157	1 398 310	986 004
1996	146 726	187 268	110 406	84 563	1 091 028	1 409 496	996 850
1997	149 028	193 929	113 745	89 930	1 111 532	1 429 073	1 016 570
1998	154 350	198 370	116 545	94 727	1 150 381	1 457 039	1 035 304
1999	158 665	204 292	119 238	98 549	1 188 152	1 483 607	1 052 066
2000	163 412	212 434	122 793	104 566	1 235 635	1 528 353	1 081 646
2001	164 851	214 655	123 978	105 298	1 258 297	1 536 743	1 101 366

（百万 1990 年国际元）（续表）

	荷兰	挪威	瑞典	瑞士	英国	西欧 12 国合计
1970	155 955	38 902	102 275	105 935	599 016	**3 240 769**
1971	162 539	40 683	103 241	110 253	611 705	**3 340 614**
1972	167 919	42 785	105 604	113 781	633 352	**3 471 767**
1973	175 791	44 544	109 794	117 251	675 941	**3 660 253**
1974	182 763	46 858	113 306	118 957	666 755	**3 730 014**
1975	182 596	48 811	116 198	110 294	665 984	**3 700 266**
1976	191 194	52 135	117 428	108 745	680 933	**3 856 738**
1977	196 392	54 002	115 553	111 392	695 699	**3 959 955**
1978	201 024	56 453	117 577	111 847	720 501	**4 073 956**
1979	205 501	58 894	122 092	114 634	740 370	**4 228 568**
1980	207 979	61 811	124 130	119 909	728 224	**4 289 446**
1981	206 925	62 406	124 113	121 802	718 733	**4 295 997**
1982	204 517	62 514	125 358	120 051	729 861	**4 327 275**
1983	208 014	64 729	127 555	120 659	755 779	**4 407 003**
1984	214 854	68 530	132 717	124 311	774 665	**4 518 405**
1985	221 470	72 105	135 277	128 561	802 000	**4 631 802**
1986	227 570	74 687	138 381	130 653	837 280	**4 760 252**
1987	230 788	76 203	142 733	131 614	877 143	**4 885 169**
1988	236 824	76 117	145 946	135 709	920 841	**5 071 803**
1989	247 906	76 818	149 415	141 599	940 908	**5 234 204**
1990	258 094	78 333	151 451	146 900	944 610	**5 276 855**
1991	263 950	80 774	149 760	145 724	930 493	**5 358 508**
1992	269 298	83 413	147 631	145 540	930 975	**5 420 115**
1993	271 347	85 694	144 353	144 839	952 554	**5 406 488**
1994	280 094	90 400	150 296	145 610	994 384	**5 558 380**
1995	286 416	93 879	155 843	146 345	1 022 172	**5 686 046**
1996	295 008	98 479	157 557	146 784	1 048 748	**5 772 913**
1997	306 465	103 079	160 830	149 272	1 085 547	**5 909 000**
1998	319 640	105 614	166 596	152 784	1 117 234	**6 068 584**
1999	331 670	106 740	174 077	155 272	1 143 810	**6 216 138**
2000	343 126	109 181	180 310	159 955	1 179 586	**6 420 997**
2001	347 136	110 683	182 492	162 150	1 202 074	**6 509 723**

表 1b-5　4 个西欧国家的 GDP 水平和西欧的总 GDP 水平(1500—1868)

(百万 1990 年国际元)

	爱尔兰[a]	希腊	葡萄牙	西班牙	13 个西欧小国合计	西欧 29 国合计
1500	421	433	606	4 495	169	**44 162**
1600	615	725	814	7 029	250	**65 640**
1700	1 377	795	1 638	7 481	311	**81 302**
1820	6 231	1 482	3 043	12 299	628	**160 145**
1821						
1822						
1823						
1824						
1825						
1826						
1827						
1828						
1829						
1830						
1831						
1832						
1833						
1834						
1835						
1836						
1837						
1838						
1839						
1840						
1841						
1842						
1843						
1844						
1845						
1846						
1847						
1848						
1849						
1850		2 484	3 524	16 066	1 050	**261 598**
1851			3 793	16 311		
1852				17 053		
1853				17 192		
1854				17 506		
1855			3 552	18 391		
1856				17 892		
1857				17 489		
1858				17 902		
1859				18 700		
1860				19 336		
1861			3 597	19 595		
1862				19 729		
1863				20 190		
1864				20 206		
1865			3 745	19 586		
1866			3 887	20 612		
1867			4 000	20 566		
1868			4 042	18 490		

　　a. 这里给出的有关爱尔兰 1500—1920 年的 GDP 数据仅供参考,它们不包括在合计数中,因为英国 1500—1920 年的 GDP 数据已包括整个爱尔兰,在此之后仅包括北爱尔兰省。

表 1b-6　4 个西欧国家的 GDP 水平和西欧的总 GDP 水平 (1869—1918)

（百万 1990 年国际元）

	爱尔兰[a]	希腊	葡萄牙	西班牙	13 个西欧小国合计	西欧 29 国合计
1869			4 148	19 073		
1870	9 619	3 218	4 219	19 556	1 495	367 591
1871			4 061	21 104		
1872			4 179	24 034		
1873			4 353	26 156		
1874			4 282	23 968		
1875			4 277	24 670		
1876			4 177	25 136		
1877			4 372	27 701		
1878			4 375	26 982		
1879			4 384	25 492		
1880			4 367	27 750		
1881			4 513	28 462		
1882			4 655	28 831		
1883			4 770	29 480		
1884			4 934	29 561		
1885			5 064	28 774		
1886			5 343	28 157		
1887			5 457	27 765		
1888			5 523	28 890		
1889			5 425	28 823		
1890		5 280	5 671	28 839	2 253	536 938
1891			5 572	29 495		
1892			5 548	31 707		
1893			5 660	30 597		
1894			5 587	30 939		
1895			5 827	30 668		
1896			5 908	28 224		
1897			6 251	29 659		
1898			6 469	31 945		
1899			6 701	32 457		
1900		6 704	7 037	33 164	2 862	675 923
1901			6 914	35 471		
1902			6 954	34 440		
1903			7 054	34 600		
1904			7 148	34 485		
1905			6 950	34 005		
1906			6 997	35 760		
1907			7 165	36 885		
1908			7 052	38 331		
1909			7 048	38 998		
1910			7 225	37 633		
1911			7 369	40 332		
1912			7 494	40 028		
1913	11 891	8 635	7 467	41 653	3 843	902 341
1914			7 520	41 075	3 594	
1915			7 352	41 746	3 673	
1916			7 397	43 687	3 822	
1917			7 281	43 150	3 732	
1918			6 913	42 844	3 634	

　　a. 这里给出的有关爱尔兰 1500—1920 年的 GDP 数据仅供参考，它们不包括在合计数中，因为英国 1500—1920 年的 GDP 数据已包括整个爱尔兰，在此之后仅包括北爱尔兰省。

表 1b-7　4 个西欧国家的 GDP 水平和西欧的总 GDP 水平（1919—1969）

（百万 1990 年国际元）

	爱尔兰[b]	希腊	葡萄牙	西班牙	13 个西欧小国合计	西欧 29 国合计
1919			7 064	43 112	3 446	
1920			7 411	46 226	3 523	
1921	7 841	11 196	7 831	47 370	3 346	814 443
1922	7 800	11 565	8 788	49 390	3 843	883 586
1923	7 760	11 947	9 169	50 028	3 780	875 828
1924	7 720	12 341	8 828	51 443	4 072	942 562
1925	7 680	12 748	9 223	54 627	4 278	993 948
1926	7 640	13 169	9 163	54 424	4 317	1 005 600
1927	7 845	13 603	10 772	59 140	4 503	1 054 398
1928	8 058	13 864	9 732	59 371	4 694	1 097 217
1929	8 294	14 696	10 789	63 570	4 810	1 130 656
1930	8 480	14 342	10 656	61 435	4 719	1 111 672
1931	8 716	13 746	11 204	59 871	4 462	1 057 490
1932	8 508	14 912	11 422	61 163	4 615	1 030 213
1933	8 294	15 784	12 194	59 966	4 470	1 065 268
1934	8 562	16 173	12 714	62 231	4 647	1 108 175
1935	8 812	16 846	12 041	63 482	4 837	1 153 584
1936	9 056	16 907	11 124	49 343	5 061	1 189 456
1937	8 716	19 307	12 997	45 272	5 311	1 245 144
1938	8 965	18 901	13 084	45 255	5 438	1 277 258
1939	8 955	18 875	13 259	48 856	5 743	1 352 535
1940	9 028	16 183	12 396	53 585	5 663	1 335 018
1941	9 135	13 796	13 551	52 726	5 753	1 347 238
1942	9 043	11 588	13 369	55 670	5 713	1 339 725
1943	8 991	9 683	14 263	57 724	5 729	1 340 124
1944	8 985	8 129	15 079	60 407	5 499	1 288 245
1945	8 912	6 865	14 497	56 326	4 798	1 120 180
1946	9 025	10 284	15 635	58 854	4 544	1 066 456
1947	9 196	13 272	16 943	59 823	4 801	1 136 828
1948	9 643	13 936	16 894	59 970	5 114	1 215 187
1949	10 148	14 679	17 129	59 583	5 517	1 310 407
1950	10 231	14 489	17 615	61 429	5 880	1 396 188
1951	10 488	15 765	18 404	67 533	5 746	1 478 599
1952	10 753	15 878	18 428	73 044	6 180	1 532 433
1953	11 043	18 053	19 714	72 806	6 436	1 611 339
1954	11 142	18 615	20 660	78 335	6 647	1 699 722
1955	11 432	20 022	21 512	81 457	7 001	1 805 779
1956	11 283	21 731	22 451	88 083	7 427	1 888 452
1957	11 266	23 147	23 445	90 901	7 752	1 971 596
1958	11 034	24 218	23 753	94 829	7 966	2 018 551
1959	11 481	25 107	25 039	92 651	8 279	2 114 619
1960	12 127	26 195	26 711	94 119	8 487	2 250 549
1961	12 706	28 492	28 170	106 187	8 876	2 370 583
1962	13 120	29 562	30 040	118 386	9 269	2 486 946
1963	13 741	32 567	31 823	130 477	9 756	2 603 774
1964	14 279	35 243	33 921	143 308	10 165	2 761 481
1965	14 528	38 553	36 446	152 794	10 877	2 877 269
1966	14 652	40 907	37 929	164 199	11 398	2 983 130
1967	15 521	43 152	40 792	175 227	11 862	3 088 548
1968	16 804	46 027	44 421	185 747	12 261	3 252 072
1969	17 815	50 585	45 364	202 472	13 144	3 438 238

b. 1921 年及以后的数据是指爱尔兰共和国。

表 1b-8　4 个西欧国家的 GDP 水平和西欧的总 GDP 水平（1970—2001）

（百万 1990 年国际元）

	爱尔兰[b]	希腊	葡萄牙	西班牙	13 个西欧小国合计	西欧 29 国合计
1970	18 289	54 609	49 498	214 070	13 713	**3 590 948**
1971	18 923	58 496	52 781	226 319	14 651	**3 711 784**
1972	20 151	65 775	57 011	245 019	15 548	**3 875 271**
1973	21 103	68 355	63 397	266 896	16 452	**4 096 456**
1974	22 002	65 868	64 122	286 732	16 510	**4 185 248**
1975	23 246	69 853	61 334	296 824	16 005	**4 167 528**
1976	23 571	74 296	65 566	309 546	17 038	**4 346 755**
1977	25 506	76 843	69 239	321 868	18 095	**4 471 506**
1978	27 340	81 989	71 189	332 597	19 058	**4 606 129**
1979	28 180	85 015	75 203	337 333	20 007	**4 774 306**
1980	29 047	86 505	78 655	344 987	20 768	**4 849 408**
1981	30 013	86 553	79 928	346 768	21 257	**4 860 516**
1982	30 698	86 895	81 634	352 979	21 886	**4 901 367**
1983	30 624	87 244	81 492	361 902	22 385	**4 990 650**
1984	31 957	89 645	79 961	367 170	23 512	**5 110 650**
1985	32 943	92 442	82 206	374 627	24 313	**5 238 333**
1986	32 802	93 941	85 610	386 998	25 556	**5 385 159**
1987	34 331	93 507	91 073	409 027	26 754	**5 539 861**
1988	36 123	97 670	97 894	431 389	28 385	**5 763 264**
1989	38 223	101 425	102 922	454 166	30 000	**5 960 940**
1990	41 459	101 452	107 427	474 366	31 205	**6 032 764**
1991	42 259	104 597	110 047	485 126	32 342	**6 132 879**
1992	43 672	105 329	112 134	488 459	33 161	**6 202 870**
1993	44 848	103 644	110 593	482 776	34 633	**6 182 982**
1994	47 429	105 717	113 328	493 643	35 838	**6 354 335**
1995	52 163	107 937	116 640	507 054	36 899	**6 506 739**
1996	56 207	110 482	120 722	519 223	38 136	**6 617 683**
1997	62 295	114 500	125 505	540 520	39 918	**6 791 738**
1998	67 658	118 351	131 220	563 844	41 769	**6 991 426**
1999	74 999	122 405	135 886	587 169	43 639	**7 180 236**
2000	83 596	127 681	140 901	611 000	46 112	**7 430 287**
2001	89 113	132 916	143 234	627 733	47 553	**7 550 272**

b. 1921 年及以后的数据是指爱尔兰共和国。

表 1c-1　12 个西欧国家的人均 GDP(1500—1868)　　（1990 年国际元）

	奥地利	比利时	丹麦	芬兰	法国	德国	意大利
1500	707	875	738	453	727	688	1 100
1600	837	976	875	538	841	791	1 100
1700	993	1 144	1 039	638	910	910	1 100
1820	1 218	1 319	1 274	781	1 135	1 077	1 117
1821			1 320		1 225		
1822			1 327		1 176		
1823			1 308		1 213		
1824			1 328		1 246		
1825			1 322		1 191		
1826			1 324		1 223		
1827			1 349		1 197		
1828			1 357		1 190		
1829			1 324		1 221		
1830	1 399	1 354	1 330		1 191	1 328	
1831			1 318		1 208		
1832			1 354		1 312		
1833			1 336		1 288		
1834			1 397		1 290		
1835			1 377		1 333		
1836			1 367		1 311		
1837			1 392		1 329		
1838			1 390		1 387		
1839			1 395		1 336		
1840	1 515		1 428		1 428		
1841			1 414		1 456		
1842			1 407		1 418		
1843			1 476		1 487		
1844			1 527		1 533		
1845			1 551		1 480		
1846		1 694	1 569		1 478		
1847		1 762	1 547		1 635		
1848		1 754	1 612		1 529		
1849		1 790	1 691		1 572		
1850	1 650	1 847	1 767	911	1 597	1 428	1 350
1851		1 886	1 662		1 568	1 408	
1852		1 924	1 702		1 664	1 426	
1853		1 962	1 692		1 578	1 413	
1854		2 070	1 681		1 648	1 443	
1855		2 071	1 843		1 617	1 420	
1856		2 170	1 716		1 686	1 531	
1857		2 211	1 722		1 779	1 594	
1858		2 212	1 688		1 900	1 574	
1859		2 197	1 778		1 774	1 565	
1860	1 778	2 293	1 741	959	1 892	1 639	
1861		2 310	1 747	958	1 769	1 583	1 447
1862		2 354	1 779	896	1 914	1 645	1 482
1863		2 404	1 869	958	1 973	1 749	1 442
1864		2 466	1 833	969	1 988	1 780	1 474
1865		2 448	1 875	951	1 924	1 770	1 499
1866		2 503	1 859	958	1 934	1 771	1 559
1867		2 497	1 840	886	1 813	1 766	1 421
1868		2 569	1 853	1 003	1 982	1 861	1 479

（1990 年国际元）（续表）

	荷兰	挪威	瑞典	瑞士	英国	西欧 12 国平均
1500	761	640	695	632	714	**798**
1600	1 381	760	824	750	974	**908**
1700	2 130	900	977	890	1 250	**1 033**
1820	1 838	1 104	1 198	1 090	1 706	**1 245**
1821	1 885		1 247			
1822	1 874		1 217			
1823	1 931		1 243			
1824	1 969		1 270			
1825	1 938		1 262			
1826	1 928		1 135			
1827	2 001		1 169			
1828	2 079		1 266			
1829	2 104		1 210			
1830	2 013		1 175		1 749	
1831	1 997		1 122		1 811	
1832	2 116		1 185		1 774	
1833	2 140		1 229		1 774	
1834	2 124		1 220		1 828	
1835	2 131		1 231		1 906	
1836	2 165		1 235		1 957	
1837	2 223		1 183		1 912	
1838	2 262		1 110		1 996	
1839	2 273		1 216		2 069	
1840	2 283		1 231		1 990	
1841	2 305		1 179		1 930	
1842	2 289		1 167		1 869	
1843	2 241		1 205		1 886	
1844	2 231		1 297		1 981	
1845	2 234		1 212		2 067	
1846	2 228		1 176		2 185	
1847	2 237		1 242		2 213	
1848	2 261		1 306		2 272	
1849	2 314		1 335		2 334	
1850	2 371	1 188	1 289	1 488	2 330	**1 661**
1851	2 410		1 232	1 514	2 451	
1852	2 413		1 229	1 606	2 480	
1853	2 373		1 216	1 546	2 555	
1854	2 421		1 322	1 365	2 602	
1855	2 455		1 377	1 586	2 571	
1856	2 470		1 322	1 575	2 730	
1857	2 496		1 354	1 700	2 757	
1858	2 440		1 445	2 133	2 742	
1859	2 364		1 493	2 016	2 790	
1860	2 377		1 488	1 745	2 830	
1861	2 397		1 382	1 859	2 884	
1862	2 413		1 439	1 989	2 880	
1863	2 481		1 471	1 978	2 881	
1864	2 553		1 544	1 862	2 935	
1865	2 605	1 362	1 472	2 010	3 001	
1866	2 656	1 373	1 468	1 980	3 023	
1867	2 660	1 402	1 431	1 731	2 968	
1868	2 621	1 388	1 476	2 033	3 037	

表 1c-2   12 个西欧国家的人均 GDP(1869—1918)   (1990 年国际元)

	奥地利	比利时	丹麦	芬兰	法国	德国	意大利
1869		2 663	1 940	1 101	2 006	1 860	1 486
1870	1 863	2 692	2 003	1 140	1 876	1 839	1 499
1871	1 979	2 682	1 993	1 127	1 899	1 817	1 506
1872	1 976	2 824	2 087	1 145	2 078	1 931	1 475
1873	1 913	2 820	2 057	1 193	1 922	1 999	1 524
1874	1 981	2 890	2 096	1 204	2 157	2 124	1 513
1875	1 973	2 861	2 112	1 211	2 219	2 112	1 550
1876	2 000	2 875	2 130	1 259	2 028	2 071	1 506
1877	2 050	2 884	2 046	1 211	2 127	2 033	1 493
1878	2 100	2 942	2 102	1 173	2 091	2 103	1 506
1879	2 068	2 945	2 149	1 167	1 953	2 029	1 514
1880	2 079	3 065	2 181	1 155	2 120	1 991	1 581
1881	2 145	3 070	2 183	1 110	2 194	2 025	1 467
1882	2 140	3 136	2 240	1 203	2 288	2 044	1 584
1883	2 209	3 145	2 299	1 230	2 288	2 143	1 568
1884	2 248	3 136	2 285	1 219	2 253	2 178	1 566
1885	2 215	3 138	2 274	1 231	2 207	2 216	1 584
1886	2 268	3 153	2 336	1 276	2 237	2 211	1 643
1887	2 404	3 250	2 395	1 276	2 249	2 275	1 678
1888	2 379	3 247	2 389	1 302	2 269	2 341	1 662
1889	2 337	3 379	2 400	1 327	2 322	2 379	1 579
1890	2 443	3 428	2 523	1 381	2 376	2 428	1 667
1891	2 506	3 395	2 555	1 350	2 432	2 397	1 651
1892	2 535	3 442	2 598	1 280	2 493	2 469	1 548
1893	2 525	3 455	2 629	1 341	2 535	2 565	1 609
1894	2 645	3 468	2 657	1 399	2 626	2 598	1 576
1895	2 688	3 512	2 770	1 492	2 569	2 686	1 592
1896	2 701	3 551	2 836	1 570	2 685	2 740	1 627
1897	2 730	3 586	2 863	1 624	2 639	2 775	1 545
1898	2 855	3 615	2 870	1 668	2 760	2 848	1 672
1899	2 886	3 656	2 952	1 607	2 911	2 905	1 700
1900	2 882	3 731	3 017	1 668	2 876	2 985	1 785
1901	2 864	3 719	3 104	1 636	2 826	2 871	1 890
1902	2 945	3 739	3 141	1 591	2 775	2 893	1 821
1903	2 941	3 772	3 290	1 686	2 831	3 008	1 893
1904	2 956	3 821	3 326	1 731	2 847	3 083	1 896
1905	3 090	3 882	3 346	1 742	2 894	3 104	1 984
1906	3 176	3 917	3 402	1 794	2 943	3 152	2 042
1907	3 338	3 932	3 486	1 834	3 070	3 245	2 254
1908	3 320	3 933	3 552	1 829	3 045	3 254	2 288
1909	3 276	3 971	3 643	1 884	3 167	3 275	2 444
1910	3 290	4 064	3 705	1 906	2 965	3 348	2 332
1911	3 365	4 148	3 857	1 939	3 250	3 408	2 461
1912	3 505	4 206	3 812	2 022	3 514	3 524	2 465
1913	3 465	4 220	3 912	2 111	3 485	3 648	2 564
1914	2 876	3 923	4 110	2 001	3 236	3 059	2 543
1915	2 653	3 858	3 778	1 882	3 248	2 899	2 810
1916	2 628	4 080	3 891	1 893	3 463	2 935	3 139
1917	2 586	3 519	3 617	1 581	2 979	2 952	3 301
1918	2 555	2 861	3 459	1 370	2 396	2 983	3 392

（1990 年国际元）（续表）

	荷兰	挪威	瑞典	瑞士	英国	西欧 12 国平均
1869	2 672	1 441	1 557	2 211	3 031	
1870	2 757	1 432	1 662	2 102	3 190	**2 088**
1871	2 734	1 445	1 684	2 225	3 332	**2 124**
1872	2 771	1 527	1 746	2 108	3 319	**2 192**
1873	2 853	1 548	1 885	2 152	3 365	**2 195**
1874	2 727	1 586	1 938	2 397	3 386	**2 291**
1875	2 880	1 615	1 835	2 645	3 434	**2 323**
1876	2 890	1 639	1 935	2 568	3 430	**2 265**
1877	2 927	1 626	1 851	2 303	3 425	**2 270**
1878	2 991	1 555	1 818	2 331	3 403	**2 281**
1879	2 778	1 554	1 769	2 310	3 353	**2 218**
1880	3 046	1 588	1 846	2 450	3 477	**2 298**
1881	3 074	1 597	1 851	2 481	3 568	**2 326**
1882	3 117	1 593	1 924	2 400	3 643	**2 392**
1883	3 305	1 588	1 937	2 396	3 643	**2 422**
1884	3 328	1 611	1 976	2 657	3 622	**2 425**
1885	3 362	1 618	1 951	2 855	3 574	**2 420**
1886	3 374	1 616	1 929	2 956	3 600	**2 446**
1887	3 467	1 624	1 926	2 931	3 713	**2 503**
1888	3 544	1 690	1 971	2 990	3 849	**2 553**
1889	3 502	1 743	2 065	2 982	4 024	**2 601**
1890	3 323	1 777	2 086	3 182	4 009	**2 643**
1891	3 224	1 778	2 105	2 987	3 975	**2 634**
1892	3 240	1 806	2 144	3 207	3 846	**2 630**
1893	3 236	1 844	2 143	3 294	3 811	**2 671**
1894	3 273	1 832	2 171	3 179	4 029	**2 742**
1895	3 334	1 827	2 257	3 488	4 118	**2 789**
1896	3 166	1 857	2 367	3 536	4 249	**2 863**
1897	3 436	1 923	2 429	3 675	4 264	**2 867**
1898	3 460	1 900	2 457	3 697	4 428	**2 973**
1899	3 465	1 927	2 491	3 835	4 567	**3 058**
1900	3 424	1 937	2 561	3 833	4 492	**3 077**
1901	3 440	1 967	2 515	3 745	4 450	**3 044**
1902	3 543	1 990	2 496	3 783	4 525	**3 051**
1903	3 562	1 971	2 669	3 662	4 440	**3 094**
1904	3 535	1 961	2 680	3 808	4 428	**3 122**
1905	3 594	1 974	2 691	3 913	4 520	**3 180**
1906	3 669	2 037	2 845	4 206	4 631	**3 252**
1907	3 622	2 104	2 885	4 193	4 679	**3 354**
1908	3 577	2 157	2 853	4 078	4 449	**3 308**
1909	3 660	2 195	2 808	4 240	4 511	**3 381**
1910	3 789	2 256	2 980	4 331	4 611	**3 380**
1911	3 888	2 309	3 002	4 378	4 709	**3 503**
1912	3 955	2 392	3 064	4 373	4 762	**3 605**
1913	4 049	2 501	3 096	4 266	4 921	**3 688**
1914	3 868	2 530	3 048	4 233	4 927	**3 440**
1915	3 926	2 611	3 028	4 290	5 288	**3 502**
1916	3 956	2 669	2 968	4 277	5 384	**3 633**
1917	3 627	2 399	2 584	3 804	5 421	**3 534**
1918	3 352	2 286	2 532	3 798	5 459	**3 431**

表 1c-3　12 个西欧国家的人均 GDP(1919—1969)　　　(1990 年国际元)

	奥地利	比利时	丹麦	芬兰	法国	德国	意大利
1919	2 259	3 389	3 860	1 658	2 811	2 586	2 845
1920	2 412	3 962	3 992	1 846	3 227	2 796	2 587
1921	2 650	4 056	3 826	1 884	3 075	3 078	2 528
1922	2 877	4 413	4 166	2 058	3 610	3 331	2 631
1923	2 842	4 533	4 559	2 187	3 754	2 750	2 763
1924	3 163	4 638	4 528	2 224	4 179	3 199	2 765
1925	3 367	4 666	4 378	2 328	4 166	3 532	2 921
1926	3 413	4 784	4 598	2 392	4 249	3 605	2 926
1927	3 505	4 923	4 658	2 557	4 154	3 941	2 838
1928	3 657	5 139	4 785	2 707	4 431	4 090	3 016
1929	3 699	5 054	5 075	2 717	4 710	4 051	3 093
1930	3 586	4 979	5 341	2 666	4 532	3 973	2 918
1931	3 288	4 860	5 359	2 581	4 235	3 652	2 877
1932	2 940	4 607	5 169	2 550	3 959	3 362	2 948
1933	2 833	4 681	5 291	2 702	4 239	3 556	2 906
1934	2 852	4 624	5 402	2 988	4 192	3 858	2 894
1935	2 907	4 894	5 480	3 093	4 086	4 120	3 148
1936	2 995	4 913	5 575	3 279	4 244	4 451	3 130
1937	3 156	4 961	5 668	3 441	4 487	4 685	3 319
1938	3 559	4 832	5 762	3 589	4 466	4 994	3 316
1939	4 096	5 150	5 993	3 408	4 793	5 406	3 521
1940	3 959	4 562	5 116	3 220	4 042	5 403	3 505
1941	4 217	4 358	4 574	3 322	3 309	5 711	3 432
1942	3 983	3 997	4 629	3 327	2 981	5 740	3 369
1943	4 065	3 907	5 080	3 697	2 860	5 890	3 039
1944	4 152	4 112	5 543	3 685	2 422	6 084	2 463
1945	1 725	4 333	5 066	3 450	2 573	4 514	1 922
1946	1 956	4 574	5 777	3 683	3 855	2 217	2 502
1947	2 166	4 800	6 035	3 717	4 138	2 436	2 920
1948	2 764	5 024	6 133	3 957	4 393	2 834	3 063
1949	3 293	5 193	6 494	4 143	4 946	3 282	3 265
1950	3 706	5 462	6 943	4 253	5 271	3 881	3 502
1951	3 959	5 747	6 936	4 571	5 553	4 206	3 738
1952	3 967	5 668	6 955	4 674	5 659	4 553	3 997
1953	4 137	5 818	7 292	4 652	5 783	4 905	4 260
1954	4 555	6 029	7 371	5 002	6 020	5 247	4 449
1955	5 053	6 280	7 395	5 197	6 312	5 797	4 676
1956	5 397	6 422	7 439	5 295	6 568	6 177	4 859
1957	5 716	6 495	7 965	5 490	6 890	6 492	5 118
1958	5 907	6 442	8 095	5 474	6 988	6 737	5 360
1959	6 051	6 608	8 637	5 754	7 177	7 177	5 653
1960	6 519	6 952	8 812	6 230	7 546	7 705	5 916
1961	6 827	7 253	9 312	6 658	7 875	7 952	6 373
1962	6 950	7 583	9 747	6 819	8 232	8 222	6 827
1963	7 186	7 862	9 732	6 994	8 536	8 386	7 262
1964	7 567	8 341	10 560	7 307	9 005	8 822	7 487
1965	7 734	8 559	10 953	7 670	9 361	9 199	7 598
1966	8 112	8 776	11 160	7 824	9 750	9 388	7 942
1967	8 297	9 072	11 437	7 947	10 123	9 397	8 454
1968	8 621	9 416	11 837	8 093	10 493	9 864	9 105
1969	9 131	10 018	12 531	8 878	11 127	10 440	9 566

（1990 年国际元）（续表）

	荷兰	挪威	瑞典	瑞士	英国	西欧 12 国平均
1919	4 122	2 647	2 669	4 060	4 870	**3 245**
1920	4 220	2 780	2 802	4 314	4 548	**3 305**
1921	4 431	2 518	2 674	4 208	4 439	**3 313**
1922	4 599	2 784	2 906	4 618	4 637	**3 582**
1923	4 635	2 826	3 047	4 874	4 760	**3 513**
1924	4 895	2 796	3 130	5 039	4 921	**3 771**
1925	5 031	2 949	3 233	5 388	5 144	**3 951**
1926	5 358	2 996	3 404	5 626	4 936	**3 974**
1927	5 504	3 098	3 500	5 892	5 315	**4 132**
1928	5 720	3 188	3 656	6 171	5 357	**4 293**
1929	5 689	3 472	3 869	6 332	5 503	**4 387**
1930	5 603	3 712	3 937	6 246	5 441	**4 289**
1931	5 185	3 404	3 782	5 943	5 138	**4 041**
1932	5 035	3 609	3 666	5 710	5 148	**3 896**
1933	4 956	3 674	3 721	5 966	5 277	**4 023**
1934	4 805	3 771	3 991	5 952	5 608	**4 167**
1935	4 929	3 912	4 232	5 907	5 799	**4 326**
1936	5 190	4 130	4 465	5 908	6 035	**4 512**
1937	5 433	4 255	4 664	6 171	6 218	**4 717**
1938	5 250	4 337	4 725	6 390	6 266	**4 818**
1939	5 544	4 516	5 029	6 360	6 262	**5 071**
1940	4 831	4 088	4 857	6 397	6 856	**4 984**
1941	4 531	4 163	4 914	6 312	7 482	**5 050**
1942	4 107	3 976	5 179	6 107	7 639	**4 996**
1943	3 981	3 867	5 360	6 001	7 744	**4 994**
1944	2 649	3 631	5 484	6 089	7 405	**4 778**
1945	2 686	4 029	5 568	7 752	7 056	**4 154**
1946	4 457	4 409	6 102	8 181	6 745	**3 921**
1947	5 048	4 855	6 175	9 050	6 604	**4 133**
1948	5 490	5 182	6 292	9 116	6 746	**4 388**
1949	5 880	5 230	6 455	8 757	6 956	**4 718**
1950	5 996	5 463	6 739	9 064	6 939	**5 018**
1951	6 032	5 663	6 949	9 684	7 123	**5 272**
1952	6 084	5 809	6 996	9 630	7 091	**5 428**
1953	6 543	6 018	7 145	9 840	7 346	**5 684**
1954	6 907	6 254	7 402	10 287	7 619	**5 959**
1955	7 326	6 314	7 566	10 867	7 868	**6 302**
1956	7 499	6 581	7 797	11 439	7 929	**6 535**
1957	7 614	6 710	8 092	11 705	8 017	**6 780**
1958	7 482	6 590	8 083	11 297	7 966	**6 886**
1959	7 737	6 871	8 288	11 870	8 240	**7 184**
1960	8 287	7 208	8 688	12 457	8 645	**7 607**
1961	8 202	7 584	9 137	13 099	8 857	**7 914**
1962	8 639	7 738	9 469	13 354	8 865	**8 191**
1963	8 832	7 979	9 917	13 710	9 149	**8 469**
1964	9 437	8 300	10 515	14 191	9 568	**8 886**
1965	9 798	8 677	10 815	14 504	9 752	**9 160**
1966	9 936	8 940	10 936	14 727	9 885	**9 404**
1967	10 341	9 427	11 219	15 010	10 049	**9 654**
1968	10 894	9 557	11 561	15 374	10 410	**10 099**
1969	11 462	9 904	12 055	16 031	10 552	**10 583**

表 1c-4 12个西欧国家的人均 GDP(1970—2001) （1990 年国际元）

	奥地利	比利时	丹麦	芬兰	法国	德国	意大利
1970	9 747	10 611	12 686	9 577	11 664	10 839	9 719
1971	10 200	10 970	12 934	9 765	12 110	11 077	9 839
1972	10 771	11 503	13 538	10 448	12 539	11 481	10 060
1973	11 235	12 170	13 945	11 085	13 114	11 966	10 634
1974	11 658	12 643	13 751	11 361	13 409	12 063	11 046
1975	11 646	12 441	13 621	11 441	13 251	12 041	10 742
1976	12 201	13 122	14 466	11 358	13 773	12 684	11 385
1977	12 767	13 190	14 655	11 355	14 230	13 072	11 668
1978	12 731	13 554	14 826	11 559	14 566	13 455	12 064
1979	13 448	13 861	15 313	12 332	14 970	13 993	12 720
1980	13 759	14 467	15 227	12 949	15 106	14 114	13 149
1981	13 718	14 279	15 096	13 134	15 183	14 149	13 200
1982	13 962	14 474	15 563	13 485	15 483	14 040	13 252
1983	14 396	14 474	15 966	13 767	15 602	14 329	13 391
1984	14 442	14 833	16 676	14 107	15 746	14 783	13 719
1985	14 757	14 977	17 384	14 522	15 901	15 140	14 096
1986	15 086	15 195	17 993	14 819	16 215	15 469	14 496
1987	15 319	15 541	18 023	15 382	16 553	15 701	14 946
1988	15 762	16 252	18 224	16 088	17 205	16 160	15 523
1989	16 369	16 744	18 261	16 946	17 730	16 558	15 969
1990	16 905	17 197	18 452	16 866	18 093	15 929	16 313
1991	17 272	17 480	18 661	15 725	18 164	16 604	16 539
1992	17 290	17 690	18 837	15 120	18 330	16 847	16 637
1993	17 218	17 361	18 933	14 876	18 059	16 554	16 436
1994	17 570	17 825	19 956	15 398	18 332	16 884	16 754
1995	17 887	18 255	20 585	15 925	18 558	17 125	17 215
1996	18 213	18 438	20 981	16 511	18 686	17 212	17 377
1997	18 462	19 048	21 528	17 511	18 961	17 425	17 686
1998	19 075	19 443	21 981	18 401	19 542	17 764	17 990
1999	19 561	19 984	22 415	19 105	20 099	18 076	18 264
2000	20 097	20 742	23 010	20 235	20 808	18 596	18 740
2001	20 225	20 924	23 161	20 344	21 092	18 677	19 040

（1990 年国际元）（续表）

	荷兰	挪威	瑞典	瑞士	英国	西欧 12 国平均
1970	11 967	10 033	12 716	16 904	10 767	**10 959**
1971	12 319	10 423	12 748	17 381	10 941	**11 216**
1972	12 597	10 878	13 002	17 774	11 294	**11 589**
1973	13 081	11 247	13 494	18 204	12 025	**12 156**
1974	13 497	11 758	13 885	18 414	11 859	**12 344**
1975	13 374	12 180	14 183	17 224	11 847	**12 227**
1976	13 885	12 949	14 282	17 170	12 115	**12 736**
1977	14 177	13 356	14 004	17 635	12 384	**13 059**
1978	14 424	13 909	14 207	17 662	12 828	**13 414**
1979	14 647	14 461	14 721	18 050	13 167	**13 896**
1980	14 705	15 129	14 937	18 779	12 931	**14 057**
1981	14 525	15 222	14 917	18 956	12 747	**14 045**
1982	14 291	15 193	15 058	18 560	12 955	**14 130**
1983	14 483	15 679	15 315	18 559	13 404	**14 379**
1984	14 900	16 553	15 908	19 036	13 720	**14 728**
1985	15 283	17 365	16 189	19 584	14 165	**15 077**
1986	15 617	17 925	16 521	19 784	14 742	**15 465**
1987	15 737	18 204	16 982	19 788	15 393	**15 837**
1988	16 044	18 086	17 283	20 239	16 110	**16 388**
1989	16 695	18 177	17 593	20 931	16 414	**16 824**
1990	17 262	18 466	17 695	21 482	16 430	**16 872**
1991	17 519	18 953	17 379	21 051	16 136	**17 049**
1992	17 747	19 460	17 017	20 788	16 088	**17 153**
1993	17 764	19 874	16 550	20 504	16 416	**17 026**
1994	18 209	20 846	17 139	20 452	17 082	**17 438**
1995	18 527	21 536	17 658	20 421	17 495	**17 778**
1996	18 992	22 477	17 785	20 393	17 891	**17 994**
1997	19 629	23 397	18 143	20 696	18 459	**18 369**
1998	20 353	23 826	18 787	21 145	18 925	**18 820**
1999	20 992	23 942	19 624	21 440	19 291	**19 229**
2000	21 591	24 364	20 321	22 025	19 817	**19 806**
2001	21 721	24 577	20 562	22 263	20 127	**20 024**

表 1c-5 4个西欧国家的人均 GDP 和西欧平均的人均 GDP(1500—1868)

(1990 年国际元)

	爱尔兰[a]	希腊	葡萄牙	西班牙	13 个西欧小国平均	西欧 29 国平均
1500	526	433	606	661	612	**771**
1600	615	483	740	853	698	**890**
1700	715	530	819	853	789	**998**
1820	877	641	923	1 008	956	**1 204**
1821						
1822						
1823						
1824						
1825						
1826						
1827						
1828						
1829						
1830						
1831						
1832						
1833						
1834						
1835						
1836						
1837						
1838						
1839						
1840						
1841						
1842						
1843						
1844						
1845						
1846						
1847						
1848						
1849						
1850		816	923	1 079	1 273	**1 574**
1851			991	1 089		
1852				1 133		
1853				1 136		
1854				1 150		
1855			919	1 202		
1856				1 163		
1857				1 132		
1858				1 153		
1859				1 200		
1860				1 236		
1861			883	1 248		
1862				1 252		
1863				1 277		
1864				1 274		
1865			891	1 230		
1866			920	1 290		
1867			941	1 283		
1868			945	1 149		

a. 这里给出的有关爱尔兰 1500—1920 年的数据仅供参考,它们不包括在合计数中,因为英国 1500—1920 年的数据已包括整个爱尔兰,在此之后仅包括北爱尔兰省。

表 1c-6　4 个西欧国家的人均 GDP 和西欧平均的人均 GDP（1869—1918）

（1990 年国际元）

	爱尔兰[a]	希腊	葡萄牙	西班牙	13 个西欧小国平均	西欧 29 国平均
1869			964	1 181		
1870	1 775	880	975	1 207	1 602	**1 960**
1871			933	1 298		
1872			954	1 473		
1873			988	1 598		
1874			966	1 459		
1875			959	1 496		
1876			932	1 519		
1877			969	1 668		
1878			964	1 618		
1879			959	1 520		
1880			947	1 646		
1881			970	1 679		
1882			992	1 692		
1883			1 008	1 720		
1884			1 034	1 716		
1885			1 052	1 661		
1886			1 100	1 617		
1887			1 114	1 585		
1888			1 118	1 641		
1889			1 088	1 630		
1890		1 178	1 128	1 624	2 028	**2 490**
1891			1 099	1 654		
1892			1 087	1 770		
1893			1 101	1 700		
1894			1 079	1 712		
1895			1 117	1 689		
1896			1 125	1 548		
1897			1 182	1 619		
1898			1 214	1 736		
1899			1 249	1 756		
1900		1 351	1 302	1 786	2 361	**2 893**
1901			1 269	1 901		
1902			1 266	1 833		
1903			1 273	1 829		
1904			1 279	1 810		
1905			1 233	1 777		
1906			1 231	1 851		
1907			1 249	1 896		
1908			1 219	1 957		
1909			1 208	1 977		
1910			1 228	1 895		
1911			1 242	2 017		
1912			1 257	1 989		
1913	2 736	1 592	1 250	2 056	2 830	**3 458**
1914			1 258	2 014	2 639	
1915			1 228	2 033	2 687	
1916			1 234	2 113	2 788	
1917			1 212	2 073	2 712	
1918			1 150	2 045	2 633	

　　a. 这里给出的有关爱尔兰 1500—1920 年的数据仅供参考,它们不包括在合计数中,因为英国 1500—1920 年的数据已包括整个爱尔兰,在此之后仅包括北爱尔兰省。

表 1c-7　4 个西欧国家的人均 GDP 和西欧平均的人均 GDP(1919—1969)

(1990 年国际元)

	爱尔兰[b]	希腊	葡萄牙	西班牙	13 个西欧小国平均	西欧 29 国平均
1919			1 173	2 044	2 490	
1920			1 229	2 177	2 536	
1921	2 533	1 918	1 290	2 212	2 402	3 130
1922	2 598	1 963	1 430	2 284	2 749	3 372
1923	2 575	1 988	1 473	2 290	2 696	3 314
1924	2 569	2 057	1 401	2 331	2 894	3 539
1925	2 573	2 140	1 446	2 451	3 032	3 706
1926	2 572	2 180	1 419	2 417	3 049	3 723
1927	2 653	2 220	1 648	2 600	3 171	3 880
1928	2 737	2 234	1 470	2 584	3 294	4 013
1929	2 824	2 342	1 610	2 739	3 366	4 111
1930	2 897	2 258	1 571	2 620	3 291	4 014
1931	2 972	2 134	1 631	2 529	3 101	3 793
1932	2 885	2 289	1 643	2 559	3 198	3 675
1933	2 800	2 395	1 732	2 486	3 087	3 779
1934	2 882	2 418	1 784	2 556	3 198	3 909
1935	2 966	2 480	1 669	2 583	3 320	4 045
1936	3 052	2 455	1 523	2 072	3 462	4 162
1937	2 957	2 769	1 757	1 808	3 620	4 317
1938	3 052	2 677	1 747	1 790	3 697	4 399
1939	3 052	2 638	1 749	1 915	3 891	4 624
1940	3 052	2 223	1 615	2 080	3 824	4 548
1941	3 052	1 874	1 747	2 030	3 874	4 589
1942	3 052	1 579	1 708	2 126	3 834	4 544
1943	3 052	1 327	1 806	2 188	3 832	4 542
1944	3 052	1 116	1 893	2 271	3 666	4 361
1945	3 019	938	1 804	2 102	3 188	3 806
1946	3 052	1 386	1 928	2 179	3 009	3 628
1947	3 092	1 763	2 071	2 198	3 171	3 824
1948	3 230	1 798	2 046	2 186	3 367	4 039
1949	3 404	1 869	2 057	2 155	3 620	4 319
1950	3 453	1 915	2 086	2 189	3 846	4 579
1951	3 544	2 062	2 168	2 386	3 722	4 816
1952	3 642	2 053	2 161	2 558	3 964	4 963
1953	3 747	2 309	2 298	2 528	4 090	5 186
1954	3 794	2 358	2 393	2 696	4 178	5 437
1955	3 920	2 514	2 475	2 778	4 375	5 740
1956	3 897	2 706	2 564	2 978	4 604	5 962
1957	3 914	2 859	2 659	3 046	4 737	6 181
1958	3 870	2 963	2 672	3 150	4 796	6 282
1959	4 038	3 040	2 794	3 050	4 923	6 530
1960	4 282	3 146	2 956	3 072	4 988	6 896
1961	4 508	3 393	3 119	3 436	5 169	7 203
1962	4 636	3 499	3 330	3 800	5 361	7 483
1963	4 821	3 841	3 504	4 151	5 585	7 767
1964	4 986	4 141	3 718	4 515	5 779	8 167
1965	5 051	4 509	3 992	4 762	6 135	8 441
1966	5 080	4 749	4 164	5 060	6 379	8 686
1967	5 352	4 951	4 481	5 334	6 579	8 936
1968	5 770	5 266	4 873	5 588	6 739	9 355
1969	6 089	5 766	4 987	6 032	7 154	9 825

b. 1921 年及以后的数据是指爱尔兰共和国。

表 1c-8　4 个西欧国家的人均 GDP 和西欧平均的人均 GDP(1970—2001)

（1990 年国际元）

	爱尔兰[b]	希腊	葡萄牙	西班牙	13 个西欧小国平均	西欧 29 国平均
1970	6 199	6 211	5 473	6 319	7 399	**10 195**
1971	6 354	6 624	5 871	6 618	7 841	**10 465**
1972	6 663	7 400	6 355	7 099	8 256	**10 860**
1973	6 867	7 655	7 063	7 661	8 627	**11 416**
1974	7 042	7 350	7 048	8 149	8 560	**11 611**
1975	7 316	7 722	6 517	8 346	8 357	**11 521**
1976	7 302	8 105	6 814	8 599	8 900	**11 983**
1977	7 795	8 255	7 166	8 833	9 415	**12 289**
1978	8 250	8 695	7 340	9 023	9 830	**12 621**
1979	8 366	8 904	7 733	9 068	10 221	**13 041**
1980	8 541	8 971	8 044	9 203	10 436	**13 197**
1981	8 716	8 896	8 114	9 186	10 582	**13 185**
1982	8 821	8 876	8 280	9 293	10 834	**13 270**
1983	8 740	8 860	8 255	9 478	11 026	**13 491**
1984	9 056	9 058	8 089	9 571	11 525	**13 794**
1985	9 306	9 304	8 306	9 722	11 858	**14 113**
1986	9 265	9 425	8 641	9 998	12 381	**14 476**
1987	9 698	9 357	9 185	10 520	12 824	**14 857**
1988	10 234	9 763	9 868	11 046	13 453	**15 406**
1989	10 880	10 086	10 372	11 582	14 080	**15 856**
1990	11 818	9 988	10 826	12 055	14 452	**15 966**
1991	11 969	10 172	11 095	12 294	14 784	**16 152**
1992	12 277	10 170	11 310	12 351	14 952	**16 256**
1993	12 538	9 952	11 136	12 183	15 424	**16 129**
1994	13 198	10 105	11 385	12 437	15 805	**16 517**
1995	14 445	10 290	11 700	12 756	16 145	**16 860**
1996	15 472	10 511	12 097	13 045	16 557	**17 097**
1997	16 978	10 870	12 557	13 562	17 192	**17 502**
1998	18 233	11 212	13 106	14 129	17 847	**17 974**
1999	19 981	11 571	13 548	14 696	18 501	**18 413**
2000	22 015	12 044	14 022	15 269	19 401	**19 002**
2001	23 201	12 511	14 229	15 659	19 859	**19 256**

b. 1921 年及以后的数据是指爱尔兰共和国。

第二章

西方后裔国

1820 年以来，四个西方后裔国（澳大利亚、加拿大、新西兰和美国）经历了比西欧或世界其他地区更快的增长。在 1820—2001 年间，它们的总人口增长了 34 倍，而西欧的人口则增长了不到 2 倍；它们的 GDP 增加了 678 倍，而西欧的 GDP 仅增加了 46 倍；这四个国家的人均 GDP 平均值（按 1990 年国际元计算）从 1 202 国际元上升到 26 943 国际元，而西欧的人均 GDP 则从 1 204 国际元上升到 19 256 国际元。（表 2-1 和表 2-2 分别显示了 1700—1870 年澳大利亚和美国的人口与 GDP 数据。）

表 2-1　澳大利亚的人口与 GDP（1700—1870）

	人口（千人）			GDP（百万 1990 年国际元）			人均 GDP（国际元）		
	欧洲后裔	土著居民	总计	欧洲后裔	土著居民	总计	欧洲后裔	土著居民	平均
1700	0	450	450	0	180	180		400	400
1820	34	300	334	53	120	173	1 559	400	518
1830	70	260	330	176	104	280	2 514	400	848
1840	190	230	420	485	92	577	2 553	400	1 374
1850	405	200	605	1 115	80	1 195	2 951	400	1 975
1860	1 146	180	1 326	3 766	72	3 838	3 349	400	2 984
1870	1 620	155	1 775	5 748	62	5 820	3 548	400	3 279

表 2-2　美国的人口与 GDP（1700—1870）

	人口（千人）			GDP（百万 1990 年国际元）			人均 GDP（国际元）		
	欧洲和非洲后裔	土著居民	总计	欧洲和非洲后裔	土著居民	总计	欧洲和非洲后裔	土著居民	平均
1700	250	750	1 000	227	300	527	909	400	527
1820	9 656	325	9 981	12 418	130	12 548	1 286	400	1 257
1830	12 951	289	13 240	18 103	116	18 219	1 398	400	1 376
1840	17 187	257	17 444	27 591	103	27 694	1 605	400	1 588
1850	23 352	228	23 580	42 492	91	42 583	1 820	400	1 806
1860	31 636	203	31 839	69 265	81	69 346	2 189	400	2 178
1870	40 061	180	40 241	98 302	72	98 374	2 454	400	2 445

这些差距产生的部分原因是自然资源禀赋上的巨大差异。在 1820 年，法国、德国和英国的人均土地面积平均为 1.5 公顷，而西方后裔国则达到 240 公顷。大规模移民、大量外国投资和远离外国战争等因素有力地促进了后者的经济增长。它们继承了良好的制度体系和传统，从而获得了政治稳定，促进了社会流动，提升了教育水平，保障了产权，并更倾向于利用市场的力量，因此，与拉丁美洲的伊比利亚后裔国的制度体系相比，它们的制度体系更有利于促进经济增长。

在过去，对它们经济表现的大多数测算都集中在欧洲殖民者所创造的经济上，而忽视了被他们取代和摧毁的土著经济，后者的产出和人口都在不断萎缩。我曾试图通过估计被巴特林（N. G. Butlin, 1921—1991）称为"多元文化的"GDP，对 1870 年前的破坏性影响进行一个粗略的测算。对土著经济而言，人口数据是粗略的，人均 GDP 估计是程式化的。然而对殖民者经济而言，估算结果的质量至少与西欧国家一样高。

澳大利亚：澳大利亚在国民收入的估算方面拥有一个相当突出的记录，那就是它开创了官方核算的先河。澳大利亚的国民收入核算始于 1886 年，其标志是新南威尔士州的政府统计员科夫兰（Timothy Coghlan, 1857—1926）编写的《新南威尔士州的财富与经济发展》（*Wealth and Progress of New South Wales*）以及《澳大拉西亚七个殖民地的统计摘要》（*Statistical Abstract for the Seven Colonies of Australasia*）（这七个殖民地包括新西兰和成为澳大利亚各州的六个殖民地）中的估计值。其出版在 1905 年中断，当时科夫兰接任了新南威尔士州在伦敦的外交官职位，直到 1946 年官方国民经济核算才恢复出版。作为科夫兰档案的托管人，布里安·海格（Bryan Haig）撰写了对科夫兰工作的回忆录《官方国民经济核算的先驱》（"The First Official National Accounting Estimates"），但尚未发表，也可参见海因兹·阿恩特（Heinz Arndt）的《国民收入核算的先驱》（"A Pioneer of National Income Estimates", *Economic Journal*, December 1949）。

1938 年，科林·克拉克和约翰·克劳福特（John Crawford, 1910—1984）发布了 20 世纪 20 年代和 30 年代澳大利亚的收入和产出估计值、1914—1939 年实际收入的各年估计值以及追溯到 1886 年的部分年份生产率的粗略估计值，可参见他们的《澳大利亚的国民收入》（*National Income of Australia*, Angus and Robertson, Sydney, 1938）。克拉克在其《经济发展的条件》（*Conditions of Economic Progress*）的第一版（1940, pp. 84-85）中利用了上述材料，并在 1951 年版(pp.140-141)中进行了改进,后来又在 1957 年版(pp.90-97)中修正了他的估计值,后者显示 1914—1938 年实际产出增长得更快(见表2-4)。

N.G.巴特林从 1946 年开始陆续发表了一系列关于澳大利亚数量经济历史的研究报告,可参见格雷姆·斯努克斯(Graeme Snooks)的《诺埃尔·乔治·巴特林的生平和学术成就》("Life and Work of Noel George Butlin", *Australian Economic History Review*, September 1991)。巴特林很钦佩库兹涅茨,并且他的大部分著作都参照了库兹涅茨的做法,即对资料来源进行了细致的说明,对所用方法进行了清晰的解释。他的第一本主要著作 Butlin(1962)提供了 1861—1938/1939 年澳大利亚的 GDP、GNP、GDP 净值和 GNP 净值的各年估计值。该书同时还分别提供了按要素成本和市场价格计算的各产业名义与实际增加值、非常详细的资本形成估计值以及反映经常账户和资本账户的国际收支平衡表。全书用 200 多页的篇幅描述资料来源和估计方法,并包括 274 张表格。

鉴于 N.G.巴特林的研究覆盖了澳大利亚的整个历史时期,我在 1995 年和 2001 年的两本书中都非常倚重他的估计值。1820—1828 年 GDP 变动数据来源于他的《我们的 200 年》("Our 200 Years", *Queensland Calendar*, 1988)。1828—1860 年按 1848—1850 年价格计算的 8 个产业各年增加值的实际变动数据来源于他的《1788—1860 年澳大利亚经济的轮廓》("Contours of the Australian Economy 1788—1860", *Australian Economic History Review*, Sept. 1986, pp.96-147)。1861—1938/1939 年按 1910/1911 年价格计算的 13 个产业增加值变动数据来源于他的《1861—1938/1939 年澳大利亚的国内产出、投资和对外借款》(*Australian Domestic Product, Investment and Foreign Borrowing 1861—1938/1939*, Cambridge, 1962, pp.460-461);我根据他的另一本著作《1861—1900 年澳大利亚经济发展中的投资》(*Investment in Australian Economic Development 1861—1900*, Cambridge, 1964, p.453),结合巴特林(M.W. Butlin)的《1900/1901—1973/1974 年初步年度数据库》("A Preliminary Annual Database 1900/1901 to 1973/1974", Discussion Paper 7701, Reserve Bank of Australia, May 1977, p.41)中提供的 1911—1938/1939 年修订后的平减指数,对这些数据又做了进一步修订。按照 1966/1967 年价格计算的 1938/1939—1950 年实际总支出数据也来源于上书(M.W. Butlin, 1977, p.85)。根据瓦姆普露(W. Vamplew)主编的《澳大利亚:历史统计数据》(*Australians:*

Historical Statistics，Fairfax，Broadway，1987，p. 219）中提供的 GDP 平减指数，可将 1860 年和 1861 年这两年的数据连接起来。1950 年之后的数据来源于 OECD。必要时我们按日历年调整了 GDP 数据。1788—1949 年的人口数据来源于 Butlin(1988)，从 1870 年起按日历年进行了调整。巴特林的估计结果显示，两方接触之前的当地土著人口（110 万）远远高于传统的估计值（30 万）。他有关白人殖民者破坏性影响的分析使得人们难以再接受传统的估计值，但他的人口减少系数似乎被夸大了。作为折中，我假定殖民接触前的土著人口为 45 万，1820—1870 年的人口数据来源于史密斯(L. R. Smith)的《澳大利亚的土著人口》(*The Aboriginal Population of Australia*，ANU，Canberra，1980，p. 210)。

最近，海格全盘否定了巴特林的估计结果，可参见他的《澳大利亚 GDP 的新估计值：1861—1948/1949 年》("New Estimates of Australian GDP：1861—1948/1949"，*Australian Economic History Review*，March 2001，pp. 1-34)。他认为，巴特林的方法（通过价格指数对名义增加值进行平减）"不可行"，理由是现有物价指数存在固有缺陷，也难以对其进行改进；巴特林"过分依赖现有的批发价格、工资率和零售价格指数"，并且"自巴特林发布他的估计结果后，澳大利亚学术界一直没有对澳大利亚价格指数进行有价值的研究"。巴特林不是从书架上拿出他的价格指数，而是为 GDP 专门构建了 10 个部门平减指数，为资本投资专门构建了 8 个项目平减指数。他建立的平减指数虽不完善，但可以进行改进。澳大利亚学术界并没有放弃这一领域，可以参见麦克莱恩（Ian McLean)和伍德兰(S. J. Woodland)的《1850—1914 年澳大利亚的消费者价格》("Consumer Prices in Australia，1850—1914"，*Working Paper 92—94*，Economics Dept.，University of Adelaide，1992)。与其他许多国家相比，澳大利亚有更好的历史价格统计，可以参见瓦姆普露主编的《澳大利亚：历史统计数据》中由舍戈尔德(Shergold)撰写的章节。

海格的第二个根本反对意见是巴特林的结果"不合理"，因为巴特林的结果显示出与传统观点相冲突的发展轮廓，并导致对澳大利亚经济历史新的诠释。在我看来这没有什么不好。那些反对巴特林观点的人应该拿出证据证明他是错的。

一个更合理的反对意见是，因巴特林低估了期初制造业的就业人数和产出，从而可能夸大了 1861—1891 年的长期繁荣。有关这一点海格本应采取更严谨的态度，将他自己对澳大利亚制造业就业的估计与巴特林的结果进行比较,巴特林的结果可参见巴特林和杜维(Dowie)的《1861—1961年澳大利亚的劳动力和就业估计》("Estimates of Australian Work Force and Employment, 1861—1961", *Australian Economic History Review*, September 1969)。可惜的是,他仅仅选择了维多利亚州进行比较。

　　海格采用另一种与巴特林不同的方法对GDP中7个产业的产出进行了测量。这是一个有益的交叉检验,但对于1861—1911年,有70%的GDP无法进行直接测量,海格只能使用就业数据作为替代指标来进行估算,而且只有新南威尔士州和维多利亚州有关于就业的直接数据。他利用科夫兰于1893年发表的1891年产出权重对各产业部门的估计值进行加总。虽然他对自己和巴特林的估计结果进行了一些比较,但这些比较仍然是有限的而且不系统。此外,海格仅用5页纸介绍了他的估算方法,相比之下巴特林使用了200页进行解释。利用表2-3和表2-4可以系统地比较他们对产业增长率和结构的估计结果。

表2-3　**澳大利亚产业增长率与结构的两种估计结果(1861—1938/1939)**

| | Butlin(1962)与 Haig(2001)的估计结果比较 | | | | | | | |
| | 1861—1911年
年均增长率(%) | | 1891年水平
(百万1891年英镑) | | 1911/1912—
1938/1939年
年均增长率(%) | | 1938/1939年水平
(百万1938/
1939年英镑) | |
	Butlin (1962)	Haig (2001)	Butlin (1962)	Haig (2001)	Butlin (1962)	Haig (2001)	Butlin (1962)	Haig (2001)
畜牧业	4.81	4.30	29.5	28.7	1.39	0.96	74.5	63.2
农业	3.39	3.81	10.5	15.3	1.13	2.38	41.7	41.2
奶制品业	3.69	3.96	9.7	6.8	3.54	2.64	49.3	40.8
采矿业	1.83	1.98	11.3	12.0	−2.21	−0.60	27.9	27.1
制造业	6.13	3.72	21.3	29.5	2.01	2.43	157.0	198.0
建筑业	3.01	2.37	28.4	15.1	0.34	2.27	56.2	65.0
水运业	4.56		3.6		−0.41		7.9	
公共事业	5.88		6.8		1.06		45.5	
公共服务业	1.99		8.5		2.62		40.7	
金融业	1.55		6.7		2.73		21.1	
商品流通业	4.33		23.9		2.40		159.8	
其他服务业	3.16		22.5		0.89		91.0	
服务业小计	**3.63**	**3.33**	**72.0**	**52.0**	**1.77**	**2.35**	**366.0**	**291.0**
虚拟租金	3.34	3.27	21.9	18.3	2.20	2.19	72.0	60.0
未分类项目	4.91		1.8	0.0	2.93		−4.1	0.0
GDP	**3.67**	**3.34**	**202.8**	**177.8**	**1.58**	**2.09**	**840.5**	**797.0**
新南威尔士的 GDP		4.00		57.3				
维多利亚的 GDP		2.06		53.3				

　　资料来源:第1列和第5列数据来源于Butlin(1962,pp.160-161)。从1901/1902年开始,巴特林的数据是以财政年度(始于每年的7月1日)为基础;从1911/1912年开始,海格的数据也是以财政年度为基础。通过对1910/1911年和1911/1912年巴特林的估计值取平均值,可得到1911年日历年的估计值。第2列和第6列数据来自Haig(2001,pp.28-34)。第3列和第7列数据来自Butlin(1962,pp.10-11)。第4列和第8列数据来源于Haig(2001,pp.28-34)。

表 2-4　澳大利亚实际 GDP 的各种估计值(1861—1900)

（百万 1990 年国际元）

年份	Haig(2001)	Butlin(1962)	年份	Haig(2001)	Butlin(1962)	Clark(1957)
1861	4 453	4 188	1901	17 764	16 201	
1862	4 625	4 133	1902	16 905	16 366	
1863	4 750	4 271	1903	18 436	17 661	
1864	4 867	4 739	1904	17 733	18 846	
1865	5 132	4 711	1905	19 038	19 066	
1866	5 539	5 014	1906	19 741	20 361	
1867	5 515	5 621	1907	19 936	21 187	
1868	5 929	5 896	1908	20 694	21 904	
1869	6 101	5 951	1909	21 608	23 695	
1870	5 898	6 392	1910	22 662	25 348	
1871	6 210	6 144	1911	22 967	25 541	
1872	6 484	6 805	1912	23 764	26 147	
1873	6 656	7 522	1913	24 861	27 552	
1874	7 187	7 770	1914	24 797	25 430	21 294
1875	7 398	8 624	1915	24 341	23 943	20 782
1876	7 593	8 596	1916	24 172	25 623	19 902
1877	7 796	8 954	1917	23 716	26 202	17 519
1878	7 976	9 809	1918	23 155	26 340	16 138
1879	8 249	9 946	1919	24 488	26 092	17 819
1880	8 421	10 470	1920	25 534	28 075	19 969
1881	8 929	11 241	1921	26 818	30 831	22 263
1882	9 702	10 608	1922	28 225	31 051	25 058
1883	10 694	12 178	1923	29 579	31 685	27 275
1884	11 132	12 233	1924	31 524	34 109	29 324
1885	11 296	13 032	1925	33 002	35 239	30 872
1886	11 702	13 197	1926	33 792	34 798	32 587
1887	12 265	14 603	1927	34 305	34 716	34 068
1888	12 546	14 685	1928	34 368	34 164	34 759
1889	13 702	15 953	1929	33 662	33 834	34 848
1890	13 772	15 402	1930	30 458	32 181	33 411
1891	13 890	16 586	1931	28 416	32 720	31 406
1892	13 640	14 547	1932	30 025	31 878	31 640
1893	13 663	13 748	1933	32 110	33 696	31 199
1894	13 819	14 217	1934	33 810	34 991	34 603
1895	14 015	13 418	1935	35 798	36 424	35 427
1896	14 288	14 437	1936	37 414	38 160	36 195
1897	15 147	13 638	1937	39 306	40 336	37 509
1898	15 749	15 760	1938	40 639	40 639	40 639
1899	16 592	15 760				
1900	17 186	16 697				

　　资料来源：Haig(2001,pp.28-30)。他给出了 1861—1911 年的日历年估计值，以及 1911/1912 年之后的财政年度(始于每年的 7 月 1 日)估计值。我已将后者调整为日历年估计值。对于 1910/1911 年，他没有给出第一产业或 GDP 的估计值。为了给他的两个时间段建立连接，我利用了巴特林提供的 1910/1911—1911/1912 年第一产业变动数据。在 Clark(1957,pp.90-91)中，实际 GDP 已调整为日历年。

海格过分依赖于新南威尔士州和维多利亚州的测算结果以填补澳大利亚作为一个整体的信息缺口,而巴特林的测算涵盖的州范围更广,可能也更具有代表性。对于1861—1911年,海格的估计值意味着新南威尔士州的人均GDP年均增长率是1.6%,维多利亚州人均GDP年均增长率是0.42%,整个澳大利亚的人均GDP年均增长率为0.57%。

对于1911/1912—1938/1939年来说,海格的估计结果更好。他在《1910—1948/1949年制造业产出和生产率》("Manufacturing Output and Productivity, 1910 to 1948/1949", *Australian Economic History Review*, September 1975)一文中提供了一些制造业数量指标。至于经济的其他部门,他为适应生产率的变化调整了就业指标。他在《1938/1939年国民收入估算》("1938/1939 National Income Estimates", *Australian Economic History Review*, 1967, p.176)一文中提供的权重也更令人满意。我现在采纳了海格对1911—1938年的估计结果,但在采纳他对1861—1911年的估计结果前,我希望看到他提供的更多详细证据。

以上所有结果都是针对白人殖民者经济而言的。在20世纪80年代,巴特林做出了一个重大创新,推动了"多元文化"估计。1983年他出版了一部关于人口学模型的著作《我们最初的侵略》(*Our Original Aggression*, Allen & Unwin),通过引入各种影响死亡率的变量,分析了白人殖民者对土著居民人口与经济的影响。就研究意图而言,他的研究与伯拉(Borah)等人的研究相似,后者主要分析欧洲征服对美洲的影响。巴特林的研究更为严谨,他对土著历史的分析在《经济学与梦想时代:一部假设的历史》(*Economics and the Dreamtime: A Hypothetical History*, Cambridge University Press, 1993)中得到进一步扩展。随后,他的遗著《1810—1850年澳大利亚殖民经济的形成》(*Forming A Colonial Economy: Australia 1810—1850*, Cambridge University Press)于1994年公开出版。

加拿大:1700年法裔加拿大殖民者的GDP和人口数据来源于莫里斯·阿尔特曼(Morris Altman)的《1695—1739年加拿大的经济增长:估计和分析》("Economic Growth in Canada, 1695—1739: Estimates and Analysis", *William and Mary Quarterly*, October 1988)。其假定1820—1850年非土著居民的人均产出增长率与美国的相同。1851年、1860年和1870年的GDP数据来源于费尔斯通(O. J. Firestone)的《19世纪下半叶加拿大的经济变迁》("Canada's

Changing Economy in the Second Half of the 19th Century"，NBER，New York，1957)。1870—1926 年的 GDP 数据来源于厄克特(M. C. Urquhart)等人主编的《1870—1926 年加拿大的国民生产总值：估计值的由来》(*Gross National Product，Canada 1870—1926：The Derivation of the Estimates*，McGill Queen's University Press，Montreal，1993，pp. 11-12,24-25)。1926—1960 年的 GDP 数据来源于加拿大统计局的《国民收入和支出账户》(*National Income and Expenditure Accounts*，Vol. 1，*The Annual Estimates 1926—1974*，Ottawa，1975，p. 323)。1960 年之后的 GDP 数据来源于 OECD。若将 1949 年并入的纽芬兰包括在内，则 1820—1948 年加拿大 GDP 增加了 1.32％，人口增加了 2.6％。1820 年之前的土著人口数据来源与美国的相同。1820—1850 年的人口数据由马文·麦克因尼斯（Marvin McInnis）提供；1850—1950 年的人口数据则来源于厄克特和巴克利(K. A. H. Buckley)的《加拿大的历史统计》(*Historical Statistics of Canada*，Cambridge，1965，p. 14)。

新西兰：按照 1910/1911 年价格计算的 1870—1939 年 GNP 数据来源于兰基恩(K. Rankin)的《新西兰的国民生产总值：1859—1939 年》("New Zealand's Gross National Product：1859—1939"，*Review of Income and Wealth*，March 1992，pp. 60-61)，这些数据都是基于回归分析做出的替代估计值,涉及有关货币流通速度、名义货币供应量、各种价格指数(批发、出口、进口、农业和非农业)和人口的假设。1939—1950 年的数据来源于克拉克的《经济发展的条件(第 3 版)》(1957，pp. 171-172)，由克拉克对官方现价估计值进行平减后得到。1950 年之后的数据来源于 OECD。1939 年之前,GDP 按照日历年进行估计,之后则按财政年(从 4 月 1 日开始)估计。对于 1820—1870 年,我假定毛利人的人均收入达到 400 国际元(1990 年价格)。对于 1850—1870 年,我假定白人殖民者的人均 GDP 年均增长率为 0.8％(该增长率为兰基恩对 1859—1870 年的估计值)。1820—1919 年毛利人的人口数据和 1820—1860 年非毛利人的人口数据来源于霍克(G. R. Hawke)的《新西兰的形成》(*The Making of New Zealand*，Cambridge University Press，1985，pp. 10-11,20)；1861—1919 年非毛利人的人口数据来源于 Rankin(1992，pp. 58-59)。1920—1949 年的人口数据来源于联合国的《1960 年人口统计年鉴》(*Demographic Yearbook*，1960，pp. 148-150)。

表 2-5 显示了 1700—1870 年加拿大与新西兰的人口与 GDP 数据。

表 2-5　加拿大与新西兰的人口与 GDP(1700—1870)

	人口（千人）			GDP（百万 1990 年国际元）			人均 GDP(国际元)		
	欧洲后裔	土著居民	总计	欧洲后裔	土著居民	总计	欧洲后裔	土著居民	总计
加拿大									
1700	15	185	200	12	74	86	800	400	430
1820	741	75	816	708	30	738	955	400	904
1830	1 101	68	1 169	1 142	27	1 169	1 038	400	1 000
1840	1 636	61	1 697	1 948	24	1 972	1 191	400	1 162
1850	2 430	55	2 485	3 282	22	3 304	1 351	400	1 330
1860	3 319	50	3 369	4 867	20	4 887	1 466	400	1 451
1870	3 736	45	3 781	6 389	18	6 407	1 710	400	1 695
新西兰									
1700	0	100	100	0	40	40		400	400
1820	0	100	100	0	40	40		400	400
1830	0	100	100	0	40	40		400	400
1840	0	70	70	0	28	28		400	400
1850	25	65	90	77	26	103	3 080	400	1 144
1860	76	56	132	270	22	292	3 553	400	2 212
1870	243	48	291	883	19	902	3 633	400	3 100

美国：GDP 估计值

1700—1820 年

罗伯特·戈尔曼（Robert Gallman）的《美国经济增长的速度和模式》（"The Pace and Pattern of American Economic Growth", in L. Davis and Associates, eds., *American Economic Growth: An Economist's History of the United States*, Harper and Row, New York, 1972）估计在 1710—1840 年间（按照他的建议，取他的数值序列中点作为 1710 年的估计值）美国人均 GNP 净值年

均增长率为 0.42％。他的数字针对的是由白人和黑人组成的新欧洲经济。将 1820—1840 年人均收入的增长率进行向上调整后（见下文），戈尔曼的估计意味着 1700—1820 年人均收入年均增长率约为 0.29％（从 909 美元到 1 286 美元）。假定土著狩猎采集经济中人均年收入始终保持在 400 美元不变，则全国人均收入水平将从 1700 年的 527 美元增加至 1820 年的 1 257 美元。

曼考尔（P. C. Mancall）和韦斯（Weiss）在《英属北美经济增长了吗？》（"Was Economic Growth Likely in British North America?", *Journal of Economic History*，March 1999）一文中，给出了一个"多元文化"估计值，显示 18 世纪美国经济增长很慢。考虑到新欧洲和土著居民人口相对规模的巨大变化，我认为他们估算的经济增长率可能太低了。他们没有提供有关总人口或 GDP 的数字，因此这里不可能复制他们的"多元文化"估计值。他们也没有提及我所采用的戈尔曼估计值。

1820—2001 年

现代 GDP 估计值很大程度上应归功于西蒙·库兹涅茨的重大贡献。在 1930 年前后，他接手了美国国家经济研究局（NBER）在此领域的研究，还首次编制了官方核算资料《1929—1932 年国民收入》（*National Income 1929—1932*），并由美国商务部于 1934 年 1 月转交给美国参议院金融委员会。该资料提供了分行业的各类收入流量及其相应的就业估计值，后者由罗伯特·内森（Robert Nathan）整理提供。此外，它还提供了作为一个临时平减指数的生活费用指数，并附有非常详细的方法解释和资料来源。库兹涅茨在《1919—1938 年国民收入及其构成》（*National Income and Its Composition 1919—1938*，NBER，New York，1941）中对这一方法进行了进一步阐述，该书提供了不同类别收入（工资、财产收入以及企业家收入）的分行业估计值（按当年价格和 1929 年价格计算）。

库兹涅茨还通过"商品流量法"得到了 1919 年之后的各年各类消费支出的估计值。所谓商品流量法，就是利用人口普查和其他生产信息，确定出哪部分代表的是最终消费和资本形成的方法。这些来自生产者的商品流量被标明流通价格以反映其最终销售价值。此外，他还利用这种方法对服务业进行了粗略的估计。这项工作由美国信贷和银行委员会赞助,该委员会对商品流量的兴趣主要源于其作为金融资源流量对应物的特性。有关该法的详细介绍参见库兹涅茨的《商品流量和资本形成》(*Commodity Flow and Capital Formation*,NBER,New York,1938)。对支出的估计可追溯到 1869 年,见库兹涅茨、爱泼斯坦(L. Epstein)和詹克斯(E. Jenks)的《1869 年以来的国民产出》(*National Product Since 1869*,NBER,New York,1946)(但是这些估计值在 10 年的分期上有重叠,而且没有年度估计值)。实际上,这些追溯到 1869 年的估计值主要依赖于肖(W. H. Shaw)的《1869 年以来商品产出的价值》(*Value of Commodity Output Since 1869*,NBER,New York,1947),肖采用与 Kuznets (1938)相同的方法估计商品流量的价值。肖还提供了价格平减指数。同样形式的估计值(在分析手法上)还可以在库兹涅茨的《美国的收入与财富:趋势和结构》(*Income and Wealth of the United States：Trends and Structure*,Income and Wealth Series Ⅱ,Bowes and Bowes,Cambridge,1952)中找到。该书中的一个附录收录了马丁(Martin)和金 (King)对 1800—1870 年的估计值。库兹涅茨对上述估计值评价不高,尽管他没有给出可供替代的估计值,但他清晰地指出了它们产生偏差的方向,并提供了根据有限信息进行估计的一些有用线索。

库兹涅茨的庞大工作最终成稿于《美国经济中的资本》(*Capital in the American Economy*,NBER,Princeton,1961)。在这本书中他给出了追溯到 1889 年分别按当年价格和 1929 年价格计算的分支出类型的 GNP 估计值(pp.555-558)。由于 1889 年以前的普查信息残缺不全,他只给出了追溯到 1871 年的 5 年移动平均值(pp.559-564)。针对哪些产品为中间投入品的不同假设,他给出了三种不同的 GNP。

美国商务部并没有采纳库兹涅茨对 GNP 范围的界定。库兹涅茨在他的《关于商务部新收入序列的讨论》("Discussion of the New Department of Commerce Income Series",*Review of Economics and Statistics*,August 1948)中解释了他与商务部之间在测算方法上的分歧,但官方并不认同他的解释,详情可参见吉尔伯特、贾西(G. Jaszi)、丹尼森(E. F. Denison)和施瓦茨(C. F. Schwartz)发表于同一刊物上的《国民收入测算的目标:对库兹涅茨教授的答复》("Objectives of National Income Measurement：A Reply to Professor

Kuznets")。

库兹涅茨的估计结果带有 NBER 鲜明的学术特征，并以公开透明的方式出版。正因如此，约翰·肯德里克（John Kendrick）（有机会接触到库兹涅茨的工作表格）才有可能将库兹涅茨的 GNP（第三种）年度估计值按照商务部定义的消费支出分类回推到 1889 年（有一些细微的调整），详情参见肯德里克的《美国的生产率发展趋势》(*Productivity Trends in the United States*，NBER，Princeton，1961，pp. 298-299)。与库兹涅茨的做法相似，肯德里克使用了 1929 年的固定权重估计实际增长率，但同时也使用了链式权重估计，后者显示出 1889—1929 年国内私人经济的年均增长率为 3.82%，而采用固定权重指数得到的相应增长率为 3.68%（p. 327）。对于 1869—1889 年，由于这段时间的增长率可能被高估了，肯德里克仅提供了十年平均值。Kendrick（1961，见上文）充实了 NBER 由巴杰（Barger）、法布里坎特（Fabricant）等人进行的有关分部门生产的研究，在许多情形下反映了可追溯到 1869 年的产出或增加值的年度变动情况。不过，他并没有给出分行业的 GDP 估计值。他的总量指标（pp. 302-303）涵盖了 9 个生产部门，以及按支出分类的私人 GDP 合计，其中大部分的私人服务活动估计值都是通过残差项推导估计的。即便如此，他的估计值也仅限于 10 个基准年份。至此，我们可以得到如下悖论：美国是少数忽视了分行业构建历史账户的国家之一，尽管其构造此类账户的统计基础要优于其他国家。

1820—1840 年：这一时期的证据仍然相当薄弱，人们必须还要依赖于 Kuznets（1952）最早使用的推理方法，可参见戴维（P. A. David）的《1840 年前美国实际产出的增长：新的证据和有限猜想》("The Growth of Real Product in the United States before 1840：New Evidence, Controlled Conjectures"，*Journal of Economic History*，June 1967），以及较新的韦斯（T. Weiss）的《1800—1860 年美国劳动力和经济增长的估计》("US Labor Force Estimates and Economic Growth，1800—1860"，in R. E. Gallman and J. J. Wallis, eds.，*American Economic Growth and Standards of Living Before the Civil War*，University of Chicago Press，1992，p. 27）。我采用了库兹涅茨-戴维推断方法的一种变体，计算了 1820—1840 年的农业生产率，其中农业增加值（农作物和畜产品的产出加上畜存量变动，扣除消耗的中间投入品）数据取自汤恩（M. W. Towne）和拉斯姆森（W. D. Rasmussen）的《19 世纪农业总产出和总投

资》("Farm Gross Product and Gross Investment in the Nineteenth Century",
in W. N. Parker, ed., *Trends in the American Economy in the Nineteenth
Century*, NBER, Princeton, 1960, p.25),农业就业数据取自 Weiss(1992,见
上文,p.51)。计算结果表明,如此测算的 1820—1840 年农业生产率的年均增
长率为 0.62%。与库兹涅茨和戴维的看法一样,我认为非农业经济的生产率增
长要更快(为 1%)。尽管服务业生产率的增长比较温和,但有关非农业经济生
产率增长更快的假定似乎是站得住脚的,因为索柯罗夫(K. L. Sokoloff)发现制
造业生产率年均增长 2.2%,可以参见他的《1820—1860 年工业化早期制造业
生产率的增长:来自美国东北部的证据》("Productivity Growth in Manufactur-
ing During Early Industrialisation: Evidence from the American Northeast,
1820—1860", in S. L. Engerman and R. E. Gallman, ed., *Long Term Fac-
tors in American Economic Growth*, Chicago, 1986, p.695)。

　　1840—1869 年:这一时期的 GDP 数据来源于罗伯特·戈尔曼,他利用相同
的商品流量法和技术对库兹涅茨的估计值(第一种 GNP)进行了修订和向后追
溯。他首先估计了基准年份的农业、采矿业、制造业和建筑业的增加值(按照
1879 年价格计算),可参见戈尔曼的《商品产出:1839—1899 年》("Commodity
Output, 1839—1899", in W. N. Parker, ed., *Trends in the American Econo-
my in the Nineteenth Century*, NBER, Princeton, 1960, p.43)。他利用上述
结果、人口普查数据和其他信息,按支出类型(消费分为四类,资本形成分为三
类)构造出按 1860 年价格计算的 GNP 估计值,可参见戈尔曼的《1834—1909 年
美国的国民生产总值》("Gross National Product in the United States 1834—
1909", in D. S. Brady, ed., *Output, Employment and Productivity in the
United States after 1800*, NBER, New York, 1966, p.26)。遗憾的是,他所
提供的数字仅限于 5 个基准年份——1839 年、1844 年、1849 年、1854 年和 1859
年,以及从 1834—1843 年到 1899—1908 年有重叠的几十年,而且也没有公布
他的估计方法的全部细节。

　　1869—1890 年:这一时期的 GDP 数据来源于拜尔克(N. S. Balke)和戈登
(R. J. Gordon)的《战前国民生产总值估计:方法和新的证据》("The Estima-
tion of Prewar Gross National Product: Methodology and New Evidence",
Journal of Political Economy, February 1989, p.84)。他们利用有关建筑、

运输和通信的额外信息,改进了戈尔曼-肯德里克-库兹涅茨商品流量法的估计值,从而提供了名义 GNP、实际 GNP 和 GNP 平减指数的年度估计值。对于1869—1890 年,他们估计的实际 GNP 年均增长率为 4.16％,低于肯德里克未发表的估计值(5.44％),也低于库兹涅茨的估计值(5.55％)。库兹涅茨和肯德里克都认为他们估计的 1869 年 GNP 水平(如上所述)太低,因此拜尔克-戈登的估计值似乎更容易让人接受。

1890—1929 年:以 1929 年权重为基础的实际 GDP 变动数据来源于 Kendrick(1961,pp. 298-299)。

1929—1950 年:有关按照 1987 年价格计算的 GDP 变动数据,可参见美国商务部经济分析局(BEA)的《美国国民收入和产出账户》(*National Income and Product Accounts of the United States*,Vol. 1,US Dept. of Commerce,Washington,D. C.,February 1993)。

1950—2001 年:1950—1959 年的 GDP 数据来源于《1929—1997 年 GDP 与国民收入和产出账户(NIPA)中其他主要序列》("GDP and other Major NIPA Series,1929—1997",*Survey of Current Business*,August 1998);按照 1990年价格计算的 1959—1990 年 GDP 变动数据和 1990 年水平来源于塞斯金(E. P. Seskin)的《1958—1998 年国民收入与产出账户的改进估计:全面修订后的结果》("Improved Estimates of the National Income and Product Accounts for 1958—1998:Results of the Comprehensive Revision",*Survey of Current Business*,December 1999);1990—1998 年的 GDP 数据来源于卢姆(S. K. S. Lum)、莫耶(B. C. Moyer)和尤斯卡瓦基(R. E. Yuscavage)的《1947—1998 年分行业总产出的改进估计》("Improved Estimates of Gross Product by Industry for 1947—1998",*Survey of Current Business*,June 2000,p. 46);1998—2001 年的 GDP 数据来源于塞斯金(E. P. Seskin)和麦克库拉(S. M. McCulla)的《国民收入和产出账户的年度修订》("Annual Revision of the National Income and Product Accounts",*Survey of Current Business*,August 2002,p. 11)。应指出的是,1960 年之前的数字已被调整以包括阿拉斯加和夏威夷,并使 1960 年的 GDP 数字被上调了 0.294％(*Survey of Current Business*,December 1980,p. 17)。

人口:正如 Maddison(2001,pp. 232-233)所指出的那样,1820 年前土著居

民的人口数据来源于桑顿（R. Thornton）的《美洲印第安人遭受的大屠杀和幸存者：1492 年以来的人口史》（"American Indian Holocaust and Survival：A Population History Since 1492"，University of Oklahoma，1987）和尤贝雷克（D. H. Ubelaker）的《史前新世界的人口规模：历史回顾和对北美估计值的当前评价》（"Prehistoric New World Population Size：Historical Review and Current Appraisal of North American Estimates"，*American Journal of Physical Anthropology*，1976，pp. 661-666）。1630—1949 年的白人和黑人人口数据来源于美国商务部的《美国从殖民地时代至 1970 年的历史统计》（*Historical Statistics of the United States*，*Colonial Times to 1970*，1975，pp. 8,1168），这里的人口数字对应的是美国目前的领土。如果加上阿拉斯加和夏威夷（于 1959 年建州），则 1820—1949 年人口增加 0.39%。1950—2001 年的人口数据来源于美国人口普查局的国际项目中心。1820 年，美国的领土只有今天的一半，它的领土扩张主要是在 1845—1853 年间从墨西哥手中得到了得克萨斯、加利福尼亚和其他西部土地。1846 年，随着与加拿大之间的边界问题的解决，它又将如今的爱达荷、俄勒冈和华盛顿纳入版图。过去这些新加入的领土上人烟稀少，并主要由土著居民居住，这些人口在 1860 年之前一直没有被单独纳入美国的人口普查之中。1890 年以前，人口普查不包括那些生活在印第安领土或居留地里的人口。有鉴于此，我将 1820 年的土著人口调增了 32.5 万，将 1850 年的土著人口调增了 18 万（Maddison，1995，p. 97）。

美国官方 GDP 测算方法的最近三次修正

GDP 的年度链式指数：我所采用的 1950 年之后的官方数据是基于兰德费尔德（J. S. Landefeld）和帕克尔（R. P. Parker）在《BEA 的链式指数、时间序列和长期增长的度量指标》（"BEA's Chain Indexes，Time Series and Measures of Long Term Growth"，*Survey of Current Business*，May 1997）中所描述的链式指数，该指数的权重逐年变化。GDP 的年度实际变动用费氏（Fisher）指数进行衡量，该指数是拉氏（Laspeyres）指数和帕氏（Paasche）指数的几何平均值，其中拉氏指数利用上一年的价格作为权重，而帕氏指数则利用当年的价格作为权重。把按这种方法计算的年度变动逐年相乘，便可得到一个时间序列。这一方法打破了商务部 60 年来对整个时期都采用一个固定权重的传统做法（虽然所选年份五年更换一次）。在转换方法之前，BEA 对多种加权系统进行了尝试。杨格（A. H. Young）在他的《实际产出和价格变动的几种衡量方法：1959—1992 年的季度估计》（"Alternative Measures of Changes in Real Output and Prices，Quarterly Estimates for 1959—1992"，*Survey of Current Business*，March 1993) 中为 1959—1992 年提出了三个可供选择的指数，即原有的固定权重指数、费氏链式指数和五年更换一次权重的费氏指数，三种指数测算的实际 GDP 年均增长率分别为 2.88％、3.12％和 3.16％。Maddison(1995) 采用了第三种方法，因为它最接近当时其他 OECD 国家所采用的方法。BEA 并没有像它自己所宣称的那样，给出早期年份这三种方法的测算结果，而是突然转向链式指数并向后追溯到 1929 年。按照这种新方法测算，1929—1950 年美国 GDP 的年均增长率为 3.5％，而传统的测算结果为 2.6％。在此时期采用固定权重和链式权重的测算结果之间产生了较大差异，大于杨格对 1959—1992 年的测算或肯德里克对 1889—1929 年的测算产生的差异。接受这种新方法将涉及对美国经济历史的重大重新解释。它意味着 1929 年的 GDP 水平比按原来指数计算的低 16％，并相应降低了早期各年份的水平。如果将其作为连接，则 1913 年美国的劳动生产率水平要低于英国。BEA 新的估计还改变了对战争及战后经济的描述。对于 1929—1950 年来说，如果不进一步研究新方法影响如此之大的原因就采用新的测算结果是冒险的。要知道，没有其他国家曾对过去这样长的时期采用链式指数技术。

新经济的特征价格指数：BEA 转向链式指数的一个主要原因是 1985 年对计算机及其外围设备采用了特征价格指数[*]，并将这种价格指数的应用追溯到 1959 年。到 2000 年，根据这种指数平减出的增加值占 GDP 的 18％，参见兰德费尔德（J. S. Landefeld）和格里姆（B. T. Grimm）的《有关计算机和特征价格指数对实际 GDP 影响的注释》（"A Note on the Impact of Hedonics and Computers on Real GDP"，*Survey of Current Business*，December 2000）。这种方

---

[*] 特征价格指数（hedonic price index）是充分考虑了产品质量和功能特性变化的一种价格指数。与传统价格指数方法相比，它有助于分离产品质量和功能变化对价格的影响，因而能够更准确地反映价格的变化。该价格指数曾在中文文献中被不恰当地译为"享乐指数"。——译者注

法首先通过运算速度、记忆能力等特性确定出计算机的计算能力,从而虚拟出质量改进,然后利用回归的方法估计出价格变化。当然,计算机制造商乐于提供这些特征改进的详细资料,事实上应用技术特征变化衡量计算机价格是由IBM首创的。若采用特征价格指数,则从1994年起计算机价格每年下跌32％。如果这个降幅在整个20世纪90年代都成立,那就意味着一个消费者分别在1990年和2000年都花1 000美元买一台计算机,则他在2000年获得的实际效用相当于1990年的16倍。自1961年以来一直为格瑞利克斯(Zvi Griliches)所倡导的特征权重是完全值得尊重的,但是人们有理由怀疑它的假设,即产品质量变化是如此之大,而且一直是正向的。BEA采用这种方法意味着在计算机的计算能力(运算速度、记忆能力等)和计算机的产出之间直接建立联系,而不用考虑将计算能力转化为产出的软件质量。此外,特征价格指数假设存在充分竞争市场,也就是说,价格能准确地反映消费者的效用,但最近的反托拉斯案例表明这个假设可能是不现实的。人们更想看到对这种方法有更加严格和详细的比较和评估,以确保该方法得到的结果是可靠的。不过,年度链式权重的运用有利于缓解特征价格指数对GDP增长的加速影响。

将计算机软件作为投资的处理:第三个提高GDP水平及其增长率的创新,是把计算机软件作为投资而不是作为一种中间投入品。人们在1999年首次引入这种处理方法,并运用该方法将数据追溯至1959年。此类投资的平均服务寿命假定为3—5年(过长的假定),可参见BEA的《关于在美国国民账户中确认软件为投资品的决定》("Recognition of Software as Investment in the US National Accounts", *OECD Meeting of National Accounts Experts*, September 1999)。欧盟、国际货币基金组织、OECD和世界银行在国民账户体系1993年修订版中推荐了这种方法,该方法也被其他OECD国家所接受。鉴于特征价格指数已经在相当大的程度上考虑了计算机的质量变化,而这种质量变化在很大程度上是由软件改进引起的,那么再将计算机软件作为投资处理,势必产生某些重复计算问题。如果将这种迅速贬值的知识进步作为投资处理,而忽略有更持久影响的科学领域中的学术研究,则似乎有些奇怪。然而,在大多数统计部门看来,计算机技术的神圣地位似乎不可动摇。

表 2a-1　西方后裔国的人口（1500—1899）　　　（千人，年中值）

	澳大利亚	新西兰	加拿大	美国	4 个西方后裔国合计
1500	450	100	250	2 000	**2 800**
1600	450	100	250	1 500	**2 300**
1700	450	100	200	1 000	**1 750**
1820	334	100	816	9 981	**11 231**
1830	330	100	1 169	13 240	**14 839**
1840	420	70	1 697	17 444	**19 631**
1850	605	90	2 485	23 580	**26 760**
1860	1 326	132	3 369	31 839	**36 666**
1870	1 775	291	3 781	40 241	**46 088**
1871	1 675	306	3 801	41 098	**46 880**
1872	1 722	320	3 870	42 136	**48 048**
1873	1 769	335	3 943	43 174	**49 221**
1874	1 822	367	4 012	44 212	**50 413**
1875	1 874	406	4 071	45 245	**51 596**
1876	1 929	434	4 128	46 287	**52 778**
1877	1 995	450	4 184	47 325	**53 954**
1878	2 062	467	4 244	48 362	**55 135**
1879	2 127	494	4 312	49 400	**56 333**
1880	2 197	520	4 384	50 458	**57 559**
1881	2 269	539	4 451	51 743	**59 002**
1882	2 348	555	4 503	53 027	**60 433**
1883	2 447	574	4 560	54 311	**61 892**
1884	2 556	598	4 617	55 595	**63 366**
1885	2 650	614	4 666	56 879	**64 809**
1886	2 741	626	4 711	58 164	**66 242**
1887	2 835	640	4 760	59 448	**67 683**
1888	2 932	649	4 813	60 732	**69 126**
1889	3 022	656	4 865	62 016	**70 559**
1890	3 107	665	4 918	63 302	**71 992**
1891	3 196	674	4 972	64 612	**73 454**
1892	3 274	686	5 022	65 922	**74 904**
1893	3 334	705	5 072	67 231	**76 342**
1894	3 395	722	5 121	68 541	**77 779**
1895	3 460	735	5 169	69 851	**79 215**
1896	3 523	748	5 218	71 161	**80 650**
1897	3 586	764	5 269	72 471	**82 090**
1898	3 642	779	5 325	73 781	**83 527**
1899	3 691	794	5 383	75 091	**84 959**

表 2a-2　西方后裔国的人口（1900—1955）　　　（千人，年中值）

	澳大利亚	新西兰	加拿大	美国	4 个西方后裔国合计
1900	3 741	807	5 457	76 391	**86 396**
1901	3 795	824	5 536	77 888	**88 043**
1902	3 850	844	5 650	79 469	**89 813**
1903	3 896	867	5 813	80 946	**91 522**
1904	3 946	893	5 994	82 485	**93 318**
1905	4 004	919	6 166	84 147	**95 236**
1906	4 062	946	6 282	85 770	**97 060**
1907	4 127	969	6 596	87 339	**99 031**
1908	4 197	996	6 813	89 055	**101 061**
1909	4 278	1 024	6 993	90 845	**103 140**
1910	4 375	1 045	7 188	92 767	**105 375**
1911	4 500	1 067	7 410	94 234	**107 211**
1912	4 661	1 092	7 602	95 703	**109 058**
1913	4 821	1 122	7 852	97 606	**111 401**
1914	4 933	1 143	8 093	99 505	**113 674**
1915	4 971	1 152	8 191	100 941	**115 255**
1916	4 955	1 155	8 214	102 364	**116 688**
1917	4 950	1 152	8 277	103 817	**118 196**
1918	5 032	1 156	8 374	104 958	**119 520**
1919	5 193	1 195	8 548	105 473	**120 409**
1920	5 358	1 241	8 798	106 881	**122 278**
1921	5 461	1 275	9 028	108 964	**124 728**
1922	5 574	1 304	9 159	110 484	**126 521**
1923	5 697	1 326	9 256	112 387	**128 666**
1924	5 819	1 350	9 394	114 558	**131 121**
1925	5 943	1 382	9 549	116 284	**133 158**
1926	6 064	1 412	9 713	117 857	**135 046**
1927	6 188	1 437	9 905	119 502	**137 032**
1928	6 304	1 454	10 107	120 971	**138 836**
1929	6 396	1 471	10 305	122 245	**140 417**
1930	6 469	1 493	10 488	123 668	**142 118**
1931	6 527	1 514	10 657	124 633	**143 331**
1932	6 579	1 527	10 794	125 436	**144 336**
1933	6 631	1 540	10 919	126 180	**145 270**
1934	6 682	1 552	11 030	126 978	**146 242**
1935	6 732	1 562	11 136	127 859	**147 289**
1936	6 783	1 573	11 224	128 681	**148 280**
1937	6 841	1 587	11 341	129 464	**149 233**
1938	6 904	1 604	11 452	130 476	**150 436**
1939	6 971	1 627	11 570	131 539	**151 707**
1940	7 042	1 636	11 688	132 637	**153 003**
1941	7 111	1 629	11 818	133 922	**154 480**
1942	7 173	1 639	11 969	135 386	**156 167**
1943	7 236	1 633	12 115	137 272	**158 256**
1944	7 309	1 654	12 268	138 937	**160 168**
1945	7 389	1 688	12 404	140 474	**161 955**
1946	7 474	1 759	12 634	141 940	**163 807**
1947	7 578	1 797	12 901	144 688	**166 964**
1948	7 715	1 833	13 180	147 203	**169 931**
1949	7 919	1 871	13 469	149 770	**173 029**
1950	8 267	1 908	14 011	152 271	**176 458**
1951	8 511	1 947	14 331	154 878	**179 667**
1952	8 691	1 995	14 786	157 553	**183 025**
1953	8 858	2 047	15 183	160 184	**186 273**
1954	9 064	2 093	15 636	163 026	**189 819**
1955	9 277	2 136	16 050	165 931	**193 395**

表 2a-3　西方后裔国的人口（1956—2003）　　　　（千人，年中值）

	澳大利亚	新西兰	加拿大	美国	4 个西方后裔国合计
1956	9 501	2 178	16 445	168 903	**197 027**
1957	9 713	2 229	17 010	171 984	**200 936**
1958	9 915	2 282	17 462	174 882	**204 541**
1959	10 132	2 331	17 872	177 830	**208 165**
1960	10 361	2 372	18 267	180 671	**211 671**
1961	10 599	2 432	18 635	183 691	**215 357**
1962	10 795	2 489	18 986	186 538	**218 807**
1963	11 001	2 541	19 343	189 242	**222 128**
1964	11 218	2 592	19 711	191 889	**225 410**
1965	11 439	2 640	20 071	194 303	**228 454**
1966	11 655	2 688	20 448	196 560	**231 351**
1967	11 872	2 728	20 820	198 712	**234 132**
1968	12 102	2 759	21 143	200 706	**236 710**
1969	12 379	2 789	21 448	202 677	**239 293**
1970	12 660	2 828	21 750	205 052	**242 290**
1971	12 937	2 875	22 026	207 661	**245 500**
1972	13 177	2 929	22 285	209 896	**248 287**
1973	13 380	2 992	22 560	211 909	**250 841**
1974	13 599	3 058	22 875	213 854	**253 386**
1975	13 771	3 118	23 209	215 973	**256 071**
1976	13 916	3 154	23 518	218 035	**258 622**
1977	14 074	3 165	23 796	220 239	**261 274**
1978	14 249	3 166	24 036	222 585	**264 036**
1979	14 422	3 165	24 277	225 055	**266 918**
1980	14 616	3 170	24 593	227 726	**270 106**
1981	14 923	3 185	24 900	229 966	**272 975**
1982	15 184	3 211	25 202	232 188	**275 785**
1983	15 394	3 246	25 456	234 307	**278 403**
1984	15 579	3 279	25 702	236 348	**280 908**
1985	15 788	3 298	25 942	238 466	**283 494**
1986	16 018	3 308	26 204	240 651	**286 181**
1987	16 257	3 317	26 550	242 804	**288 928**
1988	16 520	3 331	26 895	245 021	**291 768**
1989	16 780	3 342	27 379	247 342	**294 843**
1990	17 022	3 360	27 791	250 132	**298 304**
1991	17 258	3 397	28 118	253 493	**302 265**
1992	17 482	3 438	28 524	256 894	**306 337**
1993	17 689	3 475	28 921	260 255	**310 340**
1994	17 893	3 517	29 262	263 436	**314 108**
1995	18 116	3 566	29 619	266 557	**317 858**
1996	18 348	3 621	29 983	269 667	**321 620**
1997	18 565	3 676	30 306	272 912	**325 459**
1998	18 769	3 726	30 629	276 115	**329 239**
1999	18 968	3 774	30 957	279 295	**332 994**
2000	19 165	3 820	31 278	282 339	**336 601**
2001	19 358	3 864	31 593	285 024	**339 838**
2002	19 547	3 908	31 902	287 676	**343 033**
2003	19 732	3 951	32 207	290 343	**346 233**

表 2b-1　西方后裔国的 GDP 水平（1500—1899）

（百万 1990 年国际元）

	澳大利亚	新西兰	加拿大	美国	4 个西方后裔国合计
1500	180	40	100	800	**1 120**
1600	180	40	100	600	**920**
1700	180	40	86	527	**833**
1820	173	40	738	12 548	**13 499**
1830	280	40	1 169	18 219	**19 708**
1840	577	28	1 972	27 694	**30 271**
1850	1 195	103	3 304	42 583	**47 185**
1860	3 838	292	4 887	69 346	**78 363**
1870	5 810	902	6 407	98 374	**111 493**
1871	5 525	965	6 669	102 289	**115 448**
1872	6 119	1 127	6 599	106 360	**120 205**
1873	6 764	1 283	7 263	110 593	**125 903**
1874	6 987	1 411	7 437	114 994	**130 829**
1875	7 755	1 497	7 263	119 571	**136 086**
1876	7 730	1 572	6 774	124 330	**140 406**
1877	8 052	1 792	7 228	129 278	**146 350**
1878	8 820	1 994	6 948	134 423	**152 186**
1879	8 944	1 763	7 612	139 772	**158 091**
1880	9 415	1 948	7 961	145 335	**164 659**
1881	10 108	2 029	9 078	151 119	**172 334**
1882	9 539	2 023	9 497	157 133	**178 193**
1883	10 951	2 006	9 532	163 387	**185 876**
1884	11 000	2 214	10 300	169 889	**193 403**
1885	11 719	2 203	9 672	176 651	**200 244**
1886	11 867	2 255	9 776	183 681	**207 579**
1887	13 131	2 307	10 091	190 991	**216 519**
1888	13 205	2 307	10 824	198 592	**224 928**
1889	14 345	2 428	10 894	206 496	**234 163**
1890	13 850	2 497	11 697	214 714	**242 758**
1891	14 914	2 515	11 976	224 027	**253 432**
1892	13 081	2 607	11 906	245 757	**273 352**
1893	12 362	2 671	11 837	233 857	**260 726**
1894	12 784	2 584	12 395	227 131	**254 894**
1895	12 066	2 677	12 256	254 552	**281 551**
1896	12 982	2 983	11 941	249 379	**277 285**
1897	12 264	3 018	13 233	273 178	**301 693**
1898	14 172	3 104	13 757	278 869	**309 903**
1899	14 172	3 208	15 049	304 221	**336 650**

表 2b-2　西方后裔国的 GDP 水平（1900—1955）

（百万 1990 年国际元）

	澳大利亚	新西兰	加拿大	美国	4 个西方后裔国合计
1900	15 014	3 469	15 887	312 499	**346 869**
1901	14 568	3 480	17 144	347 681	**382 873**
1902	14 717	3 746	18 820	351 303	**388 586**
1903	15 881	4 099	19 378	368 377	**407 735**
1904	16 947	4 081	19 658	363 720	**404 406**
1905	17 145	4 457	21 962	390 624	**434 188**
1906	18 309	4 879	24 162	435 636	**482 987**
1907	19 052	5 174	25 559	442 362	**492 147**
1908	19 697	4 816	24 336	406 146	**454 995**
1909	21 307	4 885	26 920	455 814	**508 927**
1910	22 793	5 556	29 225	460 471	**518 044**
1911	22 967	5 862	31 215	475 475	**535 519**
1912	23 764	5 689	33 275	497 722	**560 450**
1913	24 861	5 781	34 916	517 383	**582 941**
1914	24 797	5 931	32 577	477 545	**540 849**
1915	24 341	5 960	34 672	490 996	**555 969**
1916	24 172	5 914	38 163	558 774	**627 023**
1917	23 716	5 769	39 734	544 804	**614 024**
1918	23 155	5 677	37 186	593 956	**659 973**
1919	24 488	6 313	34 357	599 130	**664 288**
1920	25 534	7 001	33 973	593 438	**659 946**
1921	26 818	6 538	30 307	579 986	**643 650**
1922	28 225	6 313	34 741	612 064	**681 343**
1923	29 579	6 822	36 801	692 776	**765 978**
1924	31 524	6 943	37 360	713 989	**789 816**
1925	33 002	7 313	41 445	730 545	**812 305**
1926	33 792	6 926	43 680	778 144	**862 542**
1927	34 305	6 729	48 010	785 905	**874 948**
1928	34 368	7 475	52 269	794 700	**888 812**
1929	33 662	7 741	52 199	843 334	**936 936**
1930	30 458	7 405	50 454	768 314	**856 631**
1931	28 416	6 775	42 667	709 332	**787 191**
1932	30 025	6 608	39 630	615 686	**691 948**
1933	32 110	7 047	36 801	602 751	**678 710**
1934	33 810	7 400	40 712	649 316	**731 237**
1935	35 798	7 747	43 994	698 984	**786 523**
1936	37 414	9 186	46 368	798 322	**891 290**
1937	39 306	9 683	50 733	832 469	**932 191**
1938	40 639	10 365	52 060	799 357	**902 421**
1939	40 749	10 510	55 167	862 995	**969 421**
1940	43 422	10 308	62 744	929 737	**1 046 211**
1941	48 271	9 984	71 508	1 098 921	**1 228 684**
1942	53 837	11 082	84 182	1 318 809	**1 467 911**
1943	55 738	11 313	87 988	1 581 122	**1 736 162**
1944	53 809	11 360	91 305	1 713 572	**1 870 047**
1945	51 109	11 695	88 477	1 644 761	**1 796 042**
1946	49 291	12 597	87 569	1 305 357	**1 454 814**
1947	50 503	14 100	91 445	1 285 697	**1 441 744**
1948	53 754	12 701	93 121	1 334 331	**1 493 907**
1949	57 308	14 071	95 146	1 339 505	**1 506 030**
1950	61 274	16 136	102 164	1 455 916	**1 635 490**
1951	63 892	14 904	107 960	1 566 784	**1 753 540**
1952	64 470	15 552	115 816	1 625 245	**1 821 083**
1953	66 481	16 084	121 228	1 699 970	**1 903 763**
1954	70 614	18 298	120 390	1 688 804	**1 898 106**
1955	74 471	18 639	131 633	1 808 126	**2 032 869**

表 2b-3　西方后裔国的 GDP 水平(1956—2001)

（百万 1990 年国际元）

	澳大利亚	新西兰	加拿大	美国	4 个西方后裔国合计
1956	77 034	19 605	142 282	1 843 455	**2 082 376**
1957	78 577	20 165	146 402	1 878 063	**2 123 207**
1958	82 351	20 957	149 021	1 859 088	**2 111 417**
1959	87 421	22 449	155 062	1 997 061	**2 261 993**
1960	91 085	22 449	159 880	2 046 727	**2 320 141**
1961	91 713	23 704	164 598	2 094 396	**2 374 411**
1962	97 444	24 215	176 130	2 220 732	**2 518 521**
1963	103 413	25 749	185 041	2 316 765	**2 630 968**
1964	110 488	27 004	197 098	2 450 915	**2 785 505**
1965	116 131	28 724	210 203	2 607 294	**2 962 352**
1966	119 363	30 536	223 832	2 778 086	**3 151 817**
1967	127 422	29 142	230 647	2 847 549	**3 234 760**
1968	134 913	29 095	242 703	2 983 081	**3 389 792**
1969	143 118	32 099	255 497	3 076 517	**3 507 231**
1970	152 220	31 644	262 098	3 081 900	**3 527 862**
1971	158 992	33 285	276 694	3 178 106	**3 647 077**
1972	163 453	34 711	291 314	3 346 554	**3 836 032**
1973	172 314	37 177	312 176	3 536 622	**4 058 289**
1974	176 586	39 390	324 928	3 526 724	**4 067 628**
1975	181 367	38 937	332 269	3 516 825	**4 069 398**
1976	188 678	39 887	350 467	3 701 163	**4 280 195**
1977	190 653	37 944	362 245	3 868 829	**4 459 671**
1978	196 184	38 097	376 894	4 089 548	**4 700 723**
1979	206 515	38 874	392 561	4 228 647	**4 866 597**
1980	210 642	39 141	397 814	4 230 558	**4 878 155**
1981	218 780	41 041	410 164	4 336 141	**5 006 126**
1982	218 512	41 809	397 671	4 254 870	**4 912 862**
1983	218 539	42 955	409 246	4 433 129	**5 103 869**
1984	233 618	45 072	432 711	4 755 958	**5 467 359**
1985	245 444	45 420	456 107	4 940 383	**5 687 354**
1986	250 539	46 372	468 055	5 110 480	**5 875 446**
1987	262 925	46 564	487 138	5 290 129	**6 086 756**
1988	274 737	46 435	510 815	5 512 845	**6 344 832**
1989	286 820	46 850	523 177	5 703 521	**6 560 368**
1990	291 180	46 729	524 475	5 803 200	**6 665 584**
1991	288 661	45 908	514 459	5 775 948	**6 624 976**
1992	296 225	46 304	519 148	5 952 089	**6 813 766**
1993	307 489	48 654	531 096	6 110 061	**6 997 300**
1994	322 819	51 554	556 209	6 356 710	**7 287 292**
1995	336 990	53 599	571 447	6 526 361	**7 488 397**
1996	350 470	55 368	580 590	6 759 427	**7 745 855**
1997	362 601	57 083	605 162	7 046 304	**8 071 150**
1998	382 147	56 761	630 306	7 349 878	**8 419 092**
1999	399 670	59 173	664 021	7 651 223	**8 774 087**
2000	412 813	61 156	694 308	7 941 969	**9 110 246**
2001	423 596	62 282	704 594	7 965 795	**9 156 267**

表 2c-1　西方后裔国的人均 GDP(1500—1899) （1990 年国际元）

	澳大利亚	新西兰	加拿大	美国	4 个西方后裔国平均
1500	400	400	400	400	**400**
1600	400	400	400	400	**400**
1700	400	400	430	527	**476**
1820	518	400	904	1 257	**1 202**
1830	848	400	1 000	1 376	**1 328**
1840	1 374	400	1 162	1 588	**1 542**
1850	1 975	1 144	1 330	1 806	**1 763**
1860	2 894	2 212	1 451	2 178	**2 137**
1870	3 273	3 100	1 695	2 445	**2 419**
1871	3 299	3 155	1 755	2 489	**2 463**
1872	3 553	3 523	1 705	2 524	**2 502**
1873	3 824	3 831	1 842	2 562	**2 558**
1874	3 835	3 843	1 854	2 601	**2 595**
1875	4 138	3 688	1 784	2 643	**2 638**
1876	4 007	3 623	1 641	2 686	**2 660**
1877	4 036	3 982	1 727	2 732	**2 712**
1878	4 277	4 271	1 637	2 780	**2 760**
1879	4 205	3 569	1 765	2 829	**2 806**
1880	4 285	3 747	1 816	2 880	**2 861**
1881	4 455	3 765	2 040	2 921	**2 921**
1882	4 063	3 646	2 109	2 963	**2 949**
1883	4 475	3 495	2 090	3 008	**3 003**
1884	4 304	3 703	2 231	3 056	**3 052**
1885	4 422	3 587	2 073	3 106	**3 090**
1886	4 329	3 602	2 075	3 158	**3 134**
1887	4 632	3 604	2 120	3 213	**3 199**
1888	4 504	3 554	2 249	3 270	**3 254**
1889	4 747	3 701	2 239	3 330	**3 319**
1890	4 458	3 755	2 378	3 392	**3 372**
1891	4 666	3 731	2 409	3 467	**3 450**
1892	3 995	3 801	2 371	3 728	**3 649**
1893	3 708	3 788	2 334	3 478	**3 415**
1894	3 766	3 579	2 420	3 314	**3 277**
1895	3 487	3 642	2 371	3 644	**3 554**
1896	3 685	3 988	2 288	3 504	**3 438**
1897	3 420	3 950	2 512	3 769	**3 675**
1898	3 891	3 985	2 583	3 780	**3 710**
1899	3 840	4 041	2 796	4 051	**3 963**

表 2c-2　西方后裔国的人均 GDP(1900—1955)　　（1990 年国际元）

	澳大利亚	新西兰	加拿大	美国	4 个西方后裔国平均
1900	4 013	4 298	2 911	4 091	**4 015**
1901	3 839	4 223	3 097	4 464	**4 349**
1902	3 823	4 438	3 331	4 421	**4 327**
1903	4 076	4 727	3 334	4 551	**4 455**
1904	4 295	4 570	3 280	4 410	**4 334**
1905	4 282	4 850	3 562	4 642	**4 559**
1906	4 507	5 158	3 846	5 079	**4 976**
1907	4 616	5 340	3 875	5 065	**4 970**
1908	4 693	4 835	3 572	4 561	**4 502**
1909	4 981	4 770	3 850	5 017	**4 934**
1910	5 210	5 316	4 066	4 964	**4 916**
1911	5 104	5 494	4 213	5 046	**4 995**
1912	5 098	5 209	4 377	5 201	**5 139**
1913	5 157	5 152	4 447	5 301	**5 233**
1914	5 027	5 189	4 025	4 799	**4 758**
1915	4 897	5 174	4 233	4 864	**4 824**
1916	4 878	5 120	4 646	5 459	**5 373**
1917	4 791	5 008	4 801	5 248	**5 195**
1918	4 602	4 911	4 441	5 659	**5 522**
1919	4 716	5 641	4 019	5 580	**5 517**
1920	4 766	5 641	3 861	5 552	**5 397**
1921	4 911	5 128	3 357	5 323	**5 160**
1922	5 064	4 841	3 793	5 540	**5 385**
1923	5 192	5 144	3 976	6 164	**5 953**
1924	5 417	5 143	3 977	6 233	**6 024**
1925	5 553	5 292	4 340	6 282	**6 100**
1926	5 573	4 905	4 497	6 602	**6 387**
1927	5 544	4 683	4 847	6 576	**6 385**
1928	5 452	5 141	5 172	6 569	**6 402**
1929	5 263	5 262	5 065	6 899	**6 673**
1930	4 708	4 960	4 811	6 213	**6 028**
1931	4 354	4 475	4 004	5 691	**5 492**
1932	4 564	4 327	3 671	4 908	**4 794**
1933	4 842	4 576	3 370	4 777	**4 672**
1934	5 060	4 768	3 691	5 114	**5 000**
1935	5 318	4 959	3 951	5 467	**5 340**
1936	5 516	5 840	4 124	6 204	**6 011**
1937	5 746	6 102	4 473	6 430	**6 247**
1938	5 886	6 462	4 546	6 126	**5 999**
1939	5 846	6 460	4 768	6 561	**6 390**
1940	6 166	6 300	5 368	7 010	**6 838**
1941	6 788	6 129	6 051	8 206	**7 954**
1942	7 505	6 762	7 033	9 741	**9 400**
1943	7 703	6 928	7 263	11 518	**10 971**
1944	7 362	6 868	7 443	12 333	**11 676**
1945	6 917	6 928	7 133	11 709	**11 090**
1946	6 595	7 161	6 931	9 197	**8 881**
1947	6 664	7 846	7 088	8 886	**8 635**
1948	6 967	6 929	7 065	9 065	**8 791**
1949	7 237	7 521	7 064	8 944	**8 704**
1950	7 412	8 456	7 291	9 561	**9 268**
1951	7 507	7 653	7 533	10 116	**9 760**
1952	7 418	7 796	7 833	10 316	**9 950**
1953	7 505	7 856	7 984	10 613	**10 220**
1954	7 791	8 743	7 699	10 359	**10 000**
1955	8 027	8 725	8 201	10 897	**10 512**

表 2c-3　西方后裔国的人均 GDP(1956—2001)　　　　（1990 年国际元）

	澳大利亚	新西兰	加拿大	美国	4 个西方后裔国平均
1956	8 108	9 000	8 652	10 914	**10 569**
1957	8 090	9 045	8 607	10 920	**10 567**
1958	8 305	9 185	8 534	10 631	**10 323**
1959	8 628	9 630	8 676	11 230	**10 866**
1960	8 791	9 465	8 753	11 328	**10 961**
1961	8 653	9 745	8 833	11 402	**11 025**
1962	9 027	9 731	9 277	11 905	**11 510**
1963	9 400	10 132	9 566	12 242	**11 844**
1964	9 849	10 418	9 999	12 773	**12 357**
1965	10 152	10 879	10 473	13 419	**12 967**
1966	10 241	11 362	10 946	14 134	**13 624**
1967	10 733	10 682	11 078	14 330	**13 816**
1968	11 148	10 545	11 479	14 863	**14 320**
1969	11 561	11 511	11 912	15 179	**14 657**
1970	12 024	11 189	12 050	15 030	**14 560**
1971	12 290	11 576	12 562	15 304	**14 856**
1972	12 404	11 850	13 072	15 944	**15 450**
1973	12 878	12 424	13 838	16 689	**16 179**
1974	12 985	12 879	14 205	16 491	**16 053**
1975	13 170	12 489	14 316	16 284	**15 892**
1976	13 559	12 648	14 902	16 975	**16 550**
1977	13 546	11 989	15 223	17 567	**17 069**
1978	13 769	12 034	15 680	18 373	**17 803**
1979	14 320	12 284	16 170	18 789	**18 233**
1980	14 412	12 347	16 176	18 577	**18 060**
1981	14 660	12 884	16 472	18 856	**18 339**
1982	14 391	13 022	15 779	18 325	**17 814**
1983	14 197	13 234	16 076	18 920	**18 333**
1984	14 995	13 746	16 836	20 123	**19 463**
1985	15 546	13 772	17 582	20 717	**20 062**
1986	15 641	14 017	17 862	21 236	**20 531**
1987	16 173	14 037	18 348	21 788	**21 067**
1988	16 630	13 939	18 993	22 499	**21 746**
1989	17 093	14 020	19 108	23 059	**22 250**
1990	17 106	13 909	18 872	23 201	**22 345**
1991	16 727	13 514	18 297	22 785	**21 918**
1992	16 945	13 470	18 201	23 169	**22 243**
1993	17 383	14 001	18 364	23 477	**22 547**
1994	18 042	14 657	19 008	24 130	**23 200**
1995	18 602	15 031	19 293	24 484	**23 559**
1996	19 101	15 290	19 364	25 066	**24 084**
1997	19 531	15 528	19 968	25 819	**24 799**
1998	20 361	15 233	20 579	26 619	**25 571**
1999	21 070	15 679	21 450	27 395	**26 349**
2000	21 540	16 010	22 198	28 129	**27 065**
2001	21 883	16 118	22 302	27 948	**26 943**

第三章
东欧和苏联

到 1990 年为止，这个集团共有 8 个国家，其中 5 个仍然维持原先的边界，但另外 3 个已分化出 22 个后继国，其中 2 个来自捷克斯洛伐克，5 个来自南斯拉夫，15 个来自苏联。本章的表格显示了这 8 个国家的 GDP、人口和人均 GDP 数据，其中 1820—2001 年的数据对应它们 1989 年的边界，1990—2001 年的数据对应 22 个后继国的新边界。

德意志民主共和国从 1946 年存续到 1990 年，从 1990 年开始它与德意志联邦共和国合并。由于第一章中对德国的估计值包括了德意志民主共和国，因此在本章中不再讨论，有关 1936—1993 年德意志民主共和国的人口和 GDP，参见 Maddison(1995，p. 132)。

1820—2001 年的估计值

人口：从 1950 年开始所有东欧国家及苏联 * 的数据来源于美国人口普查局的国际项目中心 2002 年 10 月的修订。对于 1820—1949 年，我对从麦克伊夫迪(Colin McEvedy) 和琼斯(Richard Jones) 的《世界人口史图集》(*Atlas of World Population History*，Penguin，London，1978)中引用的数据做了一些修订和补充。他们提供了完全按照 1978 年边界调整的估计值。1820—1949 年的人口数据来源可参见下面的国别注释。

GDP 水平：数据来源可参见下面的国别注释。对于 1820—1913 年，由于对

---

* 本章所使用的"苏联"为地域上的概念，指的是 1990 年苏联的边界范围。数据的时间跨度包括苏联成立之前和苏联解体之后。出于表述的方便和统计的一致性，作者在原书中统一使用了"USSR"。译文中沿用了这一处理方式。——译者注

东欧国家的 GDP 估计存在明显的缺口，因而难以获得有意义的合计值和平均值。为此，我用 Good and Ma（1999）的替代估计值来填充以下所示的大部分数据缺口。在所有情形中，已对社会主义国家的 GDP 估计值进行了调整，使其符合联合国标准国民账户体系的规范。这样所产生的问题及其数据来源，可参见Maddison（1995，pp. 139-143）和麦迪森的《对社会主义计划经济表现的估算：评价美国中央情报局对苏联的估计》（"Measuring the Performance of a Communist Command Economy：An Assessment of CIA Estimates for the USSR"，*Review of Income and Wealth*，September 1998）。

阿尔巴尼亚：1950 年和 1990 年的 GDP 数据来源于 Maddison（1995，p. 217）。1870—1950 年人均 GDP 的增长假定和其他 6 个东欧国家的平均水平一致。

保加利亚：1926—1939 年的数据来源于恰卡洛夫（A. Chakalov）的《1924—1945 年保加利亚的国民收入和支出》（保加利亚语）［*The National Income and Outlay of Bulgaria：1924—1945* (in Bulgarian)，Knipegraph，Sofia，1946］；1939—1965 年的数据来源于沃尔顿（T. P. Alton）的《东欧的经济结构和增长》（"Economic Structure and Growth in Eastern Europe"，*Economic Developments in Countries of Eastern Europe*，Joint Economic Committee，US Congress，1970，p. 46）；1965—1975 年的数据来源于沃尔顿的《东欧的 GNP：产品来源、最终使用、增长率和国际比较》（"East European GNPs：Origins of Product，Final Uses，Rates of Growth and International Comparisons"，*East European Economies：Slow Growth in the 1980s*，Vol. Ⅰ，Economic Performance and Policy，Joint Economic Committee，US Congress，October 1985，pp. 109-110）；1975—1990 年分行业的实际 GNP 数据来源于沃尔顿等人的《东欧的经济增长》（"Economic Growth in Eastern Europe"，*Occasional Papers*，120 and 124，Research Project on National Income in East Central Europe，New York，1992 and 1993）；1990—2001 年的 GDP 变动数据来源于日内瓦的欧洲经济委员会（ECE）统计司；1820—1850 年的人口数据来源于 McEvedy and Jones（1978）；1870—1940 年的人口数据来源于斯温尼尔森（I. Svennilson）的《欧洲经济的增长和停滞》（*Growth and Stagnation in the European Economy*，ECE，Geneva，1954，p. 237）（根据战后边界进行了调整）；1941—1949 年的人口数据来源于联合国的《人口统计年鉴》（*Demographic Yearbook*，New York，1960）。

捷克斯洛伐克：1820—1913 年的人均 GDP 增长率假定落在由考泽尔（A. Kausel）估计的奥地利和内莱塔尼亚其他部分的人均 GDP 增长率中间，参见考泽尔的《1830—1913 年的奥地利国民收入》("Österreichs Volkseinkommen 1830 bis 1913")。1913—1937 年的 GDP 来源于 F. L. 普赖尔（F. L. Pryor）、Z. P. 普赖尔（Z. P. Pryor）、斯塔德尼克（M. Stadnik）和斯托勒（G. J. Staller）的《捷克斯洛伐克：两次战争之间年份的总产出》("Czechoslovakia：Aggregate Production in the Inter-war Period"，*Review of Income and Wealth*，March 1971，p. 36）。1937—1965 年的 GDP 来源于拉扎奇克（G. Lazarcik）的《分产品部门和最终使用的捷克斯洛伐克国民生产总值，1937 年和 1948—1965 年》("Czechoslovak Gross National Product by Sector of Origin and Final Use，1937，and 1948—1965"，*Occasional Paper*，26，Research Project on National Income in East Central Europe，New York，1969）。1965—1990 年的数据来源和保加利亚一致。1990—2001 年捷克共和国的数据来源于 OECD；斯洛伐克的数据来源于欧洲经济委员会统计司。1820—1850 年的人口数据来源于 McEvedy and Jones（1978），1870—1910 年的人口数据由古德提供，1913—1949 年的人口数据来源和保加利亚一致。

　　匈牙利：1870—1900 年的 GDP 数据来源于舒尔茨的《19 世纪晚期哈布斯堡经济的增长和停滞模式》("Patterns of Growth and Stagnation in the Late Nineteenth Century Habsburg Economy"）。应该指出的是，舒尔茨的估计值对应的是匈牙利帝国 *，但他给出的 GDP 变动是对当前边界内经济发展状况的最佳替代估计。1900—1938 年当前边界内的国民生产净值来源于埃克斯坦（A. Eckstein）的《1900—1950 年匈牙利的国民收入和资本形成》("National Income and Capital Formation in Hungary，1900—1950"，in S. Kuznets，ed.，*Income and Wealth*，series V，Bowes and Bowes，London，1955，p. 175）；1938—1965 年分行业实际 GNP 来源于奇尔耶克（L. Czirjak）的《分产品部门和最终使用的匈牙利国民生产总值，1938 年和 1946—1967 年》("Hungarian GNP by Sectors of Origin of Product and End Uses，1938 and 1946—1967"，*Occasional Paper*，43，Research Project on East Central Europe，New York，1973）。1965—1991 年的数据来源和保加利亚一致，之后的数据均来源于 OECD。1820—1870 年的人口增长率假定和 Kausel（1985，p. 12）给出的匈牙利帝国的人口增长率一致。1870—1949 年的数据来源和保加利亚一致。

　　范·费尔纳（Friedrich von Fellner）估计了 1910 年匈牙利的人口、收入和财富在当代匈牙利和匈牙利帝国的其他后继国之间的分配比例。当代匈牙利占

---

　　* 根据作者有关匈牙利数据的年代，这里的"匈牙利帝国"指的应该是奥匈帝国（1867—1918）中的匈牙利部分。——译者注

有 36.7% 的人口（在总人口 2 074.5 万中占了 760.5 万）和 39.7% 的国民收入。21.4% 的收入归属于一个成为罗马尼亚一部分的地区，20.2% 归属于南斯拉夫，16.9% 归属于捷克斯洛伐克，1.8% 归属于现在的奥地利。参见《昔日匈牙利帝国的国民财富和国民收入在当代匈牙利及其他后继国之间的分配》（"Die Verteilung des Volksvermögens und Volkseinkommens der Länder der ungarischen Heiligen Krone zwischen dem heutigen Ungarn und der Successions-Staaten", *Metron*, July 1923, pp. 302-303)。当代匈牙利的人均收入比其他地区约高出 8%。

　　波兰：1929—1938 年的数据来源于拉斯基（K. Laski）的《工业化进程中波兰人的积累和消费》（*Akumulacja i spozycie w procesie uprzemyslowienia Polski Ludowej*, Ksiazka i Wiedza, Warsaw, 1956, pp. 86-90），并由史普博（N. Spulber）在《东欧国家和经济发展》（*The State and Economic Development in Eastern Europe*, Random House, New York, 1966, p. 59）中引用；1937—1965 年的数据来源于 Alton(1970, p. 46)；1965—1990 年的数据来源和保加利亚一致；1990 年之后的数据来源于 OECD。1820—1870 年的人口数据来源于 McEvedy and Jones(1978)，之后的数据来源和保加利亚一致。

　　罗马尼亚：1926—1938 年的数据来源于《国民收入》（"Venitul National", *Enciclopedia Romaniei*, Bucharest, 1940, Vol. 4, pp. 941-966)，由史普博在《东欧国家和经济发展》（p. 54）中引用；1938—1950 年的数据来源于格林迪亚（D. Grindea）的《罗马尼亚社会主义共和国的国民收入》（*Vencitul National in Republica Socialista Romania*, Stiintifica, Bucharest, 1967, p. 113）；1950—1965 年的数据来源于 Alton(1970, p. 46)；1965—1975 年的数据来源于 Alton(1985, pp. 109-110)；1975—1990 年的数据来源和保加利亚一致。1990—2001 年的数据来源于日内瓦的欧洲经济委员会统计司。1820—1900 年的人口数据来源于 McEvedy and Jones(1978)，之后的数据来源和保加利亚一致。

　　南斯拉夫：国内生产净值的变动经过了调整以增强国际可比性，1909—1912 年、1920—1939 年、1947—1950 年的数据均来源于文斯基（I. Vinski）的《1900—1959 年南斯拉夫境内的国民产出和固定资产》（"National Product and Fixed Assets in the Territory of Yugoslavia 1900—1959", in P. Deane, ed., *Income and Wealth*, Series IX, Bowes and Bowes, London, 1961, p. 221）。1950—1968 年的数据来源于 Alton(1970)，1968—1975 年的数据来源于世界银行的《世界统计表》（*World Tables*）各期。1975—1990 年的数据来源于沃尔顿等人的《1975—1991 年东欧的经济增长》（"Economic Growth in Eastern Europe 1975—1991", *Occasional Paper*, 120, Research Project on National Income in East Central Europe，New York，1992)。1990—2001 年的波斯尼亚和黑塞哥维那、克罗地亚、马其顿、斯洛文尼亚以及塞尔维亚-黑山的 GDP 数据均来源于欧洲经济委员会统计司。1820—1949 年的人口数据来源和保加利亚一致。

　　苏联：假定 1820—1870 年的人均 GDP 变动与东欧的平均水平一致。1870—1913 年 GDP 各部分的实际变动数据来源于戈德史密斯(R. W. Goldsmith)的《1860—1913 年沙俄的经济增长》("The Economic Growth of Tsarist Russia 1860—1913"，*Economic Development and Cultural Change*，April 1961，pp. 450，462-463)。这里我采用了他对农作物和畜产品产出的估计值、工业品指数和他对手工业活动的估计值。我假定林业和渔业的增长趋势与农业一致；建筑、运输和通信的增长趋势与工业一致，并采用了来源于福克斯(M. E. Falkus)的《俄国 1913 年的国民收入：重新估计》("Russia's National Income 1913：A Revaluation"，*Economica*，February 1968，pp. 62，67)中的 1913 年各部分权重。对于 1913—1928 年，我采用了相同的估计方法和权重，从惠特克罗夫特(S. G. Wheatcroft)的文章(收录于 R. W. Davies, ed.，*From Tsarism to the New Economic Policy*，Macmillan，London，1990，p. 279)中得到农业净产值的数据，从纳特(G. W. Nutter)的《苏联工业生产的增长》(*Growth of Industrial Production in the Soviet Union*，Princeton，1962，p. 150)中得到工业产出的数据。按 1937 年价格计算的 1928—1940 年和 1945—1950 年分行业 GNP 数据来源于穆尔斯廷(R. Moorsteen)和鲍威尔(R. P. Powell)的《1928—1962 年苏联的资本存量》(*The Soviet Capital Stock 1928—1962*，Irwin，Illinois，1966，p. 361)，其中 1939—1940 年的增量被调低以抵消因当时获得领土而引起的人口增加。1950—1990 年的数据来源于美国中央情报局的《按要素成本价格计算的苏联分产品部门的 GNP》("Sector of Origin GNP for the Soviet Union，Factor Cost Prices"，March 29，1991)，并经过了处理。这是对《按 1982 年价格计算的苏联国民生产总值》("Measures of Soviet Gross National Product in 1982 Prices"，Joint Economic Committee，US Congress，November 1990)的更新。1990 年 15 个后继共和国的分项目 GDP 数据来源于鲍罗廷(B. M. Bolotin)的《从国民核算统计角度看苏联》("The Former Soviet Union as Reflected in National Accounts Statistics"，in S. Hirsch, ed.，*Memo 3：In Search of Answers in the Post-Soviet Era*，Bureau of National Affairs，Washington DC，1992)。1973—1993 年 15 个后继国的 GDP 数据来源于《世界经济千年史》(Maddison，2001，pp. 182，

184，339）。1994—2002 年的 GDP 年度变动来源于国际货币基金组织的《世界经济展望》(*World Economic Outlook*，2002 年 9 月版）。

1820—1900 年的人口数据来源于 McEvedy and Jones(1978，pp. 79，159-163)；1913—1940 年的人口数据来源于洛里默(F. Lorimer)的《苏联的人口：历史和展望》(*The Population of the Soviet Union：History and Prospects*，League of Nations，Geneva，1946)。1946—1949 年的人口变动来源于纳特的《苏联工业生产的增长》(*The Growth of Industrial Production in the Soviet Union*，NBER，Princeton，1962，p. 519)。

沙俄时期可供选择的估计值来源于格里高利(P. R. Gregory)的《1885—1913 年俄国国民收入》(*Russian National Income 1885—1913*，Cambridge University Press，1982，pp. 56-57)。他按现价和价格平减指数测算了支出项目(私人消费、政府经常性支出和投资)。结果表明，这两种方法是相当一致的。分产品部门计算出的 GDP 指数，1890 年为 43.2，1900 年为 66.3，1913 年为 100.0。格里高利按两种方法计算的国民生产净值的平均值在以上三年分别是 42.9、66.2 和 100.0。

1820—1913 年对东欧 GDP 缺口的替代估计

古德和马同恕的《1870—1989 年中欧和东欧的经济增长》("The Economic Growth of Central and Eastern Europe，1870—1989"，*European Review of Economic History*，August 1999)提供了奥地利和 6 个东欧国家的 1870 年、1890 年和 1910 年的人均 GDP 及其变动的替代估计值。对于 1920 年后的数据，他们采用了 Maddison(1995)的估计值以及我的货币换算单位(1990 年国际元)，这些估计值以相对于美国的形式给出。在古德和马同恕的《对中欧和东欧 1870—1910 年收入水平的新估计》("New Estimates of Income Levels in Central and Eastern Europe，1870—1910"，in F. Baltzarek，F. Butschek and G. Tichy，eds.，*Von der Theorie zur Wirtschaftspolitik-ein österreichische Weg*，Lucius，Stuttgart，1998)中可以找到实质上一样的结果，在该文中它们是用水平值而不是相对值表示。1998 年，他们给出了 1880 年和 1900 年的数据，但并没有将其与第一次世界大战后的年份数据连接起来。

他们的替代估计值是用三个指标(人均寄信数量、粗出生率和非农业就业人口占全部劳动力的比重)进行回归得到的。人均 GDP 和这些变量的关系通过 12 个有较高质量国民收入数据的国家进行了检验。尽管我反对用这些替代指标估计值取代直接估计值,但在不能得到直接估计值的情况下,用这些替代估计值弥补数据库的缺口似乎有足够的合理性。表 3-1 列出了他们的替代估计值,表 3-2 列出了我的估计值以及我采用的他们的替代估计值(用黑斜体表示)。利用 1900—1910 年的增长率,我将这些替代估计值外推到 1913 年。将人均 GDP 的替代估计值乘以人口便可得到 GDP。

表 3-1　古德和马同恩的人均 GDP 替代估计值　　　　(1990 年国际元)

	人均 GDP				
	1870	1890	1910	1920	1929
奥地利	*1 892*	*2 289*	*3 017*	2 429	3 722
保加利亚		*1 131*	*1 456*	589	1 181
捷克斯洛伐克	*1 509*	*1 912*	*2 495*	1 935	3 046
匈牙利	*1 179*	*1 572*	*2 192*	1 707	2 473
波兰	*946*	*1 284*	*1 690*	678	2 120
罗马尼亚	*931*	*1 246*	*1 660*	828	1 153
南斯拉夫	864	*1 216*	*1 525*	1 056	1 368
美国	2 457	3 396	4 970	5 559	6 907

资料来源:Good and Ma(1999,p. 111)。他们给出了在给定年份相对于美国水平的替代估计值。我利用本表最后一行显示的 Maddison(1995)对美国的估计值,对以上各国的替代估计值(用黑斜体表示)进行了一些调整。

表 3-2　麦迪森的人均 GDP 估计值及古德和马同恩的替代估计值

(1990 年国际元)

	人均 GDP				
	1870	1890	1910	1920	1929
奥地利	1 863	2 443	3 290	2 412	3 699
保加利亚		*1 131*	*1 456*		1 180
捷克斯洛伐克	1 164	1 505	1 991	1 933	3 042
匈牙利	1 092	1 473	2 000	1 709	2 476
波兰	*946*	*1 284*	*1 690*		2 117
罗马尼亚	*931*	*1 246*	*1 660*		1 152
南斯拉夫	*599*	*843*	1 057	1 031	1 364

资料来源:对于保加利亚、波兰和罗马尼亚,我未经调整直接采用了古德和马同恩的替代估计值,因为它们是以我对 1929 年的估计值为基准估算出来的。对于南斯拉夫,我对 1910 年的数据做了连接,并根据差异对古德和马同恩的替代估计值进行了调整。替代估计值用黑斜体表示。

需要指出的是,古德和马同恕的替代估计值主要涉及的是奥匈帝国内的区域,因为在这些区域由于货币和关税联盟的存在更易于比较。他们的估计值可能对波兰来说不那么具有代表性,因为当时只有 15％的人口居住在哈布斯堡帝国的境内。

1500—1820 年的估计值

除匈牙利的 1820 年数据外,1500—1820 年的人口数据来源于 McEvedy and Jones(1978)。由于得不到 1500—1820 年 GDP 变动的直接估计值,作为一个替代估计,我假定 1500—1820 年人均 GDP 年增长率比西欧低 0.1％,参见 Maddison(1995)。(1500—1820 年的人口和 GDP 估计值见表 3-3。)

表 3-3　东欧和俄国ᵃ 的人口和 GDP(1500—1820)

	1500	1600	1700	1820
人口(千人)				
阿尔巴尼亚	200	200	300	437
保加利亚	800	1 250	1 250	2 187
捷克斯洛伐克	3 000	4 500	4 500	7 657
匈牙利	1 250	1 250	1 500	4 146
波兰	4 000	5 000	6 000	10 426
罗马尼亚	2 000	2 000	2 500	6 389
南斯拉夫	2 250	2 750	2 750	5 215
合计	13 500	16 950	18 800	36 457
俄国	16 950	20 700	26 550	54 765
GDP(百万 1990 年国际元)				
东欧合计	6 696	9 289	11 393	24 906
俄国	8 458	11 426	16 196	37 678
人均 GDP(1990 年国际元)				
东欧平均	496	548	606	683
俄国	499	552	610	688

a. 这里统计的是后来的苏联的地域范围。
资料来源:McEvedy and Jones(1978);Maddison(1995)。

表 3a-1　东欧和苏联的人口(1820—1949)　　　（千人，年中值）

	阿尔巴尼亚	保加利亚	捷克斯洛伐克	匈牙利	波兰	罗马尼亚	南斯拉夫	东欧 7 国合计	苏联
1820	437	2 187	7 657	4 146	10 426	6 389	5 215	36 457	54 765
1850	500	2 500	9 250	5 161	13 000	8 000	6 000	44 411	73 750
1870	603	2 586	10 155	5 917	16 865	9 179	8 252	53 557	88 672
1890	726	3 445	11 253	6 622	22 854	10 373	9 690	64 963	110 664
1900	800	4 000	12 142	7 127	24 750	11 000	11 174	70 993	124 500
1910	874	4 520	12 984	7 644	26 644	11 866	13 052	77 584	
1913	898	4 720	13 245	7 840	26 710	12 527	13 590	79 530	156 192
1920	932	5 072	12 979	7 950	23 968	12 340	12 422	75 663	154 607
1921	937	5 148	13 008	8 029	24 330	12 479	12 607	76 538	152 836
1922	942	5 255	13 159	8 103	24 935	12 666	12 796	77 856	152 403
1923	947	5 365	13 293	8 173	25 569	12 843	12 987	79 177	153 055
1924	952	5 476	13 413	8 232	25 992	13 020	13 180	80 265	155 581
1925	956	5 590	13 537	8 299	26 425	13 209	13 378	81 394	158 983
1926	962	5 705	13 644	8 383	26 815	13 399	13 578	82 486	162 621
1927	967	5 798	13 728	8 454	27 148	13 574	13 780	83 449	166 117
1928	972	5 873	13 807	8 520	27 509	13 760	13 986	84 427	169 269
1929	977	5 950	13 884	8 583	27 856	13 952	14 194	85 396	172 017
1930	982	6 027	13 964	8 649	28 204	14 141	14 407	86 374	174 212
1931	988	6 106	14 052	8 723	28 615	14 355	14 618	87 457	175 987
1932	993	6 186	14 138	8 785	29 022	14 554	14 819	88 497	176 807
1933	998	6 267	14 216	8 848	29 421	14 730	15 022	89 502	177 401
1934	1 003	6 349	14 282	8 919	29 771	14 924	15 228	90 476	178 453
1935	1 009	6 415	14 339	8 985	30 129	15 069	15 439	91 385	179 636
1936	1 014	6 469	14 387	9 046	30 471	15 256	15 651	92 294	181 502
1937	1 030	6 514	14 429	9 107	30 791	15 434	15 860	93 165	184 626
1938	1 040	6 564	14 603	9 167	31 062	15 601	16 084	94 121	188 498
1939	1 070	6 614	14 683	9 227	31 365	15 751	16 305	95 015	192 379
1940	1 088	6 666	14 713	9 287	30 021	15 907			195 970
1941	1 100	6 715	14 671	9 344		15 774			
1942	1 117	6 771	14 577	9 396		15 839			
1943	1 119	6 828	14 538	9 442		15 840			
1944	1 122	6 885	14 593	9 497		15 946			
1945	1 138	6 942	14 152	9 024		15 929			
1946	1 154	7 000	12 916	9 042	23 959	15 971			173 900
1947	1 175	7 064	12 164	9 079	23 734	15 849	15 596	84 661	174 000
1948	1 192	7 130	12 339	9 158	23 980	15 893	15 817	85 509	175 100
1949	1 209	7 195	12 339	9 250	24 410	16 084	16 040	86 527	177 500

表 3a-2   东欧和苏联的人口（1950—2003）   （千人，年中值）

	阿尔巴尼亚	保加利亚	捷克斯洛伐克	匈牙利	波兰	罗马尼亚	南斯拉夫	东欧7国合计	苏联
1950	1 227	7 251	12 389	9 338	24 824	16 311	16 298	87 637	179 571
1951	1 254	7 258	12 532	9 423	25 262	16 464	16 519	88 713	182 677
1952	1 283	7 275	12 683	9 504	25 731	16 630	16 708	89 814	185 856
1953	1 315	7 346	12 820	9 595	26 221	16 847	16 937	91 081	188 961
1954	1 353	7 423	12 952	9 706	26 715	17 040	17 151	92 341	192 171
1955	1 392	7 499	13 093	9 825	27 221	17 325	17 364	93 719	195 613
1956	1 434	7 576	13 229	9 911	27 744	17 583	17 508	94 985	199 103
1957	1 477	7 651	13 358	9 839	28 235	17 829	17 659	96 049	202 604
1958	1 521	7 728	13 474	9 882	28 693	18 056	17 796	97 149	206 201
1959	1 571	7 798	13 565	9 937	29 152	18 226	17 968	98 217	209 928
1960	1 623	7 867	13 654	9 984	29 590	18 403	18 133	99 254	213 780
1961	1 677	7 943	13 779	10 029	29 979	18 567	18 318	100 292	217 618
1962	1 728	8 013	13 858	10 063	30 330	18 681	18 500	101 172	221 227
1963	1 780	8 078	13 948	10 091	30 662	18 813	18 685	102 057	224 585
1964	1 832	8 144	14 052	10 124	30 976	18 927	18 852	102 908	227 698
1965	1 884	8 201	14 147	10 153	31 262	19 027	19 038	103 713	230 513
1966	1 933	8 258	14 224	10 185	31 532	19 141	19 221	104 494	233 139
1967	1 984	8 310	14 277	10 223	31 785	19 285	19 390	105 256	235 630
1968	2 039	8 370	14 323	10 264	32 035	19 721	19 552	106 302	237 983
1969	2 100	8 434	14 284	10 303	32 281	20 010	19 705	107 117	240 253
1970	2 157	8 490	14 319	10 337	32 526	20 253	19 840	107 921	242 478
1971	2 209	8 536	14 381	10 365	32 778	20 470	20 015	108 753	244 887
1972	2 264	8 576	14 456	10 394	33 040	20 663	20 197	109 589	247 343
1973	2 296	8 621	14 549	10 426	33 331	20 828	20 367	110 418	249 712
1974	2 348	8 679	14 658	10 471	33 643	21 029	20 550	111 377	252 111
1975	2 401	8 721	14 772	10 532	33 969	21 245	20 732	112 372	254 519
1976	2 455	8 755	14 884	10 589	34 299	21 446	20 930	113 357	256 883
1977	2 509	8 797	14 990	10 637	34 621	21 659	21 126	114 339	259 225
1978	2 563	8 803	15 089	10 673	34 929	21 832	21 309	115 199	261 525
1979	2 618	8 812	15 182	10 698	35 257	22 001	21 490	116 058	263 751
1980	2 671	8 844	15 255	10 711	35 578	22 130	21 615	116 804	265 973
1981	2 724	8 869	15 312	10 712	35 902	22 257	21 707	117 483	268 217
1982	2 780	8 892	15 352	10 706	36 227	22 357	21 860	118 173	270 533
1983	2 837	8 910	15 388	10 689	36 571	22 407	21 968	118 772	273 010
1984	2 896	8 928	15 423	10 668	36 904	22 454	22 012	119 285	275 574
1985	2 957	8 944	15 455	10 649	37 226	22 521	22 115	119 866	278 108
1986	3 015	8 959	15 481	10 631	37 504	22 600	22 213	120 402	280 646
1987	3 075	8 972	15 511	10 613	37 741	22 686	22 283	120 881	283 124
1988	3 137	8 982	15 537	10 443	37 867	22 769	22 358	121 092	285 482
1989	3 196	8 990	15 559	10 398	37 970	22 852	22 429	121 394	287 011
1990	3 258	8 894	15 572	10 372	38 119	22 866	22 488	121 569	289 045
1991	3 238	8 772	15 587	10 365	38 253	22 826	22 806	121 847	290 754
1992	3 175	8 659	15 619	10 349	38 371	22 797	22 912	121 880	292 079
1993	3 172	8 441	15 650	10 329	38 469	22 769	22 775	121 605	292 686
1994	3 198	8 360	15 676	10 313	38 551	22 739	22 543	121 379	292 755
1995	3 237	8 272	15 687	10 296	38 603	22 693	22 347	121 135	292 597
1996	3 280	8 181	15 686	10 274	38 633	22 628	22 303	120 983	292 188
1997	3 318	8 085	15 685	10 245	38 656	22 562	22 391	120 942	291 750
1998	3 367	7 985	15 684	10 211	38 664	22 509	22 506	120 924	291 373
1999	3 443	7 889	15 682	10 174	38 658	22 459	22 600	120 904	291 012
2000	3 490	7 797	15 680	10 139	38 646	22 411	22 750	120 913	290 654
2001	3 510	7 707	15 679	10 106	38 634	22 364	22 911	120 912	290 349
2002	3 545	7 621	15 679	10 075	38 625	22 318	23 001	120 864	290 154
2003	3 582	7 538	15 679	10 045	38 623	22 272	23 066	120 805	290 062

表 3b-1　东欧和苏联的 GDP 水平(1820—1949)[a]

（百万 1990 年国际元）

	阿尔巴尼亚	保加利亚	捷克斯洛伐克	匈牙利	波兰	罗马尼亚	南斯拉夫	东欧 7 国合计	苏联
1820			6 501					24 906	37 678
1850			9 981					38 593	
1870	*269*	*2 172*	11 820	6 459	*15 954*	*8 546*	*4 943*	50 163	83 646
1890	*434*	*3 896*	16 936	9 751	*29 345*	*12 925*	*8 169*	81 456	
1900	*548*	*4 892*	20 994	11 990	*38 016*	*15 565*	*10 079*	102 084	154 049
1910	*682*	*6 581*	25 851	15 291	*45 028*	*19 698*	13 795	126 926	
1913	*728*	*7 240*	27 755	16 447	*46 449*	*21 810*	14 364	134 793	232 351
1920			25 091	13 585			12 810		
1921			27 117				13 129		
1922			26 395				13 522		
1923			28 588				14 234		
1924		4 976	31 558	15 740			15 264		
1925		5 156	35 277	18 914			16 025		
1926		6 671	35 138	18 125		16 850	17 154		
1927		7 274	37 775	18 914		16 850	16 884		
1928		7 160	41 106	20 576		16 850	18 381		231 886
1929	905	7 023	42 240	21 250	58 980	16 079	19 363	165 840	238 392
1930		7 741	40 856	20 789	56 247	17 235	18 995		252 333
1931		8 876	39 468	19 786	52 177	17 640	18 430		257 213
1932		8 933	37 886	19 260	48 107	16 657	16 712		254 424
1933		9 084	36 276	21 003	46 771	17 447	17 228		264 880
1934		8 308	34 889	21 135	47 439	17 640	17 866		290 903
1935		7 928	34 556	22 204	48 107	18 026	17 596		334 818
1936		9 659	37 387	23 684	49 504	18 218	19 878		361 306
1937		10 204	41 578	23 158	58 980	17 447	20 197		398 017
1938		10 470		24 342	67 788	19 375	21 817		405 220
1939		10 599		26 184			23 019		430 314
1940		10 319		24 391					420 091
1941		10 520		24 539					333 656
1942		10 018		25 773					333 656
1943		10 334							333 656
1944		9 551							333 656
1945		7 447							333 656
1946				15 559					332 727
1947				16 102			20 516		369 903
1948			38 108	20 148		12 975	24 492		420 555
1949			40 218	21 776			26 921		465 631

a. 替代指标估计值用黑斜体表示。

表 3b-2　东欧和苏联的 GDP 水平（1950—2002）

（百万 1990 年国际元）

	阿尔巴尼亚	保加尼亚	捷克斯洛伐克	匈牙利	波兰	罗马尼亚	南斯拉夫	东欧 7 国合计	苏联
1950	1 229	11 971	43 368	23 158	60 742	19 279	25 277	185 023	510 243
1951	1 310	14 434	44 159	25 395	63 414	20 674	26 284	195 670	512 566
1952	1 342	13 773	45 630	26 250	64 872	22 169	24 200	198 236	545 792
1953	1 431	15 317	45 436	26 727	68 638	23 773	27 823	209 145	569 260
1954	1 516	15 030	47 295	27 664	72 526	25 493	29 362	218 886	596 910
1955	1 644	16 107	51 348	30 164	76 049	27 337	31 208	233 857	648 027
1956	1 711	16 121	54 373	28 799	79 450	28 544	30 495	239 494	710 065
1957	1 874	17 831	57 704	31 184	83 641	29 805	35 573	257 611	724 470
1958	2 018	19 382	62 117	33 273	87 711	31 121	37 014	272 635	778 840
1959	2 170	20 926	64 837	34 622	90 262	32 496	41 574	286 886	770 244
1960	2 355	22 908	69 749	36 431	95 121	33 931	44 190	304 685	843 434
1961	2 453	24 401	72 525	38 273	102 714	36 225	46 190	322 781	891 763
1962	2 612	26 405	73 496	39 868	101 317	37 497	47 057	328 253	915 928
1963	2 782	27 611	72 109	42 056	107 391	40 196	51 967	344 112	895 016
1964	2 962	29 787	75 495	44 424	112 190	42 741	56 919	364 518	1 010 727
1965	3 156	31 575	78 270	44 770	118 386	45 402	58 458	380 016	1 068 117
1966	3 360	34 067	81 657	47 319	125 857	50 588	61 605	404 452	1 119 932
1967	3 579	35 898	85 154	50 033	130 412	52 901	62 668	420 645	1 169 422
1968	3 810	36 559	89 123	50 641	138 309	54 019	63 983	436 444	1 237 966
1969	4 058	38 340	90 760	52 155	136 912	56 506	71 131	449 862	1 255 392
1970	4 321	40 523	92 592	51 974	144 018	57 779	74 489	465 695	1 351 818
1971	4 602	41 844	95 756	54 293	154 284	65 934	83 078	499 790	1 387 832
1972	4 901	43 826	99 142	55 460	165 521	70 175	85 945	524 971	1 395 732
1973	5 218	45 557	102 445	58 339	177 973	72 411	88 813	550 756	1 513 070
1974	5 357	46 986	106 165	59 852	188 421	76 479	100 269	583 528	1 556 984
1975	5 497	50 849	109 301	61 135	197 289	79 911	100 269	604 251	1 561 399
1976	5 643	52 371	111 050	61 316	202 209	83 998	103 375	619 961	1 634 589
1977	5 793	51 869	116 073	65 164	205 975	85 906	110 901	641 681	1 673 159
1978	5 945	52 989	117 489	66 743	213 446	88 702	117 014	662 328	1 715 215
1979	6 101	55 028	118 488	66 875	209 498	91 266	125 043	672 299	1 707 083
1980	6 270	53 449	121 763	67 549	204 213	91 517	131 058	675 819	1 709 174
1981	6 428	54 870	121 153	68 026	193 341	90 957	133 156	667 932	1 724 741
1982	6 596	56 644	123 512	70 477	191 579	91 035	134 359	674 202	1 767 262
1983	6 771	55 574	125 371	69 753	201 055	90 225	135 576	684 326	1 823 723
1984	6 951	57 412	128 313	71 579	208 526	93 811	138 682	705 274	1 847 190
1985	7 133	55 682	129 313	69 819	210 713	93 657	139 885	706 201	1 863 687
1986	7 321	57 154	131 700	71 217	217 394	95 257	145 690	725 733	1 940 363
1987	7 514	57 262	132 366	72 319	214 479	93 252	143 997	721 188	1 965 457
1988	7 713	56 903	135 308	73 421	219 217	93 020	141 983	727 564	2 007 280
1989	7 917	55 883	136 418	71 776	215 815	90 051	140 179	718 039	2 037 253
1990	8 125	49 779	132 560	66 990	194 920	80 277	129 953	662 604	1 987 995
1991	5 850	45 598	115 937	59 019	181 245	69 921	112 710	590 280	1 863 524
1992	5 429	42 689	113 318	57 211	185 804	63 768	91 392	559 611	1 592 084
1993	5 950	41 635	112 191	56 881	192 749	64 725	76 268	550 399	1 435 008
1994	6 444	42 384	115 603	58 557	202 815	67 249	79 190	572 242	1 231 738
1995	7 301	43 613	122 621	59 430	217 060	72 024	83 343	605 392	1 163 401
1996	7 965	39 514	128 423	60 226	230 147	74 833	87 483	628 591	1 125 992
1997	7 408	37 301	129 782	62 980	244 450	70 268	92 850	645 039	1 149 255
1998	8 000	38 793	130 452	66 039	257 765	66 895	95 527	663 471	1 124 868
1999	8 584	39 868	131 431	68 794	268 213	66 092	92 675	675 657	1 171 952
2000	9 252	41 829	135 313	72 366	278 826	67 282	96 878	701 746	1 264 526
2001	9 855	43 502	139 777	75 127	289 421	70 848	100 262	728 792	1 343 230
2002									1 405 639

表 3c-1 东欧和苏联的人均 GDP（1820—1949）[a] （1990 年国际元）

	阿尔巴尼亚	保加利亚	捷克斯洛伐克	匈牙利	波兰	罗马尼亚	南斯拉夫	东欧 7 国平均	苏联
1820			849					683	688
1850			1 079					869	
1870	*446*	*840*	1 164	1 092	*946*	*931*	*599*	937	943
1890	*598*	*1 131*	1 505	1 473	*1 284*	*1 246*	*843*	1 254	
1900	*685*	*1 223*	1 729	1 682	*1 536*	*1 415*	902	1 438	1 237
1910	*780*	*1 456*	1 991	2 000	*1 690*	*1 660*	1 057	1 636	
1913	*811*	*1 534*	2 096	2 098	*1 739*	*1 741*	1 057	1 695	1 488
1920			1 933	1 709			1 031		
1921			2 085				1 041		
1922			2 006				1 057		
1923			2 151				1 096		
1924		909	2 353	1 912			1 158		
1925		922	2 606	2 279			1 198		
1926		1 169	2 575	2 162		1 258	1 263		
1927		1 255	2 752	2 237		1 241	1 225		
1928		1 219	2 977	2 415		1 225	1 314		1 370
1929	926	1 180	3 042	2 476	2 117	1 152	1 364	1 942	1 386
1930		1 284	2 926	2 404	1 994	1 219	1 318		1 448
1931		1 454	2 809	2 268	1 823	1 229	1 261		1 462
1932		1 444	2 680	2 192	1 658	1 144	1 128		1 439
1933		1 450	2 552	2 374	1 590	1 184	1 147		1 493
1934		1 309	2 443	2 370	1 593	1 182	1 173		1 630
1935		1 236	2 410	2 471	1 597	1 196	1 140		1 864
1936		1 493	2 599	2 618	1 625	1 194	1 270		1 991
1937		1 567	2 882	2 543	1 915	1 130	1 273		2 156
1938		1 595		2 655	2 182	1 242	1 356		2 150
1939		1 603		2 838			1 412		2 237
1940		1 548		2 626					2 144
1941		1 567		2 626					
1942		1 479		2 743					
1943		1 513							
1944		1 387							
1945		1 073							
1946				1 721					1 913
1947				1 774			1 315		2 126
1948			3 088	2 200		816	1 548		2 402
1949			3 259	2 354			1 678		2 623

a. 替代指标估计值用黑斜体表示。

表 3c-2　东欧和苏联的人均 GDP(1950—2002)　　　　（1990 年国际元）

	阿尔巴尼亚	保加利亚	捷克斯洛伐克	匈牙利	波兰	罗马尼亚	南斯拉夫	东欧 7 国平均	苏联
1950	1 001	1 651	3 501	2 480	2 447	1 182	1 551	2 111	2 841
1951	1 045	1 989	3 524	2 695	2 510	1 256	1 591	2 206	2 806
1952	1 046	1 893	3 598	2 762	2 521	1 333	1 448	2 207	2 937
1953	1 089	2 085	3 544	2 786	2 618	1 411	1 643	2 296	3 013
1954	1 120	2 025	3 652	2 850	2 715	1 496	1 712	2 370	3 106
1955	1 181	2 148	3 922	3 070	2 794	1 578	1 797	2 495	3 313
1956	1 193	2 128	4 110	2 906	2 864	1 623	1 742	2 521	3 566
1957	1 269	2 330	4 320	3 169	2 962	1 672	2 014	2 682	3 576
1958	1 326	2 508	4 610	3 367	3 057	1 724	2 080	2 806	3 777
1959	1 381	2 684	4 780	3 484	3 096	1 783	2 314	2 921	3 669
1960	1 451	2 912	5 108	3 649	3 215	1 844	2 437	3 070	3 945
1961	1 463	3 072	5 263	3 816	3 426	1 951	2 522	3 218	4 098
1962	1 511	3 295	5 304	3 962	3 341	2 007	2 544	3 244	4 140
1963	1 563	3 418	5 170	4 168	3 502	2 137	2 781	3 372	3 985
1964	1 616	3 657	5 372	4 388	3 622	2 258	3 019	3 542	4 439
1965	1 675	3 850	5 533	4 410	3 787	2 386	3 071	3 664	4 634
1966	1 738	4 125	5 741	4 646	3 991	2 643	3 205	3 871	4 804
1967	1 804	4 320	5 964	4 894	4 103	2 743	3 232	3 996	4 963
1968	1 869	4 368	6 223	4 934	4 317	2 739	3 272	4 106	5 202
1969	1 932	4 546	6 354	5 062	4 241	2 824	3 610	4 200	5 225
1970	2 004	4 773	6 466	5 028	4 428	2 853	3 755	4 315	5 575
1971	2 084	4 902	6 658	5 238	4 707	3 221	4 151	4 596	5 667
1972	2 165	5 110	6 858	5 336	5 010	3 396	4 255	4 790	5 643
1973	2 273	5 284	7 041	5 596	5 340	3 477	4 361	4 988	6 059
1974	2 282	5 414	7 243	5 716	5 601	3 637	4 879	5 239	6 176
1975	2 289	5 831	7 399	5 805	5 808	3 761	4 836	5 377	6 135
1976	2 299	5 982	7 461	5 791	5 895	3 917	4 939	5 469	6 363
1977	2 309	5 896	7 744	6 126	5 949	3 966	5 250	5 612	6 454
1978	2 319	6 019	7 786	6 253	6 111	4 063	5 491	5 749	6 559
1979	2 331	6 245	7 804	6 251	5 942	4 148	5 819	5 793	6 472
1980	2 347	6 044	7 982	6 306	5 740	4 135	6 063	5 786	6 426
1981	2 360	6 186	7 912	6 351	5 385	4 087	6 134	5 685	6 430
1982	2 373	6 370	8 045	6 583	5 288	4 072	6 146	5 705	6 533
1983	2 387	6 237	8 147	6 525	5 498	4 027	6 172	5 762	6 680
1984	2 400	6 430	8 319	6 710	5 650	4 178	6 300	5 913	6 703
1985	2 413	6 226	8 367	6 557	5 660	4 159	6 325	5 892	6 701
1986	2 428	6 380	8 507	6 699	5 797	4 215	6 559	6 028	6 914
1987	2 443	6 382	8 534	6 814	5 683	4 110	6 462	5 966	6 942
1988	2 459	6 335	8 709	7 031	5 789	4 085	6 351	6 008	7 031
1989	2 477	6 216	8 768	6 903	5 684	3 941	6 250	5 915	7 098
1990	2 494	5 597	8 513	6 459	5 113	3 511	5 779	5 450	6 878
1991	1 806	5 198	7 438	5 694	4 738	3 063	4 942	4 844	6 409
1992	1 710	4 930	7 255	5 528	4 842	2 797	3 989	4 591	5 451
1993	1 876	4 933	7 169	5 507	5 010	2 843	3 349	4 526	4 903
1994	2 015	5 070	7 374	5 678	5 261	2 957	3 513	4 714	4 207
1995	2 256	5 272	7 817	5 772	5 623	3 174	3 729	4 998	3 976
1996	2 428	4 830	8 187	5 862	5 957	3 307	3 923	5 196	3 854
1997	2 233	4 614	8 274	6 148	6 324	3 114	4 147	5 333	3 939
1998	2 376	4 858	8 318	6 467	6 667	2 972	4 245	5 487	3 861
1999	2 493	5 054	8 381	6 762	6 938	2 943	4 101	5 588	4 027
2000	2 651	5 365	8 630	7 138	7 215	3 002	4 258	5 804	4 351
2001	2 807	5 644	8 915	7 434	7 491	3 168	4 376	6 027	4 626
2002									4 844

表 3a-3　南斯拉夫和捷克斯洛伐克后继共和国的人口（1950—2003）

（千人，年中值）

	波斯尼亚	克罗地亚	马其顿	斯洛文尼亚	塞尔维亚-黑山	南斯拉夫	捷克共和国	斯洛伐克	捷克斯洛伐克
1950	2 662	3 837	1 225	1 468	7 106	16 298	8 925	3 463	12 389
1951	2 721	3 860	1 256	1 483	7 199	16 519	9 023	3 509	12 532
1952	2 791	3 882	1 272	1 490	7 274	16 708	9 125	3 558	12 683
1953	2 863	3 906	1 299	1 498	7 370	16 937	9 221	3 599	12 820
1954	2 916	3 930	1 325	1 509	7 471	17 151	9 291	3 661	12 952
1955	2 974	3 956	1 340	1 517	7 577	17 364	9 366	3 727	13 093
1956	3 025	3 973	1 340	1 525	7 644	17 508	9 442	3 787	13 229
1957	3 076	3 991	1 345	1 533	7 714	17 659	9 514	3 844	13 358
1958	3 126	4 004	1 345	1 540	7 780	17 796	9 575	3 900	13 474
1959	3 185	4 021	1 354	1 549	7 860	17 968	9 619	3 946	13 565
1960	3 240	4 036	1 366	1 558	7 932	18 133	9 660	3 994	13 654
1961	3 299	4 055	1 382	1 572	8 010	18 318	9 587	4 192	13 779
1962	3 349	4 077	1 401	1 583	8 091	18 500	9 620	4 237	13 858
1963	3 399	4 099	1 422	1 595	8 170	18 685	9 666	4 282	13 948
1964	3 445	4 114	1 445	1 606	8 243	18 852	9 726	4 326	14 052
1965	3 493	4 133	1 470	1 620	8 322	19 038	9 777	4 370	14 147
1966	3 541	4 156	1 490	1 632	8 403	19 221	9 815	4 409	14 224
1967	3 585	4 174	1 512	1 647	8 472	19 390	9 835	4 442	14 277
1968	3 627	4 190	1 533	1 658	8 545	19 552	9 851	4 472	14 323
1969	3 669	4 201	1 554	1 667	8 615	19 705	9 807	4 478	14 284
1970	3 703	4 205	1 574	1 676	8 681	19 840	9 795	4 524	14 319
1971	3 761	4 216	1 596	1 686	8 756	20 015	9 825	4 557	14 381
1972	3 819	4 225	1 618	1 695	8 841	20 197	9 862	4 593	14 456
1973	3 872	4 235	1 639	1 703	8 918	20 367	9 912	4 637	14 549
1974	3 925	4 246	1 662	1 713	9 004	20 550	9 976	4 682	14 658
1975	3 980	4 255	1 684	1 722	9 091	20 732	10 042	4 730	14 772
1976	4 033	4 286	1 706	1 734	9 169	20 930	10 105	4 779	14 884
1977	4 086	4 319	1 728	1 747	9 246	21 126	10 162	4 828	14 990
1978	4 135	4 349	1 747	1 759	9 318	21 309	10 213	4 876	15 089
1979	4 181	4 380	1 768	1 773	9 388	21 490	10 260	4 923	15 182
1980	4 092	4 383	1 792	1 833	9 515	21 615	10 289	4 966	15 255
1981	4 136	4 391	1 808	1 839	9 533	21 707	10 298	5 014	15 312
1982	4 173	4 413	1 827	1 851	9 595	21 860	10 304	5 048	15 352
1983	4 207	4 431	1 838	1 858	9 633	21 968	10 307	5 081	15 388
1984	4 241	4 442	1 848	1 866	9 615	22 012	10 309	5 114	15 423
1985	4 275	4 458	1 859	1 873	9 650	22 115	10 310	5 145	15 455
1986	4 308	4 472	1 868	1 880	9 685	22 213	10 309	5 172	15 481
1987	4 339	4 484	1 878	1 883	9 698	22 283	10 312	5 199	15 511
1988	4 370	4 494	1 884	1 889	9 722	22 358	10 314	5 223	15 537
1989	4 398	4 501	1 891	1 892	9 746	22 429	10 314	5 245	15 559
1990	4 424	4 508	1 893	1 896	9 766	22 488	10 310	5 263	15 572
1991	4 449	4 541	1 903	1 894	10 018	22 806	10 305	5 282	15 587
1992	4 427	4 432	1 929	1 892	10 232	22 912	10 316	5 303	15 619
1993	4 152	4 421	1 962	1 896	10 345	22 775	10 327	5 324	15 650
1994	3 704	4 488	1 983	1 903	10 464	22 543	10 331	5 345	15 676
1995	3 356	4 455	1 986	1 909	10 641	22 347	10 325	5 362	15 687
1996	3 247	4 373	1 993	1 914	10 775	22 303	10 313	5 373	15 686
1997	3 335	4 320	2 002	1 918	10 817	22 391	10 301	5 384	15 685
1998	3 502	4 265	2 015	1 921	10 803	22 506	10 291	5 393	15 684
1999	3 690	4 254	2 032	1 924	10 698	22 600	10 281	5 401	15 682
2000	3 836	4 282	2 041	1 928	10 663	22 750	10 272	5 408	15 680
2001	3 922	4 334	2 046	1 930	10 678	22 911	10 264	5 415	15 679
2002	3 964	4 391	2 055	1 933	10 658	23 001	10 257	5 422	15 679
2003	3 989	4 422	2 063	1 936	10 656	23 066	10 249	5 430	15 679

表 3b-3　南斯拉夫和捷克斯洛伐克后继共和国的 GDP 水平（1990—2001）

（百万 1990 年国际元）

	波斯尼亚	克罗地亚	马其顿	斯洛文尼亚	塞尔维亚-黑山	南斯拉夫	捷克共和国	斯洛伐克	捷克斯洛伐克
1990	16 530	33 139	7 394	21 624	51 266	129 953	91 706	40 854	132 560
1991	14 610	26 147	6 935	19 699	45 319	112 710	81 068	34 869	115 937
1992	10 535	23 088	6 478	18 616	32 675	91 392	80 662	32 656	113 318
1993	7 287	21 241	5 992	19 137	22 611	76 268	80 743	31 448	112 191
1994	7 484	22 494	5 884	20 152	23 176	79 190	82 520	33 083	115 603
1995	7 933	24 023	5 819	20 978	24 590	83 343	87 388	35 233	122 621
1996	8 400	25 441	5 889	21 712	26 041	87 483	91 146	37 277	128 423
1997	9 028	27 171	5 972	22 711	27 968	92 850	90 417	39 365	129 782
1998	9 261	27 850	6 175	23 574	28 667	95 527	89 512	40 940	130 452
1999	10 243	27 599	6 440	24 800	23 593	92 675	89 960	41 471	131 431
2000	10 704	28 400	6 730	25 941	25 103	96 878	92 929	42 384	135 313
2001	10 950	29 479	6 454	26 719	26 660	100 262	95 995	43 782	139 777

表 3c-3　南斯拉夫和捷克斯洛伐克后继共和国的人均 GDP（1990—2001）

（1990 年国际元）

	波斯尼亚	克罗地亚	马其顿	斯洛文尼亚	塞尔维亚-黑山	南斯拉夫	捷克共和国	斯洛伐克	捷克斯洛伐克
1990	3 737	7 351	3 905	11 404	5 249	5 779	8 895	7 763	8 513
1991	3 284	5 758	3 644	10 402	4 524	4 942	7 867	6 602	7 438
1992	2 380	5 209	3 358	9 842	3 194	3 989	7 819	6 158	7 255
1993	1 755	4 805	3 055	10 094	2 186	3 349	7 819	5 907	7 169
1994	2 021	5 012	2 967	10 590	2 215	3 513	7 988	6 189	7 374
1995	2 364	5 392	2 930	10 987	2 311	3 729	8 464	6 571	7 817
1996	2 587	5 818	2 954	11 341	2 417	3 923	8 838	6 938	8 187
1997	2 707	6 290	2 983	11 842	2 586	4 147	8 777	7 312	8 274
1998	2 644	6 530	3 065	12 272	2 654	4 245	8 698	7 592	8 318
1999	2 776	6 487	3 169	12 886	2 205	4 101	8 750	7 679	8 381
2000	2 791	6 632	3 297	13 458	2 354	4 258	9 047	7 837	8 630
2001	2 792	6 802	3 154	13 843	2 497	4 376	9 352	8 085	8 915

表 3a-4　苏联后继共和国的人口(1950—2003)　　　　　(千人,年中值)

	亚美尼亚	阿塞拜疆	白俄罗斯	爱沙尼亚	格鲁吉亚	哈萨克斯坦	吉尔吉斯斯坦	拉脱维亚
1950	1 355	2 885	7 722	1 096	3 516	6 693	1 739	1 936
1951	1 379	2 983	7 742	1 112	3 579	6 936	1 767	1 951
1952	1 417	3 091	7 698	1 130	3 628	7 123	1 787	1 964
1953	1 456	3 159	7 667	1 140	3 687	7 261	1 817	1 976
1954	1 506	3 223	7 699	1 148	3 760	7 517	1 858	1 991
1955	1 565	3 314	7 781	1 154	3 827	7 977	1 901	2 002
1956	1 617	3 417	7 857	1 163	3 887	8 414	1 939	2 026
1957	1 672	3 526	7 913	1 174	3 937	8 710	1 976	2 056
1958	1 733	3 631	7 983	1 185	3 995	9 063	2 027	2 072
1959	1 796	3 741	8 075	1 197	4 071	9 500	2 096	2 089
1960	1 869	3 882	8 168	1 211	4 147	9 982	2 171	2 115
1961	1 944	4 034	8 263	1 224	4 211	10 467	2 255	2 146
1962	2 007	4 157	8 365	1 239	4 279	10 946	2 333	2 173
1963	2 066	4 283	8 439	1 255	4 344	11 312	2 413	2 199
1964	2 135	4 430	8 502	1 272	4 407	11 602	2 495	2 227
1965	2 206	4 567	8 591	1 288	4 465	11 902	2 573	2 254
1966	2 274	4 702	8 694	1 300	4 518	12 180	2 655	2 279
1967	2 338	4 827	8 787	1 312	4 565	12 452	2 737	2 301
1968	2 402	4 945	8 865	1 324	4 607	12 692	2 818	2 322
1969	2 463	5 059	8 946	1 343	4 650	12 900	2 896	2 342
1970	2 520	5 169	9 027	1 363	4 694	13 106	2 964	2 361
1971	2 582	5 284	9 101	1 381	4 742	13 325	3 029	2 382
1972	2 647	5 394	9 169	1 397	4 786	13 542	3 095	2 401
1973	2 713	5 498	9 236	1 411	4 826	13 754	3 161	2 421
1974	2 777	5 599	9 304	1 422	4 865	13 972	3 232	2 442
1975	2 834	5 696	9 360	1 432	4 898	14 157	3 301	2 462
1976	2 893	5 790	9 406	1 442	4 930	14 304	3 367	2 477
1977	2 955	5 887	9 457	1 453	4 963	14 455	3 432	2 491
1978	3 014	5 986	9 520	1 464	4 991	14 624	3 496	2 505
1979	3 067	6 082	9 582	1 472	5 019	14 804	3 559	2 514
1980	3 115	6 173	9 644	1 482	5 048	14 994	3 623	2 525
1981	3 165	6 271	9 713	1 493	5 078	15 192	3 690	2 538
1982	3 217	6 369	9 779	1 504	5 109	15 389	3 763	2 554
1983	3 267	6 470	9 845	1 515	5 141	15 582	3 842	2 572
1984	3 319	6 579	9 914	1 526	5 174	15 775	3 924	2 591
1985	3 369	6 682	9 982	1 538	5 208	15 966	4 006	2 610
1986	3 417	6 776	10 044	1 550	5 237	16 154	4 089	2 631
1987	3 463	6 874	10 097	1 562	5 260	16 349	4 176	2 654
1988	3 509	6 976	10 150	1 569	5 343	16 478	4 244	2 670
1989	3 319	7 102	10 184	1 571	5 424	16 568	4 304	2 674
1990	3 366	7 200	10 215	1 573	5 457	16 708	4 390	2 672
1991	3 413	7 308	10 245	1 568	5 478	16 855	4 468	2 663
1992	3 448	7 414	10 306	1 546	5 466	16 985	4 532	2 631
1993	3 458	7 497	10 361	1 517	5 422	17 016	4 552	2 586
1994	3 440	7 573	10 388	1 499	5 359	16 990	4 544	2 552
1995	3 414	7 630	10 404	1 484	5 287	16 943	4 535	2 523
1996	3 394	7 668	10 409	1 470	5 216	16 882	4 537	2 496
1997	3 378	7 695	10 404	1 458	5 154	16 824	4 552	2 470
1998	3 365	7 714	10 394	1 449	5 100	16 779	4 581	2 447
1999	3 354	7 729	10 382	1 440	5 055	16 749	4 626	2 426
2000	3 344	7 748	10 367	1 431	5 020	16 733	4 685	2 405
2001	3 336	7 771	10 350	1 423	4 989	16 731	4 753	2 385
2002	3 330	7 798	10 335	1 416	4 961	16 742	4 822	2 367
2003	3 326	7 831	10 322	1 409	4 934	16 764	4 893	2 349

（千人，年中值）（续表）

	立陶宛	摩尔多瓦	俄罗斯联邦	塔吉克斯坦	土库曼斯坦	乌克兰	乌兹别克斯坦	苏联
1950	2 553	2 336	101 937	1 530	1 204	36 775	6 293	179 571
1951	2 562	2 422	103 507	1 585	1 226	37 436	6 490	182 677
1952	2 584	2 467	105 385	1 641	1 253	38 006	6 681	185 856
1953	2 594	2 506	107 303	1 684	1 283	38 541	6 886	188 961
1954	2 597	2 566	109 209	1 730	1 313	38 994	7 061	192 171
1955	2 614	2 622	111 125	1 781	1 348	39 368	7 232	195 613
1956	2 641	2 682	112 859	1 837	1 382	39 940	7 441	199 103
1957	2 652	2 759	114 555	1 899	1 426	40 656	7 694	202 604
1958	2 672	2 838	116 259	1 954	1 478	41 359	7 952	206 201
1959	2 718	2 919	117 957	2 009	1 530	42 006	8 223	209 928
1960	2 765	2 999	119 632	2 081	1 585	42 644	8 531	213 780
1961	2 810	3 069	121 324	2 163	1 644	43 196	8 868	217 618
1962	2 850	3 136	122 878	2 253	1 705	43 697	9 210	221 227
1963	2 886	3 205	124 277	2 340	1 765	44 256	9 547	224 585
1964	2 923	3 271	125 522	2 424	1 825	44 786	9 878	227 698
1965	2 959	3 334	126 541	2 511	1 882	45 235	10 206	230 513
1966	2 997	3 394	127 415	2 593	1 936	45 674	10 530	233 139
1967	3 034	3 452	128 184	2 672	1 994	46 111	10 864	235 630
1968	3 069	3 506	128 876	2 759	2 054	46 510	11 232	237 983
1969	3 102	3 549	129 573	2 850	2 116	46 871	11 591	240 253
1970	3 138	3 595	130 245	2 939	2 181	47 236	11 940	242 478
1971	3 178	3 649	130 977	3 039	2 247	47 637	12 334	244 887
1972	3 213	3 703	131 769	3 145	2 313	48 027	12 742	247 343
1973	3 246	3 753	132 556	3 243	2 380	48 367	13 148	249 712
1974	3 276	3 801	133 379	3 345	2 451	48 677	13 569	252 111
1975	3 305	3 847	134 293	3 449	2 524	48 973	13 988	254 519
1976	3 334	3 886	135 269	3 554	2 594	49 234	14 404	256 883
1977	3 361	3 920	136 264	3 659	2 664	49 454	14 809	259 225
1978	3 387	3 947	137 246	3 761	2 734	49 643	15 207	261 525
1979	3 411	3 970	138 164	3 863	2 804	49 835	15 605	263 751
1980	3 436	3 996	139 045	3 969	2 875	50 047	16 000	265 973
1981	3 464	4 026	139 913	4 079	2 947	50 236	16 413	268 217
1982	3 494	4 055	140 841	4 194	3 018	50 397	16 850	270 533
1983	3 526	4 083	141 888	4 316	3 091	50 573	17 298	273 010
1984	3 559	4 113	142 955	4 446	3 165	50 769	17 764	275 574
1985	3 592	4 148	143 978	4 587	3 240	50 944	18 258	278 108
1986	3 625	4 183	145 013	4 738	3 324	51 095	18 769	280 646
1987	3 660	4 217	146 013	4 891	3 411	51 218	19 280	283 124
1988	3 681	4 290	146 926	5 036	3 492	51 423	19 694	285 482
1989	3 689	4 359	147 419	5 183	3 574	51 528	20 112	287 011
1990	3 702	4 398	148 082	5 332	3 668	51 658	20 624	289 045
1991	3 709	4 428	148 460	5 481	3 761	51 782	21 137	290 754
1992	3 707	4 448	148 587	5 601	3 848	51 946	21 614	292 079
1993	3 694	4 460	148 479	5 682	3 934	51 978	22 049	292 686
1994	3 682	4 463	148 300	5 771	4 019	51 712	22 462	292 755
1995	3 673	4 460	148 115	5 864	4 102	51 316	22 847	292 597
1996	3 662	4 451	147 757	5 964	4 184	50 879	23 220	292 188
1997	3 652	4 442	147 364	6 071	4 267	50 423	23 597	291 750
1998	3 642	4 436	146 964	6 186	4 350	49 989	23 977	291 373
1999	3 631	4 432	146 516	6 309	4 434	49 566	24 363	291 012
2000	3 621	4 431	146 001	6 441	4 518	49 153	24 756	290 654
2001	3 611	4 432	145 470	6 579	4 603	48 760	25 155	290 349
2002	3 601	4 435	144 979	6 720	4 689	48 396	25 563	290 154
2003	3 593	4 440	144 526	6 864	4 776	48 055	25 982	290 062

表 3b-4　苏联后继共和国的 GDP 水平(1973—2002)

（百万 1990 年国际元）

	亚美尼亚	阿塞拜疆	白俄罗斯	爱沙尼亚	格鲁吉亚	哈萨克斯坦	吉尔吉斯斯坦	拉脱维亚
1973	16 691	24 378	48 333	12 214	28 627	104 875	11 781	18 998
1990	20 483	33 397	73 389	16 980	41 325	122 295	15 787	26 413
1991	18 077	33 159	72 491	15 280	32 612	108 830	14 537	23 666
1992	10 534	25 673	65 534	13 118	17 961	103 024	12 533	15 426
1993	9 602	19 736	60 596	12 010	12 704	93 636	10 590	13 117
1994	10 121	15 848	55 142	11 770	11 383	81 838	8 493	13 196
1995	10 819	13 978	49 408	12 276	11 679	75 045	8 035	13 090
1996	11 457	14 160	45 079	12 755	12 905	75 421	8 597	13 522
1997	12 294	14 981	56 581	14 005	14 196	76 246	9 448	14 685
1998	13 191	16 479	61 277	14 649	14 607	74 797	9 646	15 258
1999	13 626	17 698	63 361	14 561	15 045	76 817	10 003	15 425
2000	14 443	19 663	67 036	15 595	15 331	84 345	10 544	16 295
2001	15 830	21 433	69 784	16 375	16 021	95 478	11 102	17 534
2002	17 025	23 126	72 227	17 111	16 582	103 117	11 591	18 411

	立陶宛	摩尔多瓦	俄罗斯联邦	塔吉克斯坦	土库曼斯坦	乌克兰	乌兹别克斯坦	苏联
1973	24 643	20 134	872 466	13 279	11 483	238 156	67 012	1 513 070
1990	32 010	27 112	1 151 40	15 884	13 300	311 112	87 468	1 987 995
1991	30 189	22 362	1 094 81	14 537	12 673	284 003	87 027	1 863 524
1992	23 768	15 889	935 072	9 844	10 778	255 602	77 328	1 592 084
1993	19 928	15 695	853 194	8 243	10 935	219 457	75 565	1 435 008
1994	17 975	10 845	738 013	6 479	9 043	169 201	72 391	1 231 738
1995	18 568	10 693	707 016	5 669	8 392	148 559	70 174	1 163 401
1996	19 181	10 063	682 978	5 420	7 863	133 703	72 888	1 125 992
1997	20 581	10 224	689 125	5 512	6 975	129 692	74 710	1 149 255
1998	21 631	9 559	655 357	5 804	7 463	127 228	77 922	1 124 868
1999	22 474	9 234	690 747	6 019	8 695	126 974	81 273	1 171 952
2000	23 328	9 428	752 914	6 518	10 260	134 465	84 361	1 264 526
2001	24 705	10 003	790 560	7 183	12 363	146 701	88 158	1 343 230
2002	25 791	10 483	825 345	7 686	12 863	153 743	90 538	1 405 639

表 3c-4　苏联后继共和国的人均 GDP(1973—2002)　　（1990 年国际元）

	亚美尼亚	阿塞拜疆	白俄罗斯	爱沙尼亚	格鲁吉亚	哈萨克斯坦	吉尔吉斯斯坦	拉脱维亚
1973	6 152	4 434	5 233	8 657	5 932	7 625	3 727	7 846
1990	6 086	4 639	7 184	10 794	7 573	7 319	3 596	9 886
1991	5 297	4 537	7 076	9 744	5 954	6 457	3 253	8 888
1992	3 055	3 463	6 359	8 488	3 286	6 066	2 766	5 863
1993	2 776	2 632	5 849	7 916	2 343	5 503	2 326	5 071
1994	2 942	2 093	5 308	7 850	2 124	4 817	1 869	5 171
1995	3 169	1 832	4 749	8 274	2 209	4 429	1 772	5 189
1996	3 376	1 847	4 331	8 680	2 474	4 468	1 895	5 418
1997	3 640	1 947	5 438	9 605	2 755	4 532	2 076	5 944
1998	3 920	2 136	5 895	10 112	2 864	4 458	2 105	6 236
1999	4 062	2 290	6 103	10 112	2 976	4 586	2 162	6 359
2000	4 319	2 538	6 466	10 894	3 054	5 041	2 250	6 776
2001	4 745	2 758	6 742	11 505	3 211	5 707	2 336	7 351
2002	5 112	2 965	6 988	12 087	3 343	6 159	2 404	7 780

	立陶宛	摩尔多瓦	俄罗斯联邦	塔吉克斯坦	土库曼斯坦	乌克兰	乌兹别克斯坦	苏联
1973	7 593	5 365	6 582	4 095	4 826	4 924	5 097	6 059
1990	8 646	6 165	7 773	2 979	3 626	6 023	4 241	6 878
1991	8 139	5 051	7 370	2 652	3 370	5 485	4 117	6 409
1992	6 412	3 572	6 293	1 758	2 801	4 921	3 578	5 451
1993	5 395	3 519	5 746	1 451	2 780	4 222	3 427	4 903
1994	4 881	2 430	4 976	1 123	2 250	3 272	3 223	4 207
1995	5 055	2 398	4 773	967	2 046	2 895	3 071	3 976
1996	5 237	2 261	4 622	909	1 879	2 628	3 139	3 854
1997	5 636	2 302	4 676	908	1 635	2 572	3 166	3 939
1998	5 940	2 155	4 459	938	1 716	2 545	3 250	3 861
1999	6 189	2 083	4 714	954	1 961	2 562	3 336	4 027
2000	6 443	2 128	5 157	1 012	2 271	2 736	3 408	4 351
2001	6 842	2 257	5 435	1 092	2 686	3 009	3 505	4 626
2002	7 162	2 364	5 693	1 144	2 743	3 177	3 542	4 844

第四章
拉 丁 美 洲

1500—1820 年：征服和殖民对产出和人口的影响

在 15 世纪末西班牙征服时期，美洲人烟稀少，人口是西欧的三分之一，而陆地面积却是西欧的 11 倍。当时的科技水平很低，没有带轮的交通工具或役畜，没有金属工具、武器或犁，也没有牛、羊、猪、鸡。在人口最密集的区域（墨西哥和秘鲁）有明显的城市中心并开展多种蔬菜种植，但在其他地方，大部分居民过着狩猎采集的原始生活。

美洲人对欧洲疾病（天花、麻疹、流感和斑疹伤寒）和非洲疾病（黄热病和疟疾）没有抵抗力。到 16 世纪中叶，美洲有三分之二人口死亡，死亡率是欧洲在 14 世纪黑死病时期的两倍。

两个先进文明（墨西哥的阿兹特克文明和秘鲁的印加文明）被摧毁殆尽，社会秩序崩溃，人口沦为奴隶。其他地方从事狩猎采集的人口要么被边缘化，要么被消灭。这些相对空旷土地上的经济被完全颠覆了。整个拉丁美洲重新住进了由船运来的 750 万名非洲奴隶和 150 万名欧洲殖民者。到 1820 年，拉丁美洲人口的 22％是白人，24％是黑人或黑白混血儿，37％是土著人，16％是欧洲人与土著人的混血儿。与非洲奴隶和土著居民相比，欧洲殖民者有着更高的生育率、更长的预期寿命以及高得多的平均收入。

尽管征服在最初产生了极具破坏性的影响，但长期经济增长潜力却得到显著提高。新的农作物和动物的引进提高了生产力，从而能够养活更多的人口。其中，新的农作物有小麦、水稻、甘蔗、葡萄、卷心菜、莴苣、橄榄、香蕉、山药和咖啡，新的食用动物有牛、猪、鸡、羊，而作为运输和牵引牲畜的马、牛、驴和骡子以及带轮的交通工具和犁（代替了挖土棍）的引进对生产力的提高是一个重大贡献。反过来，新大陆的农作物如玉米、马铃薯、甘薯、木薯、辣椒、番茄、落花生、扁豆、利马豆和四季豆、菠萝、可可和烟草等也输出到欧洲、亚洲和非洲，提高了世界其他地方的生产能力以及支持人口增长的能力。

1500—1820 年美洲的经历与其他大洲有明显的不同。它在 16 世纪经历的人口灾难性的下降和土著经济的崩溃在其他地方是没有先例的，虽然在 17 世纪人口和产出在某种程度上有所恢复，但它在 1700 年的水平仍然远低于 1500年，经济增长直到 18 世纪才开始加速。到 1820 年，美洲的 GDP 是 1500 年的两倍，人均收入已领先于世界平均水平。至此，它的经济、科技和经济制度发生了转变，美洲大陆大多数地区都处于争取政治独立的进程中。1820—2001 年，人口扩张是拉丁美洲发展最富活力的一个侧面。在此期间，它的人口增长了 23倍，而它的宗主国（西班牙和葡萄牙）只增长了 2 倍；然而人均表现略显平常，人均 GDP 增长了 7 倍，而它的宗主国的人均 GDP 增长了 14 倍，北美洲的人均GDP 增长了 21 倍。

拉丁美洲和北美洲经济增长轨迹之间的显著差异，在很大程度上要归因于殖民主义的类型及其对当地制度和社会结构持久影响的差异。（相关数据见表 4-1 至表 4-4。）

表 4-1　美洲五个地区的经济（1500—2001）

（人口：千人；人均 GDP：1990 年国际元；GDP：百万 1990 年国际元）

	1500	1600	1700	1820	2001
墨西哥					
人口	7 500	2 500	4 500	6 587	101 879
人均 GDP	425	454	568	759	7 089
GDP	3 188	1 134	2 558	5 000	722 198
其他 15 个西班牙属美洲国家（不包括加勒比地区）					
人口	8 500	5 100	5 800	7 691	212 919
人均 GDP	412	432	498	683	5 663
GDP	3 500	2 201	2 889	5 255	1 205 630
30 个加勒比经济体					
人口	500	200	500	2 920	38 650
人均 GDP	400	430	650	636	4 373
GDP	200	86	325	1 857	169 032

（人口：千人；人均 GDP：1990 年国际元；GDP：百万 1990 年国际元）（续表）

	1500	1600	1700	1820	2001
			巴西		
人口	1 000	800	1 250	4 507	177 753
人均 GDP	400	428	459	646	5 570
GDP	400	342	574	2 912	990 076
			美国和加拿大		
人口	2 250	1 750	1 200	10 797	316 617
人均 GDP	400	400	511	1 231	27 384
GDP	900	700	613	13 286	8 670 389
			拉丁美洲		
人口	17 500	8 600	12 050	21 705	531 201
人均 GDP	416	438	527	692	5 811
GDP	7 288	3 763	6 346	15 024	3 086 936

表 4-2 美洲的种族构成（1820） （千人）

	土著人	欧洲人与土著人的混血儿	黑人和黑白混血儿	白人	合计
墨西哥	3 570	1 777	10	1 230	6 587
巴西	500		2 500	1 507	4 507
加勒比地区			2 366	554	2 920
其他	4 000	1 800	400	1 491	7 691
拉丁美洲合计	8 070	3 577	5 276	4 776	21 705
美国	325		1 772	7 884	9 981
加拿大	75			741	816
美洲合计	8 470	3 577	7 048	13 407	32 502

资料来源：Maddison（2001，p. 250），经修正（参见正文对于加勒比地区的说明）。

表 4-3 净迁入美洲的非奴隶移民（1500—1998） （千人）

	1500—1820	1820—1998
巴西	500	4 500
西班牙属美洲	475	6 500
加勒比地区	450	2 000
加拿大	30	6 395
美国	718	53 150
美洲合计	2 173	72 545

表 4-4　被运往美洲的非洲奴隶数量(1500—1870)　　　　　　（千人）

	1500—1810	1811—1870	1500—1870
巴西	2 501	1 145	3 647
西班牙属美洲	947	606	1 552
非西班牙属加勒比地区	3 698	96	3 793
美国	348	51	399
美洲合计	7 494	1 898	9 391

资料来源：P. D. Curtin, *The Atlantic Slave Trade*, University of Wisconsin, Madison, 1969, p. 268.

西班牙的殖民活动集中于墨西哥和秘鲁，这两国是征服时期人口最密集的区域。阿兹特克和印加的精英以及神职人员被消灭殆尽，古老的神庙、历法、记录、古迹、产权和土著社会制度通通消失了，教堂和修道院被建在阿兹特克和印加神庙的废墟上。控制社会的主要人员是宗教阶层。土地被分配给一部分有特权的西班牙人精英阶层，并让他们控制饱受创伤的印第安人口，后者被迫为采矿业和农业出卖廉价劳动力。在统治精英阶层和土著居民之间有严格的等级差别，后者没有合法权利，没有受教育机会，没有土地。这种朝贡帝国主义的主要目标是(以贵金属形式)转移财政盈余，以便为欧洲政府的野心筹措经费。西班牙为了获得这种霸权早已摩拳擦掌，跃跃欲试。它在从摩尔人手中夺回领土的过程中积累了长达若干世纪的经验，有着丰富的军事知识和负责征服的组织机构，有对被征服人口传教布道经验的教会。伊斯兰教和犹太教在西班牙被禁止，就像阿兹特克和印加宗教在墨西哥和秘鲁被禁止一样。教会在国家的严密控制之下，在 16 世纪与教皇谈判达成的条约下，国王可以自由任命主教。数世纪的军事争斗已经将权力和合法性集中在作为最终仲裁者的君主身上，在 1775 年以前，即使在很远的殖民地，也很难想象出有反对君主的叛乱发生。

到了 1825 年，这个美洲帝国崩溃了，1 400 多万人口已不再是西班牙人。1790 年时，它曾经覆盖了 1 600 万平方公里的疆域。古巴和波多黎各是其中仅有的"幸存者"——面积为 1.2 万平方公里，人口少于 70 万。在南美洲，9 个新的国家诞生了，其总面积为 880 万平方公里，其中墨西哥面积为 440 万平方公里。中美洲的 5 个国家组成了一个临时的联盟。只有通过武力斗争才能获得国家的独立，国家形成的过程并非坦途，新成立的国家要继承殖民地时期的高度不平等。墨西哥在独立后经历了长达 50 年的政治混乱，它的一半领土落入美国之手，它在 1870 年时的人均收入显著低于 1820 年的水平。这种现象在其他的地方也并不少见。

葡萄牙在巴西有更实际的目标,那就是依靠糖料种植发展出口农业,因此它对当地的帝国主义控制也松得多。由于本土劳动力稀少,它的劳动力主要由非洲奴隶组成。1500—1870 年,360 万人被船运到巴西。在殖民统治末期,巴西的一半人口为奴隶。他们的食品是粗糙的豆子和牛肉干,通常工作几年后就会死亡。白人中的一小部分特权阶层享受高收入,而其他人(包括土著人、自由黑人、黑白混血种人和大部分白人)则很贫穷。土地所有权主要集中在奴隶主手中,因此,财产分配的高度不均导致了收入分配的高度不均。按照拉丁美洲的标准,巴西的独立来得非常顺利。1808 年,葡萄牙女王和摄政亲王为躲避法国对葡萄牙本土的侵略来到巴西。跟随他们一起到巴西的还有各机构官员 1 万余人。在拿破仑战争结束后,巴西独立了,君主是葡萄牙君主的儿子。1889 年,巴西废除了奴隶制,成为一个共和国。

荷兰、英国和法国在 17 世纪从西班牙手中夺取加勒比地区后效仿了葡萄牙模式。这些殖民地高度集中于糖料生产,并从外国进口大部分食物。到 1820 年,它们引入了 370 万名非洲奴隶。在 17 世纪 60 年代到 1780 年间,它们的产出增长了 9 倍。很大一部分利润都落入了在外的奴隶主口袋,他们更愿意长期待在气候更宜人的大城市。1776 年后北美特权出口市场的丧失、拿破仑战争时期贸易的中断以及海地奴隶起义的成功,使种植园主们相信他们的日子已经屈指可数了,接受补偿以终结种植园制度符合他们的自身利益。奴隶交易的禁止以及随后奴隶制的废除提高了生产成本,削弱了大多数加勒比地区生产者的竞争力(尽管他们在 1838—1913 年引进了 70 万名来自亚洲的合同工人)。在 1787 年,加勒比地区的糖料出口占世界糖料出口的 90%,而在 1913 年这一比例大约是六分之一。除古巴和波多黎各外,加勒比地区的经济停滞不前。1832—1870 年间,牙买加的人均实际 GDP 降低了四分之一,出口占 GDP 的比重从 41% 降到了 15%。其 1930 年的人均 GDP 水平大约和 1832 年差不多。对英国和法国所属岛屿而言,这种情形可能非常普遍。

1500—1820 年资料来源

人口:有关西班牙征服时期土著人口的规模众说纷纭、莫衷一是,目前有两种极端的估计。一种是伯拉和库克(Borah and Cook, 1963)的估计,他们依据描述阿兹特克财政税收状况的比较模糊的统计图表,估计墨西哥中心地区的人口是 2 500 万。他们假定 1519—1605 年土著人口的消亡率为 95%,然后以 25 为乘数来回推 1605 年西班牙的人口估计值。另一种是罗森布莱特(Rosenblat,1945)的估计,他对现有文献证据做了一个仔细的调查,估计被征服前的土著人口是 450 万,在 16 世纪其人口减少幅度不高于 15%。这里有两点可质疑伯拉对墨西哥和拉丁美洲总体人口的估计,一是他们假设的比欧洲黑死病高得多的疾病死亡率,二是他们假设人口直到 20 世纪才恢复到所谓征服前的水平。而另一方面,罗森布莱特估计的人口死亡率又明显太低了。我在《世界经济千年史》(pp.232-236)中对下文采用的文献和估计方法进行了讨论。

GDP:我做了一个多元文化估计,其中将土著人口的人均 GDP 人为固定下来(假设狩猎采集群体为 400 国际元,从事农业和都市化开发的墨西哥人和秘鲁人为 425 国际元)。对于非土著人口,我假定其人均 GDP 水平在 1500—1820 年整个时期都一直维持在 1820 年的水平。假定两组的收入水平都是稳定的,但对两个组合并来说,其平均值在早期较低,因为那时非土著人口所占比例要低一些,参见《世界经济千年史》(p.250)。对于加勒比地区,1600—1820 年的 GDP 估计值主要依据糖料产量来确定,并根据以下文献提供的该时期末的人均 GDP 来推断,这些文献包括:艾斯纳(G. Eisner)的《对 1830—1930 年牙买加经济增长的研究》(*Jamaica, 1830—1930:A Study in Economic Growth*, Manchester University Press, 1961),埃尔蒂斯(David Eltis)等人的《1664—1701 年巴巴多斯岛的总产出》("The Total Product of Barbados, 1664—1701", *Journal of Economic History*, June 1995)以及《加勒比的奴隶经济:表现、进展和意义》("The Slave Economies of the Caribbean, Performance, Evolution and Significance", in F. W. Knight, ed., *General History of the Caribbean*, Vol. III, UNESO, London, 1997)。

1820—2001 年资料来源

8 个核心国家[①]

人口:1820—1949 年数据主要来源于 Maddison(1995,p.99)。乌拉圭的

---

① 阿根廷、巴西、智利、哥伦比亚、墨西哥、秘鲁、乌拉圭和委内瑞拉。

数据来源于路易斯·勃托拉（Luis Bertola）等人的《1870—1936 年乌拉圭的 GDP》（*PBI de Uruguay 1870—1936*，Montevideo，1998）和由路易斯·勃托拉提供的补充信息。委内瑞拉的数据来源于阿斯德鲁巴尔·拜波提斯塔（Asdrubal Baptista）的《1830—1989 年委内瑞拉经济的基础》（*Bases de la Economia Venezolana 1830—1989*，CCD，Caracas，1991）。1950 年以后所有国家的数据都来自美国人口普查局（http://www.census.gov/ipc，October 2002）。

　　GDP：1820—1949 年的 GDP 变动数据一般来源于 Maddison（1995，p.143）；1901—1912 年哥伦比亚和秘鲁的数据，是利用巴西和智利的人均 GDP 变动率插值得到的。1911—1912 年和 1914—1920 年墨西哥的 GDP 变动数据来源于霍夫曼（A. A. Hofman）的《拉丁美洲 20 世纪的经济发展》（*The Economic Development of Latin America in the Twentieth Century*，Elgar，Cheltenham，2000，pp.163-164）。乌拉圭 1820—1949 年的数据来源于勃托拉等人的《1870—1936 年乌拉圭的 GDP》。对于巴西和墨西哥 1820—1949 年的数据，可参见《世界经济千年史》（p.191）。我利用国际货币基金组织的《世界经济展望》更新了上述国家 1998—2001 年的数据。按 1990 年国际元计算的 1990 年基准 GDP 水平数据，参见《世界经济千年史》（p.199）。

15 个其他国家

　　人口：《世界经济千年史》中的数据缺口是通过以下资料填补的：1820 年海地和多米尼加共和国的数据来源于《剑桥拉丁美洲史》（*Cambridge History of Latin America*，Vol.Ⅲ，pp.238-239，245，258）；哥斯达黎加、萨尔瓦多、危地马拉、洪都拉斯和尼加拉瓜的数据来源于上书（p.478）；厄瓜多尔的数据来源于上书（p.508）；玻利维亚的数据来源于上书（p.564）；巴拉圭的数据来源于上书（pp.668，673）。古巴和波多黎各的数据来源于谢泼德（Shepherd）和比克尔斯（Beckles）主编的《大西洋世界的加勒比奴隶制》（*Caribbean Slavery in the Atlantic World*，Wiener，Princeton，2000，pp.274，285）。牙买加、特立尼达和多巴哥的数据来源于黑格曼（Higman）的《1807—1834 年英属加勒比地区的奴隶人口》（*Slave Populations of the British Caribbean，1807—1834*，Johns Hopkins University Press，Baltimore，1984，p.417）。1850 年的数据一般来源于《剑桥拉丁美洲史》（Vol.Ⅳ，1986，p.122）中桑切斯·奥勃诺兹（Sanchez-Albornoz）的文章；牙买加的数据来源于艾斯纳（Eisner，1961，p.153）；特立尼达和多巴哥的数据来源于米歇尔（Mitchell，1983，p.50）。1870 年和 1913 年的数据一般来源于《世界经济千年史》。13 个国家 1871—1912 年的年度数据是根据 Albornoz(1986)* 提供的基准年份估计值通过插值得到的。牙买加的数据来源于 Eisner(1961，p. 134)；假定 1870—1950 年特立尼达和多巴哥的人口变动与牙买加的相同。

1920—1949 年哥斯达黎加、萨尔瓦多、危地马拉、洪都拉斯和尼加拉瓜的年度估计值来源于巴尔莫–托马斯(Bulmer-Thomas) 的《中美洲 1920 年以来的政治经济》(*The Political Economy of Central America since 1920*，CUP，1987，p. 310)；其他国家的数据一般来源于联合国的《1960 年人口统计年鉴》(*Demographic Yearbook 1960*，pp. 132-138)(对海地有一些数据插补)；古巴 1900—1928 年的数据来源于布伦德尼乌斯(C. Brundenius) 的《革命的古巴：公平的经济增长的挑战》(*Revolutionary Cuba：The Challenge of Economic Growth with Equity*，Westview Press，Boulder and London，1984，p. 140)，1929—1949 年的数据来源于拉丁美洲和加勒比地区经济委员会(ECLAC)统计处的《按照 1950 年市场价格计算的 GDP》[*Cuadros del producto interno bruto a precios del mercado en dollares de 1950*，Santiago(mimeo)，1962]。1950—2001 年的数据来源和 8 个核心国家一致。

GDP：我在 Eisner(1961，p. 119)提供的牙买加 1820—1930 年 GDP 数据的基础上，增补了一些年份的 GDP 估计值，以便与 1938—1950 年的数据连接起来，后者来源于芬德利(Findlay) 和韦利兹(Wellisz) 的《贫困、公平和增长的政治经济学：五个小国开放经济》(*The Political Economy of Poverty，Equity and Growth：Five Small Open Economies*，OUP，New York，1999，p. 149)。牙买加是这个时期唯一有 GDP 数据的加勒比国家。艾斯纳的估计结果表明，在 1820—1870 年，随着牙买加的糖料经济衰退，其人均 GDP 下降了 24%。我假定加勒比国家 1820—1870 年的人均 GDP 变动与牙买加的变动类似，并假定这些国家人均 GDP 的平均变动在基准年份 1870 年、1913 年和 1950 年与 8 个核心国家的平均水平相同。1920—1950 年哥斯达黎加、萨尔瓦多、危地马拉、洪都拉斯和尼加拉瓜的年度 GDP 变动数据来源于 Bulmer-Thomas(1987，见上文，p. 308)，玻利维亚(1945—1949)、厄瓜多尔(1939)、海地(1945—1949)、巴拿马(1945—1949)和巴拉圭(1939—1949)的数据来源于 ECLAC 的《拉丁美洲经济增长的历史序列数据》(*Series Historicas del Crecimiento de America Latina*，Santiago，1978，pp. 14-15)。1950—1998 年的数据来源于《世界经济千年史》(附录 C)，并根据国际货币基金组织的《世界经济展望》(2002 年 2 月版)更

＊　这里指的是上文提到的 Albornoz 收录于《剑桥拉丁美洲史》(Vol. Ⅳ，1986)中的文章。——译者注

新至 2001 年。至于如何得到 1990 年基准水平的估计值,参见《世界经济千年史》(p. 199)。

我对古巴的估计值进行了修订。1929—1959 年的数据来源于 ECLAC 的《GDP 统计表》(*Cuadros del producto interno bruto*, 1962)。当时古巴依据联合国标准国民账户体系(SNA)方法编制国民账户。革命后,古巴采用了苏联的物质产品平衡表体系(MPS),从而高估了经济增长。1959—1965 年的数据来源于 OECD 发展中心的《发展中国家国民核算的最新信息》(*Latest Information on National Accounts of Developing Countries*)各期。1965—1982 年的数据来源于洛佩兹(J. F. Perez Lopez)的《古巴经济表现的估计》(*Measuring Cuban Economic Performance*, University of Texas Press, Austin, 1987, p. 111),作者按照 SNA 方法重新计算了古巴的 GDP。古巴统计局公布了 1975—2000 年分行业 GDP 的估计值,参见古巴国家统计局的《古巴:1950—2000 年部分重要指标》(*Cuba:Indicadores Seleccionados*, *1950—2000*, Havana, 2001, pp. 15-16)。对于 1975—1982 年,这些估计值与洛佩兹的估计值相重叠,前者显示的增长率是后者的 2 倍。对于 1982—1990 年,我采纳了官方估计值,但对两者重叠的年份,我使用基于两者差距计算的系数对官方的年增长率估计值进行了逐年下调。1990—1998 年的数据来源于 ECLAC 的《拉丁美洲和加勒比的经济综览:现状和展望》(*Economic Survey of Latin America and the Caribbean:Current Conditions and Outlook*, 2001);1998—2001 年的数据来源于 ECLAC 的《对拉丁美洲和加勒比经济的初步概览》(*Preliminary Overview of the Economies of Latin America and the Caribbean*, Sandiago, 2002)。ECLAC 的这些数字都是建立在古巴官方统计的基础上,后者目前似乎更易被接受,因为古巴已修订了估计方法以符合联合国标准国民账户体系的要求,参见古巴国家统计局的《2001 年古巴统计年鉴》(*Anuario Estadistico de Cuba 2001*, Harvana, 2002)。

24 个加勒比小经济体

我对这些经济体 1820—1913 年的估计值进行了大幅修订。

人口:1820—1870 年的数据来源于恩格尔曼(S. L. Engerman)和黑格曼(B. W. Higman)的《18 和 19 世纪加勒比奴隶社会的人口状况》("The demographic situation of the Caribbean slave societies in the eighteenth and nineteenth centuries", in F. W. Knight，ed.，*General History of the Caribbean*，Vol. Ⅲ，UNESCO，London，1997，pp. 50-57）和 Higman（1984）；1913 年的数据来源于国际联盟的《1927 年国际统计年鉴》（*International Statistical Year-book 1927*，Geneva，1928，pp. 16-17）；1920—1949 年的数据来源于联合国的《1960 年人口统计年鉴》（pp. 132-136）。1950 年之后的数据来源于美国人口普查局的估计值（2002 年 10 月）。

GDP：假定 1820 年的人均 GDP 平均水平与 15 个国家的平均水平相等，1870—1950 年的人均 GDP 变动与 8 个核心国家的相同。1950—1990 年的GDP 数据来源于《世界经济千年史》，并按照表 4-5 进行更新和修订。

表 4-5　24 个加勒比小经济体的 GDP 和人口（1950—2001）

	GDP（百万 1990 年国际元）				人口（千人）			
	1950	1973	1990	2001	1950	1973	1990	2001
巴哈马	756	3 159	3 946	4 700	70	182	257	293
巴巴多斯	448	1 595	2 138	2 419	211	244	263	275
伯利兹	110	341	735	1 083	66	130	191	253
多米尼加	82	182	279	352	51	74	73	71
格林纳达	71	180	310	459	76	97	92	89
圭亚那	462	1 309	1 159	2 080	428	755	742	698
圣卢西亚	61	199	449	532	79	109	140	158
圣文森特	79	175	392	545	66	90	107	116
苏里南	315	1 046	1 094	1 099	208	384	395	432
A 组合计（9 个经济体）	2 384	8 186	10 502	13 269	1 255	2 065	2 260	2 385
安提瓜和巴布达	82	328	413	535	46	68	63	67
百慕大群岛	65	238	310		39	53	58	63
瓜德罗普	359	1 568	1 801		208	329	378	431
圭亚那（法属）	138	238	516		26	53	116	178
马提尼克	293	1 568	1 857		217	332	374	418
荷属安的列斯	393	1 097	980	1 057	110	165	189	212
圣基茨和尼维斯	61	215	233	402	44	45	41	39
B 组合计（7 个经济体）	1 391	5 252	6 110	8 315	690	1 045	1 219	1 408
C 组合计（8 个经济体）	298	926	1 441	1 809	117	197	250	298
24 个经济体	4 073	14 364	18 053	23 393	2 062	3 308	3 727	4 091

资料来源：1950—1998 年 GDP 数据来源于《世界经济千年史》（p. 192），并根据国际货币基金组织的《世界经济展望》（2002 年 9 月版）更新至 2001 年。对得不到数据的经济体，假定它们总的 GDP 变动与 A 组的平均水平成比例。人口数据来源于《世界经济千年史》，1950 年后的数据根据美国人口普查局国际项目中心（2002 年 10 月）的有关数据进行更新。C 组的 8 个经济体是安圭拉、阿鲁巴、开曼群岛、蒙特塞拉特、圣皮埃尔和密克隆、特克斯和凯科斯群岛、维尔京群岛以及英属维尔京群岛。

表 4a-1　8 个拉丁美洲国家的人口(1820—1913)　　　　（千人,年中值）

	阿根廷	巴西	智利	哥伦比亚	墨西哥	秘鲁	乌拉圭	委内瑞拉	合计
1820	534	4 507	885	1 206	6 587	1 317	55	718	15 809
1850	1 100	7 234	1 443	2 065	7 662	2 001	132 1	324	22 961
1870	1 796	9 797	1 943	2 392	9 219	2 606	343	1 653	29 749
1871		9 980			9 331		354	1 675	
1872		10 167			9 444		364	1 699	
1873		10 358			9 558		376	1 725	
1874		10 552			9 674		387	1 753	
1875		10 749			9 791		399	1 784	
1876		10 951			9 910		411	1 816	
1877		11 156			10 030		424	1 849	
1878		11 365			10 151		437	1 883	
1879		11 578			10 274		450	1 917	
1880		11 794			10 399		464	1 952	
1881		12 015			10 524		482	1 986	
1882		12 240			10 652		502	2 019	
1883		12 470			10 781		522	2 052	
1884		12 703			10 912		543	2 083	
1885		12 941			11 044		564	2 113	
1886		13 183			11 178		587	2 129	
1887		13 430			11 313		610	2 147	
1888		13 682			11 450		635	2 173	
1889		13 938			11 589		660	2 198	
1890	3 376	14 199	2 651	3 369	11 729	3 346	686	2 224	41 580
1891		14 539			11 904		706	2 255	
1892		14 886			12 083		727	2 285	
1893		15 242			12 263		748	2 314	
1894		15 607			12 447		770	2 346	
1895		15 980			12 663		792	2 375	
1896		16 362			12 822		815	2 408	
1897		16 753			13 014		839	2 442	
1898		17 154			13 209		864	2 475	
1899		17 564			13 406		889	2 509	
1900	4 693	17 984	2 974	3 998	13 607	3 791	915	2 542	50 504
1901	4 873	18 392	3 011	4 079	13 755	3 831	930	2 576	51 447
1902	5 060	18 782	3 048	4 162	13 904	3 871	945	2 609	52 381
1903	5 254	19 180	3 086	4 247	14 055	3 911	961	2 643	53 337
1905	5 664	20 003	3 163	4 422	14 363	3 993	993	2 706	55 307
1906	5 881	20 427	3 202	4 512	14 519	4 035	1 009	2 720	56 305
1907	6 107	20 860	3 242	4 604	14 676	4 077	1 026	2 741	57 333
1908	6 341	21 303	3 282	4 697	14 836	4 119	1 043	2 761	58 382
1909	6 584	21 754	3 323	4 793	14 997	4 162	1 062	2 780	59 455
1910	6 836	22 216	3 364	4 890	15 000	4 206	1 081	2 805	60 398
1911	7 098	22 687	3 406	4 990	14 990	4 250	1 112	2 834	61 367
1912	7 370	23 168	3 448	5 091	14 980	4 294	1 144	2 856	62 351
1913	7 653	23 660	3 491	5 195	14 970	4 339	1 177	2 874	63 359

表 4a-2　8 个拉丁美洲国家的人口(1914—1949)　　（千人，年中值）

	阿根廷	巴西	智利	哥伦比亚	墨西哥	秘鲁	乌拉圭	委内瑞拉	合计
1914	7 885	24 161	3 537	5 330	14 960	4 384	1 223	2 899	64 379
1915	8 072	24 674	3 584	5 468	14 950	4 430	1 246	2 918	65 342
1916	8 226	25 197	3 631	5 609	14 940	4 477	1 269	2 929	66 278
1917	8 374	25 732	3 679	5 754	14 930	4 523	1 292	2 944	67 228
1918	8 518	26 277	3 728	5 903	14 920	4 571	1 316	2 958	68 191
1919	8 672	26 835	3 777	6 056	14 910	4 619	1 341	2 973	69 183
1920	8 861	27 404	3 827	6 213	14 900	4 667	1 371	2 992	70 235
1921	9 092	27 969	3 877	6 374	14 895	4 730	1 402	3 008	71 347
1922	9 368	28 542	3 928	6 539	15 129	4 793	1 433	3 025	72 757
1923	9 707	29 126	3 980	6 709	15 367	4 859	1 465	3 049	74 262
1924	10 054	29 723	4 033	6 882	15 609	4 927	1 498	3 077	75 803
1925	10 358	30 332	4 086	7 061	15 854	4 996	1 534	3 114	77 335
1926	10 652	30 953	4 140	7 243	16 103	5 067	1 571	3 152	78 881
1927	10 965	31 587	4 195	7 431	16 356	5 141	1 608	3 185	80 468
1928	11 282	32 234	4 250	7 624	16 613	5 216	1 646	3 221	82 086
1929	11 592	32 894	4 306	7 821	16 875	5 294	1 685	3 259	83 726
1930	11 896	33 568	4 370	7 914	17 175	5 374	1 713	3 300	85 310
1931	12 167	34 256	4 434	8 009	17 480	5 456	1 741	3 336	86 879
1932	12 402	34 957	4 500	8 104	17 790	5 540	1 770	3 368	88 431
1933	12 623	35 673	4 567	8 201	18 115	5 626	1 799	3 401	90 005
1934	12 834	36 404	4 634	8 299	18 445	5 715	1 829	3 431	91 591
1935	13 044	37 150	4 703	8 398	18 781	5 806	1 859	3 465	93 206
1936	13 260	37 911	4 773	8 498	19 040	5 899	1 889	3 510	94 780
1937	13 490	38 687	4 843	8 599	19 370	5 995	1 921	3 565	96 470
1938	13 724	39 480	4 915	8 702	19 705	6 093	1 952	3 623	98 194
1939	13 984	40 289	5 003	8 935	20 047	6 194	1 944	3 699	100 095
1940	14 169	41 114	5 093	9 174	20 393	6 298	1 965	3 784	101 990
1941	14 402	42 069	5 184	9 419	20 955	6 415	1 987	3 858	104 289
1942	14 638	43 069	5 277	9 671	21 532	6 537	2 010	3 934	106 668
1943	14 877	44 093	5 371	9 930	22 125	6 661	2 032	4 020	109 109
1944	15 130	45 141	5 467	10 196	22 734	6 787	2 055	4 114	111 624
1945	15 390	46 215	5 565	10 469	23 724	6 919	2 081	4 223	114 586
1946	15 654	47 313	5 665	10 749	24 413	7 053	2 107	4 347	117 301
1947	15 942	48 438	5 767	11 036	25 122	7 192	2 134	4 486	120 117
1948	16 307	49 590	5 870	11 332	25 852	7 335	2 160	4 656	123 102
1949	16 737	50 769	5 975	11 635	26 603	7 480	2 188	4 843	126 230

表 4a-3　8 个拉丁美洲国家的人口(1950—2003)　　　　(千人,年中值)

	阿根廷	巴西	智利	哥伦比亚	墨西哥	秘鲁	乌拉圭	委内瑞拉	合计
1950	17 150	53 443	6 091	11 592	28 485	7 633	2 194	5 009	131 597
1951	17 517	54 996	6 252	11 965	29 296	7 826	2 223	5 217	135 292
1952	17 877	56 603	6 378	12 351	30 144	8 026	2 253	5 440	139 070
1953	18 231	58 266	6 493	12 750	31 031	8 232	2 284	5 674	142 961
1954	18 581	59 989	6 612	13 162	31 959	8 447	2 317	5 919	146 985
1955	18 928	61 774	6 743	13 588	32 930	8 672	2 353	6 170	151 158
1956	19 272	63 632	6 889	14 029	33 946	8 905	2 389	6 431	155 493
1957	19 611	65 551	7 048	14 486	35 016	9 146	2 425	6 703	159 985
1958	19 947	67 533	7 220	14 958	36 142	9 397	2 460	6 982	164 639
1959	20 281	69 580	7 400	15 447	37 328	9 658	2 495	7 268	169 457
1960	20 616	71 695	7 585	15 953	38 579	9 931	2 531	7 556	174 446
1961	20 951	73 833	7 773	16 476	39 836	10 218	2 564	7 848	179 498
1962	21 284	76 039	7 961	17 010	41 121	10 517	2 598	8 143	184 674
1963	21 616	78 317	8 147	17 546	42 434	10 826	2 632	8 444	189 963
1964	21 949	80 667	8 330	18 090	43 775	11 144	2 664	8 752	195 370
1965	22 283	83 093	8 510	18 646	45 142	11 467	2 693	9 068	200 903
1966	22 612	85 557	8 686	19 202	46 538	11 796	2 721	9 387	206 499
1967	22 934	88 050	8 859	19 764	47 996	12 132	2 749	9 710	212 193
1968	23 261	90 569	9 030	20 322	49 519	12 476	2 777	10 041	217 994
1969	23 600	93 114	9 199	20 869	51 111	12 829	2 802	10 389	223 913
1970	23 962	95 684	9 369	21 430	52 775	13 193	2 824	10 758	229 994
1971	24 364	98 245	9 540	21 993	54 434	13 568	2 826	11 152	236 122
1972	24 780	100 840	9 718	22 543	56 040	13 955	2 830	11 516	242 220
1973	25 210	103 469	9 897	23 069	57 643	14 350	2 834	11 893	248 365
1974	25 646	106 131	10 077	23 593	59 240	14 753	2 838	12 281	254 559
1975	26 082	108 824	10 252	24 114	60 828	15 161	2 842	12 675	260 777
1976	26 531	111 545	10 432	24 620	62 404	15 573	2 857	13 082	267 046
1977	26 984	114 314	10 600	25 094	63 981	15 990	2 874	13 504	273 340
1978	27 440	117 147	10 760	25 543	65 554	16 414	2 889	13 931	279 678
1979	27 902	120 040	10 923	26 031	67 123	16 849	2 905	14 355	286 128
1980	28 370	122 958	11 094	26 583	68 686	17 295	2 920	14 768	292 673
1981	28 863	125 930	11 282	27 159	70 321	17 755	2 936	15 166	299 412
1982	29 341	128 963	11 487	27 765	71 910	18 234	2 954	15 621	306 275
1983	29 802	131 892	11 687	28 389	73 435	18 706	2 973	16 084	312 968
1984	30 236	134 626	11 879	29 028	74 945	19 171	2 990	16 545	319 420
1985	30 675	137 303	12 067	29 678	76 475	19 624	3 008	16 998	325 828
1986	31 146	140 112	12 260	30 327	78 035	20 073	3 027	17 450	332 430
1987	31 621	142 938	12 463	30 964	79 623	20 531	3 045	17 910	339 095
1988	32 091	145 782	12 678	31 589	81 231	21 000	3 064	18 379	345 813
1989	32 559	148 567	12 901	32 217	82 840	21 487	3 084	18 851	352 505
1990	33 022	151 084	13 128	32 859	84 446	21 989	3 106	19 325	358 959
1991	33 492	153 512	13 353	33 519	86 055	22 501	3 128	19 801	365 358
1992	33 959	155 976	13 573	34 203	87 667	23 015	3 149	20 266	371 808
1993	34 412	158 471	13 788	34 897	89 280	23 531	3 171	20 704	378 255
1994	34 864	160 994	14 000	35 589	90 888	24 047	3 193	21 135	384 711
1995	35 311	163 543	14 205	36 281	92 488	24 556	3 215	21 556	391 155
1996	35 754	166 074	14 404	36 971	94 080	25 058	3 237	21 969	397 547
1997	36 203	168 547	14 599	37 658	95 667	25 556	3 260	22 374	403 865
1998	36 644	170 956	14 789	38 340	97 245	26 049	3 284	22 773	410 079
1999	37 074	173 294	14 974	39 016	98 807	26 535	3 309	23 162	416 170
2000	37 498	175 553	15 154	39 686	100 350	27 013	3 334	23 543	422 131
2001	37 917	177 753	15 328	40 349	101 879	27 484	3 360	23 917	427 987
2002	38 331	179 914	15 499	41 008	103 400	27 950	3 387	24 288	433 777
2003	38 741	182 033	15 665	41 662	104 908	28 410	3 413	24 655	439 487

表 4a-4　15 个拉丁美洲国家的人口（1820—1949）　（千人，年中值）

	玻利维亚	哥斯达黎加	古巴	多米尼加共和国	厄瓜多尔	萨尔瓦多	危地马拉	海地
1820	1 100	63	605	89	500	248	595	723
1850	1 374	101	1 186	146	816	366	850	938
1870	1 495	137	1 331	242	1 013	492	1 080	1 150
1900	1 696	297	1 658	515	1 400	766	1 300	1 560
1901	1 710	310	1 716	530	1 420	782	1 313	1 583
1902	1 723	320	1 775	546	1 441	799	1 327	1 607
1903	1 737	320	1 837	562	1 462	816	1 341	1 631
1904	1 751	330	1 879	578	1 483	834	1 355	1 655
1905	1 765	340	1 927	595	1 505	851	1 369	1 680
1906	1 779	340	1 979	613	1 527	869	1 383	1 705
1907	1 793	350	2 034	631	1 549	888	1 397	1 730
1908	1 808	350	2 092	649	1 571	907	1 412	1 756
1909	1 822	360	2 154	668	1 594	926	1 426	1 782
1910	1 837	363	2 219	688	1 617	946	1 441	1 809
1911	1 851	366	2 287	708	1 641	966	1 456	1 836
1912	1 866	369	2 358	729	1 665	987	1 470	1 863
1913	1 881	372	2 431	750	1 689	1 008	1 486	1 891
1914	1 915	390	2 507	767	1 703	1 030	1 501	1 923
1915	1 951	390	2 585	785	1 717	1 052	1 517	1 955
1916	1 986	400	2 664	803	1 731	1 074	1 533	1 988
1917	2 023	400	2 746	821	1 746	1 098	1 549	2 021
1918	2 060	410	2 828	840	1 760	1 121	1 565	2 055
1919	2 098	420	2 912	859	1 774	1 145	1 581	2 089
1920	2 136	420	2 997	879	1 790	1 170	1 597	2 124
1921	2 161	430	3 083	912	1 805	1 190	1 614	2 152
1922	2 186	430	3 170	946	1 820	1 220	1 631	2 181
1923	2 212	440	3 257	981	1 835	1 240	1 648	2 209
1924	2 237	450	3 345	1 017	1 850	1 270	1 665	2 239
1925	2 263	460	3 432	1 054	1 865	1 300	1 682	2 268
1926	2 289	470	3 519	1 092	1 881	1 330	1 699	2 298
1927	2 316	470	3 606	1 131	1 896	1 350	1 717	2 328
1928	2 343	480	3 693	1 172	1 912	1 390	1 735	2 359
1929	2 370	490	3 742	1 213	1 928	1 410	1 753	2 390
1930	2 397	500	3 837	1 256	1 944	1 440	1 771	2 422
1931	2 425	510	3 910	1 300	1 995	1 460	1 810	2 453
1932	2 453	520	3 984	1 345	2 050	1 470	1 860	2 485
1933	2 482	530	4 060	1 391	2 095	1 490	1 910	2 517
1934	2 511	540	4 137	1 438	2 140	1 510	1 940	2 549
1935	2 540	550	4 221	1 484	2 196	1 530	1 980	2 582
1936	2 569	560	4 289	1 520	2 249	1 550	2 020	2 615
1937	2 599	580	4 357	1 558	2 298	1 570	2 070	2 648
1938	2 629	590	4 428	1 596	2 355	1 590	2 110	2 682
1939	2 659	610	4 497	1 634	2 412	1 610	2 150	2 716
1940	2 690	620	4 566	1 674	2 466	1 630	2 200	2 751
1941	2 721	630	4 635	1 715	2 541	1 650	2 250	2 786
1942	2 753	650	4 704	1 757	2 575	1 680	2 300	2 820
1943	2 785	660	4 779	1 800	2 641	1 690	2 340	2 856
1944	2 817	680	4 849	1 844	2 712	1 720	2 390	2 892
1945	2 850	700	4 932	1 889	2 781	1 740	2 440	2 928
1946	2 883	710	5 039	1 935	2 853	1 760	2 500	2 961
1947	2 916	730	5 152	1 982	2 936	1 780	2 570	2 994
1948	2 950	750	5 268	2 031	3 017	1 810	2 640	3 028
1949	2 984	770	5 386	2 080	3 104	1 840	2 720	3 062

（千人，年中值）（续表）

	洪都拉斯	牙买加	尼加拉瓜	巴拿马	巴拉圭	波多黎各	特立尼达和多巴哥	合计
1820	135	401	186	—	143	248	60	5 096
1850	350	399	300	135	350	495	80	7 886
1870	404	499	337	176	384	645	124	9 509
1900	500	720	478	263	440	959	268	12 820
1901	511	728	485	269	450	974	274	13 055
1902	522	737	492	275	461	990	279	13 294
1903	533	745	499	281	472	1 006	285	13 527
1904	545	754	507	287	483	1 022	291	13 754
1905	556	763	514	293	494	1 039	298	13 989
1906	568	772	522	299	505	1 056	304	14 221
1907	581	781	529	306	517	1 073	310	14 469
1908	593	790	537	312	529	1 090	317	14 713
1909	606	799	545	319	542	1 108	324	14 975
1910	619	808	553	326	554	1 126	331	15 237
1911	632	818	561	333	567	1 144	338	15 504
1912	646	827	570	341	580	1 162	345	15 778
1913	660	837	578	348	594	1 181	352	16 058
1914	668	840	580	365	608	1 199	357	16 353
1915	677	842	595	383	622	1 217	362	16 650
1916	685	845	604	402	637	1 235	367	16 954
1917	694	847	613	422	652	1 254	373	17 259
1918	702	850	622	442	667	1 273	378	17 573
1919	711	852	631	464	683	1 292	383	17 894
1920	720	855	640	487	699	1 312	389	18 215
1921	740	860	640	489	715	1 336	367	18 494
1922	770	879	650	491	732	1 359	371	18 836
1923	800	891	650	493	749	1 383	376	19 164
1924	820	900	660	495	767	1 407	379	19 501
1925	850	910	660	497	785	1 431	382	19 839
1926	880	930	670	499	803	1 455	385	20 200
1927	890	946	670	502	822	1 478	388	20 510
1928	910	966	670	504	841	1 502	392	20 869
1929	930	985	680	506	860	1 526	398	21 181
1930	950	1 009	680	515	880	1 552	405	21 558
1931	970	1 039	690	527	901	1 584	412	21 986
1932	990	1 061	690	543	922	1 615	417	22 405
1933	1 010	1 082	700	559	944	1 647	422	22 839
1934	1 020	1 098	710	576	966	1 679	428	23 242
1935	1 040	1 113	730	592	988	1 710	435	23 691
1936	1 060	1 130	750	608	1 012	1 743	442	24 117
1937	1 080	1 142	770	623	1 036	1 777	450	24 558
1938	1 100	1 163	780	640	1 061	1 810	458	24 992
1939	1 120	1 191	810	656	1 086	1 844	466	25 461
1940	1 150	1 212	830	697	1 111	1 880	476	25 953
1941	1 170	1 230	840	720	1 137	1 935	492	26 452
1942	1 200	1 254	860	773	1 164	1 987	510	26 987
1943	1 210	1 249	880	795	1 191	2 033	525	27 434
1944	1 240	1 259	900	784	1 219	2 062	536	27 904
1945	1 260	1 266	920	791	1 247	2 099	547	28 390
1946	1 290	1 298	950	788	1 275	2 141	561	28 944
1947	1 320	1 327	980	804	1 305	2 162	583	29 541
1948	1 350	1 350	1 000	822	1 335	2 187	600	30 138
1949	1 390	1 374	1 030	838	1 366	2 197	616	30 757

表 4a-5　15 个拉丁美洲国家的人口（1950—2003）　　（千人，年中值）

	玻利维亚	哥斯达黎加	古巴	多米尼加共和国	厄瓜多尔	萨尔瓦多	危地马拉	海地
1950	2 766	867	5 785	2 353	3 370	1 940	2 969	3 097
1951	2 824	895	5 892	2 419	3 458	1 990	3 056	3 148
1952	2 883	926	6 008	2 491	3 549	2 043	3 146	3 201
1953	2 945	959	6 129	2 569	3 643	2 099	3 239	3 257
1954	3 009	994	6 254	2 651	3 740	2 159	3 335	3 316
1955	3 074	1 032	6 381	2 737	3 842	2 221	3 434	3 376
1956	3 142	1 072	6 513	2 828	3 949	2 287	3 536	3 441
1957	3 212	1 112	6 641	2 923	4 058	2 356	3 641	3 508
1958	3 284	1 154	6 763	3 023	4 172	2 428	3 749	3 577
1959	3 358	1 200	6 901	3 126	4 291	2 503	3 861	3 648
1960	3 434	1 248	7 027	3 231	4 416	2 582	3 976	3 723
1961	3 513	1 297	7 134	3 341	4 546	2 665	4 091	3 800
1962	3 594	1 345	7 254	3 453	4 682	2 748	4 209	3 880
1963	3 678	1 393	7 415	3 569	4 822	2 836	4 330	3 964
1964	3 764	1 440	7 612	3 687	4 968	2 924	4 454	4 050
1965	3 853	1 488	7 810	3 806	5 118	3 018	4 582	4 137
1966	3 945	1 538	7 985	3 926	5 273	3 128	4 713	4 227
1967	4 041	1 589	8 139	4 049	5 432	3 233	4 849	4 318
1968	4 139	1 638	8 284	4 173	5 597	3 347	4 989	4 412
1969	4 241	1 687	8 421	4 298	5 766	3 469	5 135	4 507
1970	4 346	1 736	8 543	4 423	5 939	3 604	5 289	4 605
1971	4 455	1 786	8 670	4 547	6 117	3 710	5 454	4 653
1972	4 566	1 835	8 831	4 671	6 299	3 791	5 625	4 701
1973	4 680	1 886	9 001	4 796	6 485	3 878	5 803	4 748
1974	4 796	1 937	9 153	4 922	6 676	3 972	5 988	4 795
1975	4 914	1 992	9 290	5 048	6 872	4 071	6 180	4 839
1976	4 956	2 049	9 421	5 176	7 073	4 175	6 378	4 882
1977	5 080	2 108	9 538	5 303	7 279	4 283	6 583	4 925
1978	5 205	2 192	9 634	5 431	7 489	4 396	6 795	4 970
1979	5 327	2 260	9 710	5 562	7 704	4 508	7 012	5 017
1980	5 441	2 299	9 653	5 697	7 920	4 566	7 235	5 056
1981	5 545	2 357	9 712	5 832	8 141	4 515	7 489	5 091
1982	5 642	2 424	9 789	5 968	8 366	4 475	7 714	5 149
1983	5 737	2 494	9 886	6 105	8 593	4 521	7 904	5 248
1984	5 834	2 568	9 982	6 241	8 826	4 588	8 124	5 355
1985	5 935	2 644	10 079	6 378	9 062	4 664	8 358	5 469
1986	6 041	2 723	10 162	6 516	9 301	4 751	8 601	5 588
1987	6 156	2 800	10 240	6 655	9 545	4 842	8 856	5 710
1988	6 283	2 875	10 334	6 796	9 794	4 930	9 118	5 833
1989	6 423	2 951	10 439	6 937	10 048	5 016	9 384	5 955
1990	6 574	3 027	10 545	7 076	10 317	5 100	9 654	6 075
1991	6 731	3 101	10 643	7 213	10 566	5 186	9 931	6 174
1992	6 893	3 173	10 724	7 347	10 819	5 275	10 216	6 272
1993	7 055	3 244	10 789	7 472	11 077	5 370	10 510	6 388
1994	7 217	3 315	10 846	7 595	11 337	5 467	10 814	6 500
1995	7 377	3 384	10 900	7 722	11 599	5 568	11 127	6 614
1996	7 536	3 452	10 952	7 851	11 862	5 674	11 449	6 727
1997	7 693	3 518	11 003	7 979	12 126	5 783	11 781	6 837
1998	7 849	3 583	11 051	8 105	12 391	5 895	12 121	6 952
1999	8 002	3 647	11 098	8 230	12 656	6 008	12 467	7 066
2000	8 153	3 711	11 142	8 354	12 920	6 123	12 820	7 177
2001	8 300	3 773	11 184	8 475	13 184	6 238	13 179	7 288
2002	8 445	3 835	11 224	8 596	13 447	6 354	13 542	7 405
2003	8 586	3 896	11 263	8 716	13 710	6 470	13 909	7 528

（千人，年中值）（续表）

	洪都拉斯	牙买加	尼加拉瓜	巴拿马	巴拉圭	波多黎各	特立尼达和多巴哥	合计
1950	1 431	1 385	1 098	893	1 476	2 218	632	32 279
1951	1 474	1 406	1 131	916	1 515	2 235	649	33 008
1952	1 517	1 426	1 166	940	1 556	2 227	663	33 743
1953	1 562	1 446	1 202	962	1 597	2 204	678	34 492
1954	1 611	1 468	1 239	985	1 640	2 214	698	35 311
1955	1 662	1 489	1 277	1 011	1 683	2 250	721	36 192
1956	1 715	1 510	1 317	1 037	1 727	2 249	743	37 064
1957	1 770	1 535	1 359	1 064	1 771	2 260	765	37 974
1958	1 829	1 566	1 402	1 085	1 816	2 299	789	38 935
1959	1 889	1 599	1 446	1 115	1 862	2 322	817	39 939
1960	1 952	1 632	1 493	1 148	1 910	2 358	841	40 969
1961	2 017	1 648	1 541	1 181	1 959	2 403	861	41 997
1962	2 082	1 665	1 591	1 216	2 010	2 448	887	43 064
1963	2 151	1 698	1 642	1 251	2 062	2 497	904	44 213
1964	2 224	1 739	1 695	1 288	2 115	2 552	924	45 437
1965	2 299	1 777	1 750	1 326	2 170	2 597	939	46 671
1966	2 375	1 820	1 807	1 365	2 228	2 627	953	47 912
1967	2 453	1 861	1 865	1 405	2 288	2 649	960	49 132
1968	2 534	1 893	1 926	1 447	2 349	2 674	963	50 365
1969	2 618	1 920	1 988	1 489	2 412	2 722	963	51 636
1970	2 683	1 944	2 053	1 531	2 477	2 722	955	52 894
1971	2 767	1 967	2 120	1 573	2 545	2 766	962	54 091
1972	2 864	1 998	2 183	1 616	2 614	2 847	975	55 416
1973	2 964	2 036	2 247	1 659	2 692	2 863	985	56 725
1974	3 066	2 071	2 320	1 706	2 773	2 887	995	58 057
1975	3 152	2 105	2 394	1 748	2 850	2 935	1 007	59 399
1976	3 240	2 133	2 473	1 790	2 919	3 026	1 021	60 711
1977	3 331	2 157	2 554	1 840	2 984	3 081	1 039	62 085
1978	3 431	2 179	2 608	1 873	3 051	3 118	1 056	63 430
1979	3 528	2 207	2 688	1 915	3 119	3 168	1 073	64 799
1980	3 635	2 229	2 804	1 956	3 193	3 210	1 091	65 986
1981	3 756	2 258	2 900	1 996	3 276	3 239	1 102	67 210
1982	3 861	2 298	2 978	2 036	3 366	3 279	1 116	68 463
1983	3 963	2 323	3 047	2 077	3 463	3 316	1 133	69 811
1984	4 072	2 347	3 119	2 120	3 564	3 350	1 150	71 239
1985	4 186	2 371	3 188	2 164	3 668	3 382	1 166	72 713
1986	4 301	2 394	3 258	2 208	3 776	3 413	1 180	74 216
1987	4 417	2 413	3 334	2 252	3 887	3 444	1 191	75 743
1988	4 505	2 428	3 415	2 297	4 000	3 475	1 198	77 282
1989	4 634	2 444	3 502	2 342	4 117	3 506	1 200	78 898
1990	4 757	2 463	3 643	2 388	4 236	3 537	1 198	80 591
1991	4 878	2 485	3 817	2 434	4 359	3 562	1 193	82 272
1992	5 009	2 505	3 947	2 480	4 484	3 585	1 184	83 915
1993	5 148	2 525	4 055	2 524	4 612	3 615	1 175	85 560
1994	5 293	2 547	4 164	2 568	4 744	3 649	1 167	87 222
1995	5 443	2 569	4 274	2 615	4 878	3 683	1 160	88 912
1996	5 594	2 589	4 384	2 663	5 015	3 725	1 151	90 623
1997	5 747	2 608	4 493	2 705	5 154	3 759	1 141	92 328
1998	5 902	2 624	4 600	2 745	5 296	3 781	1 136	94 032
1999	6 044	2 639	4 706	2 792	5 440	3 800	1 131	95 727
2000	6 201	2 653	4 813	2 836	5 586	3 816	1 125	97 428
2001	6 358	2 666	4 918	2 879	5 734	3 840	1 118	99 135
2002	6 514	2 680	5 024	2 920	5 884	3 863	1 112	100 846
2003	6 670	2 696	5 129	2 961	6 037	3 886	1 104	102 561

表 4a-6　47 个拉丁美洲经济体的人口（1820—1949）　（千人，年中值）

	8 个核心国合计	15 国合计	24 个加勒比小经济体合计	47 个经济体总计
1820	15 809	5 096	800	21 705
1850	22 961	7 886	946	31 793
1870	29 749	9 509	1 141	40 399
1890	41 580	10 859	1 383	53 822
1900	50 504	12 820	1 440	64 764
1901	51 447	13 055	1 446	65 948
1902	52 381	13 294	1 452	67 127
1903	53 337	13 527	1 458	68 322
1904	54 327	13 754	1 464	69 545
1905	55 307	13 989	1 470	70 766
1906	56 305	14 221	1 475	72 001
1907	57 333	14 469	1 481	73 283
1908	58 382	14 713	1 488	74 583
1909	59 455	14 975	1 494	75 924
1910	60 398	15 237	1 500	77 135
1911	61 367	15 504	1 506	78 377
1912	62 351	15 778	1 512	79 641
1913	63 359	16 058	1 518	80 935
1914	64 379	16 353	1 531	82 263
1915	65 342	16 650	1 543	83 535
1916	66 278	16 954	1 556	84 788
1917	67 228	17 259	1 569	86 056
1918	68 191	17 573	1 582	87 346
1919	69 183	17 894	1 596	88 673
1920	70 235	18 215	1 609	90 059
1921	71 347	18 494	1 622	91 463
1922	72 757	18 836	1 635	93 228
1923	74 262	19 164	1 649	95 075
1924	75 803	19 501	1 663	96 967
1925	77 335	19 839	1 677	98 851
1926	78 881	20 200	1 690	100 771
1927	80 468	20 510	1 705	102 683
1928	82 086	20 869	1 719	104 674
1929	83 726	21 181	1 733	106 640
1930	85 310	21 558	1 747	108 615
1931	86 879	21 986	1 762	110 627
1932	88 431	22 405	1 777	112 613
1933	90 005	22 839	1 791	114 635
1934	91 591	23 242	1 806	116 639
1935	93 206	23 691	1 821	118 718
1936	94 780	24 117	1 836	120 733
1937	96 470	24 558	1 852	122 880
1938	98 194	24 992	1 867	125 053
1939	100 095	25 461	1 883	127 439
1940	101 990	25 953	1 898	129 841
1941	104 289	26 452	1 914	132 655
1942	106 668	26 987	1 930	135 585
1943	109 109	27 434	1 946	138 489
1944	111 624	27 904	1 962	141 490
1945	114 586	28 390	1 978	144 954
1946	117 301	28 944	1 995	148 240
1947	120 117	29 541	2 011	151 669
1948	123 102	30 138	2 028	155 268
1949	126 230	30 757	2 045	159 032

表 4a-7　47 个拉丁美洲经济体的人口（1950—2003）　　（千人，年中值）

	8 个核心国合计	15 国合计	24 个加勒比小经济体合计	47 个经济体总计
1950	131 597	32 279	2 062	165 938
1951	135 292	33 008	2 111	170 411
1952	139 070	33 743	2 161	174 975
1953	142 961	34 492	2 211	179 664
1954	146 985	35 311	2 267	184 563
1955	151 158	36 192	2 323	189 673
1956	155 493	37 064	2 378	194 935
1957	159 985	37 974	2 435	200 395
1958	164 639	38 935	2 494	206 069
1959	169 457	39 939	2 555	211 951
1960	174 446	40 969	2 614	218 029
1961	179 498	41 997	2 662	224 157
1962	184 674	43 064	2 711	230 450
1963	189 963	44 213	2 781	236 957
1964	195 370	45 437	2 841	243 648
1965	200 903	46 671	2 900	250 474
1966	206 499	47 912	2 959	257 370
1967	212 193	49 132	3 014	264 339
1968	217 994	50 365	3 071	271 430
1969	223 913	51 636	3 121	278 670
1970	229 994	52 849	3 164	286 007
1971	236 122	54 091	3 215	293 427
1972	242 220	55 416	3 264	300 900
1973	248 365	56 725	3 308	308 399
1974	254 559	58 057	3 341	315 957
1975	260 777	59 399	3 348	323 524
1976	267 046	60 711	3 351	331 109
1977	273 340	62 085	3 366	338 791
1978	279 678	63 430	3 385	346 493
1979	286 128	64 799	3 399	354 326
1980	292 673	65 986	3 410	362 069
1981	299 412	67 210	3 435	370 057
1982	306 275	68 463	3 466	378 204
1983	312 968	69 811	3 499	386 279
1984	319 420	71 239	3 534	394 193
1985	325 828	72 713	3 569	402 110
1986	332 430	74 216	3 602	410 248
1987	339 095	75 743	3 632	418 470
1988	345 813	77 282	3 663	426 758
1989	352 505	78 898	3 694	435 097
1990	358 959	80 591	3 727	443 276
1991	365 358	82 272	3 757	451 387
1992	371 808	83 915	3 790	459 512
1993	378 255	85 560	3 824	467 639
1994	384 711	87 222	3 857	475 790
1995	391 155	88 912	3 890	483 957
1996	397 547	90 623	3 923	492 093
1997	403 865	92 328	3 956	500 150
1998	410 079	94 032	3 983	508 094
1999	416 170	95 727	4 019	515 916
2000	422 129	97 428	4 055	523 612
2001	427 987	99 135	4 091	531 213
2002	433 777	100 846	4 128	538 751
2003	439 487	102 561	4 164	546 212

表 4b-1　8 个拉丁美洲国家的 GDP 水平（1820—1913）

（百万 1990 年国际元）

	阿根廷	巴西	智利	哥伦比亚	墨西哥	秘鲁	乌拉圭	委内瑞拉	合计
1820		2 912			5 000				11 275
1850		4 959							
1870	2 354	6 985			6 214		748	941	22 273
1871		7 154					771		
1872		7 327					958		
1873		7 504					978		
1874		7 686					896		
1875		7 872					775		
1876		8 062					865		
1877		8 257					900		
1878		8 457					982		
1879		8 662					877		
1880		8 871					966		
1881		9 086					931		
1882		9 306					1 044		
1883		9 531					1 251		
1884		9 761					1 262		
1885		9 998					1 449		
1886		10 240					1 531		
1887		10 487					1 383		
1888		10 741					1 726		
1889		11 001					1 594		
1890	7 265	11 267			11 860		1 473		
1891		11 232					1 617		
1892		10 865					1 668		
1893		9 474					1 823		
1894		9 695					2 046		
1895		12 519			14 337		2 034		
1896		11 616					2 155		
1897		11 712					2 092		
1898		12 300					1 944		
1899		12 347					2 010		
1900	12 932	12 201	5 798	3 891	18 585	3 096	2 030	2 087	60 619
1901	14 036	13 425	5 992	4 169	20 167	3 287	2 077	2 053	65 206
1902	13 746	13 425	6 196	4 245	18 741	3 310	2 431	2 233	64 327
1903	15 722	13 693	6 400	4 374	20 840	3 379	2 513	2 414	69 334
1904	17 407	13 961	6 622	4 503	21 203	3 446	2 579	2 357	72 078
1905	19 703	14 365	6 844	4 656	23 407	3 530	2 318	2 329	77 152
1906	20 691	15 735	7 076	4 977	23 147	3 732	2 556	2 173	80 087
1907	21 127	15 754	7 317	5 069	24 495	3 767	2 829	2 173	82 530
1908	23 190	15 639	7 557	5 148	24 469	3 789	3 101	2 322	85 216
1909	24 353	16 886	7 687	5 421	25 195	3 950	3 140	2 405	89 036
1910	26 125	17 078	8 317	5 682	25 403	4 101	3 390	2 484	92 580
1911	26 590	18 959	8 243	5 993	25 584	4 284	3 288	2 655	95 596
1912	28 770	18 747	9 160	6 292	25 740	4 453	4 013	2 747	99 922
1913	29 060	19 188	9 261	6 420	25 921	4 500	3 896	3 172	101 419

表 4b-2 **8 个拉丁美洲国家的 GDP 水平(1914—1949)**

（百万 1990 年国际元）

	阿根廷	巴西	智利	哥伦比亚	墨西哥	秘鲁	乌拉圭	委内瑞拉	合计
1914	26 038	18 844	8 632	6 199	26 095	4 063	3 246	2 773	95 890
1915	26 183	19 688	8 020	6 173	26 270	4 315	3 078	2 858	96 586
1916	25 428	20 263	9 511	6 854	26 446	5 620	3 183	2 697	100 002
1917	23 364	21 664	10 280	7 434	26 624	5 418	3 511	3 147	101 442
1918	27 665	21 223	10 299	7 391	26 803	5 274	3 721	3 128	105 504
1919	28 683	24 024	8 141	7 588	26 983	6 088	4 204	2 922	108 632
1920	30 775	26 393	9 298	7 797	27 164	6 209	3 666	3 509	114 811
1921	31 559	26 944	8 002	7 999	27 346	4 378	3 857	3 651	113 737
1922	34 059	28 801	8 558	8 206	27 994	4 959	4 411	3 753	120 740
1923	37 837	30 454	10 651	8 420	28 953	6 403	4 644	4 330	131 691
1924	40 772	30 434	11 614	8 637	28 487	6 493	5 089	5 016	136 541
1925	40 597	30 556	11 753	8 860	30 250	5 782	4 890	6 481	139 169
1926	42 544	31 210	11 456	9 707	32 064	6 443	5 338	7 839	146 603
1927	45 567	33 476	10 984	10 581	30 664	7 249	6 106	8 794	153 420
1928	48 414	37 333	13 327	11 357	30 846	7 757	6 429	9 847	165 312
1929	50 623	37 415	14 624	11 768	29 653	8 572	6 483	11 167	170 305
1930	48 531	35 187	13 735	11 666	27 787	7 613	7 368	11 367	163 253
1931	45 160	34 401	10 345	11 595	28 720	6 700	6 094	9 187	152 202
1932	43 678	35 599	10 234	12 243	24 417	6 362	5 657	8 800	146 991
1933	45 712	38 374	12 114	12 930	27 191	8 572	4 948	9 628	159 469
1934	49 344	41 585	13 790	12 661	29 031	10 016	5 891	10 275	172 594
1935	51 524	42 722	14 050	14 080	31 183	10 291	6 238	11 021	181 108
1936	51 873	46 824	14 587	14 824	33 671	10 750	6 534	12 106	191 168
1937	55 650	48 355	15 698	15 055	34 786	10 984	6 651	13 889	201 068
1938	55 883	50 376	15 430	16 038	35 356	10 705	7 176	15 015	205 978
1939	58 004	50 876	15 902	17 020	37 248	11 668	7 177	15 926	213 820
1940	58 963	51 381	16 596	17 386	37 767	11 483	7 193	15 307	216 077
1941	61 986	54 981	16 615	17 681	40 851	12 815	7 317	15 056	227 302
1942	62 712	52 944	17 532	17 713	43 754	11 483	6 709	13 166	226 013
1943	62 218	60 317	18 263	17 790	45 387	10 943	6 768	14 371	236 058
1944	69 280	62 562	18 523	18 991	49 094	12 455	7 613	17 727	256 245
1945	67 042	64 236	20 199	19 883	50 623	13 872	7 832	21 547	265 235
1946	73 029	71 013	21 449	21 681	53 967	14 430	8 603	25 855	290 028
1947	81 136	73 523	20 014	22 535	55 807	14 858	9 203	30 925	308 001
1948	85 641	79 157	22 339	23 235	58 114	15 357	9 515	34 427	327 784
1949	84 478	84 239	22 200	24 519	61 303	16 446	9 854	36 534	339 572

表 4b-3　8 个拉丁美洲国家的 GDP 水平（1950—2001）

（百万 1990 年国际元）

	阿根廷	巴西	智利	哥伦比亚	墨西哥	秘鲁	乌拉圭	委内瑞拉	合计
1950	85 524	89 342	23 274	24 955	67 368	17 270	10 224	37 377	355 334
1951	88 866	93 608	24 274	25 726	72 578	18 669	11 015	39 979	374 715
1952	84 333	99 181	25 663	27 350	75 481	19 848	11 167	43 472	386 495
1953	88 866	103 957	27 006	29 026	75 688	20 901	11 736	45 147	402 327
1954	92 528	110 836	27 117	31 042	83 258	22 246	12 488	49 820	429 335
1955	99 125	118 960	27 080	32 242	90 307	23 317	12 593	53 991	457 615
1956	101 856	120 674	27 238	33 539	96 502	24 316	12 807	58 677	475 609
1957	107 087	130 717	30 090	34 766	103 812	25 936	12 932	67 414	512 754
1958	113 655	142 577	30 915	35 639	109 333	25 805	13 292	68 540	539 756
1959	106 303	154 538	30 748	38 207	112 599	26 737	12 125	72 658	553 915
1960	114 614	167 397	32 767	39 831	121 723	30 017	12 554	72 889	591 792
1961	122 809	179 951	34 341	41 847	126 365	32 226	12 912	70 643	621 094
1962	120 833	190 932	35 971	44 120	132 039	34 922	12 624	73 762	645 203
1963	117 927	192 912	38 240	45 571	141 839	36 217	12 686	77 134	662 526
1964	130 074	199 423	39 092	48 389	157 312	38 580	12 940	83 688	709 498
1965	141 960	203 444	39 407	50 136	167 116	40 501	13 088	89 240	744 892
1966	142 919	216 181	43 797	52 806	177 427	43 921	13 536	90 842	781 429
1967	146 755	224 877	45 223	55 028	188 258	45 581	12 975	96 334	815 031
1968	153 002	244 921	46 844	58 398	201 669	45 734	13 181	102 916	866 665
1969	166 080	266 292	48 585	62 116	213 924	47 448	13 984	106 612	925 041
1970	174 972	292 480	49 586	66 308	227 970	50 229	14 638	114 807	990 990
1971	183 458	322 159	54 022	70 250	237 480	52 331	14 498	116 494	1 050 692
1972	189 183	356 880	53 373	75 637	257 636	53 838	13 992	117 982	1 118 521
1973	200 720	401 643	50 401	80 728	279 302	56 713	14 098	126 364	1 209 969
1974	213 739	433 322	50 891	85 370	296 370	61 969	14 541	129 038	1 285 240
1975	211 850	455 918	44 316	87 347	312 998	64 075	15 406	132 728	1 324 638
1976	211 327	498 823	45 881	91 488	326 267	65 334	16 026	142 978	1 398 124
1977	224 084	522 154	50 401	95 283	337 499	65 600	16 205	151 927	1 463 153
1978	214 233	548 342	54 540	103 366	365 340	65 784	17 058	155 528	1 524 191
1979	229 547	587 289	59 060	108 906	398 788	69 609	18 110	156 752	1 628 061
1980	232 802	639 093	63 654	113 375	431 983	72 723	19 205	149 735	1 722 570
1981	219 434	611 007	67 192	115 789	469 972	76 035	19 575	149 253	1 728 257
1982	212 518	614 538	57 634	116 938	466 649	76 147	17 724	146 150	1 708 298
1983	220 016	593 575	57 245	118 806	446 602	66 567	16 688	140 665	1 660 164
1984	224 491	625 438	60 875	123 037	462 678	69 650	16 505	142 664	1 725 338
1985	209 641	675 090	62 366	127 076	475 505	71 247	16 746	144 843	1 782 514
1986	224 985	729 252	65 896	134 844	457 655	77 857	18 231	152 244	1 860 963
1987	230 797	753 685	69 674	142 086	466 148	84 237	19 676	157 698	1 924 001
1988	226 438	751 910	74 814	147 896	471 953	77 285	19 676	166 879	1 936 851
1989	212 373	776 547	82 269	152 686	491 767	68 399	19 930	152 577	1 956 548
1990	212 518	743 765	84 038	159 042	516 692	64 979	20 105	160 648	1 961 787
1991	233 770	751 203	90 173	161 587	538 508	66 603	20 687	177 516	2 040 047
1992	254 575	748 949	100 092	167 889	558 049	66 004	22 218	189 942	2 107 718
1993	269 341	782 652	106 698	175 444	568 934	69 766	22 907	189 182	2 184 924
1994	291 696	831 176	112 139	186 496	594 054	79 254	24 166	182 183	2 301 164
1995	282 653	866 086	122 344	196 567	557 419	86 070	23 683	192 931	2 327 753
1996	295 050	891 202	130 786	200 695	586 144	88 050	24 867	192 160	2 408 994
1997	318 698	925 068	139 941	203 706	625 759	95 622	26 112	204 843	2 539 749
1998	334 314	926 918	144 279	205 132	655 910	95 718	27 313	204 433	2 594 017
1999	322 947	934 333	142 836	196 722	679 523	96 579	26 548	191 963	2 591 451
2000	320 364	975 444	149 121	202 230	724 371	99 573	26 203	198 105	2 695 411
2001	308 510	990 076	153 296	205 263	722 198	99 773	25 391	203 454	2 707 961

表 4b-4 15 个拉丁美洲国家的 GDP 水平(1820—1949)

（百万 1990 年国际元）

	玻利维亚	哥斯达黎加	古巴	多米尼加共和国	厄瓜多尔	萨尔瓦多	危地马拉	海地
1820								
1850								
1870								
1913								
1914								
1915								
1916								
1917								
1918								
1919								
1920		682				1 091	2 032	
1921		668				1 094	2 231	
1922		727				1 159	2 106	
1923		672				1 208	2 316	
1924		769				1 292	2 504	
1925		766				1 203	2 456	
1926		847				1 422	2 480	
1927		769				1 250	2 643	
1928		809				1 466	2 702	
1929		775	6 132			1 468	3 016	
1930		813	5 776			1 505	3 145	
1931		803	4 853			1 349	2 933	
1932		739	3 894			1 210	2 567	
1933		880	4 213			1 374	2 593	
1934		776	4 948			1 419	2 933	
1935		840	5 788			1 562	3 390	
1936		896	6 747			1 527	4 657	
1937		1 045	7 753			1 672	4 567	
1938		1 107	6 012			1 554	4 693	
1939		1 139	6 345		3 137	1 667	5 282	
1940		1 093	5 516		3 344	1 811	6 033	
1941		1 224	7 410		3 361	1 772	6 356	
1942		1 097	6 214		3 502	1 925	6 439	
1943		1 095	6 889		3 946	2 087	4 293	
1944		992	7 907		3 998	1 980	4 162	
1945	4 816	1 130	8 759		4 014	1 898	4 226	3 059
1946	4 902	1 249	9 541		4 492	1 928	5 006	3 085
1947	4 987	1 486	10 925		4 991	2 425	5 076	3 137
1948	5 095	1 571	9 706		5 673	3 090	5 248	3 168
1949	5 202	1 635	10 547		5 776	2 806	5 741	3 202

（百万 1990 年国际元）（续表）

	洪都拉斯	牙买加	尼加拉瓜	巴拿马	巴拉圭	波多黎各	特立尼达和多巴哥	合计
1820		281						3 240
1850		217						
1870		267						4 620
1913		509						16 670
1914								
1915								
1916								
1917								
1918								
1919								
1920	917		809					
1921	927		840					
1922	1 008		769					
1923	1 002		823					
1924	936		872					
1925	1 130		963					
1926	1 140		837					
1927	1 252		841					
1928	1 408		1 065					
1929	1 394		1 190					
1930	1 485		962					
1931	1 517		900					
1932	1 359		810					
1933	1 275		1 019					
1934	1 235		925					
1935	1 180		940					
1936	1 201		748					
1937	1 148		811					
1938	1 215	1 131	839					
1939	1 249		1 042		2 057			
1940	1 334		1 139		1 947			
1941	1 331		1 246		1 979			
1942	1 217	1 217	1 200		2 095			
1943	1 219	1 436	1 316		2 139			
1944	1 247		1 303		2 185			
1945	1 536		1 309	1 671	2 108			
1946	1 653	2 141	1 422	1 698	2 314			
1947	1 760	2 007	1 426	1 769	2 012			
1948	1 797		1 550	1 664	2 035			
1949	1 822		1 522	1 702	2 377			

表 4b-5　15 个拉丁美洲国家的 GDP 水平(1950—2001)

(百万 1990 年国际元)

	玻利维亚	哥斯达黎加	古巴	多米尼加共和国	厄瓜多尔	萨尔瓦多	危地马拉	海地
1950	5 309	1 702	11 837	2 416	6 278	2 888	6 190	3 254
1951	5 683	1 747	12 818	2 701	6 346	2 945	6 277	3 302
1952	5 855	1 958	13 257	2 921	7 129	3 166	6 408	3 489
1953	5 301	2 256	11 647	2 884	7 279	3 392	6 643	3 378
1954	5 412	2 275	12 238	3 049	7 867	3 431	6 767	3 654
1955	5 698	2 538	12 794	3 237	8 074	3 608	6 934	3 507
1956	5 360	2 466	13 967	3 562	8 373	3 891	7 565	3 814
1957	5 183	2 676	15 980	3 787	8 751	4 098	7 992	3 587
1958	5 306	3 007	15 980	3 989	9 007	4 187	8 365	3 871
1959	5 289	3 118	14 263	4 012	9 490	4 375	8 778	3 688
1960	5 516	3 389	14 419	4 209	10 106	4 553	8 992	3 926
1961	5 631	3 530	14 625	4 114	10 360	4 713	9 378	3 767
1962	5 945	3 746	14 845	4 815	10 911	5 276	9 709	4 128
1963	6 327	4 067	15 064	5 129	11 189	5 504	10 635	3 860
1964	6 632	4 265	15 296	5 472	11 977	6 017	11 128	3 772
1965	6 958	4 651	15 529	4 791	13 131	6 340	11 613	3 813
1966	7 461	5 013	16 380	5 434	13 475	6 794	12 255	3 790
1967	7 928	5 320	18 294	5 617	14 188	7 164	12 757	3 713
1968	8 604	5 730	17 230	5 628	14 973	7 396	13 877	3 860
1969	8 989	6 111	17 018	6 244	15 792	7 653	14 532	3 986
1970	9 459	6 515	16 380	6 906	16 899	7 881	15 364	4 174
1971	9 820	6 945	17 656	7 637	17 872	8 245	16 221	4 445
1972	10 321	7 556	18 507	8 581	18 972	8 712	17 412	4 603
1973	11 030	8 145	20 209	9 617	21 337	9 084	18 593	4 810
1974	11 598	8 583	21 272	10 171	22 585	9 675	19 779	5 114
1975	12 364	8 755	22 336	10 659	23 772	10 193	20 164	4 995
1976	13 118	9 231	22 974	11 377	26 075	10 572	21 654	5 422
1977	13 670	10 055	24 038	11 930	27 731	11 189	23 344	5 448
1978	14 128	10 677	25 527	12 207	29 664	11 935	24 511	5 710
1979	14 125	11 207	26 165	12 733	31 274	11 744	25 667	6 127
1980	13 995	11 290	25 527	13 511	32 706	10 748	26 632	6 591
1981	14 124	11 035	27 654	14 069	34 041	9 869	26 804	6 410
1982	13 508	10 266	28 292	14 324	34 421	9 324	25 858	6 191
1983	12 905	10 551	29 104	14 959	33 702	9 386	25 193	6 238
1984	13 034	11 379	30 146	14 999	35 081	9 595	25 321	6 256
1985	12 943	11 475	30 694	14 620	36 570	9 819	25 167	6 269
1986	12 530	12 107	30 714	15 057	37 648	9 926	25 199	6 261
1987	12 858	12 683	30 468	16 189	35 288	10 193	26 094	6 214
1988	13 348	13 114	31 022	16 300	39 060	10 384	27 110	6 263
1989	13 735	13 867	31 128	18 377	39 123	10 491	28 179	6 329
1990	14 446	14 370	31 087	17 503	40 267	10 805	29 050	6 323
1991	15 226	14 686	27 481	17 643	42 280	11 108	30 125	6 329
1992	15 485	15 729	23 689	18 772	43 549	11 918	31 601	5 456
1993	16 135	16 641	19 898	19 148	44 507	12 681	32 865	5 336
1994	16 910	17 357	20 296	19 971	46 465	13 442	34 212	4 893
1995	17 705	17 739	20 986	20 870	47 859	14 275	35 923	5 138
1996	18 484	17 899	22 812	22 373	48 816	14 532	37 000	5 349
1997	19 408	18 901	23 565	24 230	50 476	15 157	38 518	5 493
1998	20 417	20 489	23 871	25 998	50 678	15 732	40 482	5 614
1999	20 499	22 415	25 494	28 078	46 978	16 268	42 020	5 765
2000	20 991	22 908	26 896	30 600	40 059	16 626	43 533	5 817
2001	21 243	23 114	27 703	30 943	50 750	16 925	44 317	5 718

（百万 1990 年国际元）（续表）

	洪都 拉斯	牙买加	尼加 拉瓜	巴拿马	巴拉圭	波多 黎各	特立尼达和 多巴哥	合计
1950	1 880	1 837	1 774	1 710	2 338	4 755	2 322	56 490
1951	1 982	1 985	1 894	1 695	2 383	4 929	2 526	59 213
1952	2 058	2 145	2 215	1 787	2 343	5 214	2 612	62 557
1953	2 220	2 446	2 268	1 895	2 410	5 445	2 682	62 146
1954	2 094	2 727	2 480	1 963	2 452	5 669	2 730	64 808
1955	2 149	3 008	2 646	2 077	2 564	5 961	3 111	67 906
1956	2 322	3 307	2 645	2 185	2 672	6 388	3 756	72 273
1957	2 429	3 789	2 868	2 414	2 795	6 708	4 088	77 145
1958	2 506	3 849	2 877	2 432	2 952	6 901	4 423	79 652
1959	2 569	4 064	2 920	2 589	2 944	7 521	4 692	80 312
1960	2 728	4 330	2 960	2 744	2 970	8 066	5 258	84 166
1961	2 798	4 453	3 182	3 040	3 111	8 835	5 488	87 025
1962	2 959	4 533	3 529	3 295	3 330	9 500	5 781	92 302
1963	3 069	4 681	3 912	3 606	3 421	10 488	6 076	97 028
1964	3 229	5 050	4 370	3 761	3 569	11 232	6 283	102 053
1965	3 509	5 456	4 786	4 091	3 773	12 254	6 603	107 298
1966	3 713	5 695	4 944	4 395	3 815	13 119	6 891	113 174
1967	3 922	5 915	5 288	4 762	4 058	13 944	7 035	119 905
1968	4 154	6 218	5 360	5 109	4 202	14 606	7 400	124 347
1969	4 187	6 681	5 716	5 507	4 365	15 899	7 604	130 284
1970	4 296	7 481	5 771	5 839	4 636	17 280	7 873	136 754
1971	4 462	7 481	6 055	6 312	4 839	18 375	7 954	144 319
1972	4 635	7 706	6 248	6 645	5 088	19 732	8 414	153 132
1973	4 866	8 411	6 566	7 052	5 487	20 908	8 553	164 668
1974	4 826	8 095	7 505	7 221	5 945	20 919	9 011	172 299
1975	4 949	8 093	7 493	7 338	6 328	20 388	9 181	177 008
1976	5 467	7 603	7 880	7 458	6 758	21 464	10 059	187 112
1977	6 047	7 443	8 556	7 546	7 478	22 867	10 698	198 040
1978	6 662	7 496	7 884	8 285	8 297	24 379	11 947	209 309
1979	6 976	7 363	5 785	8 651	9 215	25 868	12 500	215 400
1980	7 014	6 957	6 043	9 961	10 549	26 263	13 501	221 288
1981	7 196	7 142	6 367	10 367	11 458	26 544	14 096	227 176
1982	7 078	7 237	6 312	10 939	11 058	25 734	13 271	223 813
1983	7 030	7 405	6 609	11 013	10 724	25 855	12 231	222 905
1984	7 312	7 343	6 474	10 963	11 061	27 747	12 967	229 678
1985	7 640	7 003	6 204	11 480	11 501	28 319	12 436	232 140
1986	7 710	7 119	6 077	11 857	11 486	30 630	12 028	236 349
1987	8 167	7 668	6 035	12 150	11 988	32 136	11 473	239 604
1988	8 571	7 889	5 367	10 256	12 764	34 228	11 027	246 703
1989	8 894	8 428	5 296	10 215	13 509	35 919	10 937	254 427
1990	8 898	8 890	5 297	10 688	13 923	37 277	11 110	259 934
1991	9 138	8 917	5 281	11 650	14 271	38 136	11 499	263 770
1992	9 668	9 140	5 323	12 605	14 514	39 877	11 372	268 698
1993	10 355	9 304	5 302	13 273	15 094	41 729	11 236	273 504
1994	10 158	9 481	5 514	13 685	15 547	43 475	11 708	283 114
1995	10 534	9 642	5 762	13 945	16 247	45 453	12 188	294 266
1996	10 913	9 497	6 033	14 280	16 458	46 953	12 651	304 050
1997	11 459	9 355	6 340	14 908	16 886	48 549	13 043	316 288
1998	11 791	9 317	6 600	15 504	16 819	50 103	13 669	327 084
1999	11 567	9 308	7 889	16 000	16 903	52 207	14 598	335 989
2000	12 134	9 411	7 500	16 400	16 835	53 826	15 299	338 835
2001	12 449	9 693	7 725	16 450	16 970	55 494	15 988	355 482

表 4b-6　47 个拉丁美洲经济体的 GDP 水平(1820—1949)

（百万 1990 年国际元）

	8 个核心国合计	15 国合计	24 个加勒比小经济体合计	47 个经济体总计
1820	11 275	3 240	509	15 024
1850				
1870	22 273	4 620	626	27 519
1900	60 619	9 974	1 217	71 810
1901	65 206			
1902	64 327			
1903	69 334			
1904	72 078			
1905	77 152			
1906	80 087			
1907	82 530			
1908	85 216			
1909	89 036			
1910	92 580			
1911	95 596			
1912	99 922			
1913	101 419	16 670	1 782	119 871
1914	95 890			
1915	96 586			
1916	100 002			
1917	101 442			
1918	105 504			
1919	108 632			
1920	114 811			
1921	113 737			
1922	120 740			
1923	131 691			
1924	136 541			
1925	139 169			
1926	146 603			
1927	153 420			
1928	165 312			
1929	170 305			
1930	163 253			
1931	152 202			
1932	146 991			
1933	159 469			
1934	172 594			
1935	181 108			
1936	191 168			
1937	201 068			
1938	205 978			
1939	213 820			
1940	216 077			
1941	227 302			
1942	226 013			
1943	236 058			
1944	256 245			
1945	265 235			
1946	290 028			
1947	308 001			
1948	327 784			
1949	339 572			

表 4b-7   47 个拉丁美洲经济体的 GDP 水平（1950—2001）

（百万 1990 年国际元）

	8 个核心国合计	15 国合计	24 个加勒比小经济体合计	47 个经济体总计
1950	355 334	56 490	4 083	415 907
1951	374 715	59 213	4 313	438 241
1952	386 495	62 557	4 556	453 608
1953	402 327	62 146	4 813	469 286
1954	429 335	64 808	5 083	499 226
1955	457 615	67 906	5 370	530 891
1956	475 609	72 273	5 671	553 553
1957	512 754	77 145	5 991	595 890
1958	539 756	79 652	6 328	625 736
1959	553 915	80 312	6 685	640 912
1960	591 792	84 166	7 060	683 018
1961	621 094	87 025	7 458	715 577
1962	645 203	92 302	7 878	745 383
1963	662 526	97 028	8 321	767 875
1964	709 498	102 053	8 790	820 341
1965	744 892	107 298	9 285	861 475
1966	781 429	113 174	9 808	904 411
1967	815 031	119 905	10 359	945 295
1968	866 665	124 347	10 942	1 001 954
1969	925 041	130 284	11 558	1 066 883
1970	990 990	136 754	12 210	1 139 954
1971	1 050 692	144 319	12 897	1 207 908
1972	1 118 521	153 132	13 544	1 285 197
1973	1 209 969	164 668	14 392	1 389 029
1974	1 285 240	172 299	14 585	1 472 124
1975	1 324 638	177 008	14 783	1 516 429
1976	1 398 124	187 112	14 983	1 600 219
1977	1 463 153	198 040	15 187	1 676 380
1978	1 524 191	209 309	15 392	1 748 892
1979	1 628 061	215 400	15 601	1 859 062
1980	1 722 570	221 288	15 812	1 959 670
1981	1 728 257	227 176	16 026	1 971 459
1982	1 708 298	223 813	16 243	1 948 354
1983	1 660 164	222 905	16 462	1 899 531
1984	1 725 338	229 678	16 686	1 971 702
1985	1 782 514	232 140	16 912	2 031 566
1986	1 860 963	236 349	17 142	2 114 454
1987	1 924 001	239 604	17 374	2 180 979
1988	1 936 851	246 703	17 611	2 201 165
1989	1 956 548	254 427	17 851	2 228 826
1990	1 961 787	259 934	18 094	2 239 815
1991	2 040 047	263 770	18 545	2 322 362
1992	2 107 718	268 698	19 007	2 395 423
1993	2 184 924	273 504	19 481	2 477 909
1994	2 301 164	283 114	19 966	2 604 244
1995	2 327 753	294 266	20 464	2 642 483
1996	2 408 994	304 050	20 975	2 734 019
1997	2 539 749	316 288	21 497	2 877 534
1998	2 594 017	327 084	22 033	2 943 134
1999	2 591 451	335 989	22 634	2 950 074
2000	2 695 411	338 835	22 846	3 057 092
2001	2 707 961	355 482	23 563	3 087 006

表 4c-1　8 个拉丁美洲国家的人均 GDP(1820—1913)　（1990 年国际元）

	阿根廷	巴西	智利	哥伦比亚	墨西哥	秘鲁	乌拉圭	委内瑞拉	平均
1820		646			759				713
1850		686							
1870	1 311	713			674		2 181	569	749
1871		717					2 178		
1872		721					2 632		
1873		724					2 601		
1874		728					2 315		
1875		732					1 942		
1876		736					2 105		
1877		740					2 123		
1878		744					2 247		
1879		748					1 949		
1880		752					2 082		
1881		756					1 932		
1882		760					2 080		
1883		764					2 397		
1884		768					2 324		
1885		773					2 569		
1886		777					2 608		
1887		781					2 267		
1888		785					2 718		
1889		789					2 415		
1890	2 152	794			1 011		2 147		
1891		773					2 290		
1892		730					2 294		
1893		622					2 437		
1894		621					2 657		
1895		783			1 132		2 568		
1896		710					2 644		
1897		699					2 493		
1898		717					2 250		
1899		703					2 261		
1900	2 756	678	1 949	973	1 366	817	2 219	821	1 200
1901	2 880	730	1 990	1 022	1 466	858	2 233	797	1 267
1902	2 717	715	2 033	1 020	1 348	855	2 572	856	1 228
1903	2 992	714	2 074	1 030	1 483	864	2 615	913	1 300
1904	3 191	713	2 120	1 039	1 492	872	2 640	876	1 327
1905	3 479	718	2 164	1 053	1 630	884	2 334	861	1 395
1906	3 518	770	2 210	1 103	1 594	925	2 533	799	1 422
1907	3 459	755	2 257	1 101	1 669	924	2 757	793	1 439
1908	3 657	734	2 303	1 096	1 649	920	2 973	841	1 460
1909	3 699	776	2 313	1 131	1 680	949	2 957	865	1 498
1910	3 822	769	2 472	1 162	1 694	975	3 136	886	1 533
1911	3 746	836	2 420	1 201	1 707	1 008	2 957	937	1 558
1912	3 904	809	2 656	1 236	1 718	1 037	3 508	962	1 603
1913	3 797	811	2 653	1 236	1 732	1 037	3 310	1 104	1 601

表 4c-2　8 个拉丁美洲国家的人均 GDP(1914—1949)　（1990 年国际元）

	阿根廷	巴西	智利	哥伦比亚	墨西哥	秘鲁	乌拉圭	委内瑞拉	平均
1914	3 302	780	2 440	1 163	1 744	927	2 654	956	1 489
1915	3 244	798	2 238	1 129	1 757	974	2 470	980	1 478
1916	3 091	804	2 620	1 222	1 770	1 255	2 508	921	1 509
1917	2 790	842	2 794	1 292	1 783	1 198	2 717	1 069	1 509
1918	3 248	808	2 763	1 252	1 796	1 154	2 828	1 057	1 547
1919	3 307	895	2 155	1 253	1 810	1 318	3 135	983	1 570
1920	3 473	963	2 430	1 255	1 823	1 331	2 674	1 173	1 635
1921	3 471	859	2 064	1 255	1 836	926	2 751	1 214	1 594
1922	3 636	1 009	2 179	1 255	1 850	1 035	3 078	1 241	1 659
1923	3 898	1 046	2 676	1 255	1 884	1 318	3 170	1 420	1 773
1924	4 055	1 024	2 880	1 255	1 825	1 318	3 397	1 630	1 801
1925	3 919	1 007	2 876	1 255	1 908	1 157	3 188	2 081	1 800
1926	3 994	1 008	2 767	1 340	1 991	1 272	3 398	2 487	1 859
1927	4 156	1 060	2 618	1 424	1 875	1 410	3 797	2 761	1 907
1928	4 291	1 158	3 136	1 490	1 857	1 487	3 906	3 057	2 014
1929	4 367	1 137	3 396	1 505	1 757	1 619	3 847	3 426	2 034
1930	4 080	1 048	3 143	1 474	1 618	1 417	4 301	3 444	1 914
1931	3 712	1 004	2 333	1 448	1 643	1 228	3 500	2 754	1 752
1932	3 522	1 018	2 274	1 511	1 373	1 148	3 196	2 613	1 662
1933	3 621	1 076	2 652	1 577	1 501	1 524	2 750	2 831	1 772
1934	3 845	1 142	2 976	1 526	1 574	1 753	3 221	2 995	1 884
1935	3 950	1 150	2 987	1 677	1 660	1 772	3 356	3 181	1 943
1936	3 912	1 235	3 056	1 744	1 768	1 822	3 459	3 449	2 017
1937	4 125	1 250	3 241	1 751	1 796	1 832	3 462	3 896	2 084
1938	4 072	1 276	3 139	1 843	1 794	1 757	3 676	4 144	2 098
1939	4 148	1 263	3 178	1 905	1 858	1 884	3 692	4 305	2 136
1940	4 161	1 250	3 259	1 895	1 852	1 823	3 661	4 045	2 119
1941	4 304	1 307	3 205	1 877	1 949	1 998	3 682	3 903	2 180
1942	4 284	1 229	3 322	1 832	2 032	1 757	3 338	3 347	2 119
1943	4 182	1 368	3 400	1 792	2 051	1 643	3 331	3 575	2 164
1944	4 579	1 386	3 388	1 863	2 159	1 835	3 705	4 309	2 296
1945	4 356	1 390	3 630	1 899	2 134	2 005	3 764	5 102	2 315
1946	4 665	1 501	3 786	2 017	2 211	2 046	4 083	5 948	2 473
1947	5 089	1 518	3 470	2 042	2 221	2 066	4 313	6 894	2 564
1948	5 252	1 596	3 806	2 050	2 248	2 094	4 405	7 394	2 663
1949	5 047	1 659	3 715	2 107	2 304	2 199	4 504	7 544	2 690

表 4c-3　8 个拉丁美洲国家的人均 GDP(1950—2001)　(1990 年国际元)

	阿根廷	巴西	智利	哥伦比亚	墨西哥	秘鲁	乌拉圭	委内瑞拉	平均
1950	4 987	1 672	3 821	2 153	2 365	2 263	4 659	7 462	2 700
1951	5 073	1 702	3 883	2 150	2 477	2 385	4 955	7 663	2 770
1952	4 717	1 752	4 024	2 214	2 504	2 473	4 957	7 992	2 779
1953	4 874	1 784	4 159	2 277	2 439	2 539	5 139	7 956	2 814
1954	4 980	1 848	4 101	2 358	2 605	2 634	5 391	8 417	2 921
1955	5 237	1 926	4 016	2 373	2 742	2 689	5 352	8 750	3 027
1956	5 285	1 896	3 954	2 391	2 843	2 731	5 360	9 124	3 059
1957	5 461	1 994	4 269	2 400	2 965	2 836	5 333	10 058	3 205
1958	5 698	2 111	4 282	2 383	3 025	2 746	5 402	9 816	3 278
1959	5 241	2 221	4 155	2 473	3 016	2 768	4 860	9 997	3 269
1960	5 559	2 335	4 320	2 497	3 155	3 023	4 960	9 646	3 392
1961	5 862	2 437	4 418	2 540	3 172	3 154	5 036	9 002	3 460
1962	5 677	2 511	4 518	2 594	3 211	3 321	4 858	9 058	3 494
1963	5 455	2 463	4 694	2 597	3 343	3 345	4 820	9 134	3 488
1964	5 926	2 472	4 693	2 675	3 594	3 462	4 858	9 562	3 632
1965	6 371	2 448	4 631	2 689	3 702	3 532	4 860	9 841	3 708
1966	6 321	2 527	5 042	2 750	3 813	3 723	4 974	9 677	3 784
1967	6 399	2 554	5 105	2 784	3 922	3 757	4 721	9 922	3 841
1968	6 578	2 704	5 188	2 874	4 073	3 666	4 747	10 249	3 976
1969	7 037	2 860	5 281	2 976	4 185	3 698	4 991	10 262	4 131
1970	7 302	3 057	5 293	3 094	4 320	3 807	5 184	10 672	4 309
1971	7 530	3 279	5 663	3 194	4 363	3 857	5 130	10 446	4 450
1972	7 635	3 539	5 492	3 355	4 597	3 858	4 945	10 245	4 618
1973	7 962	3 882	5 093	3 499	4 845	3 952	4 974	10 625	4 872
1974	8 334	4 083	5 050	3 618	5 003	4 200	5 123	10 507	5 049
1975	8 122	4 190	4 323	3 622	5 146	4 226	5 421	10 472	5 080
1976	7 965	4 472	4 398	3 716	5 228	4 195	5 608	10 929	5 236
1977	8 304	4 568	4 755	3 797	5 275	4 103	5 639	11 251	5 353
1978	7 807	4 681	5 069	4 047	5 573	4 008	5 903	11 164	5 450
1979	8 227	4 892	5 407	4 184	5 941	4 131	6 234	10 920	5 690
1980	8 206	5 198	5 738	4 265	6 289	4 205	6 577	10 139	5 886
1981	7 603	4 852	5 956	4 263	6 683	4 283	6 668	9 841	5 772
1982	7 243	4 765	5 017	4 212	6 489	4 176	6 000	9 356	5 578
1983	7 383	4 500	4 898	4 185	6 082	3 559	5 614	8 745	5 305
1984	7 425	4 646	5 125	4 239	6 174	3 633	5 520	8 623	5 401
1985	6 834	4 917	5 168	4 282	6 218	3 631	5 567	8 521	5 471
1986	7 224	5 205	5 375	4 446	5 865	3 879	6 023	8 725	5 598
1987	7 299	5 273	5 590	4 589	5 854	4 103	6 461	8 805	5 674
1988	7 056	5 158	5 901	4 682	5 810	3 680	6 422	9 080	5 601
1989	6 523	5 227	6 377	4 739	5 936	3 183	6 462	8 094	5 550
1990	6 436	4 923	6 402	4 840	6 119	2 955	6 474	8 313	5 465
1991	6 980	4 893	6 753	4 821	6 258	2 960	6 614	8 965	5 584
1992	7 497	4 802	7 374	4 909	6 366	2 868	7 055	9 373	5 669
1993	7 827	4 939	7 738	5 028	6 372	2 965	7 224	9 137	5 776
1994	8 367	5 163	8 010	5 240	6 536	3 296	7 567	8 620	5 982
1995	8 005	5 296	8 612	5 418	6 027	3 505	7 365	8 950	5 951
1996	8 253	5 366	9 080	5 428	6 230	3 514	7 681	8 747	6 060
1997	8 803	5 488	9 586	5 409	6 541	3 742	8 009	9 155	6 289
1998	9 123	5 422	9 756	5 350	6 745	3 675	8 317	8 977	6 326
1999	8 711	5 392	9 539	5 042	6 877	3 640	8 024	8 288	6 227
2000	8 544	5 556	9 841	5 096	7 218	3 686	7 859	8 415	6 385
2001	8 137	5 570	10 001	5 087	7 089	3 630	7 557	8 507	6 327

表 4c-4　15 个拉丁美洲国家的人均 GDP(1820—1949)　(1990 年国际元)

	玻利维亚	哥斯达黎加	古巴	多米尼加共和国	厄瓜多尔	萨尔瓦多	危地马拉	海地
1820								
1850								
1870								
1913								
1914								
1915								
1916								
1917								
1918								
1919								
1920		1 624				932	1 272	
1921		1 553				919	1 382	
1922		1 691				950	1 291	
1923		1 527				974	1 405	
1924		1 709				1 017	1 504	
1925		1 665				925	1 460	
1926		1 802				1 069	1 460	
1927		1 636				926	1 539	
1928		1 685				1 055	1 557	
1929		1 582	1 639			1 041	1 720	
1930		1 626	1 505			1 045	1 776	
1931		1 575	1 241			924	1 620	
1932		1 421	977			823	1 380	
1933		1 660	1 038			922	1 358	
1934		1 437	1 982			940	1 512	
1935		1 527	1 371			1 021	1 712	
1936		1 600	1 573			985	2 305	
1937		1 802	1 779			1 065	2 206	
1938		1 876	1 358			977	2 224	
1939		1 867	1 411	1 301		1 035	2 457	
1940		1 763	1 208	1 356		1 111	2 742	
1941		1 943	1 599	1 323		1 074	2 825	
1942		1 688	1 321	1 360		1 146	2 800	
1943		1 659	1 442	1 494		1 235	1 835	
1944		1 459	1 631	1 474		1 151	1 741	
1945	1 690	1 614	1 776	1 443		1 091	1 732	1 045
1946	1 700	1 759	1 893	1 574		1 095	2 002	1 042
1947	1 710	2 036	2 121	1 700		1 362	1 975	1 048
1948	1 727	2 095	1 842	1 880		1 707	1 988	1 046
1949	1 743	2 123	1 958	1 861		1 525	2 111	1 046

（1990 年国际元）（续表）

	洪都拉斯	牙买加	尼加拉瓜	巴拿马	巴拉圭	波多黎各	特立尼达和多巴哥	平均
1820		700						636
1850		522						
1870		535						486
1913		620						1 038
1914								
1915								
1916								
1917								
1918								
1919								
1920	1 274		1 264					
1921	1 253		1 313					
1922	1 309		1 183					
1923	1 253		1 266					
1924	1 141		1 321					
1925	1 329		1 459					
1926	1 295		1 249					
1927	1 407		1 255					
1928	1 547		1 590					
1929	1 499		1 750					
1930	1 563		1 415					
1931	1 564		1 304					
1932	1 373		1 174					
1933	1 262		1 456					
1934	1 211		1 303					
1935	1 135		1 288					
1936	1 133		997					
1937	1 063		1 053					
1938	1 105	972	1 076					
1939	1 115		1 286		1 894			
1940	1 160		1 372		1 752			
1941	1 138		1 483		1 741			
1942	1 014	970	1 395		1 800			
1943	1 007	1 150	1 495		1 796			
1944	1 006		1 448		1 792			
1945	1 219		1 423	2 113	1 690			
1946	1 281	1 649	1 497	2 155	1 815			
1947	1 333	1 512	1 455	2 200	1 542			
1948	1 331		1 550	2 024	1 524			
1949	1 311		1 478	2 031	1 740			

表 4c-5　15 个拉丁美洲国家的人均 GDP(1950—2001)　（1990 年国际元）

	玻利维亚	哥斯达黎加	古巴	多米尼加共和国	厄瓜多尔	萨尔瓦多	危地马拉	海地
1950	1 919	1 963	2 046	1 027	1 863	1 489	2 085	1 051
1951	2 013	1 951	2 176	1 117	1 835	1 480	2 054	1 049
1952	2 031	2 114	2 207	1 172	2 009	1 550	2 037	1 090
1953	1 800	2 353	1 900	1 123	1 998	1 616	2 051	1 037
1954	1 799	2 289	1 957	1 150	2 103	1 589	2 029	1 102
1955	1 853	2 460	2 005	1 183	2 101	1 624	2 019	1 039
1956	1 706	2 301	2 145	1 260	2 121	1 701	2 140	1 108
1957	1 614	2 406	2 406	1 296	2 156	1 740	2 195	1 023
1958	1 616	2 605	2 363	1 320	2 159	1 725	2 231	1 082
1959	1 575	2 598	2 067	1 284	2 211	1 748	2 273	1 011
1960	1 606	2 715	2 052	1 302	2 289	1 764	2 262	1 055
1961	1 603	2 723	2 050	1 232	2 279	1 769	2 292	991
1962	1 654	2 785	2 046	1 394	2 331	1 920	2 307	1 064
1963	1 720	2 919	2 032	1 437	2 320	1 941	2 456	974
1964	1 762	2 961	2 009	1 484	2 411	2 058	2 498	931
1965	1 806	3 127	1 988	1 259	2 566	2 101	2 534	922
1966	1 891	3 258	2 051	1 384	2 556	2 172	2 600	897
1967	1 962	3 349	2 248	1 387	2 612	2 216	2 631	860
1968	2 079	3 497	2 080	1 349	2 675	2 210	2 782	875
1969	2 120	3 622	2 021	1 453	2 739	2 206	2 830	884
1970	2 176	3 754	1 917	1 561	2 845	2 187	2 905	906
1971	2 204	3 889	2 037	1 680	2 922	2 222	2 974	955
1972	2 260	4 118	2 096	1 837	3 012	2 298	3 096	979
1973	2 357	4 319	2 245	2 005	3 290	2 342	3 204	1 013
1974	2 418	4 430	2 324	2 067	3 383	2 436	3 303	1 066
1975	2 516	4 396	2 404	2 111	3 459	2 504	3 263	1 032
1976	2 647	4 506	2 439	2 198	3 687	2 532	3 395	1 111
1977	2 691	4 769	2 520	2 250	3 810	2 613	3 546	1 106
1978	2 715	4 870	2 650	2 248	3 961	2 715	3 607	1 149
1979	2 652	4 959	2 695	2 289	4 060	2 605	3 661	1 221
1980	2 572	4 911	2 644	2 372	4 129	2 354	3 681	1 304
1981	2 547	4 681	2 847	2 413	4 181	2 186	3 579	1 259
1982	2 394	4 235	2 890	2 400	4 114	2 084	3 352	1 202
1983	2 249	4 230	2 944	2 450	3 922	2 076	3 187	1 189
1984	2 234	4 432	3 020	2 403	3 975	2 091	3 117	1 168
1985	2 181	4 340	3 045	2 292	4 036	2 105	3 011	1 146
1986	2 074	4 446	3 022	2 311	4 048	2 089	2 930	1 120
1987	2 089	4 530	2 975	2 432	3 697	2 105	2 947	1 088
1988	2 124	4 561	3 002	2 399	3 988	2 106	2 973	1 074
1989	2 138	4 698	2 982	2 649	3 894	2 092	3 003	1 063
1990	2 197	4 747	2 948	2 474	3 903	2 119	3 009	1 041
1991	2 262	4 736	2 582	2 446	4 002	2 142	3 034	1 025
1992	2 246	4 957	2 209	2 555	4 025	2 259	3 093	870
1993	2 287	5 129	1 844	2 563	4 018	2 362	3 127	835
1994	2 343	5 237	1 871	2 629	4 099	2 459	3 164	753
1995	2 400	5 242	1 925	2 703	4 126	2 564	3 229	777
1996	2 453	5 186	2 083	2 850	4 115	2 561	3 232	795
1997	2 523	5 372	2 142	3 037	4 163	2 621	3 269	803
1998	2 601	5 718	2 160	3 208	4 090	2 669	3 340	808
1999	2 562	6 146	2 297	3 412	3 712	2 708	3 370	816
2000	2 575	6 174	2 414	3 663	3 101	2 716	3 396	810
2001	2 559	6 126	2 477	3 651	3 849	2 713	3 363	785

（1990 年国际元）（续表）

	洪都拉斯	牙买加	尼加拉瓜	巴拿马	巴拉圭	波多黎各	特立尼达和多巴哥	平均
1950	1 313	1 327	1 616	1 916	1 584	2 144	3 674	1 750
1951	1 344	1 412	1 674	1 851	1 573	2 205	3 894	1 794
1952	1 356	1 504	1 900	1 901	1 506	2 341	3 941	1 854
1953	1 421	1 691	1 888	1 969	1 509	2 471	3 954	1 802
1954	1 300	1 858	2 002	1 993	1 495	2 561	3 914	1 835
1955	1 293	2 020	2 072	2 055	1 523	2 649	4 316	1 876
1956	1 354	2 190	2 008	2 108	1 547	2 840	5 059	1 950
1957	1 372	2 468	2 111	2 270	1 578	2 968	5 344	2 032
1958	1 370	2 458	2 052	2 241	1 625	3 002	5 609	2 046
1959	1 360	2 541	2 019	2 322	1 581	3 239	5 743	2 011
1960	1 398	2 654	1 983	2 391	1 555	3 421	6 251	2 054
1961	1 387	2 702	2 065	2 574	1 588	3 677	6 371	2 072
1962	1 421	2 722	2 219	2 710	1 657	3 881	6 514	2 143
1963	1 427	2 757	2 382	2 882	1 659	4 201	6 718	2 195
1964	1 452	2 904	2 578	2 920	1 687	4 401	6 801	2 246
1965	1 526	3 070	2 734	3 085	1 739	4 719	7 030	2 299
1966	1 563	3 129	2 736	3 219	1 712	4 993	7 234	2 362
1967	1 599	3 178	2 835	3 388	1 774	5 264	7 327	2 440
1968	1 639	3 284	2 783	3 531	1 789	5 463	7 684	2 469
1969	1 599	3 480	2 875	3 699	1 810	5 840	7 897	2 523
1970	1 601	3 849	2 812	3 814	1 872	6 349	8 244	2 588
1971	1 613	3 803	2 856	4 012	1 902	6 642	8 272	2 668
1972	1 618	3 858	2 862	4 111	1 946	6 930	8 628	2 763
1973	1 642	4 130	2 921	4 250	2 038	7 302	8 685	2 903
1974	1 574	3 908	3 236	4 232	2 144	7 247	9 053	2 968
1975	1 570	3 845	3 129	4 198	2 220	6 946	9 118	2 980
1976	1 687	3 564	3 187	4 167	2 315	7 093	9 847	3 082
1977	1 815	3 451	3 350	4 102	2 506	7 422	10 296	3 190
1978	1 942	3 439	3 023	4 424	2 719	7 819	11 319	3 300
1979	1 977	3 336	2 152	4 518	2 954	8 164	11 649	3 324
1980	1 930	3 121	2 155	5 091	3 304	8 183	12 380	3 354
1981	1 916	3 162	2 195	5 194	3 498	8 195	12 794	3 380
1982	1 833	3 150	2 119	5 372	3 285	7 848	11 888	3 269
1983	1 774	3 188	2 169	5 301	3 097	7 797	10 794	3 193
1984	1 795	3 128	2 076	5 172	3 104	8 283	11 273	3 224
1985	1 825	2 953	1 946	5 306	3 135	8 373	10 664	3 193
1986	1 793	2 973	1 865	5 370	3 042	8 974	10 192	3 185
1987	1 849	3 178	1 810	5 394	3 085	9 330	9 631	3 163
1988	1 903	3 249	1 571	4 465	3 191	9 850	9 202	3 192
1989	1 919	3 449	1 512	4 361	3 282	10 246	9 112	3 225
1990	1 871	3 609	1 454	4 476	3 287	10 539	9 271	3 225
1991	1 873	3 588	1 384	4 786	3 274	10 706	9 641	3 206
1992	1 930	3 648	1 348	5 083	3 237	11 123	9 603	3 202
1993	2 011	3 684	1 308	5 259	3 273	11 542	9 560	3 197
1994	1 919	3 722	1 324	5 329	3 277	11 913	10 032	3 246
1995	1 935	3 753	1 348	5 333	3 331	12 341	10 503	3 310
1996	1 951	3 668	1 376	5 363	3 282	12 606	10 989	3 355
1997	1 994	3 588	1 411	5 512	3 276	12 914	11 426	3 426
1998	1 998	3 550	1 435	5 647	3 176	13 251	12 036	3 478
1999	1 914	3 526	1 676	5 731	3 107	13 738	12 908	3 510
2000	1 957	3 548	1 558	5 782	3 014	14 106	13 598	3 478
2001	1 958	3 636	1 571	5 715	2 959	14 452	14 295	3 586

表 4c-6　47 个拉丁美洲经济体的人均 GDP(1820—1949)（1990 年国际元）

	8 个核心国平均	15 国平均	24 个加勒比小经济体平均	47 个经济体平均
1820	713	636	636	692
1850				
1870	749	486	549	681
1900	1 200	778	880	1 110
1901	1 267			
1902	1 228			
1903	1 300			
1904	1 327			
1905	1 395			
1906	1 422			
1907	1 439			
1908	1 460			
1909	1 498			
1910	1 533			
1911	1 558			
1912	1 603			
1913	1 601	1 038	1 174	1 481
1914	1 489			
1915	1 478			
1916	1 509			
1917	1 509			
1918	1 547			
1919	1 570			
1920	1 635			
1921	1 594			
1922	1 659			
1923	1 773			
1924	1 801			
1925	1 800			
1926	1 859			
1927	1 907			
1928	2 014			
1929	2 034			
1930	1 914			
1931	1 752			
1932	1 662			
1933	1 772			
1934	1 884			
1935	1 943			
1936	2 017			
1937	2 084			
1938	2 098			
1939	2 136			
1940	2 119			
1941	2 180			
1942	2 119			
1943	2 164			
1944	2 296			
1945	2 315			
1946	2 473			
1947	2 564			
1948	2 663			
1949	2 690			

表 4c-7 47 个拉丁美洲经济体的人均 GDP(1950—2001)(1990 年国际元)

	8 个核心国平均	15 国平均	24 个加勒比小经济体平均	47 个经济体平均
1950	2 700	1 750	1 980	2 506
1951	2 770	1 794	2 043	2 572
1952	2 779	1 854	2 109	2 592
1953	2 814	1 802	2 177	2 612
1954	2 921	1 835	2 242	2 705
1955	3 027	1 876	2 311	2 799
1956	3 059	1 950	2 385	2 840
1957	3 205	2 032	2 460	2 974
1958	3 278	2 046	2 537	3 037
1959	3 269	2 011	2 616	3 024
1960	3 392	2 054	2 701	3 133
1961	3 460	2 072	2 801	3 192
1962	3 494	2 143	2 905	3 234
1963	3 488	2 195	2 992	3 241
1964	3 632	2 246	3 094	3 367
1965	3 708	2 299	3 201	3 439
1966	3 784	2 362	3 315	3 514
1967	3 841	2 440	3 437	3 576
1968	3 976	2 469	3 563	3 691
1969	4 131	2 523	3 703	3 828
1970	4 309	2 588	3 859	3 986
1971	4 450	2 668	4 012	4 117
1972	4 618	2 763	4 150	4 271
1973	4 872	2 903	4 350	4 504
1974	5 049	2 968	4 366	4 659
1975	5 080	2 980	4 415	4 687
1976	5 236	3 082	4 471	4 833
1977	5 353	3 190	4 512	4 948
1978	5 450	3 300	4 547	5 047
1979	5 690	3 324	4 589	5 247
1980	5 886	3 354	4 636	5 412
1981	5 772	3 380	4 665	5 327
1982	5 578	3 269	4 686	5 152
1983	5 305	3 193	4 704	4 918
1984	5 401	3 224	4 721	5 002
1985	5 471	3 193	4 738	5 052
1986	5 598	3 185	4 759	5 154
1987	5 674	3 163	4 784	5 212
1988	5 601	3 192	4 808	5 158
1989	5 550	3 225	4 833	5 123
1990	5 465	3 225	4 855	5 053
1991	5 584	3 206	4 937	5 145
1992	5 669	3 202	5 016	5 213
1993	5 776	3 197	5 095	5 299
1994	5 982	3 246	5 177	5 474
1995	5 951	3 310	5 261	5 460
1996	6 060	3 355	5 347	5 556
1997	6 289	3 426	5 434	5 753
1998	6 326	3 478	5 532	5 793
1999	6 223	3 510	5 632	5 718
2000	6 378	3 478	5 634	5 838
2001	6 314	3 586	5 759	5 811

第五章

亚　　洲

对亚洲的估计分为三个组,第一组包括东亚 16 个经济体,在 2001 年,这些经济体的 GDP 占全亚洲的 88％,人口占全亚洲的 89％。对这些经济体来说,其 1950 年以后 GDP 的估计有充分的依据且可信度较高,目前学者一直在致力于开发更早年份的历史核算,但是中国存在的问题比较突出,因为中国官方统计高估了 GDP 的增长率,而低估了 GDP 水平。在《中国经济的长期表现》(*Chinese Economic Performance in the Long Run*,OECD,Paris,1998)一书中,我对这些问题进行了深入细致的研究,并对官方数据进行了调整,使之更接近西方国民经济核算体系的通行做法。中国官方统计在几年前才开始采纳 1993 年版的国民账户体系(SNA)标准。由于长期使用来自苏联的物质产品平衡表体系(MPS),并利用全面报表的方式来进行国民经济核算,因此对新体系产生某些错误解读不是有意的,而是在新旧体系转换过程中难以避免的。

第二组包括东亚的另外 26 个经济体,在 2001 年,这些经济体的 GDP 占全亚洲的 1.6％,人口占全亚洲的 4.3％。

第三组包括西亚的 15 个经济体,在 2001 年,这些经济体的 GDP 占全亚洲的 10％,人口占全亚洲的 6.5％。其中,GDP 总量靠前的经济体依次是土耳其、伊朗和沙特阿拉伯。

8 个独立的亚洲国家随着苏联在 1991 年的解体而出现。俄罗斯联邦三分之一的 GDP 是在亚洲生产出来的。要想准确估计出这个区域 1973 年以前的 GDP 是不可能的,因为要想将苏联的数据进行分解,就不可避免地碰到如何将 MPS 口径转化成 SNA 口径的难题。因此第三章中只列出了这 8 个国家 1973—2001 年的估计值。若将这 8 个新的国家加进来,则 2001 年亚洲的 GDP

总量将增加 1.9%。

| **16 个东亚经济体** |

人口：除以下特别说明的数据来源外，1820—1949 年的人口数据都来自《世界经济千年史》（Maddison，2001）和 Maddison(1995)。至于 1950 年以后的人口数据，除中国内地、印度和印度尼西亚的数据是根据以下资料来源整理外，所有东亚经济体的数据都是根据美国人口普查局国际项目中心（2002 年 10 月）的相关数据进行修正和更新的。

GDP：除了以下特别说明的，1820—1993 年 GDP 变动数据均来自《世界经济千年史》，并根据国际货币基金组织的《世界经济展望》（2002 年 4 月版）进行了修正和更新。至于如何得到按照国际元计算的 1990 年基准水平，可参见《世界经济千年史》(pp.174，219-220)。

中国内地：1820—1998 年的人口和 GDP 数据来自 Maddison(1998，pp.155-159，167-170)。1933 年的 GDP 总量数据来自 Maddison（1998，p.158），1929—1938 年的 GDP 年度实际变动数据来自 Maddison(1995，p.158)。更新到 2001 年的数据来自《中国统计年鉴 2001》，并对增长率进行了必要的调整，使之与 SNA 的测算方法相一致，可参见《世界经济千年史》(p.202)，也可参见 Maddison(1998)中的详细阐述。遗憾的是，国际货币基金组织和很多记者仍不加解释和修正地继续沿用官方的 GDP 水平及增长率数据。人们还可以经常找到认定日本是世界第二大经济体的诸多文献。我的估计结果表明，中国内地的经济增长率约为官方估计值的四分之三，它的 GDP 水平大约超出日本 70%（按购买力平价而不是汇率计算），有关详情参见许宪春、叶燕斐和布雷兹（Derek Blades)的《中国国民账户：资料来源和编制方法》（*National Accounts for China：Sources and Method*，OECD，Paris，2000)和 Maddison(1998)。

印度：1900—1990 年的实际 GDP 和人口数据来源于西瓦苏布拉莫尼安（Siva Sivasubramonian)的《20 世纪印度的国民收入》（*The National Income of India in the Twentieth Century*，Oxford University Press，Delhi，2000)，并根据他的遗著《1950—1999 年印度经济增长的源泉》（*The Sources of Economic Growth in India，1950 to 1999*，OUP，Delhi，2004)进行了更新。1820—1900 年的 GDP 变动数据来自《世界经济千年史》(pp.202-203)，1884—1899 年的

GDP 年度变动数据来自海斯顿（Alan Heston，in Kumar and Desai，eds.，*Cambridge Economic History of India*，Vol. 2，1983，pp. 397-398）。目前的估计值都是针对 1946 年前的英属印度以及 1947 年以后的印度联邦[*]。GDP 和人口的估计值都是以 10 月 1 日（印度财政年度的中间点）为准。表 5-1 给出了 1820—1946 年印度、孟加拉和巴基斯坦的人口数。应指出的是，在《世界经济千年史》（p. 203）中 1932—1946 年的人口数据被放错了位置，现予以更正。按照 1990 年国际元计算，1946 年英属印度的人均 GDP 为 622 国际元，印度联邦为 624 国际元，孟加拉为 566 国际元，巴基斯坦为 672 国际元。

表 5-1　分治前的印度、孟加拉和巴基斯坦的人口（1820—1946）　　　　（千人）

	英属印度	印度联邦	孟加拉	巴基斯坦
1820	209 000	175 349	20 000	13 651
1870	253 000	212 189	24 721	16 090
1913	303 700	251 906	31 786	20 008
1929	333 100	275 861	34 427	22 812
1941	391 700	321 565	41 966	28 169
1946	415 200	340 857	41 660	32 683

资料来源：Maddison（1995，pp. 109，114-115，232）。基准年 1941 年孟加拉和巴基斯坦的人口数据来自叶茨（M. W. M. Yeatts）的《1941 年印度人口普查》（*Census of India 1941*，Vol. 1，Part Ⅰ. Tables，Delhi，1943，pp. 62-63）。假定孟加拉的人口变动（通过插值法得到两次普查之间年份的人口估计值）与分治前的孟加拉（加上本土的邦和机构）的变动相同；巴基斯坦的人口变动与分治前的旁遮普（省、邦等）、信德和西北边省的总人口变动相同。孟加拉和巴基斯坦 1946 年的人口数据比较粗略，当时它们为分治前的巴基斯坦的"两翼"，数据来自《1947—1967 年巴基斯坦统计 20 年》（*20 Years of Pakistan in Statistics 1947—1967*，Karachi，1968），对应的时间点为财政年度的中间点 10 月 1 日。

印度尼西亚：1820—1870 年的人口和 GDP 数据来自 Maddison（1989b）的《1700—1938 年荷兰人在印度尼西亚和来自印度尼西亚的收入》（"Dutch Income in and from Indonesia，1700—1938"，*Modern Asian Studies*，pp. 645-670）；1870—1993 年的数据由范德恩（Pierre van der Eng）提供，参见《世界经济千年史》（p. 204）。所有数据都包括东帝汶岛。

日本：1820—1990 年的 GDP 数据来自《世界经济千年史》（pp. 204-207），1990—2001 年的数据根据 OECD 的《季度国民账户》（*Quarterly National Accounts*，Vol. 2002/2）进行了修正和更新。

---

[*] 1947 年，英属印度解体，分为印度联邦和巴基斯坦自治领。——译者注

马来西亚：估计值针对现代的马来西亚（旧马来联邦和马来属邦、沙巴、沙捞越），不包括文莱和新加坡。1820—1913 年的人口数据来自霍尔（Don Hoerr），1913—1949 年的人口数据来自范德恩（Pierre van der Eng）。1911—1990 年的年度 GDP 数据来自范德恩。它们是对来自巴诺基·劳（V. V. Bhanoji Rao）的《1947—1971 年西马来西亚的国民账户》（*National Accounts of West Malaysia*，1947—1971，Heinemann，Kaula Lumpur，1976）的西马来西亚分行业 GDP 数据的一个扩展。这些数据经过了调整，以将沙巴和沙捞越包括在内。马来亚大学亚欧研究所的一个研究小组目前正在准备进行西马来西亚支出法 GDP 的估计。2002 年 7 月纳兹林（Raja Nazrin）在布宜诺斯艾利斯召开的国际经济史大会上介绍了 1900—1939 年的初步估计结果。

菲律宾：1902—1950 年的 GDP 变动数据来自胡雷（Richard Hooley）未公开的估算结果，它们是对胡雷的《1902—1961 年菲律宾经济的长期增长》（"Long Term Growth of the Philippine Economy 1902—1961"，*The Philippine Economic Journal*，1968）一文中相关数据进行大幅修正后的结果。1950—1990 年的 GDP 变动数据来自菲律宾国家统计协调委员会（National Statistical Coordination Board，Manila），并根据亚洲开发银行（ADB）的《核心指标》（*Key Indicators*）进行了更新，有关详情可参见《世界经济千年史》（p. 205）。

韩国：1820—1910 年整个朝鲜半岛人口变化的数据来自权（T. H. Kwon）和申（Y.-H. Shin）的《1392—1910 年李朝的人口估计》（"On Population Estimates of the Yi Dynasty，1392—1910"，*Tong-a Munhwa*，14，1977，p. 328），并与徐（S.-C. Suh）的《1910—1940 年朝鲜半岛经济增长和结构变化》（*Growth and Structural Change in the Korean Economy*，1910—1940，Harvard，1978，p. 41）中提供的 1910—1944 年水平估计值相连接。Suh（1978，p. 132）给出了 1925—1944 年朝鲜半岛的人口数，1925 年南部人口占朝鲜半岛总人口的 68.375%（见表 5-2）。我假定这一比率同样适用于 1820—1924 年。1944—1949 年的人口数据来自联合国的《1960 年人口统计年鉴》（*Demographic Yearbook 1960*，p. 142）。1911—1953 年的 GDP 变动数据来自 Maddison（1995，pp. 146，158-159），1953—1970 年的数据来自韩国银行的《韩国国民收入 1975 年版》（*National Income in Korea 1975*，pp. 142-143），1970—1990 年的数据来自 OECD 的《1960—1997 年国民账户》（*National Accounts 1960—1997*，Vol.

1，Paris，1999）。1990—2001 年的数据来自 OECD 的《季度国民账户》（*Quarterly National Accounts*，2002/2）。

表 5-2　朝鲜半岛的人口（1820—1950）　　　　　　　　　（千人）

	朝鲜半岛	南部	北部
1820	13 740	9 395	4 345
1870	14 264	9 753	4 511
1910	14 766	10 096	4 670
1913	15 486	10 589	4 897
1925	19 020	13 005	6 014
1930	20 438	13 900	6 537
1935	22 280	15 020	7 187
1940	23 547	15 627	7 920
1944	25 133	16 574	8 558
1950	30 317	20 846	9 471

资料来源：1910—1944 年的数据来自 Suh（1978，p. 41），并与来自 Kwon and Shin（1977，p. 328）的 1820—1910 年人口变动数据相连接，后者是对原有住户登记数据的上调。Suh 采用始于 1925 年的人口普查数据作为估算的基础。对于其中重叠的 1910 年，Kwon and Shin 的估计值要比 Suh 的大。我认为他们的数据上调幅度太大了，但这对他们估计的 1820—1910 年的增长率应该没有影响。

斯里兰卡：对 1820—1949 年人口和 1820—1990 年 GDP 的最新年度估计值由范德恩提供。他将斯里兰卡的 GDP 分成 11 个主要行业部门，并对农业按产品进行了进一步细分。虽然他从斯诺格拉斯（D. R. Snodgrass）的《锡兰：转型中的出口经济》（*Ceylon：An Export Economy in Transition*，Irwin，Illinois，1966）的统计附录和萨卡（N. K. Sarkar）的《锡兰的人口统计》（*The Demography of Ceylon*，Colombo，1957）中吸收了部分内容，但他的估计还是包含了很多新的研究成果和大幅修正，覆盖面也更广。

泰国：1870—1951 年的 GDP 变动数据来自《世界经济千年史》（pp. 208，298），并有小幅修正。

中国台湾：1912—1990 年的 GDP 变动数据来自沟口敏行（Toshiyuki Mizoguchi）的《1905—1990 年台湾长期经济统计》（*Long Term Economic Statistics of Taiwan 1905—1990*，Institute of Economic Research，Hitotsubashi University，1999，pp. 22-24）中的支出估计值；1939—1945 年的估计值缺口可用何（S. P. S. Ho）在《1860—1970 年台湾的经济发展》（*Economic Development of Taiwan*，1860—1970，Yale，1978，pp. 298-299）中引用的邢（Hsing）的数

据来填补；1945—1949 年的数据在假定每年增长率相同的前提下通过插值得到。1990 年以后的 GDP 变动数据来自亚洲开发银行的《核心指标》。

孟加拉、缅甸、尼泊尔、巴基斯坦、新加坡、中国香港：数据来自《世界经济千年史》。

通过假设填补估计值缺口：对于基准年 1820 年、1870 年和 1913 年，所有经济体的人口数据都不存在缺口，但有几个经济体的 GDP 估计值无法得到。由于我们的目标是反映世界作为一个整体的全貌，因此有必要通过假设的方式来补充这些缺失数据（见表 5-3）。

表 5-3　16 个东亚经济体的 GDP 假设值和估计值（1820—1913）

	GDP（百万国际元）			人均 GDP（国际元）			人口（千人）		
	1820	1870	1913	1820	1870	1913	1820	1870	1913
缅甸	1 767*	2 139		504	504		3 506	4 245	
中国香港	12	84	623	615	682	1 279	20	123	487
马来西亚	173	530		603	663		287	800	
尼泊尔	1 541	1 865	3 039	397	397	539	3 881	4 698	5 639
菲律宾	1 532	3 929		704	776		2 176	5 063	
新加坡	18	57		615	682		30	84	
韩国	5 637	5 891		600	604		9 395	9 753	
中国台湾	998	1 290		499	550		2 000	2 345	
泰国	3 014			646			4 665		
假设值合计	14 693	15 785	3 661	567	582	598	25 960	27 111	6 126
东亚样本经济体合计	372 323	375 428	608 413	581	550	680	640 140	682 920	895 121
16 个东亚经济体的合计	387 016	391 213	612 074	581	551	679	666 100	710 031	901 247

对于 1913 年，中国香港和尼泊尔的数据存在缺口。我假定 1913—1950 年中国香港的人均 GDP 变动与新加坡的一致，尼泊尔的人均 GDP 变动与印度的一致，如此就可以大致推算出中国香港和尼泊尔 1913 年的 GDP。

对于 1870 年，有 8 个经济体（缅甸、马来西亚、尼泊尔、菲律宾、新加坡、韩国、中国香港和中国台湾）的数据存在缺口。对于中国香港和新加坡，我假定 1870—1913 年它们的人均 GDP 与日本同比例变动。至于其他 6 个经济体，我假定 1870—1913 年它们的人均 GDP 与印度尼西亚、斯里兰卡和泰国的平均变动水平一致。

对于 1820 年，有 9 个经济体（缅甸、马来西亚、尼泊尔、菲律宾、新加坡、韩

---

* 表中斜体数字代表通过插值法估计得到的结果。下同。——译者注

国、泰国、中国香港和中国台湾)的数据存在缺口。我首先假定韩国的人均 GDP 与中国内地的一致。其次,就像我对印度所作的假定一样,假定 1820—1870 年间缅甸和尼泊尔的人均 GDP 没有变化。最后,我假定其他 6 个经济体的人均 GDP 变动与日本的一致。

替代估计值占东亚 16 个经济体 GDP 总量的比重,在 1820 年为 3.8%,在 1870 年为 4%,在 1913 年为 0.6%。在基本表格中替代估计值用斜体表示。

┃ **其他东亚经济体** ┃

1950 年以后的 GDP 数据来自《世界经济千年史》,并根据国际货币基金组织的《世界经济展望》(2002 年 1 月版)对可能的地方进行了更新。对其中 6 个小经济体(不丹、文莱、斐济、中国澳门、马尔代夫和巴布亚新几内亚)的数据修正和更新见表 5-4,该表同时还列出了其他 14 个小经济体(美属萨摩亚、法属波利尼西亚、关岛、基里巴斯、马绍尔群岛、密克罗尼西亚、新喀里多尼亚、北马里亚纳群岛、帕劳、所罗门群岛、汤加、瓦努阿图、瓦利斯和富图纳、西萨摩亚[*])的合并数据。人口数据来自美国人口普查局(2002 年 10 月)。

表 5-4 20 个东亚小经济体的人口和 GDP(1950—2001)

	人口（年中,千人）				GDP（百万 1990 年国际元）			
	1950	1973	1990	2001	1950	1973	1990	2001
不丹	734	1 111	1 598	2 049	369	645	1 407	2 511
文莱	45	145	258	344	224	1 156	1 663	2 030
中国澳门	205	259	352	454	127	735	3 078	4 935
马尔代夫	79	126	216	311	43	107	497	993
合计	1 063	1 641	2 424	3 158	763	2 641	6 645	10 469
斐济	287	556	738	844	851	2 348	3 440	4 961
巴布亚新几内亚	1 412	2 477	3 825	5 049	1 356	4 847	5 865	8 893
14 个其他太平洋岛国（屿）	649	1 210	1 782	2 014	875	2 296	3 496	4 729
16 个太平洋岛国（屿）合计	2 279	4 104	6 164	7 924	3 082	9 491	12 711	18 582
20 个小经济体	3 342	5 748	8 588	11 082	3 845	11 952	19 356	29 051

对于 1820—1913 年,越南 GDP 的实际变动初步估计由巴希诺(Jean-Pascal Bassino)提供;假定朝鲜的人均 GDP 与韩国的相同。对于其他经济体,我没有

---

[*] 1997 年更名为萨摩亚独立国,简称萨摩亚。——译者注

找到 GDP 估计值。我假定这些经济体 1820—1913 年的人均 GDP 平均值与朝鲜和越南的一致（见表 5-5）。除越南外，所有其他经济体的人口数据都来自 McEvedy and Jones（1978）；越南 1913 年的人口数据来自巴嫩斯（Maks Banens）的初步估计，1820—1913 年的人口变动数据也来自 McEvedy and Jones（1978）（见表 5-5）。

表 5-5　26 个东亚经济体的 GDP 估计值（1820—1913）

	人口（千人）			GDP（百万 1990 年国际元）			人均 GDP（1990 年国际元）		
	1820	1870	1913	1820	1870	1913	1820	1870	1913
阿富汗	3 280	4 207	5 730						
柬埔寨	2 090	2 340	3 070						
老挝	470	755	1 387						
蒙古	619	668	725						
20 个小经济体合计	1 798	1 903	2 237						
小计	8 257	9 873	13 149	*4 591*	*5 282*	*9 796*	*556*	*535*	*745*
朝鲜	4 345	4 511	4 670	*2 607*	*2 725*	*3 829*	*600*	*604*	*820*
越南	6 551	10 528	19 339	3 453	5 321	14 062	527	505	727
朝鲜和越南合计	10 896	15 039	24 009	6 060	8 046	17 891	556	535	745
总计	19 153	24 912	37 158	10 651	13 328	27 687	556	535	745

| **西亚经济体** |

　　1950 年以后的 GDP 数据来自《世界经济千年史》。其中，1993—2002 年 11 个经济体的数据根据西亚经济和社会委员会（ESCWA）的《国民账户公报》（*National Accounts Bulletin*，No. 21，Beirut，November 2002）进行了更新；伊朗和以色列的数据来自国际货币基金组织的《世界经济展望》（2002 年 2 月版）；土耳其 1991—2000 年的数据来自 OECD 的《1989—2000 年国民账户》（*National Accounts，1989—2000*），之后的数据来自国际货币基金组织。对于西岸和加沙地区，没有现成的 GDP 数据，因此，假定其 1998—1999 年的实际 GDP 增长和 1997—1998 年一致，1999—2000 年也没有变化，但在 2001—2002 年下降 20%。1950 年以后的人口数据来自美国人口普查局（2002 年 10 月）。

　　第一次世界大战之前，这片区域的大部分都属于奥斯曼帝国，1913 年这部分人口有 2 800 万，其他的 1 100 万人口居住在伊朗。1820 年、1870 年和 1913 年的人口数据来自麦克伊夫迪和琼斯的《世界人口史图集》（*Atlas of World*

Population History，Penguin，1978，pp.133-154），参见表 5-6。

表 5-6　西亚的人口、GDP 和人均 GDP（1820—1913）

	人口（千人）			GDP（百万 1990 年国际元）			人均 GDP（1990 年国际元）		
	1820	1870	1913	1820	1870	1913	1820	1870	1913
海湾国家ª	200	200	254						
阿曼	318	367	444						
沙特阿拉伯	2 091	2 338	2 676						
也门	2 593	2 840	3 284						
阿拉伯半岛总计	5 202	5 745	6 658	*2 861*	*3 303*	*3 995*	*550*	*575*	*600*
伊拉克	1 093	1 580	2 613	643	1 136	2 613	588	719	1 000
约旦	217	266	348	128	191	348	588	719	1 000
巴勒斯坦-以色列	332	429	700	204	322	875	613	750	1 250
叙利亚	1 337	1 582	1 994	880	1 335	2 692	658	844	1 350
黎巴嫩	332	476	649	218	402	876	658	844	1 350
5 个国家小计	3 311	4 333	6 304	2 073	3 386	7 404	626	781	1 174
伊朗	6 560	8 415	10 994	3 857	6 050	10 994	588	719	1 000
土耳其	10 074	11 793	15 000	6 478	9 729	18 195	643	825	1 213
总计	25 147	30 286	38 956	15 269	22 468	40 588	607	742	1 042

a. 在本表中指巴林、科威特、卡塔尔和阿拉伯联合酋长国。

资料来源：人口数据来自 McEvedy and Jones(1978，pp.133-154)。除如下资料来源外，土耳其的其他 GDP 数据均来自 Pamuk(2001)。

最近潘姆克（Sevket Pamuk）对部分国家的人均 GDP 做了新的尝试性估算。他对这一区域的估计在质量上大大高于《世界经济千年史》（pp.210-215）中的相关数据，详情参见潘姆克的《1820 年以来欧洲东南部和中东地区的经济增长》（"Economic Growth in Southeastern Europe and the Middle East since 1820"，European Historical Economics Society Conference，Oxford，September 2001），这些数据是基于奥斯曼帝国的档案和其他关于这一地区的各种研究资料。他把这些估计值与《世界经济千年史》中对之后一些年份的估计值连接起来，并且采用了同样的货币单位，即 1990 年国际元。

表 5-6 包含这一区域三组国家的估计值，其中，阿拉伯半岛国家第二次世界大战以前的 GDP 数据是缺失的。由于石油资源的发现和开发，这些国家发生了很大变化，但它们的石油生产直到战争期间才起步。然而在 19 世纪，这些国家通过在波斯湾、南阿拉伯半岛和红海海岸的贸易活动获得了大量的收入。阿曼控制了非洲东海岸的大部分贸易区，也门是咖啡的主要出口国。由于世界贸易的扩张，我假定这组国家的人均 GDP 从 1820 年的 550 国际元略增加到 1913 年的 600 国际元。

　　第二组包括 5 个更发达的国家（伊拉克、约旦、巴勒斯坦、叙利亚和黎巴嫩），这些国家自古以来就和东亚、非洲和欧洲有大量的贸易往来。叙利亚人均GDP 估计值来自潘姆克，我假定这一估计值同样适用于黎巴嫩，他对约旦的估计值也适用于伊拉克和伊朗。我还采用了他对巴勒斯坦的估计值。

　　关于土耳其，参见表 5-7。它的 1990 年 GDP 基准估计值来自《世界经济千年史》（p. 219），1948 年以后的 GDP 实际变动数据来自 OECD 的《国民账户》各期，1923—1948 年的数据来自布鲁提（T. Bulutay）、台泽尔（Y. S. Tezel）和伊尔德里姆（N. Yilderim）的《1923—1948 年土耳其的国民收入》（*Turkiye Milli Geliri 1923—1948*，Ankara，1974），其中假定 1913 年的人均 GDP 和1929 年的相同。这里我把 1913 年的水平与 Pamuk(2001)提供的 1820—1913年人均 GDP 实际变动数据连接起来。他的主要参考资料是埃尔德姆（V. Eldem）的《关于奥斯曼帝国经济状况的研究》（*Osmanli Imparatorlugunun Iktisadi sartlari Hakkinda Bir Tetkik*，Is Bank，Istanbul，1970）。人口数据来自McEvedy and Jones(1978)。

表 5-7　土耳其的人口、GDP 和人均 GDP(1820—1950)

	人口（千人）	GDP （百万 1990 年国际元）	人均 GDP （1990 年国际元）
1820	10 074	6 478	643
1870	11 793	9 729	825
1913	15 000	18 195	1 213
1923	13 877	9 882	712
1924	13 968	11 819	846
1925	14 059	13 159	936
1926	14 151	15 275	1 079
1927	14 250	13 886	974
1928	14 476	15 388	1 063
1929	14 705	17 842	1 213
1930	14 928	18 649	1 249
1931	15 174	19 763	1 302
1932	15 414	18 568	1 205
1933	15 658	21 007	1 342
1934	15 906	21 491	1 351
1935	16 158	21 927	1 357
1936	16 434	26 093	1 588

（续表）

	人口(千人)	GDP (百万 1990 年国际元)	人均 GDP (1990 年国际元)
1937	16 725	26 965	1 612
1938	17 016	29 338	1 724
1939	17 517	31 776	1 814
1940	17 821	29 855	1 675
1941	18 011	27 158	1 508
1942	18 203	28 337	1 557
1943	18 396	25 721	1 398
1944	18 592	24 623	1 324
1945	18 790	21 297	1 133
1946	19 235	27 514	1 430
1947	19 690	29 064	1 476
1948	20 156	33 003	1 637
1949	20 634	31 340	1 519
1950	21 122	34 279	1 623

1820—1913 年亚洲数据合计

表 5-8 列出了 57 个亚洲经济体 1820—1913 年按区域统计和合计的数据。1700 年及以前的数据来自《世界经济千年史》，这些数据未经改动（参见第八章的相关表格）。

表 5-8　亚洲总人口、GDP 和人均 GDP(1820—1913)

	人口(千人)			GDP(百万 1990 年国际元)			人均 GDP (1990 年国际元)		
	1820	1870	1913	1820	1870	1913	1820	1870	1913
东亚 16 个经济体	666 100	710 031	901 247	387 016	391 213	612 074	581	551	679
东亚 26 个经济体	19 153	24 912	37 158	10 651	13 328	27 687	556	535	745
西亚 15 个经济体	25 147	30 286	38 956	15 269	22 468	40 588	607	742	1 042
亚洲 57 个经济体	710 400	765 229	977 361	412 936	427 009	680 349	581	558	696

表 5a-1　16 个东亚经济体的人口(1820—1913)　　　　　（千人，年中值）

	中国内地	印度	印度尼西亚	日本	菲律宾	韩国	泰国	中国台湾
1820	381 000	209 000	17 927	31 000	2 176	9 395	4 665	2 000
1850	412 000	235 800	22 977	32 000	3 612	9 545	5 230	2 200
1870	358 000	253 000	28 922	34 437	5 063	9 753	5 775	2 345
1871	358 988	253 417	29 463	34 648				
1872	359 978	253 834	30 060	34 859				
1873	360 971	254 253	30 555	35 070				
1874	361 967	254 672	30 962	35 235				
1875	362 966	255 091	31 197	35 436				
1876	363 967	255 512	31 394	35 713				
1877	364 971	255 933	31 740	36 018				
1878	365 978	256 354	32 035	36 315				
1879	366 988	256 777	32 293	36 557				
1880	368 000	257 200	32 876	36 807				
1881	369 183	259 359	33 213	37 112				
1882	370 369	261 536	33 394	37 414				
1883	371 560	263 732	33 816	37 766				
1884	372 754	265 946	34 162	38 138				
1885	373 952	268 179	34 790	38 427				
1886	375 154	270 430	35 402	38 622				
1887	376 359	272 700	35 898	38 866				
1888	377 569	274 990	36 345	39 251				
1889	378 783	277 298	36 662	39 688				
1890	380 000	279 626	37 579	40 077	6 476	9 848	6 670	2 500
1891	381 979	280 110	37 792	40 380				
1892	383 969	280 594	38 288	40 684				
1893	385 969	281 079	38 263	41 001				
1894	387 979	281 565	38 782	41 350				
1895	390 000	282 052	39 476	41 775				
1896	391 980	282 540	39 936	42 196				
1897	393 970	283 029	40 620	42 643				
1898	395 970	283 518	41 316	43 145				
1899	397 980	284 009	42 025	43 626				
1900	400 000	284 500	42 746	44 103	7 324	9 896	7 320	2 864
1901	402 243	286 200	43 275	44 662	7 465		7 413	2 903
1902	404 498	288 000	43 810	45 255	7 609		7 507	2 942
1903	406 766	289 700	44 352	45 841	7 755		7 602	2 982
1904	409 047	291 500	44 901	46 378	7 904		7 699	3 022
1905	411 340	293 300	45 457	46 829	8 056		7 797	3 085
1906	413 646	295 100	45 993	47 227	8 211		7 896	3 140
1907	415 965	296 900	46 535	47 691	8 369		7 996	3 172
1908	418 297	298 700	47 085	48 260	8 530		8 098	3 200
1909	420 642	300 500	47 642	48 869	8 694		8 201	3 232
1910	423 000	302 100	48 206	49 518	8 861	10 096	8 305	3 275
1911	427 662	303 100	48 778	50 215	9 032	10 258	8 431	3 334
1912	432 375	303 400	49 358	50 941	9 206	10 422	8 559	3 402
1913	437 140	303 700	49 934	51 672	9 384	10 589	8 689	3 469

（千人，年中值）（续表）

	孟加 拉国	缅甸	中国 香港	马来 西亚	尼泊尔	巴基 斯坦	新加坡	斯里 兰卡	16个经济 体合计
1820		3 506	20	287	3 881		30	1 213	666 100
1850		3 932	33	530	4 352		56	2 217	734 484
1870		4 245	123	800	4 698		84	2 786	710 031
1871								2 820	
1872								2 842	
1873								2 863	
1874								2 885	
1875								2 908	
1876								2 930	
1877								2 952	
1878								2 975	
1879								2 998	
1880								3 021	
1881								3 044	
1882								3 073	
1883								3 107	
1884								3 144	
1885								3 170	
1886								3 194	
1887								3 221	
1888								3 261	
1889								3 311	
1890		7 489	214	1 585	5 192		157	3 343	780 756
1891								3 404	
1892								3 470	
1893								3 524	
1894								3 584	
1895								3 626	
1896								3 693	
1897								3 752	
1898								3 820	
1899								3 874	
1900		10 174	306	2 232	5 283		215	3 912	804 251
1901		10 490		2 288				4 031	
1902		10 642		2 345				4 071	
1903		10 796		2 404				4 156	
1904		10 953		2 467				4 233	
1905		11 112		2 532				4 383	
1906		11 273		2 601				4 458	
1907		11 437		2 672				4 467	
1908		11 603		2 745				4 520	
1909		11 771		2 821				4 585	
1910		11 942		2 893				4 668	
1911		12 115		2 967				4 757	
1912		12 220		3 025				4 784	
1913		12 326	487	3 084	5 639		323	4 811	901 247

表 5a-2　16 个东亚经济体的人口（1914—1949）　（千人，年中值）

	中国内地	印度	印度尼西亚	日本	菲律宾	韩国	泰国	中国台湾
1914	441 958	304 000	50 517	52 396	9 565	10 764	8 822	3 528
1915	446 829	304 200	51 108	53 124	9 749	10 911	8 957	3 562
1916	451 753	304 500	51 705	53 815	9 937	11 086	9 094	3 583
1917	456 732	304 800	52 083	54 437	10 128	11 263	9 232	3 621
1918	461 766	305 100	52 334	54 886	10 323	11 443	9 418	3 658
1919	466 855	305 300	53 027	55 253	10 522	11 627	9 608	3 692
1920	472 000	305 600	53 723	55 818	10 725	11 804	9 802	3 736
1921	473 673	307 300	54 367	56 490	10 932	12 040	10 000	3 797
1922	475 352	310 400	55 020	57 209	11 143	12 281	10 202	3 870
1923	477 037	313 600	55 683	57 937	11 358	12 526	10 435	3 940
1924	478 728	316 700	56 354	58 686	11 577	12 777	10 673	4 009
1925	480 425	319 900	57 036	59 522	11 800	13 005	10 916	4 095
1926	482 128	323 200	57 727	60 490	12 026	13 179	11 165	4 195
1927	483 837	326 400	58 429	61 430	12 305	13 356	11 419	4 289
1928	485 552	329 700	59 140	62 361	12 543	13 535	11 734	4 388
1929	487 273	333 100	59 863	63 244	12 890	13 716	12 058	4 493
1930	489 000	336 400	60 596	64 203	13 194	13 900	12 392	4 614
1931	492 640	341 000	61 496	65 205	13 507	14 117	12 735	4 742
1932	496 307	345 800	62 400	66 189	13 829	14 338	13 087	4 867
1933	500 000	350 700	63 314	67 182	14 158	14 562	13 399	4 995
1934	502 639	355 600	64 246	68 090	14 497	14 789	13 718	5 128
1935	505 292	360 600	65 192	69 238	14 843	15 020	14 045	5 255
1936	507 959	365 700	66 154	70 171	15 199	15 139	14 379	5 384
1937	510 640	370 900	67 136	71 278	15 563	15 260	14 721	5 530
1938	513 336	376 100	68 131	71 879	15 934	15 381	14 980	5 678
1939	516 046	381 400	69 145	72 364	16 275	15 504	15 244	5 821
1940	518 770	386 800	70 175	72 967	16 585	15 627	15 513	5 987
1941	521 508	391 700	71 316	74 005	16 902	15 859	15 787	6 163
1942	524 261	396 300	72 475	75 029	17 169	16 094	16 060	6 339
1943	527 028	400 900	73 314	76 005	17 552	16 332	16 462	6 507
1944	529 810	405 600	73 565	77 178	17 887	16 574	16 868	6 520
1945	532 607	410 400	73 332	76 224	18 228	17 917	17 284	6 533
1946	535 418	<u>415 200</u>	74 132	77 199	18 775	19 369	17 710	6 546
1947	538 244	346 000	75 146	78 119	19 338	19 886	18 148	6 346
1948	541 085	350 000	76 289	80 155	19 918	20 027	18 569	6 697
1949	543 941	355 000	77 654	81 971	20 516	20 208	19 000	7 280

（千人，年中值）（续表）

	孟加拉国	缅甸	中国香港	马来西亚	尼泊尔	巴基斯坦	新加坡	斯里兰卡	16个经济体合计
1914		12 433	507	3 144			331	4 838	
1915		12 541	528	3 207			341	4 905	
1916		12 650	550	3 271			351	4 971	
1917		12 760	573	3 337			360	5 040	
1918		12 871	597	3 404			370	5 109	
1919		12 893	622	3 473			380	5 179	
1920		13 096	648	3 545			391	5 250	
1921		13 212	625	3 618			418	5 304	
1922		13 351	638	3 698			436	5 367	
1923		13 491	668	3 779			458	5 426	
1924		13 633	696	3 863			469	5 452	
1925		13 776	725	3 949			492	5 505	
1926		13 921	710	4 038			511	5 545	
1927		14 067	725	4 128			532	5 591	
1928		14 215	753	4 221			553	5 730	
1929		14 364	785	4 316			575	5 669	
1930		14 515	821	4 413			596	5 707	
1931		14 667	840	4 513			563	5 748	
1932		14 870	901	4 604			580	5 788	
1933		15 075	923	4 697			515	5 825	
1934		15 283	944	4 793			525	5 872	
1935		15 494	966	4 890			572	5 897	
1936		15 708	988	4 993			603	5 943	
1937		15 925	1 282	5 099			651	5 989	
1938		16 145	1 479	5 207			710	6 045	
1939		16 368	1 750	5 317			728	6 095	
1940		16 594	1 786	5 434			751	6 134	
1941		16 824	1 639	5 554			769	6 169	
1942		16 727		5 592				6 191	
1943		16 908		5 630				6 296	
1944		17 090		5 668				6 442	
1945		17 272		5 707				6 650	
1946		17 454	1 550	5 746				6 854	
1947		17 636	1 750	5 786			938	7 037	
1948		17 818	1 800	5 922			961	7 244	
1949		18 000	1 857	6 061			979	7 455	

表 5a-3　16 个东亚经济体的人口（1950—2003）　　　　　（千人，年中值）

	中国内地	印度	印度尼西亚	日本	菲律宾	韩国	泰国	中国台湾
1950	546 815	359 000	79 043	83 805	21 131	20 846	20 042	7 981
1951	557 480	365 000	80 525	85 164	21 775	20 876	20 653	8 251
1952	568 910	372 000	82 052	86 459	22 439	20 948	21 289	8 550
1953	581 390	379 000	83 611	87 655	23 122	21 060	21 964	8 850
1954	595 310	386 000	85 196	88 754	23 827	21 259	22 685	9 160
1955	608 655	393 000	86 807	89 815	24 553	21 552	23 451	9 486
1956	621 465	401 000	88 456	90 766	25 301	22 031	24 244	9 825
1957	637 408	409 000	90 124	91 563	26 072	22 612	25 042	10 164
1958	653 235	418 000	91 821	92 389	26 867	23 254	25 845	10 500
1959	666 005	426 000	93 565	93 297	27 685	23 981	26 667	10 853
1960	667 070	434 000	95 254	94 092	28 529	24 784	27 513	11 209
1961	660 330	444 000	97 085	94 943	29 410	25 614	28 376	11 563
1962	665 770	454 000	99 028	95 832	30 325	26 420	29 263	11 919
1963	682 335	464 000	101 009	96 812	31 273	27 211	30 174	12 277
1964	698 355	474 000	103 031	97 826	32 254	27 984	31 107	12 631
1965	715 185	485 000	105 093	98 883	33 268	28 705	32 062	12 978
1966	735 400	495 000	107 197	99 790	34 304	29 436	33 036	13 321
1967	754 550	506 000	109 343	100 825	35 357	30 131	34 024	13 649
1968	774 510	518 000	111 532	101 961	36 424	30 838	35 028	13 962
1969	796 025	529 000	113 765	103 172	37 507	31 544	36 050	14 282
1970	818 315	541 000	116 044	104 345	38 604	32 241	37 091	14 598
1971	841 105	554 000	118 368	105 697	39 718	32 883	38 202	14 918
1972	862 030	567 000	121 282	107 188	40 850	33 505	39 276	15 226
1973	881 940	580 000	124 271	108 707	41 998	34 073	40 302	15 526
1974	900 350	593 000	127 338	110 162	43 162	34 692	41 306	15 824
1975	916 395	607 000	130 485	111 573	44 337	35 281	42 272	16 122
1976	930 685	620 000	133 713	112 775	45 574	35 860	43 221	16 450
1977	943 455	634 000	137 026	113 872	46 851	36 436	44 148	16 785
1978	956 165	648 000	140 425	114 913	48 172	37 019	45 057	17 112
1979	969 005	664 000	143 912	115 890	49 537	37 534	46 004	17 450
1980	981 235	679 000	147 490	116 807	50 940	38 124	47 026	17 848
1981	993 861	692 000	150 657	117 648	52 195	38 723	47 941	18 177
1982	1 000 281	708 000	153 894	118 455	53 457	39 326	48 837	18 501
1983	1 023 288	723 000	157 204	119 270	54 698	39 910	49 709	18 803
1984	1 036 825	739 000	160 588	120 035	55 964	40 406	50 553	19 083
1985	1 051 040	755 000	164 047	120 754	57 288	40 806	51 367	19 337
1986	1 066 790	771 000	166 976	121 492	58 649	41 214	52 160	19 556
1987	1 084 035	788 000	169 959	122 091	60 018	41 622	52 946	19 758
1988	1 101 630	805 000	172 999	122 613	61 385	42 031	53 725	19 976
1989	1 118 650	822 000	176 094	123 108	62 814	42 449	54 493	20 208
1990	1 135 185	839 000	179 248	123 537	64 318	42 869	55 250	20 279
1991	1 150 780	856 000	182 223	123 946	65 789	43 313	55 982	20 493
1992	1 164 970	872 000	185 259	124 329	67 186	43 795	56 718	20 687
1993	1 178 440	891 000	188 359	124 668	68 611	44 279	57 449	20 883
1994	1 191 835	908 000	191 524	125 014	70 112	44 758	58 173	21 088
1995	1 204 855	927 000	194 755	125 341	71 717	45 236	58 894	21 283
1996	1 217 550	943 000	198 025	125 645	73 386	45 695	59 608	21 449
1997	1 230 075	959 000	201 350	125 956	75 013	46 131	60 311	21 629
1998	1 242 700	975 000	204 390	126 246	76 576	46 535	61 003	21 823
1999	1 252 704	991 691	207 429	126 494	78 134	46 903	61 684	21 993
2000	1 264 093	1 007 702	210 875	126 700	79 740	47 261	62 352	22 151
2001	1 275 392	1 023 590	214 303	126 892	81 370	47 619	63 007	22 304
2002				127 066	82 995	47 963	63 645	22 454
2003				127 214	84 620	48 289	64 265	22 603

（千人，年中值）（续表）

	孟加拉国	缅甸	中国香港	马来西亚	尼泊尔	巴基斯坦	新加坡	斯里兰卡	16个经济体合计
1950	45 646	19 488	2 237	6 434	8 990	39 448	1 022	7 533	1 269 461
1951	46 152	19 788	2 015	6 582	9 086	40 382	1 068	7 752	1 292 551
1952	46 887	20 093	2 126	6 748	9 183	41 347	1 127	7 982	1 318 140
1953	47 660	20 403	2 242	6 929	9 280	42 342	1 192	8 221	1 344 923
1954	48 603	20 721	2 365	7 118	9 379	43 372	1 248	8 457	1 373 454
1955	49 602	21 049	2 490	7 312	9 479	44 434	1 306	8 679	1 401 669
1956	50 478	21 385	2 615	7 520	9 580	45 536	1 372	8 898	1 430 473
1957	51 365	21 732	2 736	7 739	9 682	46 680	1 446	9 129	1 462 494
1958	52 399	22 088	2 854	7 966	9 789	47 869	1 519	9 362	1 495 757
1959	53 485	22 456	2 967	8 196	9 906	49 104	1 587	9 610	1 525 365
1960	54 622	22 836	3 075	8 428	10 035	50 387	1 646	9 879	1 543 360
1961	55 741	23 229	3 168	8 663	10 176	51 719	1 702	10 152	1 555 872
1962	56 839	23 634	3 305	8 906	10 332	53 101	1 750	10 422	1 580 848
1963	58 226	24 053	3 421	9 148	10 500	54 524	1 795	10 687	1 617 447
1964	59 403	24 486	3 505	9 397	10 677	55 988	1 842	10 942	1 653 429
1965	60 332	24 933	3 598	9 648	10 862	57 495	1 887	11 202	1 691 130
1966	61 548	25 394	3 630	9 900	11 057	59 046	1 934	11 470	1 731 464
1967	62 822	25 870	3 723	10 155	11 262	60 642	1 978	11 737	1 772 067
1968	64 133	26 362	3 803	10 409	11 473	62 282	2 012	12 010	1 814 741
1969	65 483	26 867	3 864	10 662	11 692	63 970	2 043	12 275	1 858 201
1970	67 403	27 386	3 959	10 910	11 919	65 706	2 075	12 532	1 904 127
1971	69 227	27 919	4 045	11 171	12 155	67 491	2 113	12 776	1 951 789
1972	70 759	28 466	4 116	11 441	12 413	69 326	2 152	13 017	1 998 048
1973	72 471	29 227	4 213	11 712	12 685	71 121	2 193	13 246	2 043 683
1974	74 679	29 799	4 320	11 986	12 973	72 912	2 230	13 450	2 088 182
1975	76 253	30 357	4 396	12 267	13 278	74 712	2 263	13 660	2 130 651
1976	77 928	30 929	4 518	12 554	13 599	76 456	2 293	13 887	2 170 444
1977	80 428	31 514	4 584	12 845	13 933	78 153	2 325	14 117	2 210 473
1978	82 936	32 024	4 668	13 139	14 280	80 051	2 354	14 371	2 250 684
1979	85 492	32 611	4 930	13 444	14 641	82 374	2 384	14 649	2 293 856
1980	88 077	33 283	5 063	13 764	15 016	85 219	2 414	14 900	2 336 207
1981	90 666	33 884	5 183	14 097	15 403	88 417	2 533	15 152	2 376 537
1982	93 074	34 490	5 265	14 442	15 796	91 257	2 647	15 410	2 413 132
1983	95 384	35 103	5 345	14 793	16 200	93 720	2 681	15 618	2 464 726
1984	97 612	35 699	5 398	15 157	16 613	96 284	2 732	15 810	2 507 760
1985	99 753	36 257	5 456	15 545	17 038	99 053	2 736	16 021	2 551 498
1986	101 769	36 783	5 525	15 941	17 472	101 955	2 733	16 256	2 596 270
1987	103 764	37 277	5 585	16 332	17 917	104 893	2 775	16 495	2 643 467
1988	105 771	37 735	5 628	16 729	18 374	107 863	2 846	16 735	2 691 040
1989	107 807	38 152	5 661	17 118	18 843	110 883	2 931	16 971	2 738 182
1990	109 897	38 526	5 688	17 504	19 325	113 975	3 016	17 193	2 784 811
1991	111 936	38 855	5 752	17 906	19 819	117 001	3 097	17 391	2 830 283
1992	113 705	39 073	5 834	18 320	20 326	118 975	3 179	17 587	2 871 942
1993	115 448	39 336	5 944	18 748	20 846	121 009	3 268	17 826	2 916 114
1994	117 280	39 750	6 083	19 180	21 373	123 858	3 367	18 075	2 959 469
1995	119 186	40 166	6 247	19 611	21 907	126 630	3 481	18 304	3 004 613
1996	121 189	40 539	6 420	20 045	22 450	129 538	3 610	18 510	3 046 659
1997	123 315	40 876	6 607	20 476	23 001	132 485	3 741	18 699	3 088 664
1998	125 573	41 193	6 813	20 912	23 560	135 471	3 871	18 885	3 130 552
1999	127 943	41 491	6 992	21 354	24 127	138 496	4 008	19 065	3 175 945
2000	130 407	41 772	7 116	21 793	24 702	141 554	4 152	19 239	3 211 608
2001	132 975	42 035	7 211	22 229	25 284	144 617	4 300	19 409	3 252 537
2002	135 657	42 282	7 303	22 662	25 874	147 663	4 453	19 577	
2003	138 448	42 511	7 394	23 093	26 470	150 695	4 609	19 742	

表 5a-4　15 个西亚经济体的人口（1950—2003）　　　（千人，年中值）

	巴林	伊朗	伊拉克	以色列	约旦	科威特	黎巴嫩	阿曼	卡塔尔
1950	115	16 357	5 163	1 286	561	145	1 364	489	25
1951	118	16 809	5 300	1 490	584	152	1 401	498	27
1952	120	17 272	5 442	1 621	608	160	1 440	508	29
1953	123	17 742	5 589	1 667	633	168	1 479	517	31
1954	127	18 226	5 743	1 712	659	177	1 519	528	33
1955	130	18 729	5 903	1 772	687	187	1 561	539	35
1956	134	19 249	6 073	1 850	716	197	1 604	550	37
1957	139	19 792	6 249	1 944	747	213	1 647	562	39
1958	144	20 362	6 433	2 025	779	235	1 692	573	41
1959	150	20 958	6 625	2 082	813	262	1 739	586	43
1960	157	21 577	6 822	2 141	849	292	1 786	599	45
1961	164	22 214	7 026	2 217	887	325	1 836	614	49
1962	172	22 874	7 240	2 311	934	358	1 887	628	53
1963	179	23 554	7 468	2 407	975	394	1 940	645	58
1964	186	24 264	7 711	2 498	1 017	433	1 996	662	64
1965	191	25 000	7 971	2 578	1 061	476	2 058	679	70
1966	197	25 764	8 240	2 641	1 107	523	2 122	697	77
1967	202	26 538	8 519	2 694	1 255	575	2 187	715	85
1968	208	27 321	8 808	2 747	1 383	632	2 254	735	94
1969	214	28 119	9 106	2 817	1 454	690	2 320	756	103
1970	220	28 933	9 414	2 903	1 503	748	2 383	779	113
1971	225	29 763	9 732	2 997	1 556	793	2 529	803	122
1972	231	30 614	10 062	3 096	1 614	842	2 680	829	132
1973	239	31 491	10 402	3 197	1 674	894	2 825	857	142
1974	248	32 412	10 754	3 286	1 738	948	2 988	884	153
1975	259	33 379	11 118	3 354	1 803	1 007	3 098	913	165
1976	274	34 381	11 494	3 424	1 870	1 072	3 119	956	177
1977	297	35 473	11 883	3 496	1 938	1 140	3 116	1 005	189
1978	323	36 634	12 317	3 570	2 007	1 214	3 109	1 059	202
1979	336	37 963	12 768	3 653	2 077	1 292	3 099	1 116	216
1980	348	39 548	13 233	3 737	2 163	1 370	3 086	1 175	231
1981	363	41 270	13 703	3 801	2 254	1 432	3 081	1 238	242
1982	378	43 016	14 173	3 858	2 347	1 497	3 087	1 301	252
1983	393	44 764	14 652	3 927	2 440	1 566	3 090	1 363	284
1984	408	46 542	15 161	4 005	2 533	1 637	3 090	1 424	315
1985	424	48 344	15 694	4 075	2 628	1 733	3 088	1 482	345
1986	440	50 162	16 247	4 137	2 724	1 811	3 087	1 538	375
1987	455	51 983	16 543	4 203	2 820	1 891	3 089	1 594	402
1988	469	53 650	17 038	4 272	2 917	1 973	3 096	1 652	430
1989	485	55 355	17 568	4 344	3 019	2 057	3 107	1 712	457
1990	500	57 551	18 135	4 512	3 262	2 142	3 147	1 773	481
1991	515	59 590	17 472	4 756	3 631	954	3 193	1 843	505
1992	529	60 800	17 862	4 937	3 867	1 418	3 220	1 915	529
1993	544	61 001	18 405	5 062	3 984	1 484	3 252	1 989	557
1994	558	61 133	18 970	5 185	4 082	1 551	3 291	2 059	585
1995	573	61 925	19 557	5 305	4 202	1 621	3 335	2 131	613
1996	586	62 768	20 162	5 420	4 364	1 693	3 382	2 206	641
1997	599	63 655	20 776	5 531	4 526	1 765	3 430	2 284	667
1998	611	64 487	21 398	5 639	4 686	1 836	3 479	2 364	694
1999	623	65 240	22 031	5 743	4 843	1 905	3 529	2 447	719
2000	634	66 006	22 676	5 842	4 999	1 974	3 578	2 533	744
2001	645	66 791	23 332	5 938	5 153	2 042	3 628	2 622	769
2002	656	67 538	24 002	6 030	5 307	2 112	3 678	2 713	793
2003	667	68 279	24 683	6 117	5 460	2 183	3 728	2 807	817

（千人，年中值）（续表）

	沙特阿拉伯	叙利亚	土耳其	阿联酋	也门	约旦河西岸和加沙地带	合计
1950	3 860	3 495	21 122	72	4 777	1 017	59 847
1951	3 932	3 577	21 669	73	4 869	1 022	61 522
1952	4 006	3 662	22 236	75	4 964	1 031	63 172
1953	4 082	3 750	22 831	77	5 061	1 040	64 792
1954	4 160	3 842	23 464	80	5 162	1 049	66 482
1955	4 243	3 938	24 145	83	5 265	1 054	68 271
1956	4 329	4 041	24 877	86	5 380	1 061	70 184
1957	4 420	4 150	25 671	89	5 498	1 070	72 230
1958	4 514	4 268	26 506	93	5 619	1 078	74 361
1959	4 614	4 395	27 356	98	5 744	1 101	76 563
1960	4 718	4 533	28 217	103	5 872	1 113	78 825
1961	4 828	4 681	29 030	109	5 994	1 110	81 083
1962	4 943	4 835	29 789	116	6 120	1 133	83 392
1963	5 065	4 993	30 509	124	6 248	1 156	85 716
1964	5 192	5 157	31 227	133	6 378	1 182	88 101
1965	5 327	5 326	31 951	144	6 510	1 211	90 554
1966	5 469	5 500	32 678	157	6 625	1 236	93 033
1967	5 618	5 681	33 411	172	6 741	1 143	95 535
1968	5 775	5 867	34 165	191	6 859	1 000	98 038
1969	5 939	6 059	34 952	218	6 978	1 006	100 731
1970	6 109	6 258	35 758	249	7 098	1 032	103 500
1971	6 287	6 479	36 580	288	7 251	1 060	106 467
1972	6 473	6 701	37 493	336	7 407	1 090	109 598
1973	6 667	6 931	38 503	391	7 580	1 124	112 918
1974	6 868	7 169	39 513	453	7 755	1 167	116 336
1975	7 199	7 416	40 530	523	7 934	1 201	119 899
1976	7 608	7 670	41 485	598	8 171	1 228	123 525
1977	8 108	7 933	42 404	684	8 404	1 261	127 330
1978	8 680	8 203	43 317	779	8 641	1 296	131 349
1979	9 307	8 484	44 223	884	8 883	1 330	135 631
1980	9 949	8 774	45 121	1 000	9 133	1 360	140 226
1981	10 565	9 073	46 222	1 100	9 390	1 389	145 126
1982	11 179	9 410	47 329	1 204	9 658	1 426	150 116
1983	11 822	9 757	48 440	1 316	9 936	1 475	155 225
1984	12 502	10 114	49 554	1 438	10 229	1 525	160 477
1985	13 208	10 481	50 669	1 570	10 540	1 576	165 856
1986	13 858	10 857	51 780	1 714	10 870	1 630	171 230
1987	14 461	11 243	52 881	1 778	11 219	1 691	176 255
1988	15 055	11 632	53 966	1 839	11 591	1 758	181 339
1989	15 631	12 018	55 031	1 897	11 986	1 821	186 488
1990	15 847	12 436	56 085	1 951	12 416	1 897	192 136
1991	16 075	12 849	57 135	2 002	12 882	1 997	195 399
1992	16 692	13 219	58 179	2 049	13 368	2 105	200 689
1993	17 324	13 579	59 213	2 093	13 886	2 216	204 589
1994	17 970	13 939	60 221	2 136	14 395	2 346	208 421
1995	18 632	14 310	61 189	2 176	14 859	2 502	212 929
1996	19 290	14 691	62 128	2 216	15 327	2 666	217 539
1997	19 946	15 081	63 048	2 254	15 826	2 826	222 216
1998	20 620	15 481	63 946	2 293	16 352	2 932	226 816
1999	21 311	15 889	64 820	2 331	16 905	3 041	231 376
2000	22 024	16 306	65 667	2 369	17 479	3 152	235 983
2001	22 757	16 729	66 494	2 407	18 078	3 269	240 655
2002	23 513	17 156	67 309	2 446	18 701	3 390	245 344
2003	24 294	17 586	68 109	2 485	19 350	3 512	250 077

表 5a-5　26 个东亚经济体的人口（1950—2003）　　（千人，年中值）

	阿富汗	柬埔寨	老挝	蒙古	朝鲜	越南	20 个小经济体合计	26 个经济体合计
1950	8 150	4 163	1 886	779	9 471	25 348	3 342	53 139
1951	8 284	4 266	1 921	789	9 162	25 794	3 401	53 617
1952	8 425	4 371	1 957	801	8 865	26 247	3 461	54 127
1953	8 573	4 478	1 995	814	8 580	26 724	3 530	54 695
1954	8 728	4 589	2 035	828	8 572	27 210	3 599	55 561
1955	8 891	4 702	2 077	844	8 839	27 738	3 675	56 766
1956	9 062	4 827	2 121	862	9 116	28 327	3 755	58 070
1957	9 241	4 956	2 166	882	9 411	28 999	3 833	59 488
1958	9 429	5 088	2 213	904	9 727	29 775	3 922	61 059
1959	9 625	5 224	2 261	929	10 054	30 683	4 013	62 788
1960	9 829	5 364	2 309	955	10 392	31 656	4 106	64 612
1961	10 043	5 511	2 359	982	10 651	32 701	4 205	66 453
1962	10 267	5 761	2 409	1 010	10 917	33 796	4 315	68 476
1963	10 501	5 914	2 460	1 031	11 210	34 932	4 434	70 482
1964	10 744	6 071	2 512	1 061	11 528	36 099	4 547	72 562
1965	10 998	6 232	2 565	1 090	11 869	37 258	4 670	74 683
1966	11 262	6 396	2 619	1 119	12 232	38 378	4 799	76 807
1967	11 538	6 565	2 674	1 150	12 617	39 464	4 923	78 930
1968	11 825	6 738	2 730	1 181	13 024	40 512	5 055	81 065
1969	12 123	6 917	2 787	1 214	13 455	41 542	5 186	83 223
1970	12 431	6 984	2 845	1 248	13 912	42 577	5 332	85 327
1971	12 749	7 011	2 904	1 283	14 365	43 614	5 483	87 410
1972	13 079	7 110	2 964	1 321	14 781	44 655	5 617	89 528
1973	13 421	7 205	3 027	1 360	15 161	45 736	5 748	91 658
1974	13 772	7 294	3 092	1 403	15 501	46 902	5 866	93 831
1975	14 132	7 188	3 161	1 446	15 801	48 075	5 999	95 802
1976	14 501	6 915	3 176	1 487	16 069	49 273	6 131	97 553
1977	14 880	6 679	3 208	1 528	16 325	50 534	6 270	99 425
1978	15 269	6 472	3 248	1 572	16 580	51 663	6 417	101 220
1979	15 556	6 436	3 268	1 617	16 840	52 668	6 571	102 956
1980	14 985	6 586	3 293	1 662	17 114	53 661	6 733	104 034
1981	14 087	6 801	3 337	1 709	17 384	54 792	6 893	105 002
1982	13 645	7 064	3 411	1 756	17 648	55 972	7 060	106 556
1983	13 709	7 347	3 495	1 805	17 918	57 204	7 240	108 718
1984	13 826	7 535	3 577	1 856	18 196	58 466	7 425	110 880
1985	13 898	7 695	3 657	1 908	18 481	59 730	7 608	112 977
1986	13 936	7 965	3 762	1 961	18 772	61 006	7 796	115 199
1987	14 071	8 277	3 869	2 015	19 068	62 320	7 986	117 606
1988	14 326	8 599	3 980	2 071	19 371	63 630	8 177	120 153
1989	14 635	8 930	4 094	2 159	19 688	65 206	8 378	123 090
1990	14 750	9 271	4 210	2 216	20 019	66 637	8 588	125 692
1991	14 939	9 622	4 331	2 268	20 361	68 008	8 798	128 326
1992	16 589	10 068	4 454	2 313	20 711	69 321	9 014	132 470
1993	18 840	10 569	4 581	2 349	21 064	70 633	9 233	137 270
1994	20 319	10 950	4 712	2 383	21 340	71 935	9 453	141 091
1995	21 489	11 240	4 846	2 421	21 562	73 172	9 676	144 406
1996	22 429	11 510	4 971	2 459	21 649	74 341	9 901	147 260
1997	23 234	11 754	5 099	2 495	21 585	75 448	10 131	149 745
1998	24 065	11 982	5 229	2 531	21 455	76 487	10 365	152 113
1999	24 961	12 208	5 362	2 566	21 445	77 497	10 602	154 640
2000	25 889	12 433	5 498	2 601	21 648	78 518	10 841	157 426
2001	26 813	12 660	5 636	2 637	21 940	79 544	11 082	160 312
2002	27 756	12 890	5 778	2 674	22 215	80 577	11 326	163 217
2003	28 717	13 125	5 922	2 712	22 466	81 625	11 571	166 138

表 5a-6　　**57 个亚洲经济体的人口(1820—2001)**　　（千人，年中值）

	东亚 16 个 经济体合计	东亚 26 个 经济体合计	西亚 15 个 经济体合计	亚洲 57 个 经济体总计
1820	666 100	19 153	25 147	710 400
1870	710 031	24 912	30 286	765 229
1900	804 251	32 972	36 101	873 324
1913	901 247	37 158	38 956	977 361
1950	1 269 461	53 139	59 847	1 382 447
1951	1 292 551	53 617	61 522	1 407 689
1952	1 318 140	54 127	63 172	1 435 439
1953	1 344 923	54 695	64 792	1 464 409
1954	1 373 454	55 561	66 482	1 495 497
1955	1 401 669	56 766	68 271	1 526 707
1956	1 430 473	58 070	70 184	1 558 727
1957	1 462 494	59 488	72 230	1 594 212
1958	1 495 757	61 059	74 361	1 631 177
1959	1 525 365	62 788	76 563	1 664 717
1960	1 543 360	64 612	78 825	1 686 796
1961	1 555 872	66 453	81 083	1 703 409
1962	1 580 848	68 476	83 392	1 732 716
1963	1 617 447	70 482	85 716	1 773 645
1964	1 653 429	72 562	88 101	1 814 092
1965	1 691 130	74 683	90 554	1 856 366
1966	1 731 464	76 807	93 033	1 901 303
1967	1 772 067	78 930	95 535	1 946 533
1968	1 814 741	81 065	98 038	1 993 844
1969	1 858 201	83 223	100 731	2 042 155
1970	1 904 127	85 327	103 500	2 092 954
1971	1 951 789	87 410	106 467	2 145 665
1972	1 998 048	89 528	109 598	2 197 174
1973	2 043 683	91 658	112 918	2 248 260
1974	2 088 182	93 831	116 336	2 298 349
1975	2 130 651	95 802	119 899	2 346 352
1976	2 170 444	97 553	123 525	2 391 522
1977	2 210 473	99 425	127 330	2 437 228
1978	2 250 684	101 220	131 349	2 483 253
1979	2 293 856	102 956	135 631	2 532 444
1980	2 336 207	104 034	140 226	2 580 468
1981	2 376 537	105 002	145 126	2 626 665
1982	2 413 132	106 556	150 116	2 669 803
1983	2 464 726	108 718	155 225	2 728 669
1984	2 507 760	110 880	160 477	2 779 117
1985	2 551 498	112 977	165 856	2 830 331
1986	2 596 270	115 199	171 230	2 882 699
1987	2 643 467	117 606	176 255	2 937 328
1988	2 691 040	120 153	181 339	2 992 532
1989	2 738 182	123 090	186 488	3 047 760
1990	2 784 811	125 692	192 136	3 102 638
1991	2 830 283	128 326	195 399	3 154 008
1992	2 871 942	132 470	200 689	3 205 102
1993	2 916 114	137 270	204 589	3 257 972
1994	2 959 469	141 091	208 421	3 308 981
1995	3 004 613	144 406	212 929	3 361 948
1996	3 046 659	147 260	217 539	3 411 457
1997	3 088 664	149 745	222 216	3 460 624
1998	3 130 552	152 113	226 816	3 509 481
1999	3 175 945	154 640	231 376	3 561 961
2000	3 211 608	157 426	235 983	3 605 017
2001	3 252 537	160 312	240 655	3 653 504

表 5b-1　16 个东亚经济体的 GDP 水平(1820—1913)

（百万 1990 年国际元）

	中国内地	印度	印度尼西亚	日本	菲律宾	韩国	泰国	中国台湾
1820	228 600	111 417	10 970	20 739	*1 532*	*5 637*	*3 014*	*998*
1850	247 200							
1870	189 740	134 882	18 929	25 393	*3 929*	*5 891*	4 112	*1 290*
1871			19 021	25 709				
1872			19 158	26 005				
1873			19 660	26 338				
1874			20 162	26 644				
1875			20 481	28 698				
1876			21 028	28 019				
1877			21 302	28 910				
1878			21 028	28 825				
1879			21 439	30 540				
1880			21 758	31 779				
1881			23 218	30 777				
1882			22 443	31 584				
1883			22 214	31 618				
1884		146 409	24 495	31 872				
1885		151 985	24 815	33 052				
1886		148 134	24 678	35 395				
1887		155 899	24 951	36 982				
1888		158 358	25 179	35 310				
1889		155 063	25 316	37 016				
1890	205 304	163 341	24 815	40 556			5 229	
1891		148 317	25 362	38 621				
1892		160 224	26 411	41 200				
1893		164 280	27 187	41 344				
1894		166 799	27 643	46 288				
1895		162 696	28 281	46 933				
1896		150 699	28 099	44 353				
1897		178 236	28 509	45 285				
1898		178 599	28 874	53 883				
1899		164 690	30 608	49 870				
1900	218 074	170 466	31 748	52 020				
1901		173 957	31 352	53 883				
1902		188 504	30 904	51 089	5 320			
1903		191 141	32 637	54 671	6 450			
1904		192 060	33 314	55 101	5 979			
1905		188 587	33 823	54 170	5 979			
1906		193 979	34 869	61 263	6 322			
1907		182 234	35 698	63 198	6 648			
1908		184 844	35 800	63 628	6 834			
1909		210 241	37 659	63 556	6 944			
1910		210 439	40 180	64 559	7 984			
1911		209 354	42 442	68 070	8 539	7 966		
1912		208 946	42 818	70 507	8 969	8 148		2 456
1913	241 344	204 242	45 152	71 653	9 877	8 678	7 304	2 591

（百万 1990 年国际元）（续表）

	孟加拉国	缅甸	中国香港	马来西亚	尼泊尔	巴基斯坦	新加坡	斯里兰卡	16 个经济体合计
1820		*1 767*	*12*	*173*	*1 541*		*18*	597	387 016
1850								1 250	
1870		*2 139*	*84*	*530*	*1 865*		*57*	2 372	391 213
1871								2 332	
1872								2 230	
1873								2 257	
1874								2 235	
1875								2 270	
1876								2 311	
1877								2 341	
1878								2 135	
1879								2 307	
1880								2 509	
1881								2 699	
1882								2 874	
1883								2 925	
1884								2 844	
1885								2 670	
1886								2 588	
1887								3 044	
1888								3 004	
1889								2 985	
1890								3 494	
1891								3 529	
1892								3 651	
1893								3 709	
1894								3 739	
1895								3 934	
1896								4 018	
1897								4 221	
1898								4 461	
1899								4 779	
1900								5 048	500 686
1901		7 332						4 804	
1902								4 785	
1903								5 093	
1904								5 144	
1905								5 167	
1906		6 385						5 307	
1907								5 509	
1908								5 520	
1909								5 286	
1910								5 639	
1911		7 348		2 376				5 519	
1912				2 486				5 533	
1913		8 445	*623*	2 776	*3 039*		413	5 938	612 075

表 5b-2　16 个东亚经济体的 GDP 水平(1914—1949)

（百万 1990 年国际元）

	中国内地	印度	印度尼西亚	日本	菲律宾	韩国	泰国	中国台湾
1914		215 400	45 076	69 503	9 713	9 276		2 634
1915		210 110	45 647	75 952	9 017	10 535		2 725
1916		216 245	46 350	87 703	10 332	10 743		3 449
1917		212 341	46 513	90 641	11 924	11 498		3 826
1918		185 202	47 597	91 573	13 649	12 435		3 384
1919		210 730	51 402	100 959	13 400	12 201		3 624
1920		194 051	50 779	94 654	13 826	11 914		3 581
1921		208 785	51 212	105 043		12 654		3 316
1922		217 594	52 033	104 757		12 496		3 793
1923		210 511	52 858	104 828		12 904		4 046
1924		220 763	55 683	107 766		13 095		4 110
1925		223 375	57 610	112 209	16 361	13 216		4 502
1926		230 410	60 781	113 212	17 170	13 685		4 314
1927		230 426	64 989	114 860	17 732	14 500		4 337
1928		232 745	68 099	124 246	18 483	14 171		5 315
1929	273 991	242 409	70 015	128 116	19 363	13 902	9 568	5 149
1930	277 467	244 097	70 525	118 801	19 478	14 179		5 073
1931	280 292	242 489	65 218	119 804	19 481	13 980		5 055
1932	289 200	245 209	64 461	129 835	21 154	14 570		5 747
1933	289 200	245 433	64 035	142 589	20 628	16 670		5 288
1934	263 996	247 712	64 400	142 876	21 567	16 488		5 677
1935	285 300	245 361	66 674	146 817	18 730	18 648		6 807
1936	303 324	254 896	71 517	157 493	21 373	19 915		6 639
1937	295 937	250 768	78 485	165 017	23 335	22 614		6 986
1938	288 549	251 375	80 044	176 051	24 252	22 440	12 380	7 395
1939		256 924	80 861	203 781	26 130	20 115		8 094
1940		265 455	86 682	209 728	26 326	22 536		8 064
1941		270 531	89 316	212 594		22 848		8 871
1942		269 278		211 448		22 718		9 524
1943		279 898		214 457		23 048		6 492
1944		276 954		205 214		22 050		4 459
1945		272 503		102 607		11 029		4 849
1946		258 164		111 492	12 131	11 984		5 274
1947		213 680		120 377	16 922	12 886		5 736
1948		215 927		138 290	19 772	13 867		6 238
1949		221 631	61 872	147 534	21 022	14 917		6 784

（百万 1990 年国际元）（续表）

	孟加拉国	缅甸	中国香港	马来西亚	尼泊尔	巴基斯坦	新加坡	斯里兰卡	16 个经济体合计
1914				2 893				5 853	
1915				3 007				5 574	
1916			10 405	3 258				5 829	
1917				3 449				6 137	
1918				3 300				5 658	
1919				4 020				6 041	
1920				3 936				5 733	
1921			9 392	3 889				5 617	
1922				4 259				5 831	
1923				4 194				5 782	
1924				4 095				6 148	
1925				4 743				6 534	
1926			11 326	5 316				7 022	
1927				5 165				7 053	
1928				5 865				7 202	
1929				7 261				7 571	
1930				7 219				7 220	
1931			13 235	6 988				6 914	
1932				6 431				6 604	
1933				6 762				6 699	
1934				7 380				7 397	
1935				6 672				6 982	
1936			13 167	7 380				6 981	
1937				6 672				7 466	
1938			11 942	7 089				7 407	
1939				8 557				7 230	
1940				6 945				7 673	
1941				6 878				7 875	
1942				9 354				8 189	
1943								8 085	
1944								7 437	
1945								7 420	
1946								7 199	
1947				6 186				7 554	
1948	25 197			7 017		23 477		8 397	
1949	23 266			9 277		23 764		8 939	

表 5b-3　16 个东亚经济体的 GDP 水平（1950—2001）

（百万 1990 年国际元）

	中国内地	印度	印度尼西亚	日本	菲律宾	韩国	泰国	中国台湾
1950	239 903	222 222	66 358	160 966	22 616	16 045	16 375	7 378
1951	267 228	227 362	71 304	181 025	25 054	14 810	17 532	8 179
1952	305 742	234 148	74 679	202 005	26 609	15 772	18 503	9 093
1953	321 919	248 963	78 394	216 889	28 988	20 345	20 542	10 092
1954	332 326	259 262	83 283	229 151	31 168	21 539	20 381	10 927
1955	350 115	265 527	85 571	248 855	33 331	22 708	22 162	11 853
1956	384 842	280 978	86 700	267 567	35 670	22 815	22 540	12 481
1957	406 222	277 924	92 631	287 130	37 599	24 575	22 792	13 360
1958	452 654	299 137	89 293	303 857	38 900	25 863	23 616	14 510
1959	464 006	305 499	93 129	331 570	41 548	26 865	26 457	15 871
1960	448 727	326 910	97 082	375 090	42 114	27 398	29 665	16 725
1961	368 021	336 744	103 446	420 246	44 480	28 782	31 210	17 931
1962	368 032	344 204	103 332	457 742	46 603	29 654	33 636	19 453
1963	403 732	361 442	99 371	496 514	49 893	32 268	36 360	22 150
1964	452 558	389 262	103 043	554 449	51 613	35 054	38 841	24 971
1965	505 099	373 814	104 070	586 744	54 331	37 166	41 933	26 688
1966	553 676	377 207	104 089	649 189	56 736	41 641	46 654	29 378
1967	536 987	408 349	101 739	721 132	59 756	44 670	50 552	32 688
1968	525 204	418 907	111 662	813 984	62 712	50 371	54 695	35 447
1969	574 669	446 872	125 408	915 556	65 632	58 007	58 980	38 651
1970	640 949	469 584	138 612	1 013 602	68 102	62 988	62 842	43 509
1971	671 780	474 338	146 200	1 061 230	71 799	82 932	65 886	49 591
1972	691 449	472 766	162 748	1 150 516	75 710	85 811	68 666	57 358
1973	740 048	494 832	186 900	1 242 932	82 464	96 794	75 511	63 519
1974	752 734	500 146	196 374	1 227 706	85 398	104 605	78 894	62 384
1975	800 876	544 683	196 374	1 265 661	90 150	111 548	82 799	63 818
1976	793 092	551 402	213 675	1 315 966	98 090	124 664	90 391	75 108
1977	844 157	593 834	230 338	1 373 741	103 585	137 531	99 304	84 267
1978	935 884	625 695	240 853	1 446 165	108 942	150 442	109 112	94 833
1979	1 007 734	594 510	253 961	1 525 477	115 086	161 172	114 828	101 759
1980	1 046 781	637 202	275 805	1 568 457	121 012	156 846	120 116	104 753
1981	1 096 587	675 882	294 768	1 618 185	125 154	166 581	127 211	113 222
1982	1 192 494	697 705	283 922	1 667 653	129 648	179 220	134 020	119 254
1983	1 294 304	753 942	295 296	1 706 380	132 115	199 828	141 504	132 294
1984	1 447 661	783 042	315 677	1 773 223	122 440	217 167	149 644	148 650
1985	1 599 201	814 344	323 451	1 851 315	113 493	231 386	156 598	156 878
1986	1 703 671	848 990	342 452	1 904 918	117 371	258 122	165 264	177 721
1987	1 849 563	886 154	359 323	1 984 142	122 432	287 854	180 996	190 493
1988	2 000 236	978 822	379 917	2 107 060	130 699	320 301	205 047	192 229
1989	2 044 100	1 043 912	414 090	2 208 858	138 809	340 751	230 043	195 311
1990	2 109 400	1 098 100	450 901	2 321 153	143 025	373 150	255 732	200 477
1991	2 232 306	1 112 340	473 680	2 393 300	142 191	407 899	277 618	215 622
1992	2 444 569	1 169 301	524 482	2 415 691	142 668	429 817	300 059	230 203
1993	2 683 336	1 238 272	560 544	2 425 642	145 704	453 340	325 215	244 747
1994	2 950 104	1 328 047	602 585	2 450 521	152 115	490 762	354 484	262 124
1995	3 196 343	1 425 643	651 997	2 487 838	159 264	534 599	387 097	278 900
1996	3 433 255	1 537 439	704 156	2 574 912	168 507	570 952	409 936	295 913
1997	3 657 242	1 610 621	735 844	2 619 694	177 264	599 285	404 197	315 739
1998	3 873 352	1 716 369	639 448	2 592 327	176 200	559 190	361 756	330 263
1999	4 082 513	1 825 709	644 564	2 609 742	182 191	620 135	377 673	348 097
2000	4 329 913	1 924 297	675 503	2 669 450	190 207	677 871	395 046	368 635
2001	4 569 790	2 003 193	697 794	2 624 523	196 294	698 721	402 157	361 631

（百万 1990 年国际元）（续表）

	孟加拉国	缅甸	中国香港	马来西亚	尼泊尔	巴基斯坦	新加坡	斯里兰卡	16 个经济体合计
1950	24 628	7 711	4 962	10 032	4 462	25 366	2 268	9 438	840 730
1951	24 974	8 834	4 626	9 478	4 591	24 534	2 406	10 025	901 962
1952	25 706	9 028	5 054	9 930	4 748	24 625	2 569	10 485	978 696
1953	26 072	9 265	5 515	9 977	5 038	26 983	2 758	10 688	1 042 428
1954	26 581	8 690	6 021	10 607	5 145	27 603	2 896	10 979	1 086 559
1955	25 177	9 822	6 564	10 677	5 248	28 238	3 078	11 621	1 140 547
1956	27 821	10 472	7 136	11 320	5 484	29 069	3 200	11 698	1 219 793
1957	27 231	11 089	7 729	11 257	5 484	30 339	3 352	11 869	1 270 583
1958	26 702	10 785	8 345	11 256	5 792	30 762	3 485	12 214	1 357 171
1959	28 126	12 457	8 981	12 026	5 957	31 095	3 470	12 385	1 419 442
1960	29 733	12 871	9 637	12 899	6 091	32 621	3 803	12 841	1 484 207
1961	31 421	13 183	10 276	13 794	6 238	34 602	4 123	13 104	1 477 601
1962	31 258	14 332	12 072	14 578	6 385	37 111	4 411	13 575	1 536 378
1963	34 573	14 737	13 968	15 271	6 537	39 439	4 848	13 856	1 644 959
1964	34 939	14 999	15 165	16 235	6 689	42 417	4 680	14 515	1 799 430
1965	36 647	15 379	17 360	17 405	6 849	44 307	5 033	14 971	1 887 796
1966	37 115	14 737	17 659	18 278	7 331	47 919	5 593	14 804	2 022 006
1967	36 302	15 151	17 959	18 587	7 216	49 718	6 255	16 157	2 123 218
1968	39 678	16 148	18 557	20 217	7 265	53 195	7 123	17 362	2 252 527
1969	40 227	16 815	20 652	21 382	7 590	56 642	8 098	18 053	2 473 234
1970	42 403	17 575	22 548	22 684	7 787	62 522	9 209	18 912	2 703 828
1971	40 552	18 149	24 144	24 359	7 693	62 824	10 362	18 752	2 830 591
1972	35 732	18 284	26 639	26 195	7 934	63 323	11 752	19 147	2 974 030
1973	35 997	18 352	29 931	29 982	7 894	67 828	13 108	19 922	3 206 014
1974	40 817	19 323	30 629	32 222	8 393	70 141	13 994	20 570	3 244 330
1975	40 308	20 125	30 729	32 489	8 518	73 043	14 549	21 047	3 396 717
1976	42 098	21 350	35 718	36 536	8 893	76 898	15 588	21 669	3 521 138
1977	42 525	22 625	39 908	39 513	9 161	79 951	16 797	23 082	3 740 319
1978	45 657	24 086	43 300	42 970	9 563	86 406	18 245	24 523	4 006 676
1979	47 846	25 222	48 289	46 469	9 790	89 580	19 932	26 125	4 187 780
1980	48 239	27 381	53 177	50 333	9 563	98 907	21 865	27 550	4 367 987
1981	49 877	28 930	58 066	53 901	9 563	106 753	23 960	29 302	4 577 942
1982	50 487	30 499	59 662	57 102	10 749	114 852	25 601	30 788	4 783 656
1983	52 961	31 827	63 055	60 588	10 433	122 649	27 695	32 366	5 057 237
1984	55 833	33 397	69 340	65 290	11 441	127 518	30 006	33 951	5 384 280
1985	57 519	34 349	69 639	64 617	12 146	138 632	29 451	35 381	5 688 400
1986	60 011	33 986	77 122	65 434	12 664	147 421	29 975	37 163	5 982 285
1987	62 521	32 624	87 099	68 898	13 164	155 994	32 817	37 529	6 351 603
1988	64 329	28 921	94 083	74 982	14 199	166 031	36 491	38 520	6 831 867
1989	65 948	29 989	96 478	81 996	14 525	174 001	39 857	39 543	7 158 211
1990	70 320	30 834	99 770	89 823	15 609	182 014	43 330	42 089	7 525 727
1991	72 629	30 633	104 858	97 545	16 603	192 138	45 832	44 118	7 859 312
1992	76 245	33 593	111 343	105 151	17 285	206 957	49 399	46 050	8 302 813
1993	79 722	35 622	118 227	113 927	17 950	211 653	55 622	49 235	8 758 758
1994	83 309	38 044	124 611	124 408	19 425	220 966	61 963	51 992	9 315 460
1995	87 308	40 783	129 471	136 600	20 099	231 793	66 920	54 852	9 889 487
1996	91 674	43 394	135 297	150 260	21 170	238 515	72 073	56 936	10 504 389
1997	96 532	45 867	142 062	161 229	22 025	242 808	78 271	60 580	10 969 260
1998	102 324	48 527	134 533	149 298	22 435	250 335	78 193	63 427	11 097 977
1999	107 850	53 817	138 569	158 406	23 175	260 599	83 588	66 155	11 582 783
2000	113 890	56 508	152 980	171 553	24 681	271 805	92 198	70 124	12 184 661
2001	119 242	59 220	153 286	172 411	25 989	281 590	90 354	69 142	12 525 337

表 5b-4　15 个西亚经济体的 GDP 水平（1950—2002）

（百万 1990 年国际元）

	巴林	伊朗	伊拉克	以色列	约旦	科威特	黎巴嫩	阿曼	卡塔尔
1950	242	28 128	7 041	3 623	933	4 181	3 313	304	763
1951	257	28 128	7 661	4 707	990	4 532	2 972	324	827
1952	273	28 128	8 470	4 910	1 049	4 804	3 157	344	876
1953	290	28 156	11 899	4 852	1 112	5 280	3 634	366	963
1954	309	28 156	14 145	5 776	1 178	5 882	4 171	389	1 073
1955	328	28 156	13 568	6 558	1 116	6 020	4 506	413	1 099
1956	349	30 659	14 511	7 142	1 532	6 464	4 399	439	1 180
1957	371	34 939	14 370	7 761	1 571	6 693	4 476	467	1 223
1958	394	39 013	16 039	8 319	1 729	7 024	3 840	496	1 282
1959	419	42 360	16 715	9 370	1 858	7 747	4 164	528	1 415
1960	445	46 467	18 658	9 986	1 977	8 420	4 274	560	1 496
1961	474	50 405	20 806	11 077	2 381	8 495	4 555	567	1 497
1962	504	51 389	21 841	12 171	2 446	9 474	4 731	681	1 555
1963	536	57 043	21 447	13 461	2 582	9 984	4 771	711	1 657
1964	571	61 178	24 024	14 780	3 032	10 962	5 059	712	1 712
1965	607	68 688	26 206	16 171	3 379	11 205	5 569	715	1 837
1966	646	75 579	27 593	16 349	3 474	12 584	5 950	752	2 493
1967	688	84 102	26 953	16 758	3 839	12 885	5 668	1 250	3 014
1968	732	96 759	31 740	19 320	3 696	14 089	6 381	2 274	3 474
1969	779	109 304	32 818	21 755	4 031	14 474	6 520	2 858	3 706
1970	832	120 865	32 691	23 520	3 600	22 944	6 9502	957 3	756
1971	898	135 829	34 712	26 107	3 682	24 537	7 590	2 983	4 665
1972	969	157 909	33 430	29 342	3 800	25 503	8 514	3 262	5 263
1973	1 046	171 466	39 042	30 839	3 999	23 847	8 915	2 809	6 228
1974	1 136	186 655	41 133	32 941	4 355	20 799	10 465	3 132	5 661
1975	1 015	195 684	47 977	34 038	4 657	18 287	10 724	3 897	5 823
1976	1 180	229 241	57 735	34 480	5 789	19 466	10 989	4 397	6 263
1977	1 322	226 315	59 320	34 480	6 166	18 722	11 260	4 410	5 586
1978	1 424	199 481	70 127	36 144	7 462	20 072	11 539	4 326	6 114
1979	1 419	182 267	86 258	38 416	8 142	22 827	10 873	4 511	6 364
1980	1 525	156 643	84 392	41 053	9 689	18 178	10 879	4 784	6 816
1981	1 568	151 918	69 078	43 173	10 147	14 737	10 366	5 599	5 834
1982	1 669	175 826	68 501	43 948	10 897	13 006	9 680	6 245	4 731
1983	1 785	199 031	62 544	45 496	11 115	14 039	9 584	7 288	4 246
1984	1 860	202 379	62 699	45 905	12 071	14 775	9 786	8 507	4 143
1985	1 854	207 245	61 714	47 489	12 493	14 148	10 028	9 697	3 699
1986	1 897	187 780	61 073	49 760	13 626	15 352	9 581	9 906	3 130
1987	1 935	184 939	62 812	53 344	13 997	14 733	6 705	10 699	3 192
1988	2 003	174 532	49 540	54 417	13 853	15 247	6 099	11 018	3 240
1989	2 053	181 227	45 160	54 895	12 387	16 389	6 106	11 481	3 275
1990	2 054	199 819	44 583	58 511	12 371	13 111	6 099	11 487	3 276
1991	2 148	220 999	16 540	61 848	12 656	7 735	8 429	12 176	3 263
1992	2 316	234 472	21 370	66 051	14 807	13 723	8 808	13 211	3 566
1993	2 508	239 395	21 370	68 298	15 666	18 416	9 425	14 017	3 552
1994	2 502	244 901	20 306	74 172	16 445	19 970	10 179	14 556	3 635
1995	2 600	252 983	18 475	79 215	17 495	20 186	10 841	15 259	3 742
1996	2 707	267 403	20 799	82 938	17 861	19 518	11 274	15 700	3 922
1997	2 791	280 773	19 996	85 675	18 409	19 708	11 725	16 671	4 865
1998	2 924	285 827	22 993	88 246	18 950	19 354	12 077	17 121	5 275
1999	3 050	296 117	24 948	87 903	19 530	19 173	12 198	16 954	5 443
2000	3 212	312 995	27 692	94 408	20 288	20 151	12 198	17 462	5 987
2001	3 341	328 019	30 185	93 558	20 896	20 654	12 442	18 161	6 359
2002	3 454	347 044	32 297	92 155	21 732	21 068	12 753	18 796	6 740

（百万 1990 年国际元）（续表）

	沙特 阿拉伯	叙利亚	土耳其	阿联酋	也门	约旦河西岸 和加沙地带	15 个经济 体合计
1950	8 610	8 418	34 279	1 130	4 353	965	106 283
1951	9 334	8 098	38 667	1 225	4 468	1 009	113 196
1952	9 893	10 202	43 295	1 298	4 584	1 055	122 340
1953	10 875	11 566	48 128	1 427	4 708	1 104	134 360
1954	12 115	13 266	46 757	1 590	4 831	1 157	140 794
1955	12 399	11 970	50 528	1 628	4 959	1 206	144 454
1956	13 312	14 175	52 173	1 749	5 091	1 260	154 435
1957	13 785	15 051	56 321	1 812	5 228	1 321	165 389
1958	14 465	12 972	58 892	1 902	5 367	1 380	173 113
1959	15 955	13 460	61 600	2 097	5 510	1 462	184 660
1960	17 548	13 704	63 417	2 312	5 660	1 534	196 458
1961	19 632	14 832	64 480	2 526	5 810	1 588	209 125
1962	21 974	18 351	68 422	2 809	5 970	1 683	223 998
1963	23 885	18 342	74 866	3 097	6 148	1 783	240 313
1964	25 986	18 755	77 951	3 414	6 307	1 891	256 333
1965	29 137	18 704	80 008	3 762	6 486	2 010	274 485
1966	33 374	17 265	89 366	4 147	6 674	2 130	298 375
1967	36 310	18 696	93 377	4 570	6 868	2 045	317 024
1968	39 547	19 394	99 650	5 037	7 052	1 859	351 005
1969	42 578	23 031	104 929	5 554	7 260	1 931	381 528
1970	46 573	22 155	110 071	6 123	8 731	2 044	413 812
1971	53 289	24 352	120 046	7 147	10 253	2 169	458 258
1972	61 469	30 447	127 931	8 343	11 070	2 306	509 558
1973	73 601	27 846	133 858	9 739	12 431	2 455	548 120
1974	84 700	34 563	144 829	12 894	13 152	2 632	599 047
1975	84 924	41 306	157 855	13 307	14 152	2 797	636 442
1976	92 251	45 834	171 601	15 308	16 363	2 958	713 856
1977	106 191	45 254	179 005	17 978	18 167	3 137	737 313
1978	112 511	49 202	184 113	17 557	19 711	3 332	743 114
1979	120 028	50 986	182 536	21 926	20 805	3 531	760 889
1980	132 160	57 097	181 165	27 717	20 918	3 732	756 749
1981	142 630	62 527	189 014	28 492	22 191	3 940	761 214
1982	144 989	63 857	198 495	26 145	22 563	4 176	794 728
1983	129 404	64 766	205 811	24 833	23 856	4 465	808 263
1984	129 258	62 131	217 637	25 893	24 778	4 769	826 592
1985	120 605	65 928	228 744	25 287	24 578	5 094	838 601
1986	113 260	62 670	244 752	19 919	25 115	5 446	823 267
1987	118 495	63 865	266 108	20 631	26 135	5 834	853 424
1988	122 284	72 342	276 460	20 580	27 249	6 265	855 130
1989	126 701	65 860	279 614	22 766	28 203	6 706	862 823
1990	144 438	70 894	305 395	25 496	28 212	7 222	932 968
1991	156 571	75 927	308 227	25 547	28 297	7 853	948 217
1992	160 955	81 318	326 672	26 237	29 683	8 555	1 011 745
1993	159 989	89 938	352 945	26 001	30 544	9 308	1 061 372
1994	160 811	96 821	333 688	28 228	31 205	10 189	1 067 608
1995	161 564	102 698	357 688	30 459	34 594	11 234	1 119 033
1996	163 815	109 904	382 743	32 356	36 631	12 381	1 179 952
1997	167 106	112 640	411 555	34 517	39 592	13 573	1 239 596
1998	169 987	121 201	424 282	35 916	41 532	14 807	1 280 492
1999	168 674	119 012	404 302	37 296	43 067	16 153	1 273 820
2000	176 233	121 988	433 220	39 233	45 229	16 153	1 346 449
2001	182 402	126 258	401 162	39 626	46 889	12 922	1 342 874
2002	186 961	130 046	416 807	40 577	48 862	10 338	1 389 630

表 5b-5　26 个东亚经济体的 GDP 水平 (1950—2001)

（百万 1990 年国际元）

	阿富汗	柬埔寨	老挝	蒙古	朝鲜	越南	20 个小经济体合计	26 个经济体合计
1950	5 255	2 155	1 156	339	7 293	16 681	3 845	36 724
1951	5 408	2 228	1 192	353	6 496	17 445	3 987	37 109
1952	5 591	2 368	1 229	370	6 675	18 209	4 225	38 667
1953	5 933	2 392	1 267	387	8 288	19 034	4 316	41 617
1954	6 059	2 670	1 306	406	8 683	19 920	4 471	43 515
1955	6 180	2 614	1 347	426	9 316	20 806	4 636	45 325
1956	6 458	2 963	1 388	448	9 444	21 631	4 820	47 152
1957	6 458	3 163	1 431	473	10 230	22 486	5 012	49 253
1958	6 821	3 322	1 476	499	10 816	23 372	5 200	51 506
1959	7 016	3 646	1 521	528	11 260	24 289	5 403	53 663
1960	7 268	3 863	1 568	559	11 483	25 297	5 640	55 678
1961	7 331	3 827	1 617	592	11 972	26 554	5 938	57 831
1962	7 457	4 139	1 667	627	12 249	29 917	6 130	62 186
1963	7 594	4 451	1 718	660	13 295	30 821	6 496	65 035
1964	7 741	4 331	1 772	699	14 445	32 322	6 794	68 104
1965	7 914	4 538	1 826	740	15 370	32 666	7 172	70 226
1966	7 993	4 744	1 883	782	17 308	32 975	7 561	73 246
1967	8 214	4 988	1 941	828	18 711	28 829	7 854	71 365
1968	8 508	5 214	2 001	876	21 268	28 329	8 347	74 543
1969	8 645	5 292	2 063	927	24 743	30 702	8 750	81 122
1970	8 819	4 785	2 127	982	27 184	31 295	9 581	84 773
1971	8 398	4 546	2 193	1 041	36 229	32 889	10 376	95 672
1972	8 240	4 301	2 261	1 103	37 854	35 815	10 939	100 513
1973	9 181	5 858	2 331	1 170	43 072	38 238	11 952	111 802
1974	9 680	5 007	2 403	1 243	44 038	36 744	12 594	111 709
1975	10 184	4 342	2 477	1 319	44 891	34 130	12 765	110 108
1976	10 694	4 650	2 554	1 396	45 652	39 879	13 181	118 006
1977	9 959	5 016	2 633	1 479	46 379	41 343	13 403	120 212
1978	10 752	5 484	2 714	1 567	47 104	41 622	14 102	123 345
1979	10 715	5 593	2 798	1 661	47 842	41 873	15 175	125 657
1980	10 427	5 705	2 885	1 758	48 621	40 671	14 880	124 947
1981	10 547	5 774	2 974	1 905	49 388	42 103	14 965	127 656
1982	10 726	6 218	3 066	2 064	50 138	45 526	15 226	132 964
1983	11 157	6 660	3 161	2 184	50 905	48 042	15 662	137 771
1984	11 336	7 106	3 258	2 314	51 695	52 355	15 899	143 963
1985	11 299	7 554	3 359	2 446	52 505	55 481	16 565	149 209
1986	12 161	7 998	3 463	2 675	53 331	57 056	17 368	154 052
1987	10 064	7 839	3 570	2 768	54 172	59 127	17 984	155 524
1988	9 228	8 035	3 681	2 909	55 033	62 685	18 633	160 204
1989	9 284	8 233	3 795	3 031	55 934	65 615	19 306	165 198
1990	8 861	8 235	3 912	2 954	56 874	68 959	19 356	169 151
1991	8 932	8 860	4 031	2 681	57 846	72 963	20 212	175 525
1992	9 021	9 482	4 245	2 426	53 391	79 312	21 107	178 984
1993	8 741	9 870	4 674	2 354	53 552	85 718	22 041	186 950
1994	8 479	10 258	4 964	2 408	39 468	93 292	23 016	181 885
1995	10 700	10 940	5 230	2 560	32 758	102 192	24 034	188 414
1996	11 342	11 543	5 355	2 620	27 091	111 736	25 098	194 785
1997	12 023	11 846	5 636	2 726	25 249	120 845	26 208	204 533
1998	12 744	11 998	5 806	2 821	25 130	127 851	26 662	213 012
1999	13 508	12 826	6 096	2 821	25 310	133 221	28 797	222 579
2000	13 508	13 518	6 450	2 821	25 310	140 548	28 820	230 975
2001	12 157	14 235	6 785	2 821	25 310	147 154	29 051	237 513

表 5b-6　57 个亚洲经济体的 GDP 水平 (1820—2001)

（百万 1990 年国际元）

	东亚 16 个经济体合计	东亚 26 个经济体合计	西亚 15 个经济体合计	亚洲 57 个经济体总计
1820	387 016	10 651	15 269	412 936
1870	391 213	13 328	22 468	427 009
1900	500 686	22 224	33 935	556 845
1913	612 074	27 687	40 588	680 349
1950	840 730	36 724	106 283	983 737
1951	901 962	37 109	113 196	1 052 267
1952	978 696	38 667	122 340	1 139 703
1953	1 042 428	41 617	134 360	1 218 405
1954	1 086 559	43 515	140 794	1 270 868
1955	1 140 547	45 325	144 454	1 330 326
1956	1 219 793	47 152	154 435	1 421 380
1957	1 270 583	49 253	165 389	1 485 225
1958	1 357 171	51 506	173 113	1 581 790
1959	1 419 442	53 663	184 660	1 657 765
1960	1 484 207	55 678	196 458	1 736 343
1961	1 477 601	57 831	209 125	1 744 557
1962	1 536 378	62 186	223 998	1 822 562
1963	1 644 959	65 035	240 313	1 950 307
1964	1 799 430	68 104	256 333	2 123 867
1965	1 887 796	70 226	274 485	2 232 507
1966	2 022 006	73 246	298 375	2 393 627
1967	2 123 218	71 365	317 024	2 511 607
1968	2 252 527	74 543	351 005	2 678 075
1969	2 473 234	81 122	381 528	2 935 884
1970	2 703 828	84 773	413 812	3 202 413
1971	2 830 591	95 672	458 258	3 384 521
1972	2 974 030	100 513	509 558	3 584 101
1973	3 206 014	111 802	548 120	3 865 936
1974	3 244 330	111 709	599 047	3 955 086
1975	3 396 717	110 108	636 442	4 143 267
1976	3 521 138	118 006	713 856	4 353 000
1977	3 740 319	120 212	737 313	4 597 844
1978	4 006 676	123 345	743 114	4 873 135
1979	4 187 780	125 657	760 889	5 074 326
1980	4 367 987	124 947	756 749	5 249 683
1981	4 577 942	127 656	761 214	5 466 812
1982	4 783 656	132 964	794 728	5 711 348
1983	5 057 237	137 771	808 263	6 003 271
1984	5 384 280	143 963	826 592	6 354 835
1985	5 688 400	149 209	838 601	6 676 210
1986	5 982 285	154 052	823 267	6 959 604
1987	6 351 603	155 524	853 424	7 360 551
1988	6 831 867	160 204	855 130	7 847 201
1989	7 158 211	165 198	862 823	8 186 232
1990	7 525 727	169 151	932 968	8 627 846
1991	7 859 312	175 525	948 217	8 983 054
1992	8 302 813	178 984	1 011 745	9 493 542
1993	8 758 758	186 950	1 061 372	10 007 080
1994	9 315 460	181 885	1 067 608	10 564 953
1995	9 889 487	188 414	1 119 033	11 196 934
1996	10 504 389	194 785	1 179 952	11 879 126
1997	10 969 260	204 533	1 239 596	12 413 389
1998	11 097 977	213 012	1 280 492	12 591 481
1999	11 582 783	222 579	1 273 820	13 079 182
2000	12 184 661	230 975	1 346 449	13 762 085
2001	12 525 337	237 513	1 342 874	14 105 724

表 5c-1　16 个东亚经济体的人均 GDP(1820—1913)　　（1990 年国际元）

	中国内地	印度	印度尼西亚	日本	菲律宾	韩国	泰国	中国台湾
1820	600	533	612	669	**704**	**600**	**646**	**499**
1850	600							
1870	530	533	654	737	**776**	**604**	712	550
1871			646	742				
1872			637	746				
1873			643	751				
1874			651	756				
1875			657	810				
1876			670	785				
1877			671	803				
1878			656	794				
1879			664	835				
1880			662	863				
1881			699	829				
1882			672	844				
1883			657	837				
1884		551	717	836				
1885		567	713	860				
1886		548	697	916				
1887		572	695	952				
1888		576	693	900				
1889		559	691	933				
1890	540	584	660	1 012	784			
1891		529	671	956				
1892		571	690	1 013				
1893		584	711	1 008				
1894		592	713	1 119				
1895		577	716	1 123				
1896		533	704	1 051				
1897		630	702	1 062				
1898		630	699	1 249				
1899		580	728	1 143				
1900	545	599	743	1 180				
1901		608	724	1 206				
1902		655	705	1 129	699			
1903		660	736	1 193	832			
1904		659	742	1 188	756			
1905		643	744	1 157	742			
1906		657	758	1 297	770			
1907		614	767	1 325	794			
1908		619	760	1 318	801			
1909		700	790	1 301	799			
1910		697	834	1 304	901			
1911		691	870	1 356	945	777		
1912		689	867	1 384	974	782		722
1913	552	673	904	1 387	1 053	820	841	747

（1990 年国际元）（续表）

	孟加拉国	缅甸	中国香港	马来西亚	尼泊尔	巴基斯坦	新加坡	斯里兰卡	16 个经济体平均
1820		504	615	603	397		615	492	581
1850								564	
1870		504	683	663	397		682	851	551
1871								827	
1872								785	
1873								788	
1874								775	
1875								781	
1876								789	
1877								793	
1878								718	
1879								770	
1880								831	
1881								887	
1882								935	
1883								941	
1884								905	
1885								842	
1886								810	
1887								945	
1888								921	
1889								902	
1890								1 045	
1891								1 037	
1892								1 052	
1893								1 052	
1894								1 043	
1895								1 085	
1896								1 088	
1897								1 125	
1898								1 168	
1899								1 234	
1900								1 290	623
1901								1 192	
1902								1 175	
1903								1 225	
1904								1 215	
1905								1 179	
1906								1 190	
1907								1 233	
1908								1 221	
1909								1 153	
1910								1 208	
1911				801				1 160	
1912				822				1 157	
1913		685	1 279	900	539		1 279	1 234	679

表 5c-2   16 个东亚经济体的人均 GDP(1914—1949)   （1990 年国际元）

	中国内地	印度	印度尼西亚	日本	菲律宾	韩国	泰国	中国台湾
1914		709	892	1 327	1 015	862		747
1915		691	893	1 430	925	966		765
1916		710	896	1 630	1 040	969		963
1917		697	893	1 665	1 177	1 021		1 057
1918		607	909	1 668	1 322	1 087		925
1919		690	969	1 827	1 274	1 049		982
1920		635	945	1 696	1 289	1 009		959
1921		679	942	1 860		1 051		873
1922		701	946	1 831		1 018		980
1923		671	949	1 809		1 030		1 027
1924		697	988	1 836		1 025		1 025
1925		698	1 010	1 885	1 387	1 016		1 099
1926		713	1 053	1 872	1 428	1 038		1 028
1927		706	1 112	1 870	1 441	1 086		1 011
1928		706	1 151	1 992	1 474	1 047		1 211
1929	562	728	1 170	2 026	1 502	1 014	793	1 146
1930	567	726	1 164	1 850	1 476	1 020		1 099
1931	569	711	1 061	1 837	1 442	990		1 066
1932	583	709	1 033	1 962	1 530	1 016		1 181
1933	578	700	1 011	2 122	1 457	1 145		1 059
1934	525	697	1 002	2 098	1 488	1 115		1 107
1935	565	680	1 023	2 120	1 262	1 242		1 295
1936	597	697	1 081	2 244	1 406	1 315		1 233
1937	580	676	1 169	2 315	1 499	1 482		1 263
1938	562	668	1 175	2 449	1 522	1 459	826	1 302
1939		674	1 169	2 816	1 606	1 297		1 390
1940		686	1 235	2 874	1 587	1 442		1 347
1941		691	1 252	2 873		1 441		1 439
1942		679		2 818		1 412		1 502
1943		698		2 822		1 411		998
1944		683		2 659		1 330		684
1945		664		1 346		616		742
1946		622		1 444	646	619		806
1947		618		1 541	875	648		904
1948		617		1 725	993	692		931
1949		624	797	1 800	1 025	738		932

（1990 年国际元）（续表）

	孟加拉国	缅甸	中国香港	马来西亚	尼泊尔	巴基斯坦	新加坡	斯里兰卡	16 个经济体平均
1914				920				1 210	
1915				938				1 136	
1916		823		996				1 173	
1917				1 034				1 218	
1918				969				1 107	
1919				1 158				1 166	
1920				1 110				1 092	
1921		711		1 075				1 059	
1922				1 152				1 086	
1923				1 110				1 066	
1924				1 060				1 128	
1925				1 201				1 187	
1926		814		1 316				1 266	
1927				1 251				1 261	
1928				1 389				1 257	
1929				1 682				1 336	
1930				1 636				1 265	
1931		902		1 548				1 203	
1932				1 397				1 141	
1933				1 440				1 150	
1934				1 540				1 260	
1935				1 364				1 184	
1936		838		1 478				1 175	
1937				1 308				1 247	
1938		740		1 361				1 225	
1939				1 609				1 186	
1940				1 278				1 251	
1941				1 238				1 277	
1942				1 673				1 323	
1943								1 284	
1944								1 154	
1945								1 116	
1946								1 050	
1947				1 069				1 073	
1948				1 185				1 159	
1949				1 531				1 199	

表 5c-3　　16 个东亚经济体的人均 GDP(1950—2001)　　（1990 年国际元）

	中国内地	印度	印度尼西亚	日本	菲律宾	韩国	泰国	中国台湾
1950	439	619	840	1 921	1 070	770	817	924
1951	479	623	885	2 126	1 151	709	849	991
1952	537	629	910	2 336	1 186	753	869	1 063
1953	554	657	938	2 474	1 254	966	935	1 140
1954	558	672	978	2 582	1 308	1 013	898	1 193
1955	575	676	986	2 771	1 358	1 054	945	1 250
1956	619	701	980	2 948	1 410	1 036	930	1 270
1957	637	680	1 028	3 136	1 442	1 087	910	1 314
1958	693	716	972	3 289	1 448	1 112	914	1 382
1959	697	717	995	3 554	1 501	1 120	992	1 462
1960	673	753	1 019	3 986	1 476	1 105	1 078	1 492
1961	557	758	1 066	4 426	1 512	1 124	1 100	1 551
1962	553	758	1 043	4 777	1 537	1 122	1 149	1 632
1963	592	779	984	5 129	1 595	1 186	1 205	1 804
1964	648	821	1 000	5 668	1 600	1 253	1 249	1 977
1965	706	771	990	5 934	1 633	1 295	1 308	2 056
1966	753	762	971	6 506	1 654	1 415	1 412	2 205
1967	712	807	930	7 152	1 690	1 483	1 486	2 395
1968	678	809	1 001	7 983	1 722	1 633	1 561	2 539
1969	722	845	1 102	8 874	1 750	1 839	1 636	2 706
1970	783	868	1 194	9 714	1 764	1 954	1 694	2 980
1971	799	856	1 235	10 040	1 808	2 522	1 725	3 324
1972	802	834	1 342	10 734	1 853	2 561	1 748	3 767
1973	839	853	1 504	11 434	1 964	2 841	1 874	4 091
1974	836	843	1 542	11 145	1 979	3 015	1 910	3 942
1975	874	897	1 505	11 344	2 033	3 162	1 959	3 958
1976	852	889	1 598	11 669	2 152	3 476	2 091	4 566
1977	895	937	1 681	12 064	2 211	3 775	2 249	5 020
1978	979	966	1 715	12 585	2 262	4 064	2 422	5 542
1979	1 040	895	1 765	13 163	2 323	4 294	2 496	5 831
1980	1 067	938	1 870	13 428	2 376	4 114	2 554	5 869
1981	1 103	977	1 957	13 754	2 398	4 302	2 653	6 229
1982	1 192	985	1 845	14 078	2 425	4 557	2 744	6 446
1983	1 265	1 043	1 878	114 307	2 415	5 007	2 847	7 036
1984	1 396	1 060	1 966	14 773	2 188	5 375	2 960	7 790
1985	1 522	1 079	1 972	15 331	1 981	5 670	3 049	8 113
1986	1 597	1 101	2 051	15 679	2 001	6 263	3 168	9 088
1987	1 706	1 125	2 114	16 251	2 040	6 916	3 418	9 641
1988	1 816	1 216	2 196	17 185	2 129	7 621	3 817	9 623
1989	1 827	1 270	2 352	17 942	2 210	8 027	4 222	9 665
1990	1 858	1 309	2 516	18 789	2 224	8 704	4 629	9 886
1991	1 940	1 299	2 599	19 309	2 161	9 417	4 959	10 522
1992	2 098	1 341	2 831	19 430	2 123	9 814	5 290	11 128
1993	2 277	1 390	2 976	19 457	2 124	10 238	5 661	11 720
1994	2 475	1 463	3 146	19 602	2 170	10 965	6 094	12 430
1995	2 653	1 538	3 348	19 849	2 221	11 818	6 573	13 104
1996	2 820	1 630	3 556	20 494	2 296	12 495	6 877	13 796
1997	2 973	1 679	3 655	20 798	2 363	12 991	6 702	14 598
1998	3 117	1 760	3 129	20 534	2 301	12 016	5 930	15 134
1999	3 259	1 841	3 107	20 631	2 332	13 222	6 123	15 827
2000	3 425	1 910	3 203	21 069	2 385	14 343	6 336	16 642
2001	3 583	1 957	3 256	20 683	2 412	14 673	6 383	16 214

（1990 年国际元）（续表）

	孟加拉国	缅甸	中国香港	马来西亚	尼泊尔	巴基斯坦	新加坡	斯里兰卡	16 个经济体平均
1950	540	396	2 218	1 559	496	643	2 219	1 253	662
1951	541	446	2 295	1 440	505	608	2 253	1 293	698
1952	548	449	2 377	1 471	517	596	2 280	1 314	742
1953	547	454	2 460	1 440	543	637	2 314	1 300	775
1954	547	419	2 546	1 490	549	636	2 320	1 298	791
1955	508	467	2 636	1 460	554	635	2 358	1 339	814
1956	551	490	2 729	1 505	572	638	2 333	1 315	853
1957	530	510	2 825	1 455	566	650	2 318	1 300	869
1958	510	488	2 924	1 413	592	643	2 295	1 305	907
1959	526	555	3 027	1 467	601	633	2 186	1 289	931
1960	544	564	3 134	1 530	607	647	2 310	1 300	962
1961	564	568	3 244	1 592	613	669	2 422	1 291	950
1962	550	606	3 652	1 637	618	699	2 520	1 303	972
1963	594	613	4 083	1 669	623	723	2 701	1 297	1 017
1964	588	613	4 327	1 728	626	758	2 541	1 326	1 088
1965	607	617	4 825	1 804	631	771	2 667	1 336	1 116
1966	603	580	4 865	1 846	663	812	2 891	1 291	1 168
1967	578	586	4 824	1 830	641	820	3 163	1 377	1 198
1968	619	613	4 880	1 942	633	854	3 540	1 446	1 241
1969	614	626	5 345	2 005	649	885	3 965	1 471	1 331
1970	629	642	5 695	2 079	653	952	4 439	1 509	1 420
1971	586	650	5 968	2 180	633	931	4 904	1 468	1 450
1972	505	642	6 473	2 289	639	913	5 460	1 471	1 488
1973	497	628	7 105	2 560	622	954	5 977	1 504	1 569
1974	547	648	7 091	2 688	647	962	6 276	1 529	1 554
1975	529	663	6 991	2 648	642	978	6 430	1 541	1 594
1976	540	690	7 906	2 910	654	1 006	6 797	1 560	1 622
1977	529	718	8 707	3 076	657	1 023	7 224	1 635	1 692
1978	551	752	9 277	3 271	670	1 079	7 752	1 706	1 780
1979	560	773	9 796	3 457	669	1 087	8 362	1 783	1 826
1980	548	823	10 503	3 657	637	1 161	9 058	1 849	1 870
1981	550	854	11 202	3 824	621	1 207	9 460	1 934	1 926
1982	542	884	11 333	3 954	680	1 259	9 674	1 998	1 982
1983	555	907	11 797	4 096	644	1 309	10 330	2 072	2 052
1984	572	936	12 846	4 307	689	1 324	10 982	2 147	2 147
1985	577	947	12 763	4 157	713	1 400	10 764	2 208	2 229
1986	590	924	13 960	4 105	725	1 446	10 966	2 286	2 304
1987	603	875	15 597	4 219	735	1 487	11 827	2 275	2 403
1988	608	766	16 716	4 482	773	1 539	12 821	2 302	2 539
1989	612	786	17 043	4 790	771	1 569	13 599	2 330	2 614
1990	640	800	17 541	5 132	808	1 597	14 365	2 448	2 702
1991	649	788	18 230	5 447	838	1 642	14 801	2 537	2 777
1992	671	860	19 084	5 740	850	1 740	15 537	2 618	2 891
1993	691	906	19 889	6 077	861	1 749	17 018	2 762	3 004
1994	710	957	20 486	6 486	909	1 784	18 404	2 876	3 148
1995	733	1 015	20 726	6 965	917	1 830	19 225	2 997	3 291
1996	756	1 070	21 075	7 496	943	1 841	19 963	3 076	3 448
1997	783	1 122	21 503	7 874	958	1 833	20 921	3 240	3 551
1998	815	1 178	19 748	7 139	952	1 848	20 198	3 359	3 545
1999	843	1 297	19 819	7 418	961	1 882	20 854	3 470	3 647
2000	873	1 353	21 499	7 872	999	1 920	22 207	3 645	3 794
2001	897	1 409	21 259	7 756	1 028	1 947	21 011	3 562	3 851

表 5c-4　15 个西亚经济体的人均 GDP(1950—2002)　　（1990 年国际元）

	巴林	伊朗	伊拉克	以色列	约旦	科威特	黎巴嫩	阿曼	卡塔尔
1950	2 104	1 720	1 364	2 817	1 663	28 878	2 429	623	30 387
1951	2 185	1 673	1 445	3 159	1 695	29 777	2 121	650	30 550
1952	2 267	1 629	1 557	3 029	1 726	30 023	2 193	677	30 161
1953	2 351	1 587	2 129	2 910	1 757	31 361	2 457	707	31 002
1954	2 436	1 545	2 463	3 374	1 787	33 200	2 745	736	32 418
1955	2 518	1 503	2 298	3 701	1 625	32 257	2 886	766	31 277
1956	2 599	1 593	2 389	3 860	2 139	32 876	2 744	799	31 933
1957	2 674	1 765	2 300	3 992	2 104	31 447	2 717	831	31 547
1958	2 739	1 916	2 493	4 109	2 220	29 907	2 269	866	31 620
1959	2 796	2 021	2 523	4 501	2 287	29 568	2 395	900	33 161
1960	2 843	2 154	2 735	4 663	2 330	28 813	2 393	935	33 104
1961	2 882	2 269	2 961	4 996	2 685	26 112	2 482	923	30 737
1962	2 931	2 247	3 017	5 267	2 620	26 443	2 507	1 084	29 362
1963	2 994	2 422	2 872	5 593	2 649	25 331	2 459	1 103	28 505
1964	3 073	2 521	3 115	5 916	2 981	25 303	2 534	1 075	26 799
1965	3 173	2 748	3 288	6 272	3 183	23 533	2 706	1 053	26 132
1966	3 283	2 934	3 349	6 190	3 137	24 050	2 804	1 080	32 239
1967	3 402	3 169	3 164	6 222	3 059	22 409	2 592	1 749	35 393
1968	3 520	3 542	3 604	7 033	2 674	22 300	2 831	3 094	36 982
1969	3 646	3 887	3 604	7 723	2 773	20 963	2 810	3 782	35 884
1970	3 788	4 177	3 473	8 101	2 395	30 695	2 917	3 799	33 160
1971	3 983	4 564	3 567	8 711	2 366	30 930	3 001	3 716	38 182
1972	4 198	5 158	3 323	9 478	2 355	30 291	3 177	3 934	39 933
1973	4 376	5 445	3 753	9 645	2 388	26 689	3 155	3 279	43 806
1974	4 574	5 759	3 825	10 025	2 506	21 934	3 503	3 541	36 914
1975	3 922	5 862	4 315	10 148	2 583	18 162	3 461	4 267	35 198
1976	4 313	6 668	5 023	10 071	3 096	18 166	3 524	4 597	35 424
1977	4 444	6 380	4 992	9 863	3 182	16 417	3 614	4 390	29 562
1978	4 415	5 445	5 693	10 125	3 718	16 539	3 711	4 086	30 278
1979	4 222	4 801	6 756	10 515	3 919	17 675	3 508	4 044	29 491
1980	4 388	3 961	6 377	10 984	4 480	13 271	3 526	4 072	29 552
1981	4 313	3 681	5 041	11 357	4 502	10 290	3 364	4 523	24 061
1982	4 414	4 087	4 833	11 390	4 643	8 685	3 136	4 800	18 750
1983	4 542	4 446	4 269	11 586	4 556	8 966	3 102	5 346	14 955
1984	4 557	4 348	4 136	11 461	4 767	9 024	3 167	5 976	13 163
1985	4 374	4 287	3 932	11 654	4 754	8 165	3 247	6 545	10 718
1986	4 316	3 743	3 759	12 028	5 002	8 475	3 104	6 442	8 345
1987	4 257	3 558	3 797	12 691	4 963	7 789	2 170	6 712	7 938
1988	4 267	3 253	2 908	12 739	4 750	7 727	1 970	6 670	7 540
1989	4 235	3 274	2 571	12 637	4 103	7 968	1 965	6 708	7 173
1990	4 104	3 472	2 458	12 968	3 792	6 121	1 938	6 479	6 804
1991	4 170	3 709	947	13 003	3 486	8 108	2 640	6 606	6 467
1992	4 374	3 856	1 196	13 380	3 829	9 677	2 735	6 898	6 737
1993	4 611	3 924	1 161	13 492	3 932	12 412	2 898	7 048	6 377
1994	4 481	4 006	1 070	14 305	4 029	12 872	3 093	7 071	6 210
1995	4 540	4 085	945	14 932	4 164	12 454	3 251	7 161	6 103
1996	4 619	4 260	1 032	15 302	4 093	11 529	3 333	7 117	6 123
1997	4 663	4 411	962	15 489	4 067	11 164	3 418	7 300	7 290
1998	4 787	4 432	1 075	15 649	4 044	10 542	3 471	7 242	7 605
1999	4 899	4 539	1 132	15 307	4 033	10 063	3 457	6 928	7 567
2000	5 065	4 742	1 221	16 159	4 059	10 210	3 409	6 893	8 042
2001	5 177	4 911	1 294	15 756	4 055	10 115	3 430	6 926	8 268
2002	5 262	5 138	1 346	15 284	4 095	9 977	3 468	6 927	8 496

（1990 年国际元）（续表）

	沙特 阿拉伯	叙利亚	土耳其	阿联酋	也门	约旦河西岸 和加沙地带	15 个经济 体平均
1950	2 231	2 409	1 623	15 798	911	949	1 776
1951	2 374	2 264	1 784	16 709	918	987	1 840
1952	2 470	2 786	1 947	17 246	924	1 024	1 937
1953	2 664	3 084	2 108	18 418	930	1 061	2 074
1954	2 912	3 453	1 993	19 884	936	1 103	2 118
1955	2 922	3 039	2 093	19 683	942	1 144	2 116
1956	3 075	3 508	2 097	20 377	946	1 187	2 200
1957	3 119	3 627	2 194	20 282	951	1 234	2 290
1958	3 204	3 039	2 222	20 372	955	1 280	2 328
1959	3 458	3 062	2 252	21 426	959	1 328	2 412
1960	3 719	3 023	2 247	22 433	964	1 378	2 492
1961	4 066	3 168	2 221	23 180	969	1 431	2 579
1962	4 445	3 796	2 297	24 250	975	1 485	2 686
1963	4 715	3 673	2 454	25 025	984	1 542	2 804
1964	5 005	3 637	2 496	25 676	989	1 600	2 910
1965	5 469	3 512	2 504	26 164	996	1 660	3 031
1966	6 102	3 139	2 735	26 483	1 007	1 724	3 207
1967	6 463	3 291	2 795	26 610	1 019	1 790	3 318
1968	6 848	3 306	2 917	26 374	1 028	1 858	3 580
1969	7 170	3 801	3 002	25 495	1 040	1 919	3 788
1970	7 624	3 540	3 078	24 552	1 230	1 980	3 998
1971	8 475	3 759	3 282	24 806	1 414	2 046	4 304
1972	9 497	4 544	3 412	24 806	1 495	2 116	4 649
1973	11 040	4 017	3 477	24 887	1 640	2 184	4 854
1974	12 333	4 821	3 665	28 449	1 696	2 256	5 149
1975	11 797	5 570	3 895	25 465	1 784	2 329	5 308
1976	12 126	5 976	4 136	25 598	2 003	2 408	5 779
1977	13 097	5 705	4 221	26 296	2 162	2 488	5 791
1978	12 963	5 998	4 250	22 545	2 281	2 571	5 658
1979	12 897	6 010	4 128	24 802	2 342	2 656	5 610
1980	13 284	6 508	4 015	27 709	2 290	2 744	5 397
1981	13 500	6 891	4 089	25 894	2 363	2 837	5 245
1982	12 969	6 786	4 194	21 721	2 336	2 929	5 294
1983	10 946	6 638	4 249	18 870	2 401	3 028	5 207
1984	10 339	6 143	4 392	18 007	2 422	3 128	5 151
1985	9 131	6 290	4 514	16 104	2 332	3 231	5 056
1986	8 173	5 772	4 727	11 624	2 311	3 340	4 808
1987	8 194	5 681	5 032	11 601	2 329	3 450	4 842
1988	8 122	6 219	5 123	11 189	2 351	3 564	4 716
1989	8 106	5 480	5 081	12 003	2 353	3 683	4 627
1990	9 115	5 701	5 445	13 070	2 272	3 806	4 856
1991	9 740	5 909	5 395	12 764	2 197	3 932	4 853
1992	9 643	6 152	5 615	12 806	2 220	4 065	5 041
1993	9 235	6 623	5 961	12 420	2 200	4 200	5 188
1994	8 949	6 946	5 541	13 216	2 168	4 344	5 122
1995	8 671	7 177	5 846	13 995	2 328	4 490	5 255
1996	8 492	7 481	6 161	14 604	2 390	4 644	5 424
1997	8 378	7 469	6 528	15 312	2 502	4 803	5 578
1998	8 244	7 829	6 635	15 666	2 540	5 050	5 646
1999	7 915	7 490	6 237	16 001	2 548	5 312	5 505
2000	8 002	7 481	6 597	16 560	2 588	3 953	5 706
2001	8 015	7 547	6 033	16 460	2 594	3 050	5 580
2002	7 951	7 580	6 192	16 589	2 613	3 050	5 664

表 5c-5　　57 个亚洲经济体的人均 GDP(1820—2001)　　（1990 年国际元）

	东亚 16 个 经济体平均	东亚 26 个 经济体平均	西亚 15 个 经济体平均	亚洲 57 个 经济体平均
1820	581	556	607	581
1870	551	535	742	558
1910	623	674	940	638
1913	679	745	1 042	696
1950	662	691	1 854	712
1951	698	692	1 926	748
1952	742	714	2 030	794
1953	775	761	2 175	832
1954	791	783	2 214	850
1955	814	798	2 217	871
1956	853	812	2 302	912
1957	869	828	2 398	932
1958	907	844	2 437	970
1959	931	855	2 521	996
1960	962	862	2 602	1 029
1961	950	870	2 688	1 024
1962	972	908	2 799	1 052
1963	1 017	923	2 923	1 100
1964	1 088	939	3 033	1 171
1965	1 116	940	3 153	1 203
1966	1 168	954	3 339	1 259
1967	1 198	904	3 453	1 290
1968	1 241	920	3 720	1 343
1969	1 331	975	3 932	1 438
1970	1 420	994	4 146	1 530
1971	1 450	1 095	4 421	1 577
1972	1 488	1 123	4 781	1 631
1973	1 569	1 220	4 972	1 720
1974	1 554	1 191	5 241	1 721
1975	1 594	1 149	5 381	1 766
1976	1 622	1 210	5 880	1 820
1977	1 692	1 209	5 882	1 887
1978	1 780	1 219	5 732	1 962
1979	1 826	1 220	5 689	2 004
1980	1 870	1 201	5 453	2 034
1981	1 926	1 216	5 310	2 081
1982	1 982	1 248	5 344	2 139
1983	2 052	1 267	5 276	2 200
1984	2 147	1 298	5 235	2 287
1985	2 229	1 321	5 132	2 359
1986	2 304	1 337	4 884	2 414
1987	2 403	1 322	4 936	2 506
1988	2 539	1 333	4 782	2 622
1989	2 614	1 342	4 680	2 686
1990	2 702	1 346	4 911	2 781
1991	2 777	1 368	4 903	2 848
1992	2 891	1 351	5 084	2 962
1993	3 004	1 362	5 211	3 072
1994	3 148	1 289	5 066	3 193
1995	3 291	1 305	5 148	3 330
1996	3 448	1 323	5 273	3 482
1997	3 551	1 366	5 398	3 587
1998	3 545	1 400	5 407	3 588
1999	3 647	1 439	5 417	3 672
2000	3 794	1 467	5 426	3 817
2001	3 851	1 482	5 435	3 861

第六章

非　洲

非洲发展的轮廓

由于非洲经济的长期发展在任何标准下都很难量化,因此在对其人均收入发展进行推测时,有必要考虑到它的大概经济轮廓和一些突出特点。

撒哈拉以北地区和非洲大陆其他地区的历史有着天壤之别。在过去两千年的大部分时间里,与南部地区相比,北部地区的收入水平和城市化程度更高,经济与政治制度更为完善。由于有大量的书面记录,我们对北部地区的历史有较多的了解。然而对于南部地区,直到9世纪北部地区访问者的书面证据被发现时,基于考古和语言证据的南部地区历史才被世人所了解。

从长期来看,撒哈拉以南地区的人口增长要强劲得多。在约两千年以前,非洲大约一半人口住在北部;然而到了1820年,五分之四的人口住在南部。在公元1世纪到1820年之间,北部的人口增长了三分之一(其间发生过多次人口倒退)。而在南部,人口几乎增长了8倍*(见表6-1)。就粗放式增长承受人口增长压力的能力而言,南部显然更具优势。如按人均实际收入衡量,则撒哈拉以北地区在1820年的平均水平似乎低于公元1世纪的水平,而撒哈拉以南地区的平均水平可能经历了温和增长(见表6-2)。

令人吃惊的是,在奴隶交易使人口遭受了重大损失的情况下,南部人口增长仍然表现出更大的活力。造成这个现象可能有以下三个原因:第一,埃及和马格里布的瘟疫从公元6世纪到19世纪早期一直表现为地方病,似乎没有越

---

* 此处数据与表6-1中不一致,疑原书表述有误。——译者注

表 6-1　非洲的人口（公元 1—2001）　　　　　　　　　（千人）

	1	1 000	1 500	1 600	1 700	1 820	2 001
埃及	4 000	5 000	4 000	5 000	4 500	4 194	71 902
摩洛哥	1 000	2 000	1 500	2 250	1 750	2 689	30 645
阿尔及利亚	2 000	2 000	1 500	2 250	1 750	2 689	31 736
突尼斯	800	1 000	800	1 000	800	875	9 705
利比亚	400	500	500	500	500	538	5 241
北非合计	**8 200**	**10 500**	**8 300**	**11 000**	**9 300**	**10 985**	**149 229**
萨赫勒地区	1 000	2 000	3 000	3 500	4 000	4 887	32 885
西非其他地区	3 000	7 000	11 000	14 000	18 000	20 777	218 393
西非合计	**4 000**	**9 000**	**14 000**	**17 500**	**22 000**	**25 664**	**251 278**
埃塞俄比亚和厄立特里亚	500	1 000	2 000	2 250	2 500	3 154	68 208
苏丹	2 000	3 000	4 000	4 200	4 400	5 156	36 080
索马里	200	400	800	800	950	1 000	7 489
东非其他地区	300	3 000	6 000	7 000	8 000	10 389	103 338
东非合计	**3 000**	**7 400**	**12 800**	**14 250**	**15 850**	**19 699**	**215 115**
安哥拉、扎伊尔和赤道地区	**1 000**	**4 000**	**8 000**	**8 500**	**9 000**	**10 757**	**87 235**
马拉维、赞比亚和津巴布韦	75	500	1 000	1 100	1 200	1 345	33 452
莫桑比克	50	300	1 000	1 250	1 500	2 096	17 142
南非、斯威士兰和莱索托	100	300	600	700	1 000	1 550	45 562
纳米比亚和博茨瓦纳	75	100	200	200	200	219	3 444
马达加斯加	0	200	700	800	1 000	1 683	15 983
印度洋地区	0	0	10	20	30	238	2 648
非洲南部合计	**300**	**1 400**	**3 510**	**4 070**	**4 930**	**7 131**	**118 231**
非洲总计	**16 500**	**32 300**	**46 610**	**55 320**	**61 080**	**74 236**	**821 088**

资料来源：1500—1820 年的数据来自 McEvedy and Jones(1978)，2001 年的数据来自美国人口普查局。**萨赫勒地区**包括乍得、毛里塔尼亚、马里、尼日尔。**西非其他地区**包括塞内加尔、冈比亚、几内亚比绍、几内亚、塞拉利昂、利比里亚、布基纳法索、科特迪瓦、加纳、多哥、贝宁、尼日利亚、佛得角和西撒哈拉。**赤道地区**包括喀麦隆、中非共和国、刚果、赤道几内亚、加蓬、圣多美和普林西比。**印度洋地区**包括科摩罗、毛里求斯、马约特岛、留尼汪岛和塞舌尔。**东非其他地区**包括布隆迪、吉布提、肯尼亚、卢旺达、坦桑尼亚和乌干达。

表 6-2　对非洲人均 GDP 和 GDP 的尝试性推测(公元 1—1820)

	1	1000	1500	1600	1700	1820
占非洲人口的百分比(%)						
埃及	24.2	15.5	8.6	9.0	7.4	5.7
摩洛哥	6.1	6.2	3.2	4.1	2.9	3.6
北非其他国家	19.4	10.8	6.0	6.8	5.0	5.5
北非合计	**49.7**	**32.5**	**17.8**	**19.9**	**15.3**	**14.8**
萨赫勒和西非	24.2	27.9	30.0	31.6	36.0	34.6
非洲其他国家	24.1	39.6	52.2	48.5	48.7	50.6
非洲总计	100.0	100.0	100.0	100.0	100.0	100.0
推测的人均 GDP(1990 年国际元)						
埃及	500	500	475	475	475	475
摩洛哥	400	430	430	430	430	430
北非其他国家	430	430	430	430	430	430
北非平均	**460**	**463**	**452**	**451**	**452**	**447**
萨赫勒和西非	400	415	415	415	415	415
非洲其他国家	400	400	400	415	415	415
非洲平均	430	425	414	422	421	420
估计的 GDP(百万 1990 年国际元)						
埃及	2 000	2 500	1 900	2 375	2 138	1 992
摩洛哥	400	860	645	968	753	1 156
北非其他国家	1 376	1 505	1 204	1 613	1 312	1 764
北非合计	**3 776**	**4 865**	**3 749**	**4 956**	**4 203**	**4 912**
萨赫勒和西非	1 600	3 735	5 810	7 263	9 130	10 650
非洲其他国家	1 720	5 120	9 724	11 130	12 359	15 599
非洲总计	7 096	13 720	19 283	23 349	25 692	31 161

资料来源:我对五个区域中不同时点的人均收入基于特征事实假说进行了推测;GDP 数据是推算出来的(即由人均数据乘以表 6-1 中的人口数据得到)。推测的逻辑依据来自对非洲主流历史的分析。在公元 1 世纪,北非隶属于罗马帝国。在法老时代,埃及因其农业的特殊性质成为其中最富有的部分。它的生产剩余成为国家治理和纪念碑建造的物质基础,并被作为贡品上交给罗马和阿拉伯的统治者。在罗马时代,利比亚和马格里布的大部分地区(除了摩洛哥)的海岸沿线都很繁荣且城市化程度较高,北非柏柏尔部落夹在它们和撒哈拉沙漠之间。当时这些地方与撒哈拉以南非洲没有任何接触,按照假定撒哈拉以南非洲的平均收入水平仅略高于生存线(400 国际元)。在 7 世纪阿拉伯征服北非以后,骆驼运输使得穿越撒哈拉沙漠的贸易成为可能,并促进了摩洛哥、萨赫勒和西非人均收入水平的提高。撒哈拉以南非洲从一个以狩猎采集为生的社会逐步转变为农业生产社会,这极大地提高了定居人口的密度,并伴随着较高的人均劳动投入,但对人均收入几乎没有影响。

过撒哈拉沙漠。第二，在 8 世纪以前，北部和南部之间几乎没有任何接触。直到 5—8 世纪骆驼的引进才使得穿越撒哈拉沙漠的大规模贸易变成可能。骆驼可以运载大约三分之一吨的货物，行走时几天不用吃饭，15 天之内不需要喝水。贸易的发展使得双方受益。撒哈拉以南非洲地区的部分伊斯兰化增强了撒哈拉以南的西非萨赫勒和热带草原地区统治精英的知识和组织能力。第三，最重要的一点可能在于农业技术和新作物品种的推广。在两千年以前，撒哈拉以南非洲的大部分地区居住着狩猎采集者，他们使用的是石器时代的技术。到了1820 年，他们已经被排挤为人口中的一小部分群体，使用铁器时代工具和武器的农民和牧民的比重急剧上升。1500 年后，随着玉米、木薯和甘薯从美洲的传入和逐步推广，土地生产率也相应提高了。

┃　埃及　┃

在公元 1 世纪，整个北非都处于罗马的统治之下。地中海相当于罗马的一个湖泊，它在意大利和亚历山大都有大的港口，并与非洲、欧洲和中东之间有大量贸易往来。埃及是最繁华的地区，城镇人口相对众多，定居农业比较发达，经济高度货币化，工商业占有重要地位，长久以来国家秩序都十分稳定。天然水路的存在降低了它的最密集人口居住区的货运和客运成本。当盛行风从北部吹来时，人们可以乘船逆流而上和顺流而下。由于尼罗河水流丰沛且稳定，加上淤泥形成的表土年年更换，因此农业生产率很高。

埃及生产出的剩余产品被法老和托勒密国王用来创造辉煌的文明。从公元 1 世纪到 10 世纪，这些剩余产品首先被罗马掠走，随后被君士坦丁堡掠走。在被穆斯林征服后，这些剩余产品又被地方统治者送往大马士革，随后又到了巴格达。在法蒂玛、阿尤布和马穆鲁克统治时期进贡停止了，但是 1516 年在土耳其总督的统治下，埃及变成了奥斯曼帝国的一个死气沉沉的行省，定期向奥斯曼帝国苏丹王进贡。当时外国统治者一般都会阻止通过红海与印度洋的贸易往来，这种贸易往来在公元 1 世纪到 2 世纪曾经非常繁荣，并于 10 世纪到 15世纪恢复了繁荣。4 世纪到 12 世纪埃及和欧洲的贸易几乎全部中断了。埃及的转口贸易、制造品出口和亚历山大的人口都出现了衰退。

到了 1820 年，埃及的人口比 11 世纪的水平还低，人均收入也是如此。而同期西欧的人均收入增长了 2 倍，人口增长了 5 倍。

马格里布

在西非,罗马船只不会冒险穿过博哈多尔角(在加那利群岛的正南方),因为那里的盛行风太强,船只无法返航。非洲西部省份和南部内陆之间的陆路贸易几乎微不足道。罗马的殖民地大多数都在沿海地区,但突尼斯是个例外,那里主要由佃农耕种有充足灌溉条件的农田。这些省份出口的货物主要是粮食和橄榄油,粮食从迦太基被运往意大利,而橄榄油则是从的黎波里塔尼亚被运往意大利。罗马人在摩洛哥的经济活动很不活跃。

阿拉伯人对马格里布的征服切断了一直存在的地中海贸易链,他们开始寻找穿越沙漠的新机会。他们建立了从突尼斯和利比亚深入到撒哈拉沙漠某些地方的骆驼商队的运输路线,在那里进行用黑人奴隶交换马匹的贸易。此外,与古加纳(位于今加纳西北方向约 800 公里处,在塞内加尔和尼日尔河之间的今毛里塔尼亚南部边境内)的黄金交易可以带来更大的利润。古加纳作为一个国家与阿拉伯人在 8 世纪早期进行接触之前,已有了很长的历史。最便捷的一条商路穿过摩洛哥,那里的发展在与撒哈拉以南非洲的新接触中受到了极大的推动。这些新路线上的穆斯林商人很热衷于劝说别人皈依伊斯兰教。古加纳是 11 世纪早期撒哈拉以南非洲地区第一个改信伊斯兰教的国家。

自 8 世纪之后,西非的黄金产量稳定增长。一直到 12 世纪,西非生产出的大部分黄金都在伊斯兰世界流通,但此后对黄金不断增大的需求主要来自欧洲的热那亚、威尼斯、比萨、佛罗伦萨和马赛。欧洲商人就在地中海沿岸的穆斯林港口完成黄金交易。在 15 世纪下半叶葡萄牙人到达西非海岸以前,欧洲人和非洲黄金产地之间只有很少的接触。

从 8 世纪到 12 世纪,穆斯林商人的主要市场是加纳的奥达戈斯特。金矿区位于比较靠南部的班布克,但它的具体位置是保密的。出口的黄金大部分为金粉,被熔化后浇铸成金锭。在 14 世纪,对黄金的需求如此之大,以至于在更靠南的阿肯(在今加纳境内)也开始了对金矿的开采。在 15 世纪到 16 世纪,黄金的主要贸易区是桑海帝国的廷巴克图。金矿开采所带来的巨大财富是古加纳、马里和桑海成为强国的主要原因。来自采金的收入产生了经济剩余,从而使得统治者们能够维护他们的权力。他们能够使用这些剩余进口马匹和武器来装备骑兵队。

马格里布和撒哈拉以南非洲之间的货物交易主要是用盐交换黄金。在萨赫勒地区，盐很稀缺，但又是重体力劳动者的必需品。一些盐来自大西洋沿海的盐场，相比之下运输岩盐更为简便。从 11 世纪到 16 世纪，岩盐的主要来源地是在撒哈拉沙漠的塔阿扎，在那里岩盐由奴隶挖掘，并切割成大块，然后通过骆驼向南运送。盐并不是南北之间唯一的贸易商品，在萨赫勒和西非内部的贸易中心之间还有很多活跃的贸易，尤其是可乐果贸易。可乐果在非洲是一种与咖啡和烟草差不多的东西。再往东，加涅姆是奴隶交易的主要中心。到了后期，人们发现有多种路径可以把金子运往摩洛哥、阿尔及利亚、突尼斯以及埃及，再从地中海港口运往欧洲客户。在 11 世纪到 12 世纪，只有伊斯兰国家铸造金币。马赛于 1227 年首次发行金币，随后佛罗伦萨和威尼斯分别于 1252 年和 1284 年首次发行金币。

┃　撒哈拉以南非洲　┃

虽然较狩猎采集时代的技术有所进步，但是与埃及相比，撒哈拉以南非洲的农业还是相当落后。相对于人口而言，撒哈拉以南非洲的土地资源丰富，但土壤贫瘠且不能通过施肥、作物轮种、自然或人工灌溉得到再生。结果是撒哈拉以南非洲的农业耕作粗放且不固定，土地在第一轮耕种后就会被闲置十年或更长的时间。同样由于土壤贫瘠，游牧民在广阔的地域上不断转移放牧地。主要的务农工具是挖土棒、耕地用的铁锄头、清除树木和灌木丛用的斧头和砍刀。除了埃塞俄比亚，人们在耕种的过程中既不使用犁也不使用牲畜，没有带轮子的交通工具，也没有水车、风车或其他水利工具。

个人对土地没有所有权。按照惯例，部落、亲属团体或其他团体在其居住的土地上有从事种植或放牧的权利，但是集体所有权和边界是含糊不清的。酋长和统治者不收租，也不收土地税或田赋。他们的剥削手段是蓄奴，一般通过突袭邻近的部落获得奴隶，因此以邻为壑是当时部落之间关系中的一个重要组成部分。

虽然我们尚不清楚在与非洲的伊斯兰世界接触之前当地奴隶制的普遍程度，但这种接触肯定强化了这个制度，因为它使得穿越撒哈拉沙漠的贩奴贸易可以带来巨大收入。奴隶运输是由北方的穆斯林商人组织的，从北向南运输的奴隶数量微不足道。奴隶们通常要步行穿越沙漠，随行的是载有食物、水、奴隶贩子和其他乘客的骆驼商队。

撒哈拉以南非洲的运输设施十分简陋。骆驼在又干又热的沙漠中很有用处，但到了南部就没有这么大的作用了。非洲的伊斯兰国家有商船队，这些商船队可以在地中海航行和经商。在埃及，商人们可以在尼罗河用帆船进行大量和相对安全的运输。在萨赫勒和西非，尤其在尼日尔、塞内加尔和冈比亚，只有部分河流适合航行，但是河流运输工具只是非常原始的由空树干制成的划桨船。在行进中不断遭遇的激流经常迫使货物改为由头顶搬运工运输。由于气候因素及对当地舌蝇高度敏感，马匹的预期寿命很短且十分昂贵。因此，马匹几乎全部专门用于统治集团军事和炫耀的目的，以及装备他们的轻骑兵（马和骑兵都装备了防箭盔甲）。

在与伊斯兰世界接触之前，撒哈拉以南非洲的一个显著特点是居民普遍不会读写而且不存在书面语言（埃塞俄比亚是个例外）。这使得非洲社会之间和代际的知识传播很难实现。与伊斯兰世界的接触带来了明显的好处。来到非洲经商的阿拉伯人有书面语言，且有传教的爱好。这些阿拉伯人中不乏博学的穆斯林知识分子（ulama），他们有能力促进产权制度、法律、治理手段以及做生意等知识的传播。在摩洛哥 1591 年征服桑海之前，来访的穆斯林通常都很友好，对非洲的酋长和统治者们并不构成威胁。他们清楚地看到了让非洲人改信伊斯兰教带来的好处，这样可以更强有力地推行高压政治，帮助他们建立起更强大的帝国。他们用马匹和武器（先是钢剑剑锋和矛尖，到后来就是枪支和火药）交换黄金和奴隶。另一方面，撒哈拉以南非洲商人也看到了改信伊斯兰教所带来的好处。作为信徒（dyulas）加入普世教会后，他们就可以自由进入市场，从而获得更大的经商空间。因此从 11 世纪开始，一种混合的伊斯兰教在撒哈拉以南非洲逐渐推广开来。改信伊斯兰教给统治集团带来了很大的影响，他们行使权力的徽章标志是伊斯兰教和本土传统的混合体，而他们的大多数臣民仍然是万物有灵论者。

研究撒哈拉以南非洲国家形成过程的学者们对有组织和无组织的团体进行了区分，参见 Goody（1971）。在撒哈拉以南非洲内存在很多政治组织，它们因与伊斯兰世界接触程度的不同，表现出很大的差异。一般来说，奴隶贩子是伊斯兰化程度最高的群体，而奴隶们通常来自无组织的、无国家的和伊斯兰化程度最弱的部落。这有两个原因：一是伊斯兰国家通常有最强大的武装力量，二是他们一般避免奴役穆斯林。

欧洲与非洲的接触

在 11 世纪到 14 世纪,欧洲与非洲的接触主要发生在地中海地区。在土耳其人于 16 世纪早期征服埃及和北非大部分地区之前,欧洲商人一直能够在亚历山大港购买亚洲香料,在突尼斯海岸购买非洲黄金。

为了征服和得到非洲的金矿,葡萄牙在 1415 年入侵了摩洛哥。葡萄牙占领了休达,到 1521 年时它已在大西洋沿岸建立了若干个基地。但摩洛哥的军队在 1541 年又夺回了这些基地,并在 1578 年歼灭了葡萄牙的入侵部队。1497 年以后,葡萄牙人对船只和航海用具的设计进行了革新,从而使得葡萄牙船队能够绕过非洲,直接与印度和其他亚洲国家进行贸易。

1445 年,葡萄牙人在毛里塔尼亚海岸的阿奎姆港建立了一个贸易基地,在那里他们用布料、马匹、小饰物和盐来交换黄金。1482 年,他们又在今加纳海岸的埃尔明纳建立了一个非常坚固的贸易基地,可以更方便地接触阿散蒂金矿产地。他们成功地把西非很大一部分的出口黄金从马格里布分流(见表 6-3 和表 6-4),而且也可以在东非得到来自津巴布韦北部穆塔帕的少量黄金。葡萄牙人很快就发现,撒哈拉以南非洲地区的疾病环境对欧洲殖民者的杀伤力很大。事实上,这同欧洲人在美洲碰到的情况恰恰相反。欧洲人感染非洲疾病后的死亡率非常高,相比之下,非洲人对欧洲人带来的疾病则不是那么敏感。

表 6-3　世界主要地区的黄金产量(1493—1925)　　　　　(百万金衡盎司)

	1493—1600	1601—1700	1701—1800	1801—1850	1851—1900	1901—1925
非洲	8.153	6.430	5.466	2.025	23.810	200.210
美洲	8.976	19.043	52.014	22.623	140.047	152.463
欧洲	4.758	3.215	3.480	6.034	17.379	8.296
亚洲			0.085	6.855	49.150	51.900
澳大拉西亚					104.859	62.658
其他	1.080	0.161	0.161	0.498	0.986	
全世界	22.968	28.849	61.206	38.036	336.231	477.527

注:1 吨约等于 32 150 金衡盎司。

资料来源:里格威(H. Rigway)的《黄金产量的综合数据》(*Summarised Data of Gold Production*, US Dept of Commerce, 1929, p.6)。

表 6-4　加纳的黄金产量和出口量(1400—1900)　　　（百万金衡盎司）

	1400—1500	1501—1600	1601—1700	1701—1800	1801—1900
产量	1.350	2.700	4.200	3.100	2.650
向马格里布出口量	0.750	1.450	1.000	0.800	0.250
向欧洲出口量	0.550	1.150	3.000	2.000	2.650

注:1 吨约等于 32 150 金衡盎司。

资料来源:加勒德(T. F. Garrard)的《阿坎称重 * 和黄金贸易》(*Akan Weights and the Gold Trade*，Longman，London，1980，pp.163-166)。

葡萄牙在位于几内亚湾的圣多美建立了一个岛屿殖民地,由奴隶从事糖料生产。葡萄牙人还在奴隶贸易中充当中介的角色,在非洲沿海市场上进行奴隶买卖。随着美洲被发现,对欧洲人来说,扩大在巴西的糖料生产规模,远比在非洲扩大生产更有利可图而且更健康。葡萄牙人于是变成了横跨大西洋最大的奴隶贩子。

虽然葡萄牙人最早出口非洲奴隶到美洲从事农业种植,但他们并不是非洲奴隶制的始作俑者。在 650—1500 年间,有 650 万名奴隶由撒哈拉以南非洲穿过撒哈拉沙漠被贩运到阿拉伯、波斯湾和印度(见表 6-5)。是大西洋上的贸易导致了奴隶数量的空前增加。

表 6-5　撒哈拉以南非洲按目的地划分的奴隶输出量(650—1900)　　（千人）

	650—1500	1500—1800	1800—1900	650—1900
美洲	81	7 766	3 314	11 159
跨撒哈拉地区	4 270	1 950	1 200	7 420
亚洲	2 200	1 000	934	4 134
合计	**6 551**	**10 716**	**5 448**	**22 713**

资料来源:拉夫乔伊(P. E. Lovejoy)的《奴隶制变革》(*Transformations in Slavery*，CUP，2000，pp.19，26，47，142，147)。他对于美洲的估计值比柯尔亭的估计值大些(见表 4-4)。柯尔亭 1500—1870 年的合计数据是 940 万人,而这里的数据是超过 1 100 万人。造成两者差异的原因,一是柯尔亭只估计了到达的奴隶数,而拉夫齐伊没有考虑运输途中的死亡者;二是由于拉夫齐伊采用了哈佛大学的杜·博伊斯(Du Bois)的档案材料。迄今为止,这些数据只能从光盘上获得,没有由柯尔亭提供的对资料来源的翔实说明。

在整个 17 世纪,葡萄牙在非洲贩卖奴隶的活动遇到了来自荷兰、英国和法国的激烈竞争。英国从非洲出口了超过 250 万名奴隶,其中大部分奴隶来自塞

---

* 阿坎称重(当地称为 mrammou)是西非阿坎人用于测量重量的黄铜制砝码系统。——译者注

拉利昂和几内亚海岸。法国从塞内加尔和冈比亚地区带走了 120 万名奴隶，荷兰主要从黄金海岸带走了大约 50 万名奴隶。葡萄牙人从这些区域被驱逐出去，转而主要从事从安哥拉到巴西和西班牙属美洲的奴隶贩运。1500—1870年，他们总共贩运了大约 450 万名奴隶。

在绝大多数情形下，出售之前的奴隶都是由非洲奴隶贩子控制的。他们把奴隶运送到海岸或河岸，并在那里卖给欧洲人。在非洲内陆，奴隶可以通过以下几种方式获得：一部分是奴隶的后代，还有很大一部分是战俘或者来自下属或附属部落的贡品，各类罪犯也是稳定的奴隶来源。此外，也有大量奴隶来自对那些没有强大中央集权且武器装备薄弱的部落的劫掠，以及对单个受害者的绑架。

跨大西洋贩运的奴隶数量在 1662—1680 年平均为 9 000 人，到 1760—1789年达到顶峰时约为 76 000 人。拉夫乔伊按照 1601 年的不变价格给出了 1663—1775 年购买一个奴隶的平均价格，其中 1663—1682 年的平均价格是 2.9 英镑，1733—1775 年是 15.4 英镑。从 17 世纪末到 18 世纪末，非洲通过贩卖奴隶所获得的收入增长了四十多倍。奴隶贩卖的顶峰时期，也就是 18 世纪后期，克莱因（H. S. Klein）在他的《大西洋奴隶贸易》（*The Atlantic Slave Trade*，CUP，1999，p.125）中认为，奴隶贩卖带给西非的收入占西非总收入的比重可能接近 5%。

非洲人口损失主要集中在那些没有能力保护自己的部落和群体。撒哈拉以南非洲的人口增长由于奴隶的出口肯定会有所下降。在 1500—1820 年间，撒哈拉以南非洲的人口年均增长率为 0.16%，而西欧为 0.26%，亚洲为0.29%。因奴隶制造成的人口中断减少了那些奴隶被掠夺地区的收入。奴隶出口者通过贩卖奴隶换得的商品促进了本地消费，但对本地生产潜力并没有影响。在 18 世纪，这些商品包括专供西非市场的印度纺织品、烟草、酒、珠宝、铁棍、武器和火药以及来自马尔代夫的宝贝贝壳。

在废除奴隶制运动减少了横跨大西洋的奴隶贩运后，奴隶价格有所下降，但撒哈拉以南非洲内部的奴隶数量却大幅上升。奴隶制扩张的势头仍在持续，更大比例的奴隶在非洲内部被使用。Lovejoy（2000，pp.191-210）指出，在 19 世纪末期，苏丹中部、西部以及尼罗河流域人口的 30%—50% 为奴隶。19 世纪 50年代，在尼日利亚北部索科托的哈里发领土有一半人为奴隶。在桑给巴尔，奴隶人口数从 1818 年的 1.5 万增长到 19 世纪 60 年代的 10 万。在农场和种植园劳动的奴隶数量大幅增加,他们从事用于出口的棕榈油、花生、丁香和棉花的生产。19世纪末,在比利时属刚果、东南非和南非的采矿业迅速扩张,有很多受奴役劳工从事采掘工作,他们的待遇事实上和奴隶没有什么分别。

葡萄牙人和撒哈拉以南非洲接触的一个重要结果就是从美洲引进了作物。当时在食品供应以及支撑人口扩张方面起作用最大的就是根和块茎类食品。木薯(树薯)在16世纪早期从巴西引进到刚果、尼日尔三角洲和贝宁湾。它的产量很高,富含淀粉、钙、铁和维生素C。它是多年生植物,能在多种类型的土壤中生存,不怕蝗虫,抗旱而且易于栽培;成熟后不收割,在合适条件下仍然可以贮存很长一段时间。在长途旅行中,可以用木薯粉制成糕饼作为奴隶在横跨大西洋的过程中的主要食物。玉米是一种原产于美洲的作物,葡萄牙人将它引进到非洲西部和东部海岸。到了17世纪,塞内加尔、刚果盆地、南非和桑给巴尔岛也引进了这种作物。甘薯是非洲食物供应的另一个有益补充。

几个世纪以来,这些作物被广泛推广。在20世纪60年代中期,非洲根和块茎类粮食产量中的四分之三(4 300万吨)来自木薯和甘薯,参见国际粮农组织(FAO)的《生产年鉴》(*Production Yearbook*,1966)。撒哈拉以南非洲谷物产量的三分之一(1 500万吨)来自玉米,传统的粟类和高粱占47%,稻米占12%,其他谷物占8%。从长期来看,其他重要的美洲作物包括豆类、花生、烟草和可可。在葡萄牙人到来之前,原产于亚洲的香蕉和芭蕉在东非已经十分普及,咖啡、茶叶、橡胶、丁香是后来从亚洲传入的。

欧洲国家既没有给非洲带来任何技术知识的传播,也没有试图促进当地教育、印刷和文字的发展。中国在9世纪就有了印刷术,西欧从1453年开始,墨西哥从1539年开始,秘鲁从1584年开始,北美洲殖民地从17世纪初期开始也拥有了印刷术。而非洲的首家印刷厂是1822年在开罗建立的。

1820年,非洲只有5万欧洲后裔(其中一半在好望角),而在美洲有1340万欧洲后裔。非洲的疾病使得在非洲生活的欧洲人死亡率很高,而非洲人通常对欧洲疾病不会特别敏感。非洲人有更好的武器来保卫自己,而美洲土著居民的武器则差得多。到了19世纪情况发生了改变,由于欧洲在武器、运输(蒸汽轮船和铁路)和药品(奎宁)方面的进步,居住在非洲的欧洲裔人口到1913年已经上升到了250万。

我们应该注意到,非洲的一些制度阻碍了其发展,这与欧洲人的入侵没有什么关系。卡尔敦(Ibn Khaldun)对此有详细的评论。他认为其中一个因素是非洲国家融入伊斯兰世界的脆弱性（这一点更适用于撒哈拉以南非洲）。他指出，非洲部落传统的从属联系和家族关系，加上他们顽固的游牧特性，使得发展定居农业和城市文明的努力常常毁于一旦。他着重强调了穆斯林统治的周期性兴衰，而且从 7 世纪到他所生活的 14 世纪都没有看到任何可以计量的进步迹象。

非洲社会没有对产权提供保护。权力阶层的独裁和掠夺阻碍了资本积累和个人的创业热情，这一点在埃及的马穆鲁克统治时期表现得十分明显。在非洲社会几乎没有反抗的力量。戈伊坦（Goitein，1967—1993）在详细地研究了开罗储室经卷后，很乐观地相信在埃及法蒂玛王朝时期出现了商业阶层，但是在随后的朝代中商业自由又消失了。产权缺失最明显的一个例子就是奴隶制本身，这和一夫多妻的家庭结构和对妇女权利的限制紧密相关。这两种制度可能是实物和人力资本形成的主要障碍。

关于 1820—1950 年发展速度的证据和推测

6 国样本：我在《世界经济千年史》中给出了对埃及、加纳、摩洛哥、南非在 1950 年以前的估计值。在这里我增加了对阿尔及利亚和突尼斯的估计值，并增补了埃及和加纳的数据。这 6 个样本国的资料来源如下：

埃及：1870 年以前的人口数据来自 McEvedy and Jones（1978）；1886—1945 年的人口数据来自米德（D. C. Mead）的《埃及经济的增长和结构变化》（*Growth and Structural Change in the Egyptian Economy*，Irwin，Illinois，1967，pp. 295，302）。1945—1950 年的 GDP 数据来自上书（p. 286）；1913—1939 年、1939—1945 年的 GDP 数据分别来自汉森（B. Hansen）和马尔佐克（G. A. Marzouk）的《埃及共和国的发展和经济政策》（*Development and Economic Policy in the UAR*，North Holland，Amsterdam，1965）的第 3 页和第 318 页；1886/1887—1912 年的人均 GDP 变动数据来自汉森的《1886/1887—1937 年埃及的收入和消费》（"Income and Consumption in Egypt，1886/1887 to 1937"，*International Journal of Middle Eastern Studies*，No. 10，1979，p. 29）。1929—1939 年的 GDP 变动数据来自汉森的《贫困、公平和增长的政治经济：埃及和土耳其》（*The Political Economy of Poverty，Equity and Growth：Egypt and Turkey*，OUP，New York，1991，p. 6）。1870 年的人均

GDP 估计值是在 1886/1887 年的估计值和我对 1820 年的推测值之间通过对数插值法得到的。

表 6-6 的最后一列将我的估计结果与尤素夫(Tarik Yousef)的替代指标估计值进行了比较,可参见他的《1886—1945 年经济自由主义下埃及经济增长的表现:利用 GDP 新估计值的再评估》("Egypt's Growth Performance under Economic Liberalism: A Reassessment with New GDP Estimates, 1886—1945", *Review of Income and Wealth*, 48/4, December 2002, pp.561-579)。他利用货币供应量和假定的流通速度,通过回归方法得到了名义 GDP 估计值,然后利用价格指数对其进行平减,最后再除以人口数就得到了人均 GDP 估计值。我将他的人均 GDP 变动数据与我对 1945 年水平的估计值进行了连接。尤素夫引用了大量资料(包括我曾引用过的那些)来证明他的替代估计值大体上与 20 世纪上半叶的直接估计值是一致的。但是,他的 1886—1913 年人均 GDP 变动数据与我的估计值之间有很大的差别。考虑到 19 世纪 20 年代到 80 年代间农业生产、出口和基础设施投资的显著扩张,他的 1886/1887 年估计值似乎太低了(他在文章的开头已经承认了这一点)。

表 6-6 埃及的人口、GDP 和人均 GDP(1820—2001)

	人口 (千人)	GDP (百万 1990 年国际元)	人均 GDP (1990 年国际元)	尤素夫 人均 GDP 替代估计值 (1990 年国际元)
1820	4 194	1 992	475	
1870	7 049	4 573	649	
1886/1887	7 572	5 443	719	452
1913	12 144	10 950	902	825
1929	14 602	12 744	873	828
1939	16 588	14 790	892	812
1945	18 460	14 790	801	801
1950	21 198	19 288	910	
2001	71 902	215 109	2 992	

阿尔及利亚、摩洛哥和突尼斯:GDP 数据来自艾明(Samir Amin)的《马格里布的经济》(*l'Économie du Maghreb*, Editions de Minuit, Paris, 1966, pp.104-105)。对于阿尔及利亚,艾明的估计值覆盖了 1880—1995 年间的所有基准年份。我把他的 GDP 实际变动数据同我的 1955 年估计值(按 1990 年国际元计算)连接了起来;1870 年的人均 GDP 是在他的 1880 年估计值和我的

1820 年推测值之间通过对数插值法得到的，1913 年的人均 GDP 数据是在他的
1910 年和 1920 年数据之间通过对数插值法得到的。对于突尼斯和摩洛哥，我
采用了同样的处理方法，艾明对这两个国家分别测算出了 1910—1955 年和
1920—1955 年的数据。阿尔及利亚 1820—1930 年的人口数据、突尼斯 1820—
1913 年的人口数据和摩洛哥 1820—1870 年的人口数据均来自 McEvedy and
Jones(1978,p.223)，见表 6-7。

表 6-7　阿尔及利亚的人口、GDP 和人均 GDP(1820—2001)

	人口 （千人）	GDP （百万 1990 年国际元）	人均 GDP （1990 年国际元）
1820	2 689	*1 157*	*430*
1870	3 776	*2 700*	*715*
1880	4 183	3 312	792
1910	5 378	6 040	1 123
1913	5 497	6 395	1 163
1920	5 785	7 307	1 263
1930	6 507	8 963	1 377
1950	8 893	12 136	1 365
1955	9 842	14 224	1 445
2001	31 736	89 286	2 813

加纳：柴莱兹乌斯基（R. Szereszewski）的《加纳经济的结构变化》（*Struc-
tural Changes in the Economy of Ghana*，Weidenfeld and Nicolson，London，
1965，pp.74，92-93，126，149）提供了加纳 1891—1911 年和 1960 年的 GDP
与人口详细估计值。表 6-8 将他的 GDP 变动数据与以 1990 年国际元计算的
1960 年水平连接了起来。1913 年的 GDP 数据是根据他的 1901—1911 年分部
门增长率通过外推计算出来的；1870 年的人均 GDP 水平是在他的 1891 年估计
值和我的 1820 年推测值之间通过插值法得到的。1820—1870 年的人口数据来
自 McEvedy and Jones(1978，p.245)。

表 6-8　加纳的人口、GDP 和人均 GDP(1820—2001)

	人口 （千人）	GDP （百万 1990 年国际元）	人均 GDP （1990 年国际元）
1820	1 374	570	415
1870	1 500	693	462
1891	1 650	798	484
1901	1 800	960	533
1911	2 000	1 393	697
1913	2 043	1 595	781

（续表）

	人口 （千人）	GDP （百万 1990 年国际元）	人均 GDP （1990 年国际元）
1950	5 297	5 943	1 122
1960	6 958	9 591	1 378
2001	19 843	26 012	1 311

柴莱兹乌斯基区分了传统产业部门和现代产业部门，他假定 1891—1911 年传统产业扩张与人口增长同步，1911—1960 年按人均计算产出约增长了一半。现代产业在他详细考察的 20 年内年增长率接近 8%。可可豆的出口从 1891 年的 80 磅增加到 1911 年的 8 900 万磅，当时每年有 60 万公顷土地和 18.5 万的劳动力投入可可豆的生产。在很大程度上，可可豆产量的激增是由于土地的集约利用和农村劳动力的大量投入，这些劳动力先前处于非充分就业的状态。

另一个动力因素是黄金。几个世纪以来黄金一直被用于出口，在 19 世纪 70 年代开始采用现代开采方法作业。1886 年巨大黄金储量在南非的发现在加纳引起了轰动，随之掀起了一股投资热潮。到了 1901 年，有 42 家公司投入黄金的生产和运营；1911 年，从海岸穿越黄金开采区到库马西的铁路修建成功。从阿克拉到生产可可豆的内陆的交通设施也有了改善，在塞肯迪和阿克拉出现了对现代港口设施的投资，同时，内河的蒸汽轮船运输也有了很大发展。出口占 GDP 的比重从 1891 年的 8% 上升到了 1911 年的 19%。经济增长所带来的好处很大一部分都由当地居民分享。在 1911 年加纳有 2 245 名欧洲人（大约占总人口的 0.1%），当时在阿尔及利亚有 75 万欧洲人（大约占总人口的 14%）。

南非：1912—1920 年的 GDP 变动数据来自南非人口普查统计局的《联盟统计 50 年》(*Union Statistics for Fifty Years*，Pretoria，1960)，1920—1950 年的 GDP 变动数据来自弗瑞(L. J. Fourie)的《生产要素和生产率对南非经济增长的贡献》("Contribution of Factors of Production and Productivity to South African Economic Growth"，IARIW，1971)，并经过了处理。1870 年的人均 GDP 数据是在 1913 年的直接估计值和我对 1820 年的推测值之间通过插值法得到的。虽然不能获得 GDP 的直接估计值，但能明显看出，南非是 1820—1913 年样本国家中最富有活力的，并且主要的受益者是白人殖民者。1820 年南非有 3 万白人（占总人口的 2%），他们取代了身体相对虚弱和人口相对稀少的土著牧民和猎人（即科伊桑人）在好望角定居下来，那里当时主要是与亚洲贸易的补给站。到了 1870 年,有 25 万白人从东部和北部纷纷移居到纳塔尔、南非奥兰治自由邦和德兰士瓦,他们从科萨人、祖鲁人以及其他土著部落那里获得了最好的土地和水源,并以各种形式雇用半奴隶性质的劳工。在随后的 20 年中,人们在南非又发现了黄金和钻石,这极大地刺激了投资和移民。到了 1913 年,南非的白人居民数量达到了 130 万(占总人口的 22%),白人的特权因明确的种族隔离制度而得到了维护。表 6-9 有关人均铁路网的扩张情况为观察非洲的动态发展提供了线索。

表 6-9　铁路线路的长度(1870—1913)　　　　(每百万人口公里数)

	1870	1913
阿尔及利亚	70	632
埃及	168	359
加纳	0	165
摩洛哥	0	84
突尼斯	0	1 105
南非	0	2 300
阿根廷	408	4 374
澳大利亚	861	6 944
印度	38	184
英国	685	715
美国	2 117	9 989

资料来源:《国际历史统计:非洲和亚洲》(*International Historical Statistics:Africa and Asia*,Macmillan,London,1982)和 Maddison(1995,p.64)。

表 6-10 的第一部分列出了 1820—2001 年 6 个样本国家的人口数、非样本经济体的人口总数和非洲的人口总数。1820—1950 年,6 个样本国家的人口年均增长率为 1.19%,非样本经济体的人口年均增长率为 0.77%,前者约为后者的 2 倍。从该表的最后一部分可以看出,1950 年 6 个样本国家人均 GDP 的平均值是非洲其他经济体的两倍多,在 2001 年变为后者的三倍多。

表 6-10　非洲 GDP 和人口的变动(1820—2001)

	1820	1870	1913	1950	2001
			人口(千人)		
阿尔及利亚	2 689	3 776	5 497	8 893	31 736
埃及	4 194	7 049	12 144	21 198	71 902
加纳	1 374	1 500	2 043	5 297	19 843
摩洛哥	2 689	3 776	5 111	9 343	30 645

（续表）

	1820	1870	1913	1950	2001
突尼斯	875	1 176	1 870	3 517	9 705
南非	1 550	2 547	6 153	13 596	42 573
6 国合计	13 371	19 824	32 818	61 844	206 404
其他 51 个经济体合计	60 865	70 642	91 879	165 489	614 684
非洲总计	74 236	90 466	124 697	227 333	821 088
GDP（百万 1990 年国际元）					
阿尔及利亚	*1 157*	*2 700*	6 395	12 136	89 286
埃及	*1 992*	*4 573*	10 950	19 288	215 109
加纳	*570*	*693*	1 595	5 943	26 012
摩洛哥	*1 156*	*2 126*	*3 630*	13 598	82 255
突尼斯	*376*	*744*	1 651	3 920	45 714
南非	*643*	*2 185*	9 857	34 465	179 162
6 国合计	*5 894*	*13 021*	*34 078*	89 350	637 538
其他 51 个经济体合计	*25 267*	*32 213*	*45 408*	113 781	585 038
非洲总计	*31 161*	*45 234*	*79 486*	203 131	1 222 577
人均 GDP（国际元）					
阿尔及利亚	*430*	*715*	1 163	1 365	2 813
埃及	*475*	*649*	902	910	2 992
加纳	*415*	*462*	781	1 122	1 311
摩洛哥	*430*	*563*	*710*	1 455	2 782
突尼斯	*430*	*633*	883	1 115	4 710
南非	*415*	*858*	1 602	2 535	4 208
6 国平均	*441*	*657*	1 038	1 445	3 089
其他 51 个经济体平均	*415*	*456*	*494*	688	952
非洲平均	*420*	*500*	637	894	1 489

注:推测值用斜体表示。

对于 1913—1950 年的估计,我假定非样本经济体的人均收入增长与样本经济体同步。1870 年非样本经济体的人均 GDP 是在 1820 年和 1913 年的推测值之间通过插值法得到。

| **对 1950—2001 年数据的更新** |

1950—2001 年的年度估计值是对《世界经济千年史》(pp. 310-327)中

1950—1998 年估计值的修正和更新，同时也给出了其他 9 个国家的详细估计值。1950—2001 年的人口数据来自美国人口普查局国际项目中心（2002 年 10 月）。1950—2001 年的实际 GDP 变动数据是根据国际货币基金组织的《世界经济展望》对 1993 年以后的数据进行修正和更新后得到。

我将厄立特里亚和埃塞俄比亚的数据进行了合并。1952 年厄立特里亚与埃塞俄比亚成为一个联盟，10 年后厄立特里亚被作为一个省并入，又于 1991 年分离出来，并在 1993 年通过公民投票获得了独立认可。1998—2000 年两国爆发了一次边境战争。1950 年厄立特里亚的人口占两国总人口的 6.5%，2001 年占 6.2%。

按百万 1990 年国际元计算的 1990 年基准 GDP 水平是根据《世界经济千年史》中的《宾夕法尼亚大学世界表》（PWT）5.6 版计算得出的。我采用新的 PWT 6.1 版（2002 年 10 月），对以下几个国家 1990 年的 GDP 水平进行了上调：布基纳法索（从 54.82 亿美元到 67.48 亿美元）、布隆迪（从 35.2 亿美元到 38.79 亿美元）、埃及（从 1 128.73 亿美元到 1 430 亿美元，见表 6-11）、埃塞俄比亚和厄立特里亚（从 189.64 亿美元到 295.93 亿美元）、莱索托（从 18.28 亿美元到 20.33 亿美元）和扎伊尔（从 173.04 亿美元到 199.22 亿美元）。

表 6-11　根据 ICP* 和 PWT 计算的非洲国家 1990 年 GDP 水平估计值

（百万国际元）

	PWT 5.5	PWT 5.6	PWT 6.1	ICP 5
贝宁	5 248	5 347	4 333	6 629
博茨瓦纳	5 479	4 178	**6 382**	5 662
喀麦隆	17 115	14 393	**21 881**	41 534
刚果	5 972	5 394	3 578	5 358
科特迪瓦	14 568	16 330	**20 009**	18 528
埃及	105 684	112 873	**143 000**	194 267
埃塞俄比亚	17 891	18 964	**26 496**	18 622
加蓬	3 639	4 500	7 736	n. a.
几内亚	3 087	3 304	13 351	n. a.
肯尼亚	26 028	26 093	24 354	31 855

---

　　* ICP 指国际经济比较项目（International Comparison Program），该项目现由世界银行每隔六年进行一次，最近的数据年份包括 2005 年、2011 年和 2017 年。——译者注

（百万国际元）（续表）

	PWT 5.5	PWT 5.6	PWT 6.1	ICP 5
马达加斯加	9 093	9 210	8 949	8 531
马拉维	4 840	5 146	4 719	6 173
马里	5 059	6 040	5 878	5 314
毛里求斯	7 211	7 652	*8 646*	7 671
摩洛哥	60 193	64 082	*72 464*	83 696
尼日利亚	96 521	107 459	94 572	139 453
卢旺达	5 360	6 125	6 050	5 040
塞内加尔	9 351	10 032	*10 298*	12 139
塞拉利昂	4 041	4 325	*4 571*	3 021
斯威士兰	1 580	2 154	n. a.	2 181
坦桑尼亚	14 676	13 852	11 043	13 199
突尼斯	26 421	27 387	*35 131*	35 312
赞比亚	6 935	6 432	*7 879*	10 684
津巴布韦	14 913	13 766	*24 712*	20 391

　　资料来源：本表比较了三组 PWT 的估计结果与 ICP 5 的估计结果（只有这 22 个非洲国家的数据是可获得的）。第一列数据来自萨默斯（R. Summers）和海斯顿（A. Heston）的《宾夕法尼亚大学世界表（标记 5）：1950—1988 年国际比较的扩展集》["The Penn World Table (Mark 5)：An Expanded Set of International Comparisons，1950—1988"，*Quarterly Journal of Economics*，May 1991]。第二列来自他们的磁盘（1995 年 1 月）。第三列来自宾夕法尼亚大学国际比较中心（CICUP）的海斯顿、萨默斯和贝蒂纳·阿坦（Bettina Aten）的 PWT 6.1版（2002 年 10 月，http://pwt. econ. upenn. edu）。在某些情况下，PWT 5.6 版针对的是1990 年的前一年，在《世界经济千年史》中，我利用实际 GDP 变化率和美国在该年与 1990 年之间的 GDP 平减指数变化率对有关数据进行了更新。我还对利比亚、赤道几内亚、马约特、圣赫勒拿、圣多美和普林西比、西撒哈拉进行了替代指标估算。虽然部分 PWT 6.1 版的估计值比 PWT 5.6 版的低，但就 45 个国家目前的已有数据来看，整个非洲的 GDP 还是提高了 28％。黑斜体表示那些 GDP 水平变化很大的国家，其他有显著变化的个案是，南非的数据提高了 63％，阿尔及利亚提高了 47％。由于这些重大变化，在全盘采用新的非洲数据之前，我倾向于等到可以获得下一轮 PWT 版的估计值以后再做定夺。但是，由于 PWT 5.6 版的估计值低得令人难以相信，因此我对布基纳法索、布隆迪、埃及、埃塞俄比亚和厄立特里亚、莱索托和扎伊尔采用了 PWT 6.1 版的估计值。ICP 5 的估计值来自联合国/欧盟统计局的《1985 年实际 GDP 和购买力的世界比较》（*World Comparisons of Real GDP and Purchasing Power 1985*，New York，1994，p. 5），并调整到 1990 年的基准。

表 6a 57 个非洲经济体的人口（1950—2003） （千人，年中值）

	阿尔及利亚	安哥拉	贝宁	博茨瓦纳	布基纳法索	布隆迪	喀麦隆	佛得角
1950	8 893	4 118	1 673	430	4 376	2 363	4 888	146
1951	9 073	4 173	1 705	436	4 423	2 403	4 947	151
1952	9 280	4 232	1 738	442	4 470	2 445	5 009	155
1953	9 532	4 294	1 773	448	4 518	2 487	5 074	160
1954	9 611	4 358	1 809	455	4 566	2 531	5 141	164
1955	9 842	4 423	1 846	461	4 614	2 575	5 211	169
1956	10 057	4 491	1 885	468	4 664	2 619	5 284	174
1957	10 271	4 561	1 925	475	4 713	2 665	5 360	180
1958	10 485	4 636	1 967	482	4 764	2 712	5 439	185
1959	10 696	4 715	2 010	489	4 814	2 760	5 522	191
1960	10 909	4 797	2 055	497	4 866	2 812	5 609	197
1961	11 122	4 752	2 102	505	4 920	2 890	5 699	203
1962	11 001	4 826	2 152	513	4 978	2 957	5 794	210
1963	11 273	4 920	2 203	521	5 041	3 003	5 892	217
1964	11 613	5 026	2 256	530	5 109	3 083	5 996	224
1965	11 963	5 135	2 311	538	5 182	3 164	6 104	232
1966	12 339	5 201	2 368	546	5 261	3 247	6 217	239
1967	12 760	5 247	2 427	554	5 344	3 323	6 336	247
1968	13 146	5 350	2 489	562	5 434	3 393	6 460	254
1969	13 528	5 472	2 553	572	5 529	3 451	6 590	262
1970	13 932	5 606	2 620	584	5 626	3 513	6 727	269
1971	14 335	5 751	2 689	600	5 726	3 587	6 870	273
1972	14 761	5 891	2 761	620	5 833	3 520	7 021	275
1973	15 198	6 021	2 836	645	5 947	3 529	7 179	277
1974	15 653	5 978	2 914	675	6 069	3 583	7 346	279
1975	16 140	5 879	2 996	709	6 199	3 664	7 522	280
1976	16 635	5 938	3 080	748	6 336	3 736	7 721	283
1977	17 153	6 161	3 168	789	6 478	3 821	7 960	286
1978	17 703	6 279	3 260	832	6 626	3 915	8 207	289
1979	18 266	6 450	3 355	874	6 780	4 013	8 451	292
1980	18 862	6 736	3 444	914	6 942	4 138	8 748	296
1981	19 484	6 877	3 540	950	7 111	4 214	9 024	300
1982	20 132	7 020	3 641	986	7 288	4 344	9 251	305
1983	20 803	7 143	3 748	1 023	7 474	4 531	9 522	309
1984	21 488	7 256	3 861	1 063	7 670	4 668	9 816	314
1985	22 182	7 399	3 980	1 103	7 876	4 809	10 130	319
1986	22 844	7 544	4 104	1 145	8 072	4 952	10 457	325
1987	23 485	7 669	4 234	1 189	8 275	5 110	10 779	331
1988	24 102	7 805	4 371	1 232	8 517	5 284	11 096	337
1989	24 722	7 919	4 513	1 273	8 799	5 459	11 390	343
1990	25 341	8 049	4 662	1 312	9 090	5 285	11 685	349
1991	25 958	8 237	4 817	1 349	9 390	5 393	12 006	356
1992	26 570	8 472	4 976	1 384	9 701	5 478	12 323	362
1993	27 176	8 689	5 140	1 418	10 005	5 590	12 635	368
1994	27 775	8 894	5 309	1 451	10 302	5 761	12 942	373
1995	28 364	9 218	5 484	1 481	10 608	5 392	13 245	379
1996	28 946	9 443	5 664	1 509	10 922	5 366	13 547	384
1997	29 521	9 560	5 848	1 533	11 242	5 405	13 853	388
1998	30 088	9 736	6 037	1 554	11 564	5 487	14 162	393
1999	30 646	9 922	6 230	1 569	11 889	5 603	14 475	397
2000	31 194	10 132	6 428	1 578	12 217	5 714	14 792	401
2001	31 736	10 342	6 630	1 581	12 549	5 838	15 110	405
2002	32 278	10 554	6 835	1 579	12 887	5 965	15 428	409
2003	32 819	10 766	7 041	1 573	13 228	6 096	15 746	412

（千人，年中值）（续表）

	中非共和国	乍得	科摩罗	刚果	科特迪瓦	吉布提	埃及	埃塞俄比亚和厄立特里亚	加蓬
1950	1 260	2 608	148	768	2 860	60	21 198	21 577	416
1951	1 275	2 644	151	781	2 918	62	21 704	21 939	418
1952	1 292	2 682	154	794	2 977	63	22 223	22 314	421
1953	1 309	2 722	157	809	3 037	65	22 755	22 703	423
1954	1 328	2 763	160	824	3 099	66	23 299	23 107	426
1955	1 348	2 805	164	840	3 164	68	23 856	23 526	429
1956	1 370	2 849	167	856	3 231	70	24 426	23 961	432
1957	1 392	2 895	171	874	3 300	72	25 010	24 412	435
1958	1 416	2 942	175	892	3 374	74	25 608	24 880	438
1959	1 441	2 991	179	911	3 463	76	26 220	25 364	442
1960	1 467	3 042	183	931	3 576	78	26 847	25 864	446
1961	1 495	3 095	187	952	3 700	84	27 523	26 380	450
1962	1 523	3 150	192	974	3 832	90	28 173	26 913	456
1963	1 553	3 208	196	996	3 985	96	28 821	27 464	461
1964	1 585	3 271	201	1 020	4 148	103	29 533	28 034	468
1965	1 628	3 345	206	1 044	4 327	111	30 265	28 621	474
1966	1 683	3 420	212	1 070	4 527	119	30 986	29 228	482
1967	1 729	3 496	217	1 097	4 745	128	31 681	29 839	489
1968	1 756	3 573	223	1 124	4 984	137	32 338	30 480	497
1969	1 785	3 650	230	1 153	5 235	147	32 966	31 154	504
1970	1 827	3 731	236	1 183	5 504	158	33 574	31 826	515
1971	1 869	3 814	243	1 214	5 786	169	34 184	32 519	526
1972	1 910	3 899	250	1 246	6 072	179	34 807	33 257	538
1973	1 945	3 989	257	1 279	6 352	189	35 480	34 028	561
1974	1 983	4 082	265	1 314	6 622	198	36 216	34 838	597
1975	2 031	4 180	273	1 360	6 889	208	36 952	35 673	648
1976	2 071	4 282	281	1 409	7 151	217	37 737	36 588	688
1977	2 111	4 389	305	1 461	7 419	229	38 784	37 443	706
1978	2 153	4 499	314	1 515	7 692	248	40 020	38 084	726
1979	2 197	4 544	324	1 571	7 973	263	41 258	38 568	722
1980	2 244	4 542	334	1 629	8 261	279	42 634	38 967	714
1981	2 291	4 648	341	1 691	8 558	294	44 196	39 555	731
1982	2 338	4 877	349	1 755	8 866	306	45 682	40 463	754
1983	2 385	5 074	357	1 822	9 185	316	47 093	41 565	779
1984	2 451	5 125	366	1 901	9 517	289	48 550	42 815	805
1985	2 516	5 170	375	1 955	9 864	297	50 052	43 448	833
1986	2 556	5 316	385	2 010	10 221	304	51 593	44 434	859
1987	2 600	5 502	395	2 067	10 585	311	52 799	45 816	881
1988	2 654	5 678	406	2 123	10 956	327	54 024	47 439	900
1989	2 728	5 834	417	2 181	11 361	350	55 263	49 174	919
1990	2 803	6 030	429	2 240	11 901	366	56 694	50 902	938
1991	2 882	6 242	441	2 298	12 421	375	58 139	53 199	961
1992	2 964	6 443	454	2 356	12 775	384	59 402	55 240	987
1993	3 053	6 675	468	2 415	13 185	393	60 677	56 537	1 014
1994	3 139	6 912	482	2 474	13 669	403	61 983	57 967	1 041
1995	3 204	7 138	497	2 532	14 115	409	63 322	59 511	1 070
1996	3 262	7 374	512	2 590	14 503	414	64 705	61 042	1 099
1997	3 322	7 619	528	2 647	14 830	418	66 134	62 536	1 129
1998	3 383	7 875	544	2 703	15 119	422	67 602	64 004	1 160
1999	3 442	8 144	561	2 757	15 475	427	69 067	65 502	1 191
2000	3 501	8 419	578	2 809	15 866	431	70 492	66 895	1 223
2001	3 562	8 693	596	2 860	16 234	438	71 902	68 208	1 255
2002	3 623	8 971	614	2 908	16 598	447	73 313	69 560	1 288
2003	3 684	9 253	633	2 954	16 962	457	74 719	70 920	1 322

（千人，年中值）（续表）

	冈比亚	加纳	几内亚	几内亚比绍	肯尼亚	莱索托	利比里亚	马达加斯加
1950	271	5 297	2 586	573	6 121	726	824	4 620
1951	278	5 437	2 625	577	6 289	737	843	4 690
1952	284	5 581	2 664	581	6 464	749	863	4 763
1953	291	5 731	2 705	584	6 646	761	884	4 839
1954	299	5 887	2 745	588	6 836	773	906	4 919
1955	306	6 049	2 787	592	7 034	786	928	5 003
1956	315	6 217	2 831	596	7 240	800	952	5 090
1957	323	6 391	2 877	601	7 455	813	976	5 182
1958	332	6 573	2 925	606	7 679	828	1 001	5 277
1959	342	6 761	2 975	611	7 913	843	1 028	5 378
1960	352	6 958	3 028	617	8 157	859	1 055	5 482
1961	363	7 154	3 083	622	8 412	875	1 083	5 590
1962	374	7 355	3 140	628	8 679	893	1 113	5 703
1963	386	7 564	3 199	634	8 957	912	1 144	5 821
1964	399	7 782	3 259	610	9 248	932	1 175	5 944
1965	412	8 010	3 321	604	9 549	952	1 209	6 070
1966	426	8 245	3 385	598	9 864	974	1 243	6 200
1967	440	8 490	3 451	601	10 192	996	1 279	6 335
1968	454	8 744	3 519	611	10 532	1 019	1 317	6 473
1969	469	9 009	3 589	616	10 888	1 043	1 356	6 616
1970	485	8 789	3 661	620	11 272	1 067	1 397	6 766
1971	501	9 066	3 735	623	11 685	1 092	1 439	6 920
1972	517	9 354	3 811	625	12 126	1 117	1 483	7 082
1973	534	9 650	3 890	633	12 594	1 142	1 528	7 250
1974	552	9 905	3 970	640	13 090	1 169	1 575	7 424
1975	570	10 119	4 053	681	13 615	1 195	1 624	7 604
1976	589	10 333	4 139	733	14 171	1 223	1 675	7 805
1977	608	10 538	4 227	745	14 762	1 252	1 727	8 007
1978	628	10 721	4 318	758	15 386	1 281	1 780	8 217
1979	649	10 878	4 411	771	16 045	1 312	1 835	8 442
1980	671	11 016	4 508	789	16 698	1 344	1 892	8 677
1981	693	11 177	4 607	807	17 369	1 377	1 951	8 920
1982	716	11 401	4 710	826	18 059	1 412	2 011	9 171
1983	739	12 157	4 816	846	18 769	1 447	2 074	9 432
1984	767	12 829	5 046	865	19 499	1 484	2 138	9 702
1985	796	13 228	5 327	886	20 247	1 521	2 205	9 981
1986	827	13 778	5 504	906	21 006	1 559	2 274	10 270
1987	858	14 170	5 650	928	21 761	1 596	2 345	10 569
1988	891	14 569	5 800	950	22 504	1 631	2 418	10 877
1989	926	14 977	5 955	973	23 229	1 664	2 493	11 194
1990	962	15 400	6 280	996	23 934	1 693	2 189	11 522
1991	999	15 837	6 727	1 020	24 670	1 718	1 892	11 860
1992	1 036	16 278	6 988	1 051	25 524	1 740	1 985	12 210
1993	1 075	16 784	7 194	1 084	26 269	1 760	2 063	12 573
1994	1 115	17 272	7 429	1 116	26 852	1 778	2 057	12 950
1995	1 156	17 668	7 682	1 142	27 463	1 794	1 980	13 340
1996	1 197	18 046	7 949	1 165	28 074	1 807	2 025	13 746
1997	1 238	18 419	8 048	1 193	28 681	1 820	2 296	14 165
1998	1 281	18 795	8 176	1 221	29 266	1 830	2 655	14 598
1999	1 324	19 159	8 434	1 250	29 811	1 840	2 974	15 045
2000	1 367	19 509	8 642	1 278	30 310	1 847	3 149	15 506
2001	1 411	19 843	8 717	1 306	30 777	1 853	3 206	15 983
2002	1 456	20 163	8 816	1 333	31 223	1 858	3 262	16 473
2003	1 501	20 468	9 030	1 361	31 639	1 862	3 317	16 980

（千人，年中值）（续表）

	马拉维	马里	毛里塔尼亚	毛里求斯	摩洛哥	莫桑比克	纳米比亚	尼日尔	尼日利亚
1950	2 817	3 688	1 006	481	9 343	6 250	464	2 482	31 797
1951	2 866	3 761	1 014	499	9 634	6 346	475	2 538	32 449
1952	2 918	3 835	1 023	517	9 939	6 446	486	2 597	33 119
1953	2 972	3 911	1 032	536	10 206	6 552	497	2 659	33 809
1954	3 029	3 988	1 042	554	10 487	6 664	509	2 723	34 632
1955	3 088	4 067	1 053	572	10 782	6 782	522	2 790	35 464
1956	3 152	4 148	1 065	592	11 089	6 906	535	2 859	36 311
1957	3 221	4 230	1 077	610	11 406	7 038	548	2 931	37 178
1958	3 295	4 314	1 090	628	11 735	7 177	562	3 007	38 068
1959	3 370	4 399	1 103	645	12 074	7 321	576	3 085	38 981
1960	3 450	4 486	1 117	663	12 423	7 472	591	3 168	39 920
1961	3 532	4 576	1 132	681	12 736	7 628	606	3 253	40 884
1962	3 629	4 668	1 147	701	13 057	7 789	621	3 343	41 876
1963	3 726	4 763	1 162	715	13 385	7 957	637	3 437	42 897
1964	3 816	4 862	1 178	736	13 722	8 127	654	3 533	43 946
1965	3 914	4 963	1 195	756	14 066	8 301	671	3 633	45 025
1966	4 023	5 068	1 212	774	14 415	8 486	689	3 735	46 143
1967	4 147	5 177	1 231	789	14 770	8 681	707	3 842	47 305
1968	4 264	5 289	1 249	804	15 137	8 884	725	3 951	48 515
1969	4 379	5 405	1 269	816	15 517	9 093	745	4 064	49 776
1970	4 489	5 525	1 289	830	15 909	9 304	765	4 182	51 113
1971	4 606	5 649	1 311	841	16 313	9 539	786	4 303	52 495
1972	4 731	5 777	1 333	851	16 661	9 810	808	4 429	53 914
1973	4 865	5 909	1 356	861	16 998	10 088	831	4 559	55 415
1974	5 031	6 046	1 380	873	17 335	10 370	854	4 695	57 084
1975	5 268	6 188	1 404	885	17 687	10 433	879	4 836	58 916
1976	5 473	6 334	1 430	898	18 043	10 770	905	4 984	60 819
1977	5 637	6 422	1 457	913	18 397	11 128	923	5 139	62 822
1978	5 792	6 517	1 485	929	18 758	11 466	935	5 294	64 953
1979	5 956	6 620	1 516	947	19 126	11 828	955	5 459	67 224
1980	6 129	6 731	1 550	964	19 487	12 103	975	5 629	69 629
1981	6 311	6 849	1 585	979	19 846	12 364	988	5 806	72 092
1982	6 503	6 975	1 622	992	20 199	12 588	1 011	5 988	74 538
1983	6 703	7 110	1 662	1 002	20 740	12 775	1 045	6 189	75 901
1984	6 909	7 255	1 703	1 012	21 296	12 926	1 080	6 389	77 544
1985	7 124	7 408	1 747	1 022	21 857	13 065	1 116	6 589	79 884
1986	7 391	7 569	1 793	1 032	22 422	13 143	1 154	6 802	81 971
1987	7 817	7 738	1 841	1 043	22 987	12 889	1 196	7 016	84 505
1988	8 327	7 884	1 892	1 052	23 555	12 517	1 256	7 237	87 115
1989	8 800	8 050	1 937	1 063	24 122	12 467	1 339	7 428	89 801
1990	9 215	8 228	1 984	1 074	24 686	12 649	1 409	7 630	92 566
1991	9 549	8 412	2 041	1 085	25 244	12 912	1 450	7 844	95 390
1992	9 871	8 565	2 119	1 096	25 798	13 149	1 491	8 069	98 270
1993	9 997	8 719	2 205	1 107	26 351	13 638	1 532	8 307	101 227
1994	9 767	8 911	2 279	1 118	26 901	14 663	1 575	8 557	104 260
1995	9 656	9 157	2 342	1 129	27 447	15 522	1 618	8 819	107 372
1996	9 855	9 452	2 389	1 139	27 990	15 898	1 661	9 085	110 552
1997	10 103	9 746	2 445	1 150	28 530	16 184	1 704	9 345	113 787
1998	10 356	10 054	2 515	1 160	29 066	16 453	1 746	9 611	117 072
1999	10 613	10 360	2 591	1 169	29 597	16 704	1 787	9 888	120 397
2000	10 874	10 665	2 668	1 179	30 122	16 934	1 826	10 174	123 750
2001	11 134	10 980	2 747	1 190	30 645	17 142	1 863	10 465	127 120
2002	11 393	11 300	2 829	1 200	31 168	17 324	1 897	10 760	130 500
2003	11 651	11 626	2 913	1 210	31 689	17 479	1 927	11 059	133 882

（千人，年中值）（续表）

	留尼汪	卢旺达	塞内加尔	塞舌尔	塞拉利昂	索马里	南非	苏丹	斯威士兰
1950	244	2 439	2 654	33	2 087	2 438	13 596	8 051	277
1951	251	2 486	2 703	33	2 115	2 482	13 926	8 275	284
1952	258	2 535	2 756	33	2 143	2 527	14 265	8 505	290
1953	266	2 587	2 810	34	2 172	2 574	14 624	8 741	297
1954	274	2 641	2 867	35	2 202	2 623	14 992	8 984	304
1955	286	2 698	2 927	36	2 233	2 673	15 369	9 233	311
1956	296	2 759	2 989	38	2 264	2 726	15 755	9 490	319
1957	309	2 822	3 055	38	2 296	2 780	16 152	9 753	327
1958	318	2 889	3 123	39	2 328	2 837	16 558	10 024	335
1959	327	2 959	3 195	40	2 362	2 895	16 975	10 303	343
1960	338	3 032	3 270	42	2 396	2 956	17 417	10 589	352
1961	348	3 046	3 348	43	2 432	3 017	17 870	10 882	361
1962	359	3 051	3 430	44	2 468	3 080	18 357	11 183	370
1963	371	3 129	3 516	45	2 505	3 145	18 857	11 493	380
1964	384	3 184	3 636	47	2 543	3 213	19 371	11 801	389
1965	393	3 265	3 744	48	2 582	3 283	19 898	12 086	399
1966	403	3 358	3 857	49	2 622	3 354	20 440	12 377	410
1967	414	3 451	3 966	50	2 662	3 429	20 997	12 716	421
1968	425	3 548	4 074	51	2 704	3 506	21 569	13 059	432
1969	436	3 657	4 193	53	2 746	3 585	22 157	13 403	443
1970	445	3 769	4 318	54	2 789	3 667	22 740	13 788	455
1971	453	3 880	4 450	56	2 834	3 752	23 338	14 182	467
1972	462	3 992	4 589	57	2 879	3 840	23 936	14 597	480
1973	469	4 110	4 727	58	2 925	3 932	24 549	15 113	493
1974	475	4 226	4 872	59	2 974	4 027	25 179	15 571	507
1975	481	4 357	4 989	61	3 027	4 128	25 815	16 056	521
1976	487	4 502	5 101	62	3 083	4 238	26 468	16 570	536
1977	492	4 657	5 232	63	3 141	4 354	27 130	17 105	551
1978	497	4 819	5 365	64	3 201	4 678	27 809	17 712	568
1979	502	4 976	5 501	65	3 263	5 309	28 506	18 387	588
1980	507	5 139	5 640	66	3 327	5 791	29 252	19 064	611
1981	512	5 311	5 783	68	3 394	5 825	30 018	19 702	631
1982	518	5 510	5 930	68	3 465	5 829	30 829	20 367	650
1983	523	5 705	6 082	69	3 538	6 003	31 664	21 751	673
1984	533	5 868	6 239	70	3 615	6 207	32 523	22 543	697
1985	542	6 023	6 400	71	3 696	6 446	33 406	23 454	722
1986	551	6 186	6 568	71	3 781	6 700	34 156	24 171	751
1987	562	6 375	6 740	72	3 870	6 922	34 894	24 726	779
1988	574	6 584	6 918	72	3 963	6 900	35 640	25 240	817
1989	585	6 781	7 137	73	4 061	6 748	36 406	25 838	852
1990	597	6 962	7 362	73	4 226	6 675	37 191	26 627	885
1991	610	7 150	7 592	74	4 340	6 448	37 924	27 446	926
1992	622	7 328	7 821	75	4 270	6 100	38 656	28 228	963
1993	635	7 489	8 050	76	4 229	6 060	39 271	28 964	992
1994	647	6 441	8 284	76	4 332	6 178	39 762	29 771	997
1995	660	5 723	8 525	77	4 507	6 291	40 256	30 567	1 005
1996	672	6 008	8 774	78	4 633	6 461	40 723	31 307	1 031
1997	685	7 199	9 022	78	4 727	6 634	41 194	32 161	1 057
1998	697	7 159	9 273	78	4 895	6 843	41 658	33 108	1 080
1999	709	7 291	9 527	79	5 053	7 044	42 048	34 085	1 101
2000	721	7 405	9 784	79	5 203	7 253	42 351	35 080	1 120
2001	733	7 532	10 046	80	5 388	7 489	42 573	36 080	1 136
2002	744	7 668	10 311	80	5 565	7 753	42 716	37 090	1 150
2003	755	7 810	10 580	80	5 733	8 025	42 769	38 114	1 161

（千人，年中值）（续表）

	坦桑尼亚	多哥	突尼斯	乌干达	扎伊尔	赞比亚	津巴布韦	6个经济体合计	57个经济体合计
1950	7 935	1 172	3 517	5 522	13 569	2 553	2 853	1 266	227 333
1951	8 125	1 195	3 583	5 671	13 819	2 611	2 951	1 299	232 068
1952	8 323	1 219	3 648	5 825	14 075	2 672	3 081	1 334	237 008
1953	8 529	1 244	3 713	5 983	14 335	2 734	3 191	1 370	242 086
1954	8 745	1 271	3 779	6 148	14 605	2 800	3 307	1 409	247 273
1955	8 971	1 298	3 846	6 317	14 886	2 869	3 409	1 451	252 759
1956	9 206	1 327	3 903	6 493	15 178	2 941	3 530	1 496	258 409
1957	9 453	1 357	3 951	6 676	15 481	3 016	3 646	1 543	264 222
1958	9 711	1 389	4 007	6 864	15 796	3 094	3 764	1 592	270 231
1959	9 979	1 422	4 075	7 059	16 123	3 173	3 887	1 645	276 454
1960	10 260	1 456	4 149	7 262	16 462	3 254	4 011	1 701	282 919
1961	10 555	1 491	4 216	7 472	16 798	3 337	4 140	1 760	289 385
1962	10 864	1 528	4 287	7 689	17 300	3 421	4 278	1 819	295 977
1963	11 185	1 566	4 374	7 914	17 819	3 508	4 412	1 882	303 251
1964	11 522	1 606	4 468	8 147	18 203	3 599	4 537	1 951	310 725
1965	11 870	1 648	4 566	8 389	18 604	3 694	4 685	2 022	318 478
1966	12 231	1 691	4 676	8 640	19 068	3 794	4 836	2 103	326 534
1967	12 607	1 736	4 787	8 900	19 640	3 900	4 995	2 179	334 945
1968	12 999	1 782	4 894	9 170	20 242	4 009	5 172	2 266	343 591
1969	13 412	1 830	4 996	9 450	20 822	4 123	5 353	2 368	352 457
1970	13 842	1 964	5 099	9 728	21 395	4 252	5 515	2 458	361 168
1971	14 285	2 019	5 198	9 984	21 969	4 376	5 684	2 546	370 534
1972	14 769	2 075	5 304	10 191	22 559	4 506	5 861	2 659	380 026
1973	15 279	2 133	5 426	10 386	23 186	4 643	6 002	2 783	390 034
1974	15 775	2 192	5 556	10 621	23 810	4 785	6 173	2 903	400 314
1975	16 258	2 254	5 704	10 891	24 467	4 924	6 342	2 992	410 827
1976	16 754	2 317	5 859	11 171	25 175	5 067	6 496	3 078	422 188
1977	17 276	2 382	6 005	11 459	25 776	5 217	6 642	3 148	433 995
1978	17 814	2 450	6 136	11 757	26 462	5 371	6 767	3 239	446 294
1979	18 355	2 521	6 280	12 034	27 418	5 532	6 887	3 413	459 413
1980	18 915	2 596	6 443	12 298	28 129	5 700	7 170	3 600	472 721
1981	19 496	2 686	6 606	12 597	28 821	5 885	7 429	3 772	486 060
1982	20 093	2 777	6 734	12 941	29 780	6 101	7 637	3 944	500 253
1983	20 718	2 875	6 873	13 323	30 536	6 339	7 930	4 110	515 235
1984	21 367	2 979	7 185	13 765	31 280	6 565	8 243	4 276	530 353
1985	22 036	3 088	7 362	14 232	32 260	6 783	8 562	4 347	545 742
1986	22 732	3 202	7 545	14 746	33 302	7 026	8 879	4 391	561 280
1987	23 485	3 321	7 725	15 348	34 409	7 268	9 217	4 509	577 158
1988	24 236	3 446	7 895	15 991	35 564	7 483	9 558	4 644	593 250
1989	24 946	3 574	8 053	16 633	36 742	7 683	9 865	4 779	609 818
1990	25 651	3 705	8 207	17 242	37 969	7 876	10 154	4 915	626 814
1991	26 376	3 837	8 364	17 857	39 270	8 068	10 439	5 051	644 889
1992	27 134	3 972	8 523	18 499	40 530	8 262	10 729	5 188	662 410
1993	28 029	3 960	8 680	19 193	41 844	8 452	10 997	5 324	679 567
1994	29 096	4 001	8 831	19 897	43 256	8 641	11 127	5 459	696 273
1995	30 016	4 229	8 972	20 455	45 706	8 827	11 233	5 554	713 856
1996	30 618	4 435	9 105	20 984	46 623	9 010	11 436	5 614	730 822
1997	31 282	4 612	9 234	21 599	47 451	9 206	11 643	5 715	748 865
1998	32 098	4 759	9 359	22 221	48 831	9 397	11 839	5 858	766 842
1999	32 920	4 897	9 479	22 855	50 288	9 590	12 022	6 006	785 235
2000	33 768	5 033	9 593	23 496	51 810	9 799	12 186	6 158	803 311
2001	34 583	5 167	9 705	24 170	53 455	9 986	12 332	6 313	821 088
2002	35 302	5 299	9 816	24 889	55 042	10 149	12 463	6 471	838 720
2003	35 922	5 429	9 925	25 633	56 625	10 307	12 577	6 633	856 261

（千人，年中值）（续表）

	赤道几内亚	利比亚	圣多美和普林西比	马约特＋圣赫勒拿＋西撒哈拉	6个经济体合计
1950	211	961	60	34	1 266
1951	214	990	60	36	1 299
1952	217	1 020	60	37	1 334
1953	220	1 052	60	39	1 370
1954	223	1 086	60	40	1 409
1955	226	1 122	60	42	1 451
1956	229	1 161	61	45	1 496
1957	233	1 202	61	47	1 543
1958	237	1 245	62	49	1 592
1959	240	1 290	63	52	1 645
1960	244	1 338	63	55	1 701
1961	248	1 389	64	59	1 760
1962	249	1 442	65	63	1 819
1963	250	1 499	66	67	1 882
1964	252	1 560	67	72	1 951
1965	253	1 624	69	77	2 022
1966	256	1 694	70	83	2 103
1967	260	1 759	71	90	2 179
1968	263	1 834	72	97	2 266
1969	267	1 923	73	105	2 368
1970	270	1 999	74	114	2 458
1971	274	2 077	75	120	2 546
1972	278	2 184	77	121	2 659
1973	271	2 312	78	121	2 783
1974	250	2 451	80	122	2 903
1975	213	2 570	82	128	2 992
1976	191	2 666	84	137	3 078
1977	193	2 722	87	147	3 148
1978	195	2 797	89	158	3 239
1979	221	2 929	92	171	3 413
1980	256	3 065	94	184	3 600
1981	272	3 204	96	199	3 772
1982	285	3 344	99	216	3 944
1983	300	3 485	101	225	4 110
1984	314	3 625	103	233	4 276
1985	325	3 675	106	242	4 347
1986	333	3 700	108	250	4 391
1987	341	3 800	111	258	4 509
1988	350	3 913	114	267	4 644
1989	359	4 027	116	277	4 779
1990	368	4 140	119	288	4 915
1991	378	4 252	123	298	5 051
1992	388	4 365	126	309	5 188
1993	398	4 476	129	321	5 324
1994	408	4 585	133	332	5 459
1995	418	4 654	137	344	5 554
1996	429	4 686	141	357	5 614
1997	440	4 760	146	369	5 715
1998	451	4 875	150	382	5 858
1999	463	4 993	155	395	6 006
2000	474	5 115	160	408	6 158
2001	486	5 241	165	421	6 313
2002	498	5 369	170	434	6 471
2003	510	5 499	176	448	6 633

表 6b 57 个非洲经济体的 GDP 水平(1950—2001)

(百万 1990 年国际元)

	阿尔及利亚	安哥拉	贝宁	博茨瓦纳	布基纳法索	布隆迪	喀麦隆	佛得角
1950	12 136	4 331	1 813	150	2 076	851	3 279	66
1951	12 221	4 491	1 813	155	2 155	899	3 401	69
1952	12 767	4 660	1 813	159	2 233	927	3 525	71
1953	13 046	4 833	1 762	164	2 314	965	3 653	75
1954	13 811	4 703	1 813	169	2 399	1 018	3 788	76
1955	14 224	5 080	1 813	174	2 489	1 050	3 929	78
1956	15 619	4 985	1 813	179	2 582	1 090	4 073	82
1957	17 391	5 461	1 813	184	2 676	1 132	4 224	81
1958	18 022	5 751	1 880	189	2 777	1 163	4 381	83
1959	21 323	5 777	1 950	195	2 877	1 230	4 542	93
1960	22 780	6 011	2 010	200	2 962	1 249	4 666	100
1961	20 013	6 635	2 075	207	3 080	1 078	4 722	107
1962	15 765	6 444	2 005	213	3 269	1 176	4 867	113
1963	19 928	6 791	2 097	220	3 228	1 224	5 047	120
1964	20 971	7 587	2 240	228	3 302	1 298	5 227	127
1965	22 367	8 194	2 356	235	3 429	1 347	5 332	133
1966	21 287	8 635	2 443	258	3 446	1 409	5 581	140
1967	23 277	9 064	2 467	284	3 749	1 537	5 736	147
1968	25 996	8 947	2 561	313	3 865	1 520	6 109	153
1969	28 484	9 255	2 637	344	3 942	1 501	6 411	160
1970	31 336	9 909	2 692	378	3 950	1 902	6 605	166
1971	28 666	9 943	2 704	448	4 106	2 052	6 801	155
1972	34 685	10 091	2 942	592	4 272	1 831	7 096	148
1973	35 814	10 784	3 011	722	4 045	1 963	7 201	147
1974	37 999	10 242	2 784	873	3 969	1 947	7 523	143
1975	40 705	6 314	2 904	862	3 798	1 966	7 910	147
1976	43 387	5 669	3 029	1 024	3 761	2 121	8 061	147
1977	47 319	5 799	3 199	1 061	4 027	2 383	8 520	148
1978	53 387	6 037	3 301	1 264	4 496	2 357	8 985	164
1979	58 193	6 184	3 565	1 391	4 542	2 404	9 474	182
1980	59 273	6 483	3 901	1 589	4 616	2 594	10 441	249
1981	60 766	6 353	4 122	1 736	4 820	2 877	12 222	271
1982	64 662	6 050	4 566	1 865	4 926	2 865	13 147	279
1983	68 012	5 851	4 366	2 159	4 870	2 954	14 068	306
1984	71 774	5 881	4 713	2 400	4 948	2 951	15 170	317
1985	75 512	5 911	5 068	2 577	5 596	3 295	16 528	345
1986	74 747	5 379	5 182	2 773	6 474	3 421	17 722	355
1987	74 225	5 985	5 104	3 017	6 364	3 562	16 839	380
1988	72 672	6 843	5 258	3 492	6 893	3 694	16 072	392
1989	75 123	6 959	5 144	3 944	6 814	3 747	14 632	413
1990	73 934	7 202	5 347	4 178	6 748	3 879	14 393	430
1991	73 047	7 252	5 598	4 379	7 423	4 073	13 846	283
1992	74 216	7 180	5 822	4 510	7 608	4 101	13 417	231
1993	72 583	5 241	6 026	4 600	7 548	3 859	12 987	434
1994	71 929	5 310	6 291	4 761	7 654	3 716	12 662	463
1995	74 663	5 861	6 581	4 975	7 999	3 445	13 081	499
1996	77 500	6 518	6 942	5 259	8 598	3 156	13 734	532
1997	78 353	7 033	7 338	5 611	9 010	3 169	14 435	573
1998	82 349	7 511	7 675	5 942	9 588	3 320	15 156	615
1999	84 984	7 759	8 037	6 317	10 191	3 287	15 823	668
2000	87 109	7 991	8 503	6 860	10 416	3 284	16 488	713
2001	89 286	8 247	8 928	7 196	11 007	3 362	17 362	734

（百万 1990 年国际元）（续表）

	中非共和国	乍得	科摩罗	刚果	科特迪瓦	吉布提	埃及	埃塞俄比亚和厄立特里亚	加蓬
1950	972	1 240	83	990	2 977	90	19 288	8 417	1 292
1951	1 008	1 286	88	1 027	3 087	95	19 635	8 652	1 340
1952	1 045	1 333	90	1 064	3 201	98	20 001	8 896	1 389
1953	1 083	1 381	94	1 103	3 317	102	20 349	9 410	1 440
1954	1 123	1 432	99	1 144	3 439	108	20 715	9 410	1 493
1955	1 165	1 485	102	1 186	3 567	111	21 101	9 915	1 548
1956	1 207	1 540	106	1 230	3 698	115	22 104	10 243	1 605
1957	1 252	1 597	110	1 275	3 835	120	23 145	10 167	1 665
1958	1 299	1 657	113	1 323	3 978	123	24 245	10 504	1 727
1959	1 346	1 717	120	1 372	4 123	130	25 402	10 790	1 791
1960	1 358	1 730	130	1 419	4 493	139	26 617	11 346	1 866
1961	1 409	1 753	132	1 465	4 912	150	28 372	11 901	2 090
1962	1 373	1 846	144	1 513	5 130	158	30 263	12 389	2 153
1963	1 369	1 819	174	1 563	5 972	171	32 288	14 031	2 229
1964	1 391	1 773	188	1 616	7 041	182	34 448	14 721	2 268
1965	1 409	1 783	188	1 670	6 886	194	36 724	15 588	2 306
1966	1 420	1 752	208	1 757	7 431	209	36 936	16 194	2 409
1967	1 487	1 764	217	1 850	7 538	224	36 473	16 875	2 508
1968	1 494	1 756	218	1 948	8 714	239	37 052	17 162	2 572
1969	1 565	1 876	221	2 050	9 098	256	39 598	17 801	2 780
1970	1 638	1 912	238	2 158	10 087	327	42 105	18 811	3 020
1971	1 590	1 948	280	2 333	10 593	361	43 861	19 602	3 330
1972	1 557	1 815	258	2 523	11 179	385	44 690	20 604	3 708
1973	1 627	1 726	229	2 727	12 064	412	45 924	21 286	4 086
1974	1 580	1 963	279	2 947	12 412	412	47 680	21 547	5 699
1975	1 609	2 301	219	3 185	12 400	430	52 501	21 580	6 090
1976	1 679	2 267	194	3 199	13 886	468	60 622	22 170	8 487
1977	1 816	2 098	190	2 934	14 541	410	68 530	22 776	6 732
1978	1 848	2 088	197	2 883	15 982	427	73 795	22 523	4 883
1979	1 745	1 640	202	3 323	16 282	444	79 620	23 971	4 814
1980	1 730	1 541	215	3 891	17 539	464	88 223	25 023	4 837
1981	1 757	1 557	226	4 697	18 152	491	91 733	25 536	4 780
1982	1 790	1 640	235	5 072	18 188	513	101 531	25 940	4 685
1983	1 681	1 897	244	5 327	17 479	519	109 343	27 262	4 756
1984	1 803	1 937	252	5 667	16 902	521	116 016	26 698	4 946
1985	1 826	2 361	259	5 412	17 732	521	123 674	24 913	4 846
1986	1 859	2 264	266	5 044	18 262	521	126 933	26 529	4 603
1987	1 812	2 208	277	5 079	17 970	521	130 135	29 021	4 005
1988	1 845	2 551	289	5 089	17 646	521	135 593	29 585	4 086
1989	1 913	2 698	290	5 277	17 542	526	139 663	30 064	4 261
1990	1 982	2 537	294	5 394	16 330	530	143 000	29 593	4 500
1991	1 970	2 801	278	5 523	16 330	533	138 424	28 202	4 775
1992	1 844	2 868	302	5 667	16 297	532	142 992	26 764	4 617
1993	1 850	2 816	311	5 610	16 265	511	145 280	30 350	4 728
1994	1 972	2 971	294	5 301	16 590	506	151 052	30 835	4 903
1995	2 075	2 983	320	5 514	17 768	489	158 065	32 747	5 148
1996	1 919	3 075	316	5 751	19 136	464	165 950	36 219	5 333
1997	2 067	3 204	330	5 716	20 227	461	175 073	37 921	5 637
1998	2 147	3 451	333	5 928	21 198	461	185 115	37 389	5 835
1999	2 225	3 531	340	5 750	21 537	472	196 044	39 633	4 845
2000	2 265	3 566	336	6 221	21 042	475	205 845	41 774	4 753
2001	2 287	3 869	342	6 402	21 063	484	215 109	44 990	4 867

（百万 1990 年国际元）（续表）

	冈比亚	加纳	几内亚	几内亚比绍	肯尼亚	莱索托	利比里亚	马达加斯加
1950	165	5 943	784	166	3 982	258	869	4 394
1951	174	6 163	831	176	4 851	273	919	4 557
1952	180	6 050	857	187	4 313	281	947	4 724
1953	187	6 888	889	200	4 205	292	984	4 895
1954	197	7 755	941	240	4 695	308	1 039	5 075
1955	203	7 256	972	230	5 050	318	1 073	5 264
1956	211	7 684	1 009	262	5 329	331	1 113	5 457
1957	219	7 933	1 045	279	5 504	343	1 155	5 660
1958	225	7 803	1 077	288	5 563	356	1 188	5 870
1959	238	8 932	1 139	292	5 699	366	1 257	6 086
1960	254	9 591	1 187	309	5 918	393	1 297	6 169
1961	296	9 930	1 265	331	5 775	400	1 328	6 297
1962	292	10 412	1 359	353	6 085	462	1 345	6 442
1963	294	10 774	1 286	369	6 392	511	1 377	6 380
1964	314	11 006	1 370	392	7 013	553	1 447	6 635
1965	348	11 154	1 464	414	7 093	565	1 472	6 604
1966	406	11 166	1 496	436	8 005	562	1 751	6 741
1967	421	11 368	1 543	463	8 419	624	1 740	7 114
1968	427	11 529	1 590	485	9 028	622	1 823	7 597
1969	473	11 939	1 637	513	9 590	631	1 955	7 883
1970	426	12 515	1 694	540	10 291	645	2 083	8 296
1971	475	13 514	1 747	519	10 944	585	2 186	8 621
1972	509	13 109	1 783	552	11 509	697	2 269	8 511
1973	533	13 484	1 861	558	12 107	878	2 212	8 292
1974	638	14 411	1 992	584	12 704	931	2 375	8 459
1975	598	12 616	2 076	630	12 652	855	2 017	8 564
1976	668	12 171	2 280	661	13 162	996	2 096	8 300
1977	701	12 450	2 332	614	14 369	1 172	2 079	8 498
1978	665	13 508	2 394	694	15 663	1 351	2 161	8 274
1979	773	13 163	2 400	708	16 252	1 262	2 257	9 087
1980	697	12 747	2 484	595	17 160	1 351	2 149	9 157
1981	691	12 765	2 499	703	17 555	1 365	2 197	8 366
1982	779	11 879	2 546	745	18 614	1 414	2 134	8 213
1983	685	11 339	2 578	685	18 729	1 292	2 119	8 278
1984	665	12 319	2 651	713	19 056	1 402	2 100	7 975
1985	609	12 943	2 713	752	19 876	1 450	2 071	8 155
1986	641	13 621	2 782	747	21 302	1 479	2 131	8 213
1987	676	14 274	2 870	735	22 569	1 555	2 189	8 393
1988	747	15 077	3 043	765	23 927	1 754	2 189	8 525
1989	799	15 843	3 168	769	25 018	1 947	2 216	8 867
1990	833	16 372	3 304	794	26 093	2 033	2 245	9 210
1991	851	17 240	3 383	834	26 458	2 116	2 281	8 630
1992	889	17 912	3 502	844	26 247	2 214	2 321	8 733
1993	943	18 808	3 673	861	26 352	2 296	2 374	8 917
1994	979	19 429	3 820	889	27 064	2 287	2 426	8 917
1995	945	20 206	3 999	928	28 254	2 575	2 492	9 069
1996	1 003	21 135	4 203	970	29 441	2 819	2 541	9 259
1997	1 052	22 023	4 413	1 024	30 059	2 954	2 555	9 602
1998	1 089	23 058	4 625	736	30 540	2 866	2 580	9 976
1999	1 159	24 073	4 838	795	30 937	2 934	2 623	10 445
2000	1 224	24 963	4 939	870	30 906	3 037	2 667	10 946
2001	1 291	26 012	5 117	872	31 277	3 158	2 712	11 680

（百万 1990 年国际元）（续表）

	马拉维	马里	毛里塔尼亚	毛里求斯	摩洛哥	莫桑比克	纳米比亚	尼日尔	尼日利亚
1950	913	1 685	467	1 198	13 598	7 084	1 002	2 018	23 933
1951	951	1 747	484	1 267	14 046	7 332	1 033	2 093	25 728
1952	990	1 811	502	1 306	14 509	7 594	1 065	2 170	27 571
1953	1 031	1 879	520	1 356	14 987	7 857	1 106	2 248	28 217
1954	1 074	1 946	539	1 433	15 481	8 041	1 168	2 331	30 299
1955	1 093	2 018	559	1 479	15 991	8 537	1 206	2 418	31 089
1956	1 184	2 093	580	1 535	16 093	8 579	1 251	2 507	30 371
1957	1 233	2 170	601	1 594	16 195	8 770	1 299	2 600	31 615
1958	1 279	2 249	623	1 638	16 299	9 188	1 335	2 697	31 256
1959	1 324	2 333	647	1 733	16 402	9 684	1 412	2 797	32 621
1960	1 360	2 399	698	1 842	16 507	9 918	1 545	2 977	34 081
1961	1 428	2 414	817	2 261	17 085	10 202	1 562	3 100	35 229
1962	1 428	2 428	799	2 278	17 684	10 903	1 783	3 427	37 240
1963	1 403	2 591	750	2 595	18 303	10 513	1 961	3 766	40 734
1964	1 369	2 714	974	2 417	18 944	10 967	2 279	3 776	42 481
1965	1 554	2 753	1 109	2 495	19 608	11 215	2 433	4 061	45 353
1966	1 714	2 869	1 115	2 406	20 700	11 576	2 526	4 010	43 893
1967	1 889	2 964	1 154	2 510	21 853	12 369	2 424	4 029	37 072
1968	1 868	3 075	1 256	2 338	23 071	13 758	2 444	4 061	36 665
1969	1 988	3 060	1 237	2 453	24 356	15 394	2 529	3 940	46 502
1970	2 017	3 248	1 365	2 443	25 713	16 216	2 540	4 061	60 814
1971	2 307	3 361	1 378	2 563	27 154	17 321	2 627	4 291	67 970
1972	2 543	3 535	1 396	2 817	27 807	17 881	2 783	4 069	70 530
1973	2 756	3 449	1 309	3 169	28 800	18 894	2 895	3 377	76 585
1974	2 955	3 365	1 443	3 511	30 351	17 463	3 021	3 671	85 465
1975	3 117	3 831	1 351	3 514	32 385	14 643	3 052	3 570	82 904
1976	3 269	4 352	1 459	4 086	35 950	13 942	3 221	3 595	91 927
1977	3 437	4 648	1 440	4 353	37 711	14 055	3 424	3 873	95 277
1978	3 747	4 524	1 434	4 520	38 808	14 162	3 651	4 394	89 653
1979	3 919	5 612	1 500	4 679	40 584	14 367	3 806	4 709	95 852
1980	3 945	4 953	1 560	4 208	44 278	14 771	3 986	4 937	97 646
1981	3 746	4 787	1 619	4 455	43 054	15 040	4 110	4 995	89 820
1982	3 783	4 512	1 586	4 701	47 203	14 629	4 164	4 935	89 007
1983	3 945	4 711	1 663	4 719	46 930	13 581	4 057	4 844	83 000
1984	4 123	4 918	1 543	4 940	48 894	13 212	4 006	4 025	79 290
1985	4 446	5 029	1 587	5 285	51 955	12 022	4 023	4 095	86 302
1986	4 463	5 348	1 676	5 817	56 023	12 199	4 147	4 283	87 930
1987	4 572	5 449	1 727	6 408	54 762	12 639	4 268	4 130	87 284
1988	4 690	5 440	1 792	6 844	60 367	13 361	4 368	4 362	95 947
1989	4 923	5 995	1 852	7 145	61 748	13 900	4 738	4 368	102 146
1990	5 146	6 040	1 825	7 652	64 082	14 105	4 619	4 289	107 459
1991	5 594	5 986	1 872	8 142	68 504	14 796	4 882	4 396	113 907
1992	5 185	6 488	1 904	8 533	65 764	13 598	5 346	4 110	116 868
1993	5 688	6 333	2 009	9 104	65 106	14 781	5 239	4 168	119 439
1994	5 102	6 498	2 101	9 505	71 877	15 890	5 595	4 335	118 700
1995	5 954	6 952	2 198	9 837	67 133	16 573	5 830	4 447	121 809
1996	6 389	7 251	2 319	10 349	75 323	17 749	6 005	4 599	129 605
1997	6 632	7 737	2 393	10 970	73 566	19 720	6 257	4 727	133 363
1998	6 850	8 116	2 482	11 628	79 339	22 204	6 470	5 219	135 764
1999	7 124	8 660	2 583	12 244	79 259	23 870	6 703	5 188	137 122
2000	7 388	8 981	2 713	12 563	80 052	24 252	6 931	5 115	143 018
2001	7 499	9 115	2 837	13 467	85 255	27 623	7 104	5 504	147 022

（百万 1990 年国际元）（续表）

	留尼汪	卢旺达	塞内加尔	塞舌尔	塞拉利昂	索马里	南非	苏丹	斯威士兰
1950	485	1 334	3 341	63	1 370	2 576	34 465	6 609	200
1951	512	1 410	3 464	67	1 448	2 724	36 085	6 926	211
1952	528	1 454	3 591	69	1 493	2 810	37 360	7 270	218
1953	549	1 510	3 721	71	1 550	2 915	39 117	7 613	226
1954	580	1 596	3 858	75	1 638	3 083	41 427	7 983	239
1955	598	1 646	4 002	78	1 696	3 183	43 494	8 373	247
1956	621	1 709	4 149	81	1 760	3 301	45 907	9 259	256
1957	645	1 773	4 303	84	1 826	3 425	47 665	9 133	266
1958	663	1 824	4 463	86	1 878	3 520	48 664	9 510	273
1959	701	1 929	4 627	91	1 986	3 726	50 835	10 640	289
1960	756	1 989	4 724	99	2 050	3 775	52 972	10 838	329
1961	796	1 904	4 937	94	2 087	3 956	55 247	10 838	371
1962	859	2 120	5 101	101	2 182	4 130	58 349	11 592	449
1963	925	1 912	5 298	111	2 219	4 290	62 622	11 261	475
1964	1 004	1 673	5 452	116	2 245	3 826	66 827	11 142	545
1965	1 101	1 790	5 656	116	2 405	3 572	70 825	11 896	630
1966	1 170	1 916	5 816	119	2 559	4 079	73 892	11 717	657
1967	1 256	2 051	5 746	119	2 542	4 313	78 959	11 354	719
1968	1 347	2 193	6 107	129	2 791	4 388	82 371	12 048	686
1969	1 477	2 435	5 709	129	3 045	3 840	87 437	12 781	715
1970	1 540	2 702	6 197	139	3 149	4 174	91 986	12 246	926
1971	1 575	2 734	6 588	162	3 120	4 282	96 501	13 092	942
1972	1 757	2 742	6 588	172	3 086	4 717	98 362	12 814	1 057
1973	1 771	2 826	6 217	187	3 180	4 625	102 498	11 783	1 114
1974	1 876	2 959	6 478	190	3 309	3 682	108 254	12 966	1 238
1975	1 838	3 510	6 965	197	3 408	4 960	110 253	14 612	1 282
1976	1 636	3 450	7 587	217	3 305	4 944	112 941	17 302	1 324
1977	1 603	3 629	7 383	234	3 353	6 185	112 734	19 932	1 364
1978	1 730	3 985	7 092	250	3 363	6 500	116 077	19 621	1 399
1979	1 815	4 360	7 590	292	3 554	6 270	120 627	17 586	1 424
1980	1 869	4 892	7 339	284	3 721	6 005	128 416	17 758	1 466
1981	1 913	5 210	7 283	265	3 951	6 482	135 171	18 128	1 566
1982	2 057	5 646	8 388	260	4 019	6 716	134 619	20 421	1 656
1983	2 157	5 984	8 602	255	3 961	6 098	132 172	20 844	1 664
1984	2 181	5 730	8 205	265	4 014	6 306	138 893	19 800	1 698
1985	2 205	5 982	8 515	290	3 904	6 816	137 239	18 557	1 804
1986	2 230	6 309	8 926	297	3 767	7 056	137 307	19 291	1 872
1987	2 248	6 261	9 290	311	3 965	7 409	140 099	19 720	2 031
1988	2 383	6 046	9 765	325	4 072	7 359	145 855	19 952	1 984
1989	2 454	6 168	9 598	343	4 164	7 231	148 888	21 518	2 111
1990	2 694	6 125	10 032	366	4 335	7 231	147 509	19 793	2 154
1991	2 863	5 862	9 992	376	3 988	6 505	146 034	21 179	2 208
1992	2 863	6 248	10 212	402	3 605	5 536	142 967	22 280	2 237
1993	2 863	5 730	9 987	428	3 609	5 536	144 683	22 904	2 310
1994	2 863	2 854	10 277	418	3 735	5 701	149 313	23 362	2 389
1995	2 863	3 858	10 811	420	3 362	5 867	153 942	24 063	2 479
1996	3 012	4 348	11 362	462	2 528	6 048	160 561	25 242	2 576
1997	3 136	4 948	11 930	518	2 083	6 044	164 786	27 766	2 674
1998	3 174	5 388	12 611	548	2 066	6 044	166 054	29 432	2 759
1999	3 240	5 798	13 254	532	1 899	6 151	169 541	31 699	2 856
2000	3 308	6 146	14 022	504	1 971	6 260	175 305	34 773	2 919
2001	3 377	6 557	14 808	463	2 078	6 371	179 162	36 616	2 966

（百万 1990 年国际元）（续表）

	坦桑尼亚	多哥	突尼斯	乌干达	扎伊尔	赞比亚	津巴布韦	6 个经济 体合计	57 个经济 体合计
1950	3 362	673	3 920	3 793	7 731	1 687	2 000	1 014	203 131
1951	3 786	698	3 963	3 641	8 635	1 795	2 130	1 113	212 653
1952	3 863	723	4 450	3 868	9 424	1 910	2 232	1 186	220 780
1953	3 725	749	4 618	4 039	9 957	2 032	2 424	1 210	228 858
1954	4 028	777	4 720	3 982	10 560	2 161	2 554	1 218	239 781
1955	4 125	806	4 477	4 244	10 970	2 111	2 756	1 476	248 054
1956	4 176	836	4 775	4 479	11 712	2 362	3 148	1 763	258 153
1957	4 277	867	4 579	4 673	12 083	2 465	3 368	1 838	267 612
1958	4 314	899	5 175	4 703	11 735	2 401	3 412	2 014	273 683
1959	4 525	932	4 959	4 942	12 145	2 902	3 596	2 164	288 734
1960	4 710	1 016	5 571	5 177	12 423	3 123	3 762	2 743	301 578
1961	4 657	1 085	6 053	5 124	11 070	3 130	3 956	3 010	308 136
1962	5 080	1 125	5 912	5 332	13 420	3 096	4 016	3 919	320 322
1963	5 400	1 181	6 806	5 943	14 124	3 164	3 976	5 208	343 186
1964	5 695	1 351	7 100	6 394	13 776	3 586	4 326	7 253	361 570
1965	5 901	1 535	7 547	6 535	13 915	4 239	4 608	9 222	381 330
1966	6 657	1 676	7 735	6 941	14 858	4 007	4 678	10 861	392 226
1967	6 926	1 769	7 684	7 312	14 712	5 068	5 168	12 066	400 067
1968	7 282	1 859	8 491	7 498	15 345	4 379	5 168	15 971	420 309
1969	7 417	2 060	8 793	8 325	16 776	4 355	5 812	17 968	453 131
1970	7 847	2 112	9 315	8 450	16 737	4 562	7 072	18 805	490 102
1971	8 177	2 262	10 302	8 700	17 804	4 561	7 692	17 710	512 138
1972	8 725	2 340	12 129	8 757	17 827	4 979	8 342	15 777	530 848
1973	9 007	2 245	12 051	8 704	19 373	4 930	8 594	15 959	549 993
1974	9 216	2 340	13 019	8 719	20 038	5 332	8 810	13 739	575 500
1975	9 693	2 326	13 952	8 541	19 041	5 124	8 890	14 736	582 627
1976	10 386	2 315	15 054	8 606	17 951	5 426	8 816	18 023	621 584
1977	10 678	2 441	15 567	8 738	18 043	5 163	8 108	19 518	647 589
1978	10 987	2 689	16 571	8 260	17 023	5 195	8 338	20 212	663 511
1979	11 122	2 851	17 657	7 350	17 000	5 037	8 338	22 877	694 654
1980	11 216	2 721	18 966	7 100	17 355	5 190	9 288	23 085	725 905
1981	11 092	2 551	20 013	7 373	17 765	5 509	10 454	18 863	733 452
1982	11 236	2 453	19 915	7 980	17 680	5 354	10 726	18 333	756 255
1983	11 186	2 320	20 848	8 571	17 927	5 249	10 896	18 156	761 138
1984	11 465	2 389	22 040	7 843	18 925	5 231	10 688	16 897	777 297
1985	11 438	2 502	23 279	7 999	19 010	5 317	11 430	15 442	801 420
1986	11 811	2 580	22 918	8 025	19 907	5 354	11 732	14 216	818 732
1987	12 413	2 616	24 451	8 533	20 440	5 497	11 588	13 837	831 716
1988	12 937	2 733	24 478	9 148	20 556	5 841	12 672	13 980	865 804
1989	13 371	2 834	25 384	9 815	20 417	5 900	13 498	14 112	892 376
1990	13 852	2 805	27 387	10 206	19 922	6 432	13 766	13 917	904 898
1991	14 143	2 785	28 455	10 308	18 249	6 432	14 523	13 183	911 693
1992	14 228	2 674	30 675	10 628	16 332	6 323	13 216	12 748	912 598
1993	14 398	2 235	31 349	11 520	14 128	6 753	13 388	12 272	921 183
1994	14 628	2 626	32 352	12 257	13 577	5 855	14 165	12 182	941 178
1995	15 155	2 807	33 129	13 716	13 672	5 708	14 193	12 276	969 734
1996	15 837	3 080	35 481	14 895	13 536	6 080	15 669	12 915	1 024 994
1997	15 685	2 928	37 397	15 655	12 777	6 286	16 092	14 302	1 060 213
1998	16 266	2 867	39 192	16 391	12 572	6 167	16 559	14 321	1 099 966
1999	16 835	2 950	41 582	17 637	12 032	6 302	16 443	15 379	1 136 130
2000	17 694	2 894	43 537	18 518	11 286	6 529	15 604	16 413	1 175 890
2001	18 685	2 971	45 714	19 555	10 789	6 849	14 278	18 257	1 222 577

（百万 1990 年国际元）（续表）

	赤道几内亚	利比亚	圣多美和普林西比	马约特＋圣赫勒拿＋西撒哈拉	6 个经济体合计
1950	114	824	49	27	1 014
1951	120	915	49	29	1 113
1952	124	982	49	31	1 186
1953	129	998	49	34	1 210
1954	136	994	51	37	1 218
1955	140	1 251	46	39	1 476
1956	146	1 525	49	43	1 763
1957	151	1 592	49	46	1 838
1958	156	1 755	54	49	2 014
1959	165	1 897	49	53	2 164
1960	182	2 448	55	58	2 743
1961	200	2 688	60	62	3 010
1962	221	3 566	65	67	3 919
1963	252	4 814	70	72	5 208
1964	288	6 812	75	78	7 253
1965	325	8 733	80	84	9 222
1966	339	10 345	86	91	10 861
1967	362	11 515	91	98	12 066
1968	375	15 395	96	105	15 971
1969	364	17 389	101	114	17 968
1970	354	18 222	106	123	18 805
1971	325	17 142	111	132	17 710
1972	284	15 241	109	143	15 777
1973	289	15 410	106	154	15 959
1974	282	13 186	108	163	13 739
1975	276	14 172	116	172	14 736
1976	277	17 438	126	182	18 023
1977	281	18 904	140	193	19 518
1978	306	19 553	149	204	20 212
1979	341	22 155	166	215	22 877
1980	378	22 290	189	228	23 085
1981	387	18 098	137	241	18 863
1982	403	17 502	173	255	18 333
1983	418	17 311	158	269	18 156
1984	528	15 939	145	285	16 897
1985	455	14 529	157	301	15 442
1986	474	13 265	159	318	14 216
1987	502	12 842	156	337	13 837
1988	538	12 927	159	356	13 980
1989	560	13 014	162	376	14 112
1990	576	12 780	166	395	13 917
1991	603	12 013	166	401	13 183
1992	668	11 508	167	405	12 748
1993	710	10 979	169	414	12 272
1994	746	10 836	173	427	12 182
1995	852	10 804	176	444	12 276
1996	1 100	11 160	179	476	12 915
1997	1 884	11 741	181	496	14 302
1998	2 298	11 318	185	520	14 321
1999	3 250	11 397	190	542	15 379
2000	3 773	11 879	196	565	16 413
2001	5 490	11 970	204	593	18 257

表 6c　57 个非洲经济体的人均 GDP(1950—2001)　　（1990 年国际元）

	阿尔及利亚	安哥拉	贝宁	博茨瓦纳	布基纳法索	布隆迪	喀麦隆	佛得角
1950	1 365	1 052	1 084	349	474	360	671	450
1951	1 347	1 076	1 063	355	487	374	687	455
1952	1 376	1 101	1 043	359	500	379	704	461
1953	1 369	1 126	994	366	512	388	720	467
1954	1 437	1 079	1 002	372	526	402	737	460
1955	1 445	1 148	982	377	539	408	754	463
1956	1 553	1 110	962	383	554	416	771	469
1957	1 693	1 197	941	388	568	425	788	453
1958	1 719	1 241	956	392	583	429	805	449
1959	1 994	1 225	970	399	598	446	822	486
1960	2 088	1 253	978	403	609	444	832	508
1961	1 799	1 396	987	410	626	373	829	525
1962	1 433	1 335	932	415	657	398	840	539
1963	1 768	1 380	952	422	640	408	857	553
1964	1 806	1 510	993	430	646	421	872	564
1965	1 870	1 596	1 020	437	662	426	874	575
1966	1 725	1 660	1 032	473	655	434	898	585
1967	1 824	1 727	1 016	513	701	463	905	594
1968	1 977	1 672	1 029	557	711	448	946	602
1969	2 105	1 691	1 033	601	713	435	973	611
1970	2 249	1 768	1 027	647	702	542	982	619
1971	2 000	1 729	1 006	747	717	572	990	566
1972	2 350	1 713	1 065	954	732	520	1 011	536
1973	2 357	1 791	1 061	1 119	680	556	1 003	529
1974	2 428	1 713	955 1	293	654	543	1 024	512
1975	2 522	1 074	969 1	215	613	537	1 052	525
1976	2 608	955	983	1 370	594	568	1 044	520
1977	2 759	941	1 010	1 344	622	624	1 070	518
1978	3 016	961	1 013	1 519	679	602	1 095	567
1979	3 186	959	1 063	1 591	670	599	1 121	622
1980	3 143	962	1 133	1 738	665	627	1 194	841
1981	3 119	924	1 164	1 827	678	683	1 354	904
1982	3 212	862	1 254	1 891	676	659	1 421	916
1983	3 269	819	1 165	2 110	652	652	1 477	988
1984	3 340	810	1 220	2 259	645	632	1 545	1 009
1985	3 404	799	1 273	2 336	711	685	1 632	1 079
1986	3 272	713	1 263	2 421	802	691	1 695	1 092
1987	3 161	780	1 205	2 538	769	697	1 562	1 148
1988	3 015	877	1 203	2 833	809	699	1 448	1 164
1989	3 039	879	1 140	3 097	774	686	1 285	1 206
1990	2 918	895	1 147	3 183	742	734	1 232	1 231
1991	2 814	880	1 162	3 245	790	755	1 153	797
1992	2 793	848	1 170	3 258	784	749	1 089	639
1993	2 671	603	1 172	3 244	754	690	1 028	1 182
1994	2 590	597	1 185	3 282	743	645	978	1 241
1995	2 632	636	1 200	3 359	754	639	988	1 318
1996	2 677	690	1 226	3 485	787	588	1 014	1 387
1997	2 654	736	1 255	3 659	802	586	1 042	1 475
1998	2 737	771	1 271	3 824	829	605	1 070	1 565
1999	2 773	782	1 290	4 026	857	587	1 093	1 681
2000	2 792	789	1 323	4 348	853	575	1 115	1 777
2001	2 813	797	1 347	4 552	877	576	1 149	1 812

（1990 年国际元）（续表）

	中非共和国	乍得	科摩罗	刚果	科特迪瓦	吉布提	埃及	埃塞俄比亚和厄立特里亚	加蓬
1950	772	476	560	1 289	1 041	1 500	910	390	3 108
1951	790	486	581	1 315	1 058	1 546	905	394	3 204
1952	809	497	587	1 340	1 075	1 554	900	399	3 302
1953	827	507	598	1 364	1 092	1 575	894	414	3 401
1954	845	518	619	1 388	1 110	1 622	889	407	3 504
1955	864	529	625	1 412	1 127	1 632	885	421	3 611
1956	881	540	635	1 436	1 144	1 651	905	427	3 718
1957	899	552	645	1 459	1 162	1 668	925	416	3 827
1958	917	563	649	1 482	1 179	1 665	947	422	3 939
1959	934	574	671	1 506	1 191	1 711	969	425	4 052
1960	925	569	712	1 523	1 256	1 771	991	439	4 184
1961	943	566	703	1 539	1 328	1 783	1 031	451	4 639
1962	901	586	749	1 553	1 339	1 759	1 074	460	4 725
1963	881	567	887	1 569	1 499	1 774	1 120	511	4 832
1964	878	542	932	1 584	1 697	1 758	1 166	525	4 851
1965	866	533	913	1 599	1 592	1 754	1 213	545	4 860
1966	844	512	984	1 642	1 642	1 761	1 192	554	5 003
1967	860	505	999	1 688	1 589	1 758	1 151	566	5 130
1968	851	491	973	1 732	1 749	1 746	1 146	563	5 176
1969	877	514	963	1 779	1 738	1 742	1 201	571	5 518
1970	896	513	1 009	1 825	1 833	2 069	1 254	591	5 869
1971	851	511	1 154	1 922	1 831	2 142	1 283	603	6 332
1972	815	465	1 032	2 025	1 841	2 150	1 284	620	6 892
1973	837	433	889	2 132	1 899	2 185	1 294	626	7 286
1974	797	481	1 055	2 242	1 874	2 080	1 317	618	9 541
1975	792	550	804	2 342	1 800	2 065	1 421	605	9 399
1976	811	529	692	2 270	1 942	2 154	1 606	606	12 342
1977	860	478	624	2 008	1 960	1 794	1 767	608	9 531
1978	858	464	627	1 904	2 078	1 724	1 844	591	6 723
1979	794	361	624	2 115	2 042	1 687	1 930	622	6 666
1980	771	339	643	2 388	2 123	1 661	2 069	642	6 779
1981	767	335	664	2 778	2 121	1 674	2 076	646	6 543
1982	765	336	675	2 890	2 052	1 676	2 223	641	6 213
1983	705	374	683	2 923	1 903	1 643	2 322	656	6 107
1984	736	378	688	2 981	1 776	1 802	2 390	624	6 143
1985	726	457	691	2 768	1 798	1 758	2 471	573	5 818
1986	727	426	691	2 509	1 787	1 717	2 460	597	5 357
1987	697	401	701	2 458	1 698	1 677	2 465	633	4 546
1988	695	449	712	2 397	1 611	1 597	2 510	624	4 541
1989	701	462	694	2 420	1 544	1 502	2 527	611	4 636
1990	707	421	685	2 408	1 372	1 448	2 522	581	4 795
1991	683	449	630	2 403	1 315	1 420	2 381	530	4 969
1992	622	445	664	2 405	1 276	1 384	2 407	485	4 678
1993	606	422	664	2 323	1 234	1 299	2 394	537	4 664
1994	628	430	610	2 143	1 214	1 257	2 437	532	4 708
1995	648	418	644	2 177	1 259	1 195	2 496	550	4 811
1996	588	417	617	2 220	1 319	1 122	2 565	593	4 851
1997	622	421	625	2 159	1 364	1 103	2 647	606	4 992
1998	635	438	612	2 193	1 402	1 092	2 738	584	5 031
1999	646	434	606	2 085	1 392	1 107	2 838	605	4 068
2000	647	424	581	2 214	1 326	1 103	2 920	624	3 887
2001	642	445	574	2 239	1 297	1 106	2 992	660	3 877

（1990 年国际元）（续表）

	冈比亚	加纳	几内亚	几内亚比绍	肯尼亚	莱索托	利比里亚	马达加斯加
1950	607	1 122	303	289	651	355	1 055	951
1951	627	1 134	317	306	771	370	1 090	972
1952	632	1 084	322	323	667	375	1 097	992
1953	640	1 202	329	342	633	384	1 113	1 012
1954	660	1 317	343	408	687	399	1 147	1 032
1955	664	1 200	349	389	718	405	1 156	1 052
1956	671	1 236	357	439	736	413	1 170	1 072
1957	678	1 241	363	465	738	422	1 183	1 092
1958	678	1 187	368	476	725	430	1 187	1 112
1959	697	1 321	383	478	720	435	1 223	1 132
1960	722	1 378	392	501	726	458	1 230	1 125
1961	815	1 388	410	532	686	457	1 226	1 126
1962	781	1 416	433	562	701	517	1 209	1 129
1963	762	1 424	402	583	714	560	1 204	1 096
1964	787	1 414	420	642	758	593	1 231	1 116
1965	846	1 393	441	685	743	593	1 218	1 088
1966	955	1 354	442	728	812	577	1 408	1 087
1967	957	1 339	447	771	826	626	1 360	1 123
1968	939	1 318	452	794	857	610	1 384	1 174
1969	1 007	1 325	456	833	881	605	1 442	1 192
1970	879	1 424	463	872	913	604	1 492	1 226
1971	949	1 491	468	833	937	535	1 519	1 246
1972	985	1 401	468	883	949	624	1 530	1 202
1973	997	1 397	478	882	961	769	1 447	1 144
1974	1 157	1 455	502	912	971	797	1 508	1 139
1975	1 050	1 247	512	925	929	715	1 242	1 126
1976	1 134	1 178	551	902	929	814	1 252	1 063
1977	1 152	1 181	552	823	973	936	1 204	1 061
1978	1 058	1 260	555	915	1 018	1 054	1 214	1 007
1979	1 191	1 210	544	918	1 013	962	1 230	1 076
1980	1 039	1 157	551	754	1 028	1 005	1 136	1 055
1981	997	1 142	542	871	1 011	991	1 126	938
1982	1 088	1 042	541	902	1 031	1 001	1 061	895
1983	926	933	535	810	998	893	1 022	878
1984	867	960	525	824	977	944	982	822
1985	765	978	509	849	982	953	939	817
1986	776	989	505	824	1 014	949	937	800
1987	787	1 007	508	793	1 037	974	934	794
1988	838	1 035	525	805	1 063	1 075	905	784
1989	863	1 058	532	790	1 077	1 170	889	792
1990	866	1 063	526	797	1 090	1 201	1 025	799
1991	853	1 089	503	818	1 072	1 232	1 206	728
1992	858	1 100	501	803	1 028	1 272	1 169	715
1993	877	1 121	511	795	1 003	1 304	1 151	709
1994	878	1 125	514	797	1 008	1 286	1 179	689
1995	818	1 144	521	812	1 029	1 435	1 259	680
1996	838	1 171	529	832	1 049	1 560	1 255	674
1997	849	1 196	548	858	1 048	1 623	1 113	678
1998	850	1 227	566	602	1 044	1 566	972	683
1999	876	1 256	574	636	1 038	1 595	882	694
2000	895	1 280	572	681	1 020	1 645	847	706
2001	915	1 311	587	668	1 016	1 705	846	731

（1990 年国际元）（续表）

	马拉维	马里	毛里塔尼亚	毛里求斯	摩洛哥	莫桑比克	纳米比亚	尼日尔	尼日利亚
1950	324	457	464	2 490	1 455	1 133	2 160	813	753
1951	332	465	477	2 540	1 458	1 155	2 176	825	793
1952	339	472	490	2 528	1 460	1 178	2 191	835	832
1953	347	480	504	2 530	1 468	1 199	2 223	846	835
1954	355	488	517	2 587	1 476	1 207	2 292	856	875
1955	354	496	531	2 587	1 483	1 259	2 310	867	877
1956	376	504	545	2 594	1 451	1 242	2 339	877	836
1957	383	513	558	2 613	1 420	1 246	2 370	887	850
1958	388	521	572	2 610	1 389	1 280	2 376	897	821
1959	393	530	586	2 685	1 358	1 323	2 451	907	837
1960	394	535	625	2 777	1 329	1 327	2 616	940	854
1961	404	528	722	3 319	1 341	1 337	2 579	953	862
1962	393	520	697	3 249	1 354	1 400	2 869	1 025	889
1963	376	544	645	3 629	1 367	1 321	3 076	1 096	950
1964	359	558	827	3 283	1 381	1 349	3 486	1 069	967
1965	397	555	928	3 302	1 394	1 351	3 626	1 118	1 007
1966	426	566	920	3 108	1 436	1 364	3 668	1 074	951
1967	456	572	938	3 180	1 480	1 425	3 430	1 049	784
1968	438	581	1 006	2 907	1 524	1 549	3 369	1 028	756
1969	454	566	975	3 006	1 570	1 693	3 396	969	934
1970	449	588	1 059	2 945	1 616	1 743	3 321	971	1 190
1971	501	595	1 051	3 047	1 665	1 816	3 342	997	1 295
1972	537	612	1 047	3 309	1 669	1 823	3 443	919	1 308
1973	567	584	966	3 680	1 694	1 873	3 486	782	1 382
1974	587	556	1 046	4 020	1 751	1 684	3 539	738	1 497
1975	592	619	962	3 969	1 831	1 404	3 473	738	1 407
1976	597	687	1 020	4 551	1 992	1 295	3 559	721	1 511
1977	610	724	988	4 768	2 050	1 263	3 712	754	1 517
1978	647	694	965	4 863	2 069	1 235	3 906	830	1 380
1979	658	848	989	4 943	2 122	1 215	3 986	863	1 426
1980	644	736	1 006	4 367	2 272	1 220	4 089	877	1 402
1981	594	699	1 021	4 550	2 169	1 216	4 159	860	1 246
1982	582	647	978	4 738	2 337	1 162	4 120	824	1 194
1983	589	663	1 001	4 708	2 263	1 063	3 884	783	1 094
1984	597	678	906	4 882	2 296	1 022	3 710	630	1 023
1985	624	679	908	5 173	2 377	920	3 606	622	1 080
1986	604	707	935	5 635	2 499	928	3 593	630	1 073
1987	585	704	938	6 146	2 382	981	3 569	589	1 033
1988	563	690	947	6 504	2 563	1 067	3 478	603	1 101
1989	559	745	956	6 725	2 560	1 115	3 539	588	1 137
1990	558	734	920	7 128	2 596	1 115	3 278	562	1 161
1991	586	712	917	7 505	2 714	1 146	3 366	560	1 194
1992	525	758	898	7 784	2 549	1 034	3 586	509	1 189
1993	569	726	911	8 221	2 471	1 084	3 419	502	1 180
1994	522	729	922	8 502	2 672	1 084	3 553	507	1 138
1995	617	759	939	8 716	2 446	1 068	3 604	504	1 134
1996	648	767	971	9 082	2 691	1 116	3 615	506	1 172
1997	656	794	979	9 541	2 579	1 218	3 671	506	1 172
1998	661	807	987	10 027	2 730	1 350	3 705	543	1 160
1999	671	836	997	10 471	2 678	1 429	3 750	525	1 139
2000	679	842	1 017	10 652	2 658	1 432	3 795	503	1 156
2001	674	830	1 033	11 318	2 782	1 611	3 813	526	1 157

（1990 年国际元）（续表）

	留尼汪	卢旺达	塞内加尔	塞舌尔	塞拉利昂	索马里	南非	苏丹	斯威士兰
1950	1 989	547	1 259	1 912	656	1 057	2 535	821	721
1951	2 044	567	1 281	2 019	685	1 098	2 591	837	745
1952	2 051	574	1 303	2 050	697	1 112	2 619	855	751
1953	2 067	584	1 324	2 084	714	1 132	2 675	871	762
1954	2 113	604	1 346	2 174	744	1 175	2 763	889	787
1955	2 091	610	1 367	2 164	760	1 191	2 830	907	793
1956	2 098	620	1 388	2 143	777	1 211	2 914	976	803
1957	2 089	628	1 409	2 186	795	1 232	2 951	936	814
1958	2 085	631	1 429	2 200	807	1 241	2 939	949	817
1959	2 142	652	1 448	2 254	841	1 287	2 995	1 033	843
1960	2 239	656	1 445	2 367	856	1 277	3 041	1 024	935
1961	2 288	625	1 475	2 176	858	1 311	3 092	996	1 028
1962	2 394	695	1 487	2 306	884	1 341	3 179	1 037	1 214
1963	2 495	611	1 507	2 458	886	1 364	3 321	980	1 252
1964	2 617	525	1 499	2 488	883	1 191	3 450	944	1 399
1965	2 803	548	1 511	2 435	932	1 088	3 559	984	1 577
1966	2 901	570	1 508	2 434	976	1 216	3 615	947	1 602
1967	3 033	594	1 449	2 381	955	1 258	3 760	893	1 709
1968	3 169	618	1 499	2 522	1 032	1 252	3 819	923	1 588
1969	3 391	666	1 362	2 455	1 109	1 071	3 946	954	1 612
1970	3 463	717	1 435	2 570	1 129	1 138	4 045	888	2 036
1971	3 473	705	1 390	2 910	1 101	1 141	4 135	923	2 015
1972	3 807	687	1 436	3 013	1 072	1 228	4 109	878	2 201
1973	3 774	688	1 315	3 224	1 087	1 176	4 175	780	2 258
1974	3 946	700	1 329	3 203	1 113	914	4 299	833	2 443
1975	3 821	806	1 396	3 251	1 126	1 202	4 271	910	2 462
1976	3 361	766	1 487	3 507	1 072	1 167	4 267	1 044	2 472
1977	3 258	779	1 411	3 691	1 068	1 421	4 155	1 165	2 474
1978	3 480	827	1 322	3 885	1 051	1 390	4 174	1 108	2 462
1979	3 615	876	1 380	4 460	1 089	1 181	4 232	956	2 421
1980	3 686	952	1 301	4 274	1 119	1 037	4 390	931	2 397
1981	3 738	981	1 259	3 914	1 164	1 113	4 503	920	2 481
1982	3 972	1 025	1 415	3 794	1 160	1 152	4 367	1 003	2 548
1983	4 124	1 049	1 414	3 695	1 120	1 016	4 174	958	2 474
1984	4 094	976	1 315	3 799	1 110	1 016	4 271	878	2 437
1985	4 070	993	1 330	4 116	1 056	1 057	4 108	791	2 497
1986	4 045	1 020	1 359	4 163	996	1 053	4 020	798	2 494
1987	4 000	982	1 378	4 335	1 025	1 070	4 015	798	2 607
1988	4 155	918	1 411	4 483	1 028	1 067	4 092	790	2 428
1989	4 193	910	1 345	4 706	1 025	1 089	4 090	833	2 478
1990	4 510	880	1 363	4 984	1 026	1 083	3 966	743	2 434
1991	4 695	820	1 316	5 065	919	1 009	3 851	772	2 384
1992	4 601	853	1 306	5 360	844	908	3 789	789	2 323
1993	4 510	765	1 241	5 656	853	914	3 684	791	2 329
1994	4 423	443	1 241	5 477	862	923	3 755	785	2 395
1995	4 338	674	1 268	5 458	746	933	3 824	787	2 467
1996	4 479	724	1 295	5 960	546	936	3 943	806	2 498
1997	4 579	687	1 322	6 640	441	911	4 000	863	2 531
1998	4 554	753	1 360	6 983	422	883	3 986	889	2 555
1999	4 569	795	1 391	6 741	376	873	4 032	930	2 593
2000	4 588	830	1 433	6 354	379	863	4 139	991	2 606
2001	4 610	871	1 474	5 808	386	851	4 208	1 015	2 610

（1990 年国际元）（续表）

	坦桑尼亚	多哥	突尼斯	乌干达	扎伊尔	赞比亚	津巴布韦	6 个经济 体平均	57 个经济 体平均
1950	424	574	1 115	687	570	661	701	801	894
1951	466	584	1 106	642	625	688	722	857	916
1952	464	593	1 220	664	670	715	724	889	932
1953	437	602	1 244	675	695	743	760	883	945
1954	461	611	1 249	648	723	772	772	864	970
1955	460	621	1 164	672	737	736	808	1 017	981
1956	454	630	1 223	690	772	803	892	1 179	999
1957	452	639	1 159	700	781	817	924	1 191	1 013
1958	444	647	1 291	685	743	776	906	1 265	1 013
1959	453	656	1 217	700	753	915	925	1 315	1 044
1960	459	698	1 343	713	755	960	938	1 613	1 066
1961	441	728	1 436	686	659	938	956	1 710	1 065
1962	468	736	1 379	694	776	905	939	2 154	1 082
1963	483	754	1 556	751	793	902	901	2 767	1 132
1964	494	841	1 589	785	757	996	953	3 717	1 164
1965	497	932	1 653	779	748	1 147	984	4 560	1 197
1966	544	991	1 654	803	779	1 056	967	5 164	1 201
1967	549	1 019	1 605	822	749	1 107	1 015	5 536	1 194
1968	560	1 043	1 735	818	758	1 092	999	7 048	1 223
1969	553	1 126	1 760	881	806	1 056	1 086	7 589	1 286
1970	567	1 075	1 827	869	782	1 073	1 282	7 652	1 357
1971	572	1 121	1 982	871	810	1 042	1 353	6 956	1 382
1972	591	1 128	2 287	859	790	1 105	1 423	5 934	1 397
1973	590	1 053	2 221	838	836	1 062	1 432	5 734	1 410
1974	584	1 067	2 343	821	842	1 114	1 427	4 732	1 438
1975	596	1 032	2 446	784	778	1 041	1 402	4 925	1 418
1976	620	999	2 569	770	713	1 071	1 357	5 855	1 472
1977	618	1 025	2 592	763	700	990	1 221	6 200	1 492
1978	617	1 098	2 700	703	643	967	1 232	6 241	1 487
1979	606	1 131	2 811	611	620	910	1 211	6 703	1 512
1980	593	1 048	2 944	577	617	911	1 295	6 413	1 536
1981	569	950	3 030	585	616	936	1 407	5 001	1 509
1982	559	883	2 957	617	594	878	1 405	4 648	1 512
1983	540	807	3 039	643	587	828	1 374	4 418	1 477
1984	537	802	3 068	570	605	797	1 297	3 952	1 466
1985	519	810	3 162	562	589	784	1 335	3 552	1 468
1986	520	806	3 038	544	598	762	1 321	3 238	1 459
1987	529	788	3 165	556	594	756	1 257	3 068	1 441
1988	534	793	3 101	572	578	781	1 326	3 010	1 459
1989	536	793	3 152	590	556	768	1 368	2 953	1 463
1990	540	757	3 337	592	525	817	1 356	2 831	1 444
1991	536	726	3 402	577	465	797	1 391	2 610	1 414
1992	524	673	3 599	574	403	765	1 232	2 457	1 378
1993	514	565	3 612	600	338	799	1 217	2 305	1 356
1994	503	656	3 663	616	314	678	1 273	2 232	1 352
1995	505	664	3 692	671	299	647	1 263	2 210	1 358
1996	517	695	3 897	710	290	675	1 370	2 301	1 403
1997	501	635	4 050	725	269	683	1 382	2 503	1 416
1998	507	602	4 188	738	257	656	1 399	2 445	1 434
1999	511	602	4 387	772	239	657	1 368	2 561	1 447
2000	524	575	4 538	788	218	666	1 280	2 665	1 464
2001	540	575	4 710	809	202	686	1 158	2 892	1 489

（1990 年国际元）（续表）

	赤道几内亚	利比亚	圣多美和普林西比	马约特＋圣赫勒拿＋西撒哈拉	6 个经济体平均
1950	540	857	820	790	801
1951	561	925	818	816	857
1952	572	963	817	837	889
1953	587	949	817	879	883
1954	610	915	850	915	864
1955	620	1 115	764	920	1 017
1956	636	1 314	806	965	1 179
1957	648	1 325	799	981	1 191
1958	660	1 410	875	991	1 265
1959	687	1 470	784	1 014	1 315
1960	746	1 830	867	1 047	1 613
1961	806	1 936	933	1 053	1 710
1962	887	2 473	995	1 068	2 154
1963	1 006	3 212	1 055	1 074	2 767
1964	1 145	4 366	1 112	1 086	3 717
1965	1 285	5 378	1 165	1 089	4 560
1966	1 322	6 107	1 233	1 097	5 164
1967	1 393	6 545	1 286	1 094	5 536
1968	1 424	8 395	1 337	1 083	7 048
1969	1 364	9 043	1 389	1 084	7 589
1970	1 309	9 115	1 440	1 076	7 652
1971	1 186	8 252	1 483	1 103	6 956
1972	1 023	6 979	1 423	1 187	5 934
1973	1 065	6 664	1 355	1 268	5 734
1974	1 128	5 379	1 356	1 331	4 732
1975	1 294	5 515	1 421	1 348	4 925
1976	1 452	6 540	1 497	1 330	5 855
1977	1 458	6 945	1 613	1 314	6 200
1978	1 572	6 991	1 667	1 291	6 241
1979	1 541	7 565	1 808	1 257	6 703
1980	1 477	7 272	2 009	1 237	6 413
1981	1 424	5 648	1 421	1 209	5 001
1982	1 412	5 234	1 755	1 181	4 648
1983	1 395	4 968	1 567	1 196	4 418
1984	1 679	4 397	1 405	1 222	3 952
1985	1 402	3 953	1 486	1 246	3 552
1986	1 425	3 586	1 470	1 270	3 238
1987	1 472	3 380	1 408	1 308	3 068
1988	1 538	3 303	1 400	1 332	3 010
1989	1 560	3 232	1 391	1 357	2 953
1990	1 564	3 087	1 390	1 374	2 831
1991	1 596	2 825	1 354	1 344	2 610
1992	1 723	2 637	1 326	1 309	2 457
1993	1 785	2 453	1 306	1 291	2 305
1994	1 828	2 363	1 299	1 284	2 232
1995	2 036	2 321	1 284	1 289	2 210
1996	2 563	2 381	1 267	1 334	2 301
1997	4 281	2 467	1 243	1 343	2 503
1998	5 093	2 322	1 232	1 361	2 445
1999	7 025	2 282	1 226	1 372	2 561
2000	7 956	2 322	1 226	1 385	2 665
2001	11 295	2 284	1 236	1 408	2 892

第七章
1950—2001 年的世界经济

表 7a 至表 7c 提供了 1900 年及 1950—2001 年各年 7 个地区和全世界经济活动的年度估计值,它们将第一章至第六章中有关各个经济体的详细估计值进行了加总,另外还有显示年度实际变化的分析表格。这些估计值必须以三个基本要素为基础,它们分别是人口时间序列(有 221 个经济体的数据),以不变价表示的实际 GDP 变动的时间序列(有 179 个经济体的数据),以及将 GDP 转换为 1990 年国际元的购买力换算因子(有占世界 GDP99.3％的经济体的数据)。通过这些换算因子,我们就可以把 1950—2001 年各年的实际 GDP 指标转换成可以在各经济体间进行比较的估计值。对于以上三个指标都齐备的经济体,就可以得到人均 GDP 的估计值。然而,要想得出对全世界的全面估计,我们还需要 1990 年 42 个经济体 GDP 的替代指标估计值和 48 个经济体人均 GDP 的替代指标估计值,当然这些替代指标合在一起只占世界总产出的不到 1％。

| 1950—2001[*] 年世界人口变动 |

目前有两个机构提供世界人口全面和详细的估计值,并定期对其进行更新和修订,它们分别是美国人口普查局(USBC)和联合国人口处(UNPD)。两者都提供追溯到 1950 年的人口年度估计值和未来 50 年的人口预测值。目前世界上找不到其他机构能提供如此全面详细的数据、超长的预测期以及对出生率、死亡率、生育率和人口迁移的成因分析。除了中国、印度和印度尼西亚,这

---

* 英文原书为 2003,疑误。——译者注

里我使用了 USBC（2002 年 10 月）对其他所有经济体的最新估计值。在《世界经济千年史》中，我对其中 178 个经济体采用了 USBC 1999 年的估计值，对 20 个经济体采用了 OECD 的估计值，对 15 个经济体采用了苏联的估计值。USBC 的估计值可在网站 http://www. census. gov/ipc 上找到。UNPD 是另一个提供类似数据的机构，它的《世界人口展望：2000 年修订本》（*World Population Prospects：The 2000 Revision*）提供的目前最新的估计值是在 2001 年 2 月编制的，之前的版本发行于 1998 年。联合国每隔五年公布一次人口估计数据，但各经济体年度人口详细数据只能通过购买光盘获得。本章最后的表 7a 列出了我主要基于 USBC 数据的估计结果，表 7a* 列出了按照相同地区分类的 UNPD 的数据；比较这两种数据来源最简单的方法是计算两者同一类数据的比率，参见表 7a**。结果表明，两者在世界水平上的差异最小，在区域上的差异在 1973 年之后也不是很大。但在经济体水平上，这两种数据来源的差异较大，对于小经济体的估计两者之间差异最大。另外，UNPD 的数据省略了中国台湾地区。这两个来源都提供了一个相似的长期观点，即非洲的人口增长势头最猛，在 20 世纪 90 年代世界人口增长普遍放缓。造成两者差异的主要原因，一是使用不同的基础资料来源，二是对缺乏基础数据的少数经济体采用了不同的推测方法。从对各经济体详情的考察来看，很明显，USBC 更好地考虑了战争、人口外逃或自然灾害造成的短期冲击，而这些意外因素的影响在 UNPD 的相应估计中被平滑掉了，因为 UNPD 采用插值法估计在两个普查年度之间的人口数据。一个明显的例子是发生在卢旺达的种族大屠杀和人口大逃亡：USBC 的数字显示 1993—1995 年卢旺达的人口下降了 25％，而 UNPD 的数字显示下降了 9％。第二个例子是 USBC 估计在 1991 年海湾战争期间科威特人口下降了 55％，而 UNPD 的估计是下降了 2％。第三个例子是 USBC 估计因火山活动加剧蒙特塞拉特岛的人口在 1998 年下降了 70％，而 UNPD 则将它的人口下降量分摊到若干年中。事实上，联合国的一个主要目标就是提供人口结构和数量变化趋势的不同预测值，这对评估其发展规划的前景来说是基础性的重要工作。而 US-BC 则对监测过去和现在的表现可能更感兴趣。

1950—2001 年的实际 GDP 变动

表 7-1 列出了自 1820 年以来 5 个基准年 GDP 的估计值。对于 2001 年，

179个经济体的直接估计值代表了全世界产出的99.8%,另外还有42个经济体(大都是小经济体)因无法获得直接指标而以替代指标进行估计(见表1-4、表4-5和表5-4)。一般假定这些经济体人均GDP的变动与同一区域内其他经济体的平均水平一致。与1950年相比,2001年经济体总数增多了,这是由于东欧和苏联解体后产生了新的国家。事实上,2001年样本所覆盖的区域和对替代指标的依赖程度与1950年大同小异。总的来说,覆盖面比19世纪更加广泛。

表 7-1　世界 GDP 样本覆盖情况和替代指标比例(1820—2001)

	1820	1870	1913	1950	2001
样本经济体的 GDP 合计(十亿 1990 年国际元)					
西欧	135.4 (9)	326.9 (14)	898.5 (15)	1 394.8 (20)	7 540.4 (20)
西方后裔国	12.7 (2)	110.6 (3)	577.2 (3)	1 635.5 (4)	9 156.3 (4)
东欧和苏联	6.5 (1)	101.9 (3)	290.9 (3)	694.0 (7)	2 072.0 (27)
拉丁美洲	8.2 (3)	17.5 (6)	101.9 (9)	315.6 (39)	3 078.8 (35)
亚洲	383.5 (10)	392.3 (11)	644.6 (17)	969.0 (39)	14 050.4 (39)
非洲			30.7 (5)	202.1 (54)	1 204.3 (54)
世界	546.2 (25)	985.2 (37)	2 543.8(52)	5 310.9 (163)	37 056.9(179)
包括替代指标的 GDP 合计(十亿 1990 年国际元)					
西欧	160.1	367.6	902.3 (28)	1 396.2 (29)	7 550.3 (29)
西方后裔国	13.5	111.5	582.9 (4)	1 635.5 (4)	9 156.3 (4)
东欧和苏联	62.6	133.8	367.1 (8)	695.3 (8)	2 072.0 (27)
拉丁美洲	15.0	27.5	119.9 (47)	415.9 (47)	3 087.0 (47)
亚洲	412.9	427.0	680.3 (55)	983.7 (57)	14 105.7 (57)
非洲	31.2	45.6	80.9 (57)	203.1 (57)	1 222.6 (57)
世界	695.3	1 113.0	2 733.5 (199)	5 329.7 (202)	37 193.9 (221)
样本覆盖率(%)					
西欧	84.5	98.7	99.6	99.9	99.9
西方后裔国	94.2	99.2	99.0	100.0	100.0
东欧和苏联	10.4	76.2	79.2	99.8	100.0
拉丁美洲	54.5	63.6	85.0	99.9	99.7
亚洲	92.9	91.8	94.8	98.5	99.6
非洲	0.0	0.0	37.9	99.5	98.5
世界	78.6	88.5	93.1	99.6	99.8

注:括号内为覆盖经济体的数量。

1950—2001 年的实际 GDP 变动指标主要来源于官方渠道,这是因为越来越多的政府承诺公开出版它们的数据,并且从 1953 年起相继采用标准化的国民账户体系(SNA)计量方法,现已得到欧盟、国际货币基金组织、OECD、联合国和世界银行的认可(UN,1993)。社会主义国家是例外,它们使用苏联的物质产品平衡表体系(MPS),这一体系夸大了经济增长并遗漏了大部分的服务活动。幸运的是,以伯格森(Abram Bergson)和沃尔顿(Thad Alton)的著作为指导的苏联问题研究者们能够将许多这些国家的估计值调整为更接近 SNA 标准的估计值——参见 Maddison(1995)就他们对东欧数据的调整工作所作的评价;Maddison(1997)就他们对苏联数据的调整工作所作的评价;Maddison(1998)对中国数据所作的评价。尽管 MPS 现已被废除,但就如何将苏联的后继国、中国、古巴、朝鲜和越南的原有数据调整到 SNA 标准仍存在一些尚未完全解决的问题。此外,还有一些国家,特别是在非洲,由于统计资源和训练有素的统计人员非常稀缺,并且在许多情况下数据收集因战争中断,因此它们的 GDP 估计值质量仍然不高。

至于 OECD 国家,自 1954 年以来各成员国每年都编制一套完整的本国国民账户,同时对该账户进行必要调整以确保可比性,这些账户被定期出版。对于 1954 年之前的年份,各成员国提供 1938 年和 1947 年以后的年度数据。东欧国家的官方估计值可在欧洲经济委员会(ECE)的出版物中找到,而 1950—1990 年美国中央情报局(CIA)对其调整后的数据由美国国会联合经济委员会以会议论文集的形式定期公布。自 1950 年以来,拉丁美洲和加勒比地区经济委员会(ECLAC)每年在它的《拉丁美洲统计年鉴》(*Statistical Yearbook for Latin America*)中公布详细的国民经济核算数据,并在其每月出版的《ECLAC 记录》(*ECLAC Notes*)中对其进行更新。东亚经济体的国民账户由亚洲开发银行在其年度出版物《核心指标》(*Key Indicators*)中予以详细公布。西亚经济体的国民账户则由西亚经济和社会委员会(ESCWA)在其年度出版物《ESCWA 地区的国民账户研究》(*National Accounts Studies of the ESCWA Region*)中予以公布。1950—1990 年非洲国家的国民核算数据主要来自 OECD 发展中心的数据库,该中心从 1969 年到 1991 年每年出版一本《发展中国家国民核算的最新信息》(*Latest Information on National Accounts of Developing Countries*)。从 1990 年起,几乎所有非洲国家每年的 GDP 变动数据都可在国际货币基金组织的《世界经济展望》中找到。

旨在进行 GDP 水平跨国比较并估计地区及世界 GDP 总量而对基准年 1990 年购买力平价换算因子的推算

为了进行 GDP 水平的跨国比较并估计地区或世界的 GDP 总量,我们需要把本国货币转换成一种公共货币单位。表 7-2 显示了用于估计基准年 1990 年 GDP 水平的货币单位换算,这是我为全面估计世界总量所设定的跨时空基准。将 1990 年横截面水平估计值与实际 GDP 增长时间序列相结合,便可以得到所有其他年份的 GDP 水平。

表 7-2   用于估计基准年 1990 年 GDP 水平的购买力平价换算

（十亿 1990 年国际元）

	欧洲和西方后裔国	拉丁美洲	亚洲	非洲	全世界
ICP	15 273 (28)	2 131 (18)	8 017 (24)	0 (0)	25 421 (70)
PWT	59 (3)	71 (14)	524 (16)	891 (51)	1 516 (84)
替代指标	16 (10)	38 (15)	87 (17)	14 (6)	155 (48)
合计	15 349 (41)	2 240 (47)	8 628 (57)	905 (57)	27 122 (202)

注:括号内为覆盖的经济体数量。

资料来源:除了 7 个非洲国家,这里使用的购买力平价换算因子与 Maddison(2001)的基本一致。

获得 GDP 换算因子有以下四个方法:

（1）汇率:通过汇率转换名义估计值是最简单的方法,但汇率主要反映对贸易品的购买力。汇率也可能因投机资本流动或高通货膨胀而变动无常。在贫穷的国家,由于工资普遍较低,诸如理发、政府服务和建筑施工等非贸易服务一般比高收入国家便宜,因此汇率低估它们的货币购买力是一个普遍现象。中国就是一个极端的例子。最后一届香港总督彭定康(Chris Patten)先生在 1997 年 1 月 4 日《经济学人》(*Economist*)杂志上发表的一篇文章中说:"目前英国的 GDP 几乎是中国的两倍。"这是一个基于货币汇率的比较,但是如果按照购买力平价计算,英国的 GDP 在 1997 年已不到中国的三分之一。我们有充足的理由选择如今世界上对大多数国家都可用的购买力平价换算因子。从逻辑上讲,对国家之间价格水平巨大差异的修正方法,是使用国家 GDP 平减指数解决自身价格跨期比较问题在空间比较问题上的一个逻辑延伸。然而，一些国家出于各种考虑不愿放弃汇率法也是可以理解的。虽然世界银行在资助购买力平价工作上做出了重大贡献，却至今没有在分析工作中使用过该方法，其原因是，与按汇率法计算的收入排序相比，购买力平价法显著提高了贫穷国家的相对收入水平，担心它们会因此失去从国际发展协会（IDA，世界银行的廉价贷款窗口）获得贷款的资格。基于这个原因，世界银行在其《世界银行图集》(*World Bank Atlas*)中仍利用三年移动平均汇率对世界各国人均收入水平进行排序。

（2）购买力平价（PPP）换算：这个概念最初由古斯塔夫·卡塞尔（Gustav Cassel）在 1918 年提出，并由科林·克拉克在 1940 年首次粗略地用于实际工作。克拉克的价格资料中相当大的一部分来源于一项对福特汽车公司所作的调查，加上他自己所作的奢侈品价格比较以及国际劳工组织有关不同国家租金的资料。在过去的数十年中，各国国家统计局和国际机构经过合作研究已开发出更复杂的指标，并将其用于高度复杂的价格比较实践，涉及由各国国家统计局大规模收集的消费、投资和政府服务代表性项目的详细价格信息。OECD 最近开展的 1999 年国际比较项目涉及了 2 740 个项目的价格收集。在 20 世纪 50 年代，OEEC 首次在其 8 个成员国之间开展实际支出水平和货币购买力的比较，对其他国家则采用粗略的替代指标进行相应比较。1982 年，OECD 与欧盟统计局合作重新启动这项工作（Ward，1985）。与此同时，克莱维斯、海斯顿和萨默斯在 1968 年创立了他们的国际比较项目（ICP），并在 1975 年、1978 年和 1982 年分别发表了三项主要研究报告。他们的工作在国际收入比较方法上做出了重大贡献，并大大地扩展了其国家覆盖范围，他们的最后一卷报告涵盖了 34 个国家。联合国统计署（UNSO）接续了他们的工作，并开展了对 1980 年和 1985 年的国际比较工作，这两项比较工作一共涉及了 82 个国家。1993 年，联合国有关机构对部分亚洲、非洲和中东国家开展了区域比较工作，但联合国统计署没有对其进行整合。ICP 现已由世界银行接管，下一轮工作是计划开展针对 2004 年的国际比较。目前在这一领域的主要活动是由 OECD 和欧盟统计局经办，它们在 2002 年发表了一份有关 43 个国家 1999 年水平比较的报告。

ICP 法最初由 OEEC 开发，主要关注国家之间的双边比较。三个最直接的方法是：① 帕氏（Paasche）购买力平价，用"自己"国家的量作为权数；② 拉氏（Laspeyres）购买力平价，采用货币计价单位国家即美国的量作为权数；③ 作为一个折中办法,取以上两种指标的几何平均值就可得到费氏(Fisher)购买力平价。因此,实际支出水平的相应指标就是:① 基于货币计价单位国家价格(单位价值)的拉氏水平比较;② 基于自己国家价格(单位价值)的帕氏水平比较;③ 以上两种指标的费氏几何平均。把美国作为基准国("星标"),就可以将如"法国/美国"以及"英国/美国"这样的双边比较连接起来,从而获得"法国/英国"的比较。但是这样得出的比较结果与"法国/英国"直接双边比较得出的结果不一定完全一致,因为这种基准国("星标")转换系统并不具备传递性。然而,在我先前对发达资本主义国家表现的比较研究(Maddison,1982,1991)中,我倾向于使用以美国价格为基础的拉氏水平比较,因为该组中其他国家会随着生产率和需求模式逐渐接近美国水平而收敛于这一价格结构。

如果在一个"多边"而不是"双边"的基础上进行比较,比较就具有了传递性。吉尔瑞-开米斯法(Geary-Khamis 法,以 R. S. Geary 和 S. H. Khamis 的名字命名)是一个巧妙的方法,它可以使结果多边化,从而具备传递性和其他所需的属性。克莱维斯、海斯顿和萨默斯正是采用了这种方法对基本支出项的 ICP 结果进行加总,同时结合国家产品虚拟法(CPD,由萨默斯首创)填补基本数据集中的空白。我把该类型的购买力平价应用于代表 1990 年世界 GDP 总量 93.7% 的 70 个国家(见表 7-2)。吉尔瑞-开米斯法按照各国 GDP 的规模赋予它们相应的权重,因此诸如美国之类的经济大国对最终结果有很强的影响力。相比之下,欧盟统计局采用的多边比较法赋予所有成员国相等的权重,这就是所谓 EKS 法(以其发明者 Eltöto、Kovacs 和 Szulc 的名字命名)。根据我的目的,一个在世界经济中为卢森堡和德国赋予同等权重的等权系统是不恰当的,所以我对吉尔瑞-开米斯法有强烈的偏好。幸运的是,OECD 与欧盟统计局联合开展的 ICP 同时给出了 EKS 法和吉尔瑞-开米斯法的测算值——有关到当时为止发表的所有双边和多边购买力平价结果的详细比较,参见 Maddison (1995,pp. 164-179)。

(3)《宾夕法尼亚大学世界表》(PWT):对于 ICP 没有覆盖的经济体,萨默斯和海斯顿开发出了一种简便估算方法。他们最新的《宾夕法尼亚大学世界表》(PWT 6.1,2002 年 10 月)为 168 个经济体提供了购买力平价换算因子。客观地讲,与那些曾参与 ICP 的经济体相比,从来没有参与 ICP 的经济体按这种方法得到的估计值肯定要粗糙些。对于这些经济体,他们利用生活成本调查(对外交官、联合国官员和在外国私人企业工作的人员的生活成本调查)获得的

非常有限的价格信息作为对 ICP 标准项目价格的替代。对 1990 年占世界 GDP
5.6％的 84 个国家，我采用了 PWT 中的购买力平价（见表 7-2）。

　　(4) ICOP(实际产出和生产率的国际比较)：第四个选择是根据产量和价格
的生产普查资料，比较实际产出（增加值）水平。Rostas(1948) 为制造业首创了
这一方法。首次对整个经济进行的这类研究是 Paige and Bombach(1959) 对英
国和美国的双边比较，其研究结果由 OEEC 发表。该方法没有被用于后来的
ICP 比较中，但是我把它用于 29 个国家经济增长的比较研究，可参见《发展中
国家的经济进步与政策》(*Economic Progress and Policy in Developing Coun-
tries*，Norton，New York，1970)。当时非 OECD 国家没有 ICP 估计值，于是
我按照美国的相对价格，对 1965 年 29 个国家的农业、工业和服务业的增加值
和生产率以及 GDP 总量进行了估算。我将这 29 个国家的这些基准估计值应
用于其 GDP 变动的时间序列，尽可能地回推出它们 1950 年、1938 年、1913
年和 1870 年的估计值。虽然该书所用的基本方法与本书十分相似，但其基
准年 GDP 估计值和 GDP 增长时间序列数据的质量远不如目前的资料。在
Maddison(1983) 中，我把我的生产法估计值与 Kravis，Heston and Summers
(1982) 的估计值进行了比较，并将这两套估计值作为基准应用于经济增长的
时间序列，分别观察回推到 1820 年时的相对经济表现水平。我暂时得到的
结论是，ICP 法很可能夸大了较贫穷国家的服务产出，但有关这个问题的权威
结论需要从生产角度进行更仔细的研究。因此，1983 年我在格罗宁根大学设
立了 ICOP(产出和生产率的国际比较)项目。格罗宁根的增长和发展中心发
表了近 100 篇关于生产率研究的备忘录，以及以 Bart van Ark、Tom Elfring、
Pierre van der Eng、Andre Hofman、Sompop Manarungsan、Kees van der Meer、
Nanno Mulder、Dirk Pilat、Jaap Sleifer 和 Marcel Timmer 的论文为代表的有关
经济增长表现的博士论文，这些论文都按照库兹涅茨的惯例提供了极其透明
和完整的统计附录，以显示资料来源和所使用的方法，参见 Maddison and van
Ark(2000)。ICOP 项目的首要任务是分析一个国家主要产业部门的劳动力、
资本以及全要素生产率。它并不是作为 ICP 的竞争对手存在，而是旨在对
GDP 的国际比较提供另一种补充方法。迄今为止，这个项目已覆盖三十多个
国家的一个或多个经济部门，这些国家合在一起占到了世界 GDP 的一半以上
（参见 http：//www. eco. rug. nl/ggdc/dseries/icop. shtml♯top)。近年来，随着
与包括欧盟统计局、国际劳工组织和 OECD 在内的国际机构开展合作，该

项目的系统比较规模无论是在国家覆盖率还是在产业部门详细程度上都有所提高。最近 ICOP 的主要工作是对 19 个国家的三十多个产业进行深入研究,这些研究结果将是对 ICP 结果的一个交叉检验,同时也是对我的 1990 年基准作为分析以往经济表现水平的参照标准有效性的一个验证(参见后面的第八章)。

欧洲和西方后裔国:该地区 99.5% 的 GDP 来自 ICP 6 对 1990 年的估计值;22 个国家的数据来自 OECD 与欧盟统计局,6 个国家的数据来自 ECE(OECD,1993;ECE and UN,1994;Maddison,1995,p. 172;Maddison,2001,pp. 189-190);地区 GDP 的 0.4%(保加利亚、塞浦路斯和马耳他)来自 PWT 5.6 版;地区 GDP 的 0.1%(阿尔巴尼亚、安道尔、海峡群岛、法罗群岛、直布罗陀、格陵兰、马恩岛、列支敦士登、摩纳哥和圣马力诺)来自替代指标估计值。

拉丁美洲:该地区 GDP 的 95.1%(18 个国家)来自 ICP。由于拉丁美洲没有参与 1990 年或之后的 ICP 项目,因此我对其中的 2 个国家使用了 ICP 3,对其中的 16 个国家采用了更新至 1990 年的 ICP 4(Kravis,Heston and Summers,1982;UN,1987;Maddison,2001,p. 199)。更新涉及对特定国家在参考年份和 1990 年之间实际 GDP 变动和同期美国 GDP 平减指数的调整。地区GDP 的 3.2%(巴哈马、巴巴多斯、伯利兹、多米尼加、格林纳达、圭亚那、海地、尼加拉瓜、波多黎各、圣基茨和尼维斯、圣卢西亚、圣文森特、苏里南、特立尼达和多巴哥)来自 PWT 5.6 版;地区 GDP 的 1.7%(安圭拉、安提瓜和巴布达、阿鲁巴、百慕大、开曼群岛、古巴、法属圭亚那、瓜德罗普、马提尼克、蒙特塞拉特、荷属安的列斯、圣皮埃尔和密克隆、特克斯和凯科斯群岛、维尔京群岛和英属维尔京群岛)来自替代指标估计值。

亚洲:该地区 GDP 的 92.9%(24 个经济体)来自 ICP 或类似估计值。我对其中 2 个经济体使用了 ICP 3,对 5 个经济体使用了 ICP 4,对 3 个经济体使用了 ICP 5,将 1950 年孟加拉国和巴基斯坦的 GDP 水平与印度连接起来。所有这 12 个经济体的数据都被更新至 1990 年。日本和蒙古国 1990 年的估计值可以通过 OECD 得到,中国 1990 年的数据以 Maddison(1998)和任若恩(Ren,1997)为基础进行估算。9 个经济体 1993 年的 ICP 7 估计值可从亚太经济和社会委员会(ESCAP,1999)以及西亚经济和社会委员会与世界银行(ESCWA and World Bank,1997)处获得,并回推到 1990 年,参见 Maddison(2001,pp. 208,219-220)。回推与更新采用相同的估计方法。地区 GDP 的 6.1%(不丹、缅甸、斐济、伊拉克、约旦、科威特、阿曼、巴布亚新几内亚、沙特阿拉伯、所罗门群岛、中国台湾、汤加、阿联酋、瓦努阿图、西萨摩亚和也门）来自 PWT 5.6版；地区 GDP 的 1%（阿富汗、美属萨摩亚、文莱、柬埔寨、法属波利尼西亚、关岛、基里巴斯、黎巴嫩、中国澳门、马尔代夫、马绍尔群岛、密克罗尼西亚、新喀里多尼亚、朝鲜、北马里亚纳、帕劳、瓦利斯和富图纳）来自替代指标估计值。

非洲：该地区 GDP 的 75.8% 来自 PWT 5.6 版，22.7% 来自 PWT 6.1 版；地区 GDP 的 1.5%（赤道几内亚、利比亚、马约特岛、圣赫勒拿岛、圣多美、普林西比岛和西撒哈拉）来自替代指标估计值，详情可参见第六章中的数据来源注释和表 6-11。

1970 年以来世界 GDP 变动的其他估计

目前国际货币基金组织（IMF）估计 1970 年以来各年世界 GDP 的实际增长率。它倾向于使用购买力平价调整法，但也公布按汇率法计算的估计值，具体方法可参见 IMF 的《世界经济展望》（2002 年 9 月版，pp. 189-199）。它的购买力平价估计值（使用 1996 年权重）来源于 ICP，对于 ICP 没有覆盖的国家，它通过一种回归方法估计购买力平价，在回归方程中汇率是其中的一个自变量。

表 7-3 比较了 IMF 和我对世界 GDP 年度变化率的估计值。IMF 按购买力平价法计算的 1970—2001 年增长速度（3.9%）比我的估计值（3.3%）快。与 IMF 的 PPP 权重相比，我的 PPP 权重有所不同且覆盖面更宽，人们不可能指望两者完全一致，但较为明显的是，IMF 似乎夸大了经济增长。它的测算中不包括非成员国，并且对难以获得估计值的国家没有作替代指标估计。此外，还有诸如阿富汗、波斯尼亚、古巴、朝鲜和塞尔维亚这样的国家，它们的经济增长率为负。从 IMF 的数据库中可以明显看出，它没有对过去采用苏联国民账户体系的国家的经济增长估计值进行必要的调整。对于中国，IMF 的估计结果显示1970—2001 年 GDP 年均增长率为 8.5%，而我调整后的估计值为 6.5%。对于同期的德国，IMF 的估计结果显示经济年均增长率为 2.2%，而我的估计值为2.0%，因为我对整个战后时期将德意志民主共和国包含了进来。对于1973—2001 年，IMF 估计的俄罗斯和乌克兰的年均增长率分别为 0.7% 和−0.7%，而我对俄罗斯和乌克兰年均增长率的估计值分别为 −0.2%和 −1.5%。

表 7-3　**IMF 和麦迪森的世界 GDP 年度变化率估计值(1970—2001)**　　（％）

	IMF 汇率法	IMF PPP 法	麦迪森 PPP 法		IMF 汇率法	IMF PPP 法	麦迪森 PPP 法
1970	4.6	5.2	5.1	1986	3.3	3.7	3.5
1971	4.3	4.6	4.2	1987	3.7	4.1	3.6
1972	5.0	5.4	4.7	1988	4.5	4.7	4.3
1973	6.4	6.9	6.6	1989	3.7	3.7	3.2
1974	2.2	2.8	2.3	1990	2.7	2.8	2.0
1975	1.5	1.9	1.5	1991	0.7	1.5	1.1
1976	5.0	5.2	4.9	1992	1.0	2.1	2.0
1977	4.2	4.4	4.1	1993	1.0	2.2	2.2
1978	4.5	4.7	4.4	1994	2.9	3.7	3.4
1979	3.7	3.8	3.6	1995	2.8	3.7	3.4
1980	2.5	2.9	2.0	1996	3.3	4.0	3.9
1981	2.0	2.2	1.9	1997	3.5	4.2	3.9
1982	0.6	1.2	1.2	1998	2.2	2.8	2.5
1983	2.9	3.0	2.9	1999	3.1	3.6	3.3
1984	4.8	4.9	4.5	2000	3.9	4.7	4.4
1985	3.5	3.7	3.5	2001	1.1	2.2	1.9

　　联合国经济和社会事务部也发布了世界 GDP 的年度估计值,并且可追溯到 1980 年。它倾向于使用汇率法来计算世界 GDP 总量,但也公布了按购买力平价法计算的结果,可参见《2002 年世界经济概览》(*World Economic Survey 2002*,pp.4,278-280,285)。它的购买力平价使用的是 1995 年的权重,来源于 ICP 和 PWT。根据它已发表的结果,尚不清楚它的购买力平价到底覆盖了多少个经济体,但覆盖率可能会比 IMF 的要高。联合国的估计结果所显示的经济增长率要低于 IMF 的估计结果,更接近于我的估计结果。

表 7a-1　世界分地区人口（1900,1950—2001）　　　　（千人,年中值）

	西欧	西方后裔国	东欧	苏联	拉丁美洲	亚洲	非洲	全世界
1900	233 645	86 396	70 993	124 500	64 764	873 324	110 000	1 563 622
1950	304 940	176 458	87 637	179 571	165 938	1 382 447	227 333	2 524 324
1951	307 024	179 667	88 713	182 677	170 411	1 407 689	232 068	2 568 249
1952	308 754	183 025	89 814	185 856	174 975	1 435 439	237 008	2 614 871
1953	310 696	186 273	91 081	188 961	179 664	1 464 409	242 086	2 663 170
1954	312 607	189 819	92 341	192 171	184 563	1 495 497	247 273	2 714 271
1955	314 605	193 395	93 719	195 613	189 673	1 526 707	252 759	2 766 471
1956	316 758	197 027	94 985	199 103	194 935	1 558 727	258 409	2 819 944
1957	318 987	200 936	96 049	202 604	200 395	1 594 212	264 222	2 877 405
1958	321 318	204 541	97 149	206 201	206 069	1 631 177	270 231	2 936 686
1959	323 824	208 165	98 217	209 928	211 951	1 664 717	276 454	2 993 256
1960	326 346	211 671	99 254	213 780	218 029	1 686 796	282 919	3 038 795
1961	329 115	215 357	100 292	217 618	224 157	1 703 409	289 385	3 079 333
1962	332 342	218 807	101 172	221 227	230 450	1 732 716	295 977	3 132 691
1963	335 251	222 128	102 057	224 585	236 957	1 773 645	303 251	3 197 874
1964	338 111	225 410	102 908	227 698	243 648	1 814 092	310 725	3 262 592
1965	340 884	228 454	103 713	230 513	250 474	1 856 366	318 478	3 328 882
1966	343 440	231 351	104 494	233 139	257 370	1 901 303	326 534	3 397 631
1967	345 628	234 132	105 256	235 630	264 339	1 946 533	334 945	3 466 463
1968	347 633	236 710	106 302	237 983	271 430	1 993 844	343 591	3 537 493
1969	349 946	239 293	107 117	240 253	278 670	2 042 155	352 457	3 609 891
1970	352 240	242 290	107 921	242 478	286 007	2 092 954	361 168	3 685 058
1971	354 702	245 500	108 753	244 887	293 427	2 145 665	370 534	3 763 468
1972	356 845	248 287	109 589	247 343	300 900	2 197 174	380 026	3 840 164
1973	358 825	250 841	110 418	249 712	308 399	2 248 260	390 034	3 916 489
1974	360 466	253 386	111 377	252 111	315 957	2 298 349	400 314	3 991 960
1975	361 743	256 071	112 372	254 519	323 524	2 346 352	410 827	4 065 408
1976	362 752	258 622	113 357	256 883	331 109	2 391 522	422 188	4 136 433
1977	363 850	261 274	114 339	259 225	338 791	2 437 228	433 995	4 208 702
1978	364 949	264 036	115 199	261 525	346 493	2 483 253	446 294	4 281 749
1979	366 096	266 918	116 058	263 751	354 326	2 532 444	459 413	4 359 006
1980	367 457	270 106	116 804	265 973	362 069	2 580 468	472 721	4 435 598
1981	368 647	272 975	117 483	268 217	370 057	2 626 665	486 060	4 510 104
1982	369 371	275 785	118 173	270 533	378 204	2 669 803	500 253	4 582 122
1983	369 920	278 403	118 772	273 010	386 279	2 728 669	515 235	4 670 288
1984	370 509	280 908	119 285	275 574	394 193	2 779 117	530 353	4 749 939
1985	371 162	283 494	119 866	278 108	402 110	2 830 331	545 742	4 830 813
1986	372 001	286 181	120 402	280 646	410 248	2 882 699	561 280	4 913 457
1987	372 887	288 928	120 881	283 124	418 470	2 937 328	577 158	4 998 776
1988	374 092	291 768	121 092	285 482	426 758	2 992 532	593 250	5 084 974
1989	375 950	294 843	121 394	287 011	435 097	3 047 760	609 818	5 171 873
1990	377 856	298 304	121 569	289 045	443 276	3 102 638	626 814	5 259 502
1991	379 688	302 265	121 847	290 754	451 387	3 154 008	644 889	5 344 838
1992	381 580	306 337	121 880	292 079	459 512	3 205 102	662 410	5 428 900
1993	383 334	310 340	121 605	292 686	467 623	3 257 972	679 567	5 513 143
1994	384 719	314 108	121 379	292 755	475 790	3 308 981	696 273	5 594 005
1995	385 936	317 858	121 135	292 597	483 957	3 361 948	713 856	5 677 287
1996	387 063	321 620	120 983	292 188	492 093	3 411 457	730 822	5 756 226
1997	388 065	325 459	120 942	291 750	500 150	3 460 624	748 865	5 835 855
1998	388 977	329 239	120 924	291 373	508 094	3 509 481	766 842	5 914 930
1999	389 945	332 994	120 904	291 012	515 916	3 561 961	785 235	5 997 967
2000	391 036	336 601	120 913	290 654	523 612	3 605 017	803 311	6 071 144
2001	392 101	339 838	120 912	290 349	531 213	3 653 504	821 088	6 149 005

表 7b-1　世界分地区 GDP 水平(1900,1950—2001)

(百万 1990 年国际元)

	西欧	西方后裔国	东欧	苏联	拉丁美洲	亚洲	非洲	全世界
1900	675 923	346 869	102 084	154 049	71 810	556 845	66 136	1 973 716
1950	1 396 188	1 635 490	185 023	510 243	415 907	983 737	203 131	5 329 719
1951	1 478 599	1 753 540	195 670	512 566	438 241	1 052 267	212 653	5 643 536
1952	1 532 433	1 821 083	198 236	545 792	453 608	1 139 703	220 780	5 911 635
1953	1 611 339	1 903 763	209 145	569 260	469 286	1 218 405	228 858	6 210 056
1954	1 699 722	1 898 106	218 886	596 910	499 226	1 270 868	239 781	6 423 499
1955	1 805 779	2 032 869	233 857	648 027	530 891	1 330 326	248 054	6 829 803
1956	1 888 452	2 082 376	239 494	710 065	553 553	1 421 380	258 153	7 153 473
1957	1 971 596	2 123 207	257 611	724 470	595 890	1 485 225	267 612	7 425 611
1958	2 018 551	2 111 417	272 635	778 840	625 736	1 581 790	273 683	7 662 653
1959	2 114 619	2 261 993	286 886	770 244	640 912	1 657 765	288 734	8 021 152
1960	2 250 549	2 320 141	304 685	843 434	683 018	1 736 343	301 578	8 439 748
1961	2 370 583	2 374 411	322 781	891 763	715 577	1 744 557	308 136	8 727 808
1962	2 486 946	2 518 521	328 253	915 928	745 383	1 822 562	320 322	9 137 914
1963	2 603 774	2 630 968	344 112	895 016	767 875	1 950 307	343 186	9 535 239
1964	2 761 481	2 785 505	364 518	1 010 727	820 341	2 123 867	361 570	10 228 009
1965	2 877 269	2 962 352	380 016	1 068 117	861 475	2 232 507	381 330	10 763 066
1966	2 983 130	3 151 817	404 452	1 119 932	904 411	2 393 627	392 226	11 349 595
1967	3 088 548	3 234 760	420 645	1 169 422	945 295	2 511 607	400 067	11 770 344
1968	3 252 072	3 389 792	436 444	1 237 966	1 001 954	2 678 075	420 309	12 416 612
1969	3 438 238	3 507 231	449 862	1 255 392	1 066 883	2 935 884	453 131	13 106 621
1970	3 590 948	3 527 862	465 695	1 351 818	1 139 954	3 202 413	490 102	13 768 791
1971	3 711 784	3 647 077	499 790	1 387 832	1 207 908	3 384 521	512 138	14 351 050
1972	3 875 271	3 836 032	524 971	1 395 732	1 285 197	3 584 101	530 848	15 032 152
1973	4 096 456	4 058 289	550 756	1 513 070	1 389 029	3 865 936	549 993	16 023 529
1974	4 185 248	4 067 628	583 528	1 556 984	1 472 124	3 955 086	575 500	16 396 098
1975	4 167 528	4 069 398	604 251	1 561 399	1 516 429	4 143 267	582 627	16 644 898
1976	4 346 755	4 280 195	619 961	1 634 589	1 600 219	4 353 000	621 584	17 456 303
1977	4 471 506	4 459 671	641 681	1 673 159	1 676 380	4 597 844	647 589	18 167 829
1978	4 606 129	4 700 723	662 328	1 715 215	1 748 892	4 873 135	663 511	18 969 933
1979	4 774 306	4 866 597	672 299	1 707 083	1 859 062	5 074 326	694 654	19 648 326
1980	4 849 408	4 878 155	675 819	1 709 174	1 959 670	5 249 683	725 905	20 047 814
1981	4 860 516	5 006 126	667 932	1 724 741	1 971 459	5 466 812	733 452	20 431 038
1982	4 901 367	4 912 862	674 202	1 767 262	1 948 354	5 711 348	756 255	20 671 650
1983	4 990 650	5 103 869	684 326	1 823 723	1 899 531	6 003 271	761 138	21 266 508
1984	5 110 650	5 467 359	705 274	1 847 190	1 971 702	6 354 835	777 297	22 234 307
1985	5 238 333	5 687 354	706 201	1 863 687	2 031 566	6 676 210	801 420	23 004 771
1986	5 385 159	5 875 446	725 733	1 940 363	2 114 454	6 959 604	818 732	23 819 491
1987	5 539 861	6 086 756	721 188	1 965 457	2 180 979	7 360 551	831 716	24 686 508
1988	5 763 264	6 344 832	727 564	2 007 280	2 201 165	7 847 201	865 804	25 757 109
1989	5 960 960	6 560 568	718 039	2 037 253	2 224 826	8 186 232	892 376	26 584 033
1990	6 032 764	6 665 584	662 604	1 987 995	2 239 815	8 627 846	904 898	27 121 506
1991	6 132 879	6 624 976	590 280	1 863 524	2 322 362	8 983 054	911 693	27 428 768
1992	6 202 870	6 813 766	559 611	1 592 084	2 395 423	9 493 542	912 598	27 969 895
1993	6 182 982	6 997 300	550 399	1 435 008	2 477 909	10 007 080	921 183	28 571 861
1994	6 354 335	7 287 292	572 242	1 231 738	2 604 244	10 564 953	941 178	29 555 982
1995	6 506 739	7 488 397	605 392	1 163 401	2 642 483	11 196 934	969 734	30 573 080
1996	6 617 683	7 745 855	628 591	1 125 992	2 734 019	11 879 126	1 024 994	31 756 260
1997	6 791 738	8 071 150	645 039	1 149 255	2 877 534	12 413 389	1 060 213	33 008 319
1998	6 991 426	8 419 092	663 471	1 124 868	2 943 134	12 591 481	1 099 966	33 833 438
1999	7 180 236	8 774 087	675 657	1 171 952	2 950 074	13 079 182	1 136 130	34 967 319
2000	7 430 287	9 110 246	701 746	1 264 526	3 057 092	13 762 085	1 175 890	36 501 872
2001	7 550 272	9 156 267	728 792	1 343 230	3 086 006	14 105 724	1 222 577	37 193 868

表 7c-1　世界分地区人均 GDP(1900,1950—2001)　　（1990 年国际元）

	西欧	西方后裔国	东欧	苏联	拉丁美洲	亚洲	非洲	全世界
1900	2 893	4 015	1 438	1 237	1 109	638	601	1 262
1950	4 579	9 268	2 111	2 841	2 506	712	894	2 111
1951	4 816	9 760	2 206	2 806	2 572	748	916	2 197
1952	4 963	9 950	2 207	2 937	2 592	794	932	2 261
1953	5 186	10 220	2 296	3 013	2 612	832	945	2 332
1954	5 437	10 000	2 370	3 106	2 705	850	970	2 367
1955	5 740	10 511	2 495	3 313	2 799	871	981	2 469
1956	5 962	10 569	2 521	3 566	2 840	912	999	2 537
1957	6 181	10 567	2 682	3 576	2 974	932	1 013	2 581
1958	6 282	10 323	2 806	3 777	3 037	970	1 013	2 609
1959	6 530	10 866	2 921	3 669	3 024	996	1 044	2 680
1960	6 896	10 961	3 070	3 945	3 133	1 029	1 066	2 777
1961	7 203	11 025	3 218	4 098	3 192	1 024	1 065	2 834
1962	7 483	11 510	3 245	4 140	3 234	1 052	1 082	2 917
1963	7 767	11 844	3 372	3 985	3 241	1 100	1 132	2 982
1964	8 167	12 358	3 542	4 439	3 367	1 171	1 164	3 135
1965	8 441	12 967	3 664	4 634	3 439	1 203	1 197	3 233
1966	8 686	13 624	3 871	4 804	3 514	1 259	1 201	3 340
1967	8 936	13 816	3 996	4 963	3 576	1 290	1 194	3 395
1968	9 355	14 320	4 106	5 202	3 691	1 343	1 223	3 510
1969	9 825	14 657	4 200	5 225	3 828	1 438	1 286	3 631
1970	10 195	14 560	4 315	5 575	3 986	1 530	1 357	3 736
1971	10 465	14 856	4 596	5 667	4 117	1 577	1 382	3 813
1972	10 860	15 450	4 790	5 643	4 271	1 631	1 397	3 914
1973	11 416	16 179	4 988	6 059	4 504	1 720	1 410	4 091
1974	11 611	16 053	5 239	6 176	4 659	1 721	1 438	4 107
1975	11 521	15 892	5 377	6 135	4 687	1 766	1 418	4 094
1976	11 983	16 550	5 469	6 363	4 833	1 820	1 472	4 220
1977	12 289	17 069	5 612	6 454	4 948	1 887	1 492	4 317
1978	12 621	17 803	5 749	6 559	5 047	1 962	1 487	4 430
1979	13 041	18 233	5 793	6 472	5 247	2 004	1 512	4 508
1980	13 197	18 060	5 786	6 426	5 412	2 034	1 536	4 520
1981	13 185	18 339	5 685	6 430	5 327	2 081	1 509	4 530
1982	13 269	17 814	5 705	6 533	5 152	2 139	1 512	4 511
1983	13 491	18 333	5 762	6 680	4 918	2 200	1 477	4 554
1984	13 794	19 463	5 913	6 703	5 002	2 287	1 466	4 681
1985	14 113	20 062	5 892	6 701	5 052	2 359	1 468	4 762
1986	14 476	20 531	6 028	6 914	5 154	2 414	1 459	4 848
1987	14 857	21 067	5 966	6 942	5 212	2 506	1 441	4 939
1988	15 406	21 746	6 008	7 031	5 158	2 622	1 459	5 065
1989	15 856	22 250	5 915	7 098	5 123	2 686	1 463	5 140
1990	15 966	22 345	5 450	6 878	5 053	2 781	1 444	5 157
1991	16 152	21 918	4 844	6 409	5 145	2 848	1 414	5 132
1992	16 256	22 243	4 591	5 451	5 213	2 962	1 378	5 152
1993	16 129	22 547	4 526	4 903	5 299	3 072	1 356	5 182
1994	16 517	23 200	4 715	4 207	5 474	3 193	1 352	5 284
1995	16 860	23 559	4 998	3 976	5 460	3 330	1 358	5 385
1996	17 097	24 084	5 196	3 854	5 556	3 482	1 403	5 517
1997	17 502	24 799	5 333	3 939	5 753	3 587	1 416	5 656
1998	17 974	25 571	5 487	3 861	5 793	3 588	1 434	5 720
1999	18 413	26 349	5 588	4 027	5 718	3 672	1 447	5 830
2000	19 002	27 065	5 804	4 351	5 838	3 817	1 464	6 012
2001	19 256	26 943	6 027	4 626	5 811	3 861	1 489	6 049

表 7a-2　世界分地区人口的年变化率(1950—2001)　　（%）

	西欧	西方后裔国	东欧	苏联	拉丁美洲	亚洲	非洲	全世界
1950								
1951	0.7	1.8	1.2	1.7	2.7	1.8	2.1	1.7
1952	0.6	1.9	1.2	1.7	2.7	2.0	2.1	1.8
1953	0.6	1.8	1.4	1.7	2.7	2.0	2.1	1.8
1954	0.6	1.9	1.4	1.7	2.7	2.1	2.1	1.9
1955	0.6	1.9	1.5	1.8	2.8	2.1	2.2	1.9
1956	0.7	1.9	1.4	1.8	2.8	2.1	2.2	1.9
1957	0.7	2.0	1.1	1.8	2.8	2.3	2.2	2.0
1958	0.7	1.8	1.1	1.8	2.8	2.3	2.3	2.1
1959	0.8	1.8	1.1	1.8	2.9	2.1	2.3	1.9
1960	0.8	1.7	1.1	1.8	2.9	1.3	2.3	1.5
1961	0.8	1.7	1.0	1.8	2.8	1.0	2.3	1.3
1962	1.0	1.6	0.9	1.7	2.8	1.7	2.3	1.7
1963	0.9	1.5	0.9	1.5	2.8	2.4	2.5	2.1
1964	0.9	1.5	0.8	1.4	2.8	2.3	2.5	2.0
1965	0.8	1.4	0.8	1.2	2.8	2.3	2.5	2.0
1966	0.7	1.3	0.8	1.1	2.8	2.4	2.5	2.1
1967	0.6	1.2	0.7	1.1	2.7	2.4	2.6	2.0
1968	0.6	1.1	1.0	1.0	2.7	2.4	2.6	2.0
1969	0.7	1.1	0.8	1.0	2.7	2.4	2.6	2.0
1970	0.7	1.3	0.8	0.9	2.6	2.5	2.5	2.1
1971	0.7	1.3	0.8	1.0	2.6	2.5	2.6	2.1
1972	0.6	1.1	0.8	1.0	2.5	2.4	2.6	2.0
1973	0.6	1.0	0.8	1.0	2.5	2.3	2.6	2.0
1974	0.5	1.0	0.9	1.0	2.5	2.2	2.6	1.9
1975	0.4	1.1	0.9	1.0	2.4	2.1	2.6	1.8
1976	0.3	1.0	0.9	0.9	2.3	1.9	2.8	1.7
1977	0.3	1.0	0.9	0.9	2.3	1.9	2.8	1.7
1978	0.3	1.1	0.8	0.9	2.3	2.0	2.9	1.8
1979	0.3	1.1	0.7	0.9	2.2	1.9	2.9	1.8
1980	0.4	1.2	0.6	0.8	2.2	1.9	2.9	1.8
1981	0.3	1.1	0.6	0.8	2.2	1.8	2.8	1.7
1982	0.2	1.0	0.6	0.9	2.2	1.6	2.9	1.6
1983	0.1	0.9	0.5	0.9	2.1	2.2	3.0	1.9
1984	0.2	0.9	0.4	0.9	2.0	1.8	2.9	1.7
1985	0.2	0.9	0.5	0.9	2.0	1.8	2.9	1.7
1986	0.2	0.9	0.4	0.9	2.0	1.9	2.8	1.7
1987	0.2	1.0	0.4	0.9	2.0	1.9	2.8	1.7
1988	0.3	1.0	0.2	0.8	2.0	1.9	2.8	1.7
1989	0.5	1.1	0.2	0.5	2.0	1.8	2.8	1.7
1990	0.5	1.2	0.1	0.7	1.9	1.8	2.8	1.7
1991	0.5	1.3	0.2	0.6	1.8	1.7	2.9	1.6
1992	0.5	1.3	0.0	0.5	1.8	1.6	2.7	1.6
1993	0.5	1.3	−0.2	0.2	1.8	1.6	2.6	1.6
1994	0.4	1.2	−0.2	0.0	1.7	1.6	2.5	1.5
1995	0.3	1.2	−0.2	−0.1	1.7	1.6	2.5	1.5
1996	0.3	1.2	−0.1	−0.1	1.7	1.4	2.4	1.4
1997	0.3	1.2	0.0	−0.1	1.6	1.4	2.5	1.4
1998	0.2	1.2	0.0	−0.1	1.6	1.4	2.4	1.4
1999	0.2	1.1	0.0	−0.1	1.5	1.5	2.4	1.4
2000	0.3	1.1	0.0	−0.1	1.5	1.2	2.3	1.2
2001	0.3	1.0	0.0	−0.1	1.5	1.3	2.2	1.3

表 7b-2　世界分地区实际 GDP 的年变化率（1950—2001）　　　　（%）

	西欧	西方后裔国	东欧	苏联	拉丁美洲	亚洲	非洲	全世界
1950								
1951	5.9	7.2	5.8	0.5	5.4	7.0	4.7	5.9
1952	3.6	3.9	1.3	6.5	3.5	8.3	3.8	4.8
1953	5.1	4.5	5.5	4.3	3.5	6.9	3.7	5.0
1954	5.5	−0.3	4.7	4.9	6.4	4.3	4.8	3.4
1955	6.2	7.1	6.8	8.6	6.3	4.7	3.5	6.3
1956	4.6	2.4	2.4	9.6	4.3	6.8	4.1	4.7
1957	4.4	2.0	7.6	2.0	7.6	4.5	3.7	3.8
1958	2.4	−0.6	5.8	7.5	5.0	6.5	2.3	3.2
1959	4.8	7.1	5.2	−1.1	2.4	4.8	5.5	4.7
1960	6.4	2.6	6.2	9.5	6.6	4.7	4.4	5.2
1961	5.3	2.3	5.9	5.7	4.8	0.5	2.2	3.4
1962	4.9	6.1	1.7	2.7	4.2	6.1	4.0	4.7
1963	4.7	4.5	4.8	−2.3	3.0	7.0	7.1	4.3
1964	6.1	5.9	5.9	12.9	6.8	8.9	5.4	7.3
1965	4.2	6.3	4.3	5.7	5.0	5.1	5.5	5.2
1966	3.7	6.4	6.4	4.9	5.0	7.2	2.9	5.4
1967	3.5	2.6	4.0	4.4	4.5	4.9	2.0	3.7
1968	5.3	4.8	3.8	5.9	6.0	6.6	5.1	5.5
1969	5.7	3.5	3.1	1.4	6.5	9.6	7.8	5.6
1970	4.4	0.6	3.5	7.7	6.8	9.1	8.2	5.1
1971	3.4	3.4	7.3	2.7	6.0	5.7	4.5	4.2
1972	4.4	5.2	5.0	0.6	6.4	5.9	3.7	4.7
1973	5.7	5.8	4.9	8.4	8.1	7.9	3.6	6.6
1974	2.2	0.2	6.0	2.9	6.0	2.3	4.6	2.3
1975	−0.4	0.0	3.6	0.3	3.0	4.8	1.2	1.5
1976	4.3	5.2	2.6	4.7	5.5	5.1	6.7	4.9
1977	2.9	4.2	3.5	2.4	4.8	5.6	4.2	4.1
1978	3.0	5.4	3.2	2.5	4.3	6.0	2.5	4.4
1979	3.7	3.5	1.5	−0.5	6.3	4.1	4.7	3.6
1980	1.6	0.2	0.5	0.1	5.4	3.5	4.5	2.0
1981	0.2	2.6	−1.2	0.9	0.6	4.1	1.0	1.9
1982	0.8	−1.9	0.9	2.5	−1.2	4.5	3.1	1.2
1983	1.8	3.9	1.5	3.2	−2.5	5.1	0.6	2.9
1984	2.4	7.1	3.1	1.3	3.8	5.9	2.1	4.6
1985	2.5	4.0	0.1	0.9	3.0	5.1	3.1	3.5
1986	2.8	3.3	2.8	4.1	4.1	4.2	2.2	3.5
1987	2.9	3.6	−0.6	1.3	3.1	5.8	1.6	3.6
1988	4.0	4.2	0.9	2.1	0.9	6.6	4.1	4.3
1989	3.4	3.4	−1.3	1.5	1.3	4.3	3.1	3.2
1990	1.2	1.6	−7.7	−2.4	0.5	5.4	1.4	2.0
1991	1.7	−0.6	−10.9	−6.3	3.7	4.1	0.8	1.1
1992	1.1	2.8	−5.2	−14.6	3.1	5.7	0.1	2.0
1993	−0.3	2.7	−1.6	−9.9	3.4	5.4	0.9	2.2
1994	2.8	4.1	4.0	−14.2	5.1	5.6	2.2	3.4
1995	2.4	2.8	5.8	−5.5	1.5	6.0	3.0	3.4
1996	1.7	3.4	3.8	−3.2	3.5	6.1	5.7	3.9
1997	2.6	4.2	2.6	2.1	5.2	4.5	3.4	3.9
1998	2.9	4.3	2.9	−2.1	2.3	1.4	3.7	2.5
1999	2.7	4.2	1.8	4.2	0.2	3.9	3.3	3.3
2000	3.5	3.8	3.9	7.9	3.6	5.2	3.5	4.4
2001	1.6	0.5	3.9	6.2	1.0	2.5	4.0	1.9

表 7c-2　世界分地区人均 GDP 的年变化率(1950—2001)　　　　　(%)

	西欧	西方后裔国	东欧	苏联	拉丁美洲	亚洲	非洲	全世界
1950								
1951	5.2	5.3	4.5	−1.3	2.6	5.0	2.6	4.1
1952	3.1	1.9	0.1	4.7	0.8	6.2	1.7	2.9
1953	4.5	2.7	4.0	2.6	0.8	4.8	1.5	3.1
1954	4.8	−2.2	3.2	3.1	3.6	2.1	2.6	1.5
1955	5.6	5.1	5.3	6.7	3.5	2.5	1.2	4.3
1956	3.9	0.5	1.0	7.7	1.5	4.6	1.8	2.8
1957	3.7	0.0	6.4	0.3	4.7	2.2	1.4	1.7
1958	1.6	−2.3	4.6	5.6	2.1	4.1	0.0	1.1
1959	3.9	5.3	4.1	−2.9	−0.4	2.7	3.1	2.7
1960	5.6	0.9	5.1	7.5	3.6	3.4	2.1	3.6
1961	4.4	0.6	4.8	3.9	1.9	−0.5	−0.1	2.1
1962	3.9	4.4	0.8	1.0	1.3	2.7	1.6	2.9
1963	3.8	2.9	3.9	−3.7	0.2	4.5	4.6	2.2
1964	5.2	4.3	5.1	11.4	3.9	6.5	2.8	5.1
1965	3.3	4.9	3.4	4.4	2.2	2.7	2.9	3.1
1966	2.9	5.1	5.6	3.7	2.2	4.7	0.3	3.3
1967	2.9	1.4	3.3	3.3	1.8	2.5	−0.6	1.6
1968	4.7	3.7	2.7	4.8	3.2	4.1	2.4	3.4
1969	5.0	2.3	2.3	0.4	3.7	7.0	5.1	3.4
1970	3.8	−0.7	2.7	6.7	4.1	6.4	5.6	2.9
1971	2.6	2.0	6.5	1.7	3.3	3.1	1.9	2.1
1972	3.8	4.0	4.2	−0.4	3.8	3.4	1.1	2.7
1973	5.1	4.7	4.1	7.4	5.5	5.4	0.9	4.5
1974	1.7	−0.8	5.0	1.9	3.4	0.1	2.0	0.4
1975	−0.8	−1.0	2.6	−0.7	0.6	2.6	−1.4	−0.3
1976	4.0	4.1	1.7	3.7	3.1	3.1	3.8	3.1
1977	2.6	3.1	2.6	1.4	2.4	3.6	1.3	2.3
1978	2.7	4.3	2.4	1.6	2.0	4.0	−0.4	2.6
1979	3.3	2.4	0.8	−1.3	3.9	2.1	1.7	1.7
1980	1.2	−0.9	−0.1	−0.7	3.2	1.5	1.6	0.3
1981	−0.1	1.5	−1.7	0.1	−1.6	2.3	−1.7	0.2
1982	0.6	−2.9	0.3	1.6	−3.3	2.8	0.2	−0.4
1983	1.7	2.9	1.0	2.3	−4.5	2.8	−2.3	0.9
1984	2.2	6.2	2.6	0.3	1.7	3.9	−0.8	2.8
1985	2.3	3.1	−0.4	−0.4	1.0	3.2	0.2	1.7
1986	2.6	2.3	2.3	3.2	2.0	2.4	−0.7	1.8
1987	2.6	2.6	−1.0	0.4	1.1	3.8	−1.2	1.9
1988	3.7	3.2	0.7	1.3	−1.0	4.6	1.3	2.6
1989	2.9	2.3	−1.6	1.0	−0.7	2.4	0.3	1.5
1990	0.7	0.4	−7.9	−3.1	−1.4	3.5	−1.3	0.3
1991	1.2	−1.9	−11.1	−6.8	1.8	2.4	−2.1	−0.5
1992	0.6	1.5	−5.2	−15.0	1.3	4.0	−2.5	0.4
1993	−0.8	1.4	−1.4	−10.1	1.6	3.7	−1.6	0.6
1994	2.4	2.9	4.2	−14.2	3.3	3.9	−0.3	1.9
1995	2.1	1.5	6.0	−5.5	−0.2	4.3	0.5	1.9
1996	1.4	2.2	4.0	−3.1	1.8	4.6	3.2	2.4
1997	2.4	3.0	2.7	2.2	3.6	3.0	0.9	2.5
1998	2.7	3.1	2.9	−2.0	0.7	0.0	1.3	1.1
1999	2.4	3.0	1.9	4.3	−1.3	2.3	0.9	1.9
2000	3.2	2.7	3.9	8.0	2.1	4.0	1.2	3.1
2001	1.3	−0.5	3.9	6.3	−0.5	1.1	1.7	0.6

表 7a^{*}　　世界分地区人口的 UNPD 估计值（1950—2000）　　（千人，年中值）

	西欧	西方后裔国	东欧	苏联	拉丁美洲	亚洲	非洲	全世界
1950	305 346	181 677	87 673	180 980	167 030	1 375 431	220 888	2 519 025
1951	306 928	184 495	89 008	183 626	171 440	1 404 108	225 634	2 565 238
1952	308 740	187 617	90 307	186 630	176 038	1 431 671	230 526	2 611 528
1953	310 693	190 973	91 574	189 877	180 796	1 458 753	235 583	2 658 249
1954	312 722	194 501	92 809	193 275	185 695	1 485 891	240 822	2 705 716
1955	314 794	198 147	94 014	196 752	190 728	1 513 524	246 257	2 754 214
1956	316 900	201 863	95 184	200 259	195 895	1 541 990	251 899	2 803 991
1957	319 062	205 608	96 318	203 771	201 209	1 571 534	257 757	2 855 260
1958	321 323	209 350	97 410	207 281	206 690	1 602 308	263 838	2 908 200
1959	323 739	213 060	98 456	210 795	212 363	1 634 396	270 146	2 962 955
1960	326 359	216 716	99 451	214 322	218 248	1 667 851	276 686	3 019 633
1961	329 197	220 297	100 394	217 854	224 354	1 702 748	283 464	3 078 307
1962	332 210	223 784	101 290	221 354	230 665	1 739 223	290 486	3 139 011
1963	335 287	227 156	102 149	224 755	237 144	1 777 493	297 763	3 201 746
1964	338 280	230 396	102 984	227 968	243 734	1 817 804	305 307	3 266 473
1965	341 080	233 495	103 808	230 936	250 396	1 860 282	313 125	3 333 121
1966	343 641	236 437	104 624	233 624	257 114	1 904 964	321 237	3 401 640
1967	345 987	239 229	105 434	236 060	263 896	1 951 655	329 644	3 471 903
1968	348 156	241 914	106 242	238 325	270 756	1 999 935	338 319	3 543 647
1969	350 222	244 550	107 055	240 537	277 718	2 049 230	347 225	3 616 536
1970	352 234	247 183	107 875	242 782	284 800	2 099 059	356 340	3 690 271
1971	354 199	249 835	108 703	245 091	291 995	2 149 357	365 655	3 764 836
1972	356 094	252 499	109 540	247 446	299 295	2 200 035	375 204	3 840 112
1973	357 905	255 153	110 391	249 818	306 704	2 250 556	385 056	3 915 583
1974	359 610	257 758	111 263	252 162	314 230	2 300 282	395 306	3 990 612
1975	361 194	260 291	112 160	254 445	321 875	2 348 797	406 026	4 064 789
1976	362 669	262 743	113 083	256 663	329 641	2 395 837	417 236	4 137 873
1977	364 044	265 141	114 026	258 840	337 514	2 441 605	428 928	4 210 098
1978	365 304	267 539	114 964	261 001	345 458	2 486 754	441 103	4 282 122
1979	366 427	270 009	115 868	263 183	353 425	2 532 225	453 754	4 354 891
1980	367 408	272 605	116 714	265 411	361 380	2 578 728	466 871	4 429 118
1981	368 237	275 349	117 489	267 671	369 308	2 626 370	480 450	4 504 874
1982	368 943	278 229	118 195	269 949	377 210	2 675 010	494 482	4 582 017
1983	369 609	281 207	118 841	272 279	385 096	2 724 796	508 941	4 660 769
1984	370 346	284 231	119 445	274 702	392 981	2 775 840	523 797	4 741 343
1985	371 234	287 262	120 019	277 233	400 878	2 828 160	539 016	4 823 802
1986	372 294	290 286	120 572	279 898	408 783	2 881 900	554 594	4 908 327
1987	373 506	293 319	121 092	282 641	416 690	2 936 899	570 508	4 994 655
1988	374 859	296 382	121 543	285 302	424 597	2 992 473	586 684	5 081 841
1989	376 328	299 510	121 876	287 665	432 504	3 047 698	603 029	5 168 610
1990	377 885	302 725	122 060	289 574	440 408	3 101 898	619 477	5 254 027
1991	379 537	306 028	122 079	290 967	448 310	3 154 793	635 996	5 337 710
1992	381 267	309 403	121 954	291 886	456 206	3 206 517	652 604	5 419 837
1993	382 990	312 834	121 739	292 411	464 094	3 257 320	669 345	5 500 733
1994	384 595	316 298	121 512	292 670	471 971	3 307 635	686 288	5 580 970
1995	386 001	319 774	121 329	292 761	479 836	3 357 778	703 487	5 660 967
1996	387 172	323 261	121 211	292 711	487 684	3 407 796	720 952	5 740 787
1997	388 124	326 752	121 143	292 504	495 515	3 457 557	738 675	5 820 270
1998	388 894	330 214	121 103	292 142	503 325	3 506 994	756 680	5 899 353
1999	389 544	333 606	121 055	291 620	511 109	3 562 826	774 991	5 984 752
2000	390 121	336 903	120 970	290 940	518 865	3 604 492	793 627	6 055 918

表 7a^{**}　　世界人口:UNPD 估计值与 USBC-麦迪森估计值对比

（UNPD 估计值与 USBC-麦迪森估计值之比）

	西欧	西方后裔国	东欧	苏联	拉丁美洲	亚洲	非洲	全世界
1950	1.001	1.030	1.000	1.008	1.007	0.995	0.972	0.998
1951	1.000	1.027	1.003	1.005	1.006	0.997	0.972	0.999
1952	1.000	1.025	1.005	1.004	1.006	0.997	0.973	0.999
1953	1.000	1.025	1.005	1.005	1.006	0.996	0.973	0.998
1954	1.000	1.025	1.005	1.006	1.006	0.994	0.974	0.997
1955	1.001	1.025	1.003	1.006	1.006	0.991	0.974	0.996
1956	1.000	1.025	1.002	1.006	1.005	0.989	0.975	0.994
1957	1.000	1.023	1.003	1.006	1.004	0.986	0.976	0.992
1958	1.000	1.024	1.003	1.005	1.003	0.982	0.976	0.990
1959	1.000	1.024	1.002	1.004	1.002	0.982	0.977	0.990
1960	1.000	1.024	1.002	1.003	1.001	0.989	0.978	0.994
1961	1.000	1.023	1.001	1.001	1.001	1.000	0.981	1.002
1962	1.000	1.023	1.001	1.001	1.001	1.004	0.981	1.002
1963	1.000	1.023	1.001	1.001	1.001	1.002	0.982	1.001
1964	1.000	1.022	1.001	1.001	1.000	1.002	0.983	1.001
1965	1.001	1.022	1.001	1.002	1.000	1.002	0.983	1.001
1966	1.001	1.022	1.001	1.002	0.999	1.002	0.984	1.001
1967	1.001	1.022	1.002	1.002	0.998	1.003	0.984	1.002
1968	1.002	1.022	0.999	1.001	0.998	1.003	0.985	1.002
1969	1.001	1.022	0.999	1.001	0.997	1.003	0.985	1.002
1970	1.000	1.020	1.000	1.001	0.996	1.003	0.987	1.001
1971	0.999	1.018	1.000	1.001	0.995	1.002	0.987	1.000
1972	0.998	1.017	1.000	1.000	0.995	1.001	0.987	1.000
1973	0.997	1.017	1.000	1.000	0.995	1.001	0.987	1.000
1974	0.998	1.017	0.999	1.000	0.995	1.001	0.987	1.000
1975	0.998	1.016	0.998	1.000	0.995	1.002	0.988	1.000
1976	1.000	1.016	0.998	0.999	0.996	1.002	0.988	1.000
1977	1.001	1.015	0.997	0.999	0.996	1.002	0.988	1.000
1978	1.001	1.013	0.998	0.998	0.997	1.001	0.988	1.000
1979	1.001	1.012	0.998	0.998	0.997	1.000	0.988	0.999
1980	1.000	1.009	0.999	0.998	0.998	0.999	0.988	0.999
1981	0.999	1.009	1.000	0.998	0.998	1.000	0.988	0.999
1982	0.999	1.009	1.000	0.998	0.997	1.002	0.988	1.000
1983	0.999	1.010	1.001	0.997	0.997	0.999	0.988	0.998
1984	1.000	1.012	1.001	0.997	0.997	0.999	0.988	0.998
1985	1.000	1.013	1.001	0.997	0.997	0.999	0.988	0.999
1986	1.001	1.014	1.001	0.997	0.996	1.000	0.988	0.999
1987	1.002	1.015	1.002	0.998	0.996	1.000	0.988	0.999
1988	1.002	1.016	1.004	0.999	0.995	1.000	0.989	0.999
1989	1.001	1.016	1.004	1.002	0.994	1.000	0.989	0.999
1990	1.000	1.015	1.004	1.002	0.994	1.000	0.988	0.999
1991	1.000	1.012	1.002	1.001	0.993	1.000	0.986	0.999
1992	0.999	1.010	1.001	0.999	0.993	1.000	0.985	0.998
1993	0.999	1.008	1.001	0.999	0.992	1.000	0.985	0.998
1994	1.000	1.007	1.001	1.000	0.992	1.000	0.986	0.998
1995	1.000	1.006	1.002	1.001	0.991	0.999	0.985	0.997
1996	1.000	1.005	1.002	1.002	0.991	0.999	0.986	0.997
1997	1.000	1.004	1.002	1.003	0.991	0.999	0.986	0.997
1998	1.000	1.003	1.001	1.003	0.991	0.999	0.987	0.997
1999	0.999	1.002	1.001	1.002	0.991	1.000	0.987	0.998
2000	0.998	1.001	1.000	1.001	0.991	1.000	0.988	0.997

第八章

公元 1—2001 年的世界经济

本章中的表格列出了在过去两千年中 8 个基准年的 20 个国家、7 个地区以及全世界的人口、GDP 和人均 GDP 水平。同时还有 5 个分析性表格给出了世界人口和 GDP 的增长率和份额。我们在第七章中已经解释了 1950—2001 年估计值的来龙去脉，至于有关更早年份的工作，将估计值对应的时间划分为 1820—1950 年和 1820 年之前这样两个阶段是有必要的，因为 1820 年以前的材料不足且推测的成分更多。

1820—1950 年的人口变动

对于西欧国家和西方后裔国来说，对这一时期的人口估算主要建立在追溯到 18 世纪的斯堪的纳维亚和西班牙的人口普查，以及 19 世纪早期大多数其他国家的人口普查基础之上。有关数据来源已在第一章和第二章中有所介绍。所有西欧国家的年度估计值被调整成为年中值，并且追溯到 1820 年。对于西方后裔国，我们分别得到 1820—1870 年间每隔 10 年的土著人口和欧洲/非洲裔人口的数据，并由此得到总人口的年度估计值。

对于东欧国家，我们给出了从 1920 年起的年度估计值。在第一次世界大战前，这些国家被奥匈帝国、奥斯曼帝国、俄罗斯帝国和德意志帝国瓜分。根据现在的领土边界对它们的人口进行估计是可能的，但这种估计太粗糙，难以保证它们年度估计值的准确性。同样，对苏联领土边界内 1920 年以前的人口估计也很粗糙，难以保证其年度估计值的准确性。有关人口数据的资料来源可参见第三章。

对于拉丁美洲国家，我们可以给出 23 个国家追溯到 1900 年的年度人口估计值。在这里，我将《世界经济千年史》（Maddison, 2001）中关于小国 1820 年和 1870 年的人口估计值重新根据《剑桥拉丁美洲史》（*Cambridge History of Latin America*）、Engerman and Higman（1997）以及在第四章中引用的其他资料来源进行了修订和增补。

对于亚洲经济体，这些表格给出了 16 个核心经济体 1820 年、1850 年、1870 年、1890 年和 1900 年 5 个基准年以及 1913 年以来的年度人口估计值。对于中国、印度、印度尼西亚和日本，它们的年度估计值可以追溯到 1870 年。但对于其他经济体，我们只列出了它们 1820 年、1870 年、1900 年和 1913 年 4 个基准年的估计值。在多数情况下，第五章中的资料来源与《世界经济千年史》的资料来源是一样的。

对于非洲经济体，它们的统计基础比其他地区薄弱。这里我没有给出它们 1950 年以前的年度估计值，但我在第六章的表 6-10 中给出了样本经济体 1820 年、1870 年和 1913 年的详细年度估计值。

公元 1—1820 年的人口变动

对于 1820 年以前的那些世纪，有关人口的证据最为全面，对分析来说也相对更为重要，因为当时人均 GDP 增长非常缓慢，经济增长在很大程度上来说是粗放型的。

人口的变化，比如影响劳动力参与率的预期寿命的延长、平均年龄的变化或劳动人口结构的变化等，都为研究人均收入的发展提供了重要线索。一个突出的例子是城市化率。由于德弗里斯（de Vries）对欧洲和罗兹曼（Rozman）对亚洲的研究，人们能够测算出某些国家生活在拥有 1 万以上居民的城镇的人口比例。在公元 1000 年，欧洲的这一比率几乎是 0（只有 4 个城镇的居住人口超过了 1 万），而中国是 3%。到了 1800 年，西欧的这一比率达到了 10.6%，而中国是 3.8%。当一个国家能够扩张其城市人口的比率时，这表明它的农业可以提供一个超过维持生存水平的不断增大的剩余，也表明经济活动中的非农业部分正在增加。我曾使用这些不断变化的城市化率差距来推断中国与欧洲在人均 GDP 发展上的差别（Maddison, 1998）。中国官方进行的人口登记可一直追溯至两千多年以前。这些官方记录是用来评估人们的纳税能力,包括了耕地面积和作物产量的资料,Perkins(1969)用它们来评估中国人均 GDP 的长期变化。Bagnall and Frier(1994)出色地利用零碎的古代普查资料估计了 3 世纪时罗马统治下的埃及的职业结构、家庭规模、婚姻模式、生育率和预期寿命。

有关历史人口统计的严肃工作始于 17 世纪的约翰·格兰特(John Graunt)(见本书的导论)。在无人口普查资料可用的时期,对其他欧洲国家进行人口回推估算就要用到现代化技术以及存在的相似类型作为证据。采用这种方法进行的调查研究是由以下研究机构开展的:(1)普林斯顿大学人口研究室(成立于 1936 年);(2)法国国家人口研究所(INED),成立于 20 世纪 50 年代,探讨由路易斯·亨利(Louis Henry)创立的家庭资料重组技术;(3)剑桥人口和家庭结构史研究组(设立于 20 世纪 70 年代),已经开展了大量旨在按年度(追溯至 1541 年)重新构造英格兰的人口规模和结构的研究项目(Wrigley et al.,1997)。计算机的广泛使用大大提高了这种分析方法的能力。

在速水融和斋藤修的引领下,日本人口史的研究已经有了很大的发展。Boserup(1965)关于亚洲人口压力、农业技术和劳动力投入密度之间交互影响的研究,推翻了马尔萨斯有关人口的简单解释。目前有关拉丁美洲人口统计和非洲奴隶输出的出版物大量涌现。正是由于这些努力,我们今天才能够更好地测算世界人口的长期变化。目前最详细和最完整的资料记录应当是 McEvedy and Jones(1978)的研究,它成为我对非洲估算的资料来源。除此之外,还可参见 McEvedy(1995)关于非洲发展的精辟分析。

我在《世界经济千年史》中的附录 B 中提供了在公元 1 世纪和 1700 年之间 20 个国家和 7 个区域基准年份的估计值和资料来源注释。在本书中,我提供了追溯到 1500 年的西欧国家、西方后裔国和拉丁美洲国家的详细信息,同时也提供了追溯到公元 1 世纪的非洲经济体的详细信息。其中,非洲的区域合计数据有些变化(见表 6-1),但其他地区没有任何变化。

1820—1950 年的 GDP 增长

在第二次世界大战前,只有 10 个国家对国民收入进行了官方估算,但是由于当时没有统一的国际准则,它们的数据不具可比性。虽然这些数据不符合我们的要求，但近期有一些追溯性的官方估计，被我用于奥地利 1830 年以来、挪威 1865 年以来、荷兰 1913 年以来、加拿大 1926 年以来和美国 1929 年以来的估计。

对第二次世界大战之前的一些年份有非官方的估算。Clark（1940）曾做过一份全面的调查评估，但他当时所引用的全部信息来源如今都已经过时了。在过去的 60 年中，一大批学者都在做关于追溯性国民经济核算的研究，他们普遍都将其估计的序列与官方的战后估计值衔接起来。最早推动计量经济史研究的是西蒙·库兹涅茨。他在长期的职业生涯中，于 1934 年创立了美国的官方经济核算账户，并在 1941—1961 年间先后出版了五本关于美国历史经济核算账户的专著。这些专著对资料来源和使用方法的严谨、透明的描述为我们树立了高水平的学术标准。正是这些特点使得后来的学者能够"站在他的肩膀之上"。他的说服力和影响力主要来自深厚的专业素养和学术造诣。他拒绝门派偏见，乐于接受新思想，并不厌其烦地对他人的工作进行中肯的评论。另外，他的影响力更因他的分析风格而进一步扩大，他的分析风格是使用以文学形式清晰表达的思想以及相对简单的统计技术。他时常鼓励世界各地的学者，让他们相信从事这样的事业是可行的、令人振奋的、重要的，而且是有回报的。他鼎力支持对澳大利亚、中国、法国、德国、意大利、日本、瑞典和英国的比较研究。1947 年，为了支持这项研究，他协助创立了国际收入与财富研究学会（IARIW），说服美国社会科学研究理事会资助其他国家的比较性研究，并在耶鲁大学增长研究中心的创建中发挥了关键作用，该中心主要从事对阿根廷、埃及、韩国、斯里兰卡、苏联和中国台湾地区经济增长的基础性研究。1953—1989 年，他又先后出版了 8 部著作，包含了 70 篇分析性论文，主要比较了数量经济研究的不同结果，并评价了它们对"现代经济增长"研究的意义。新一代库兹涅茨式的学术研究集中在 19 世纪中期以来的发展上。

如今一些大学的研究中心在这一领域已经相当活跃了，不仅资助它们自己的研究活动，而且通过开办专题学术讨论会加强国际交流。日本一桥大学的大川一司组织出版了 14 卷（1966—1988 年）研究日本经济长期增长的著作。该大学已经启动了一个旨在对印度尼西亚、韩国、越南、中国大陆和中国台湾的计量经济史进行比较研究的庞大项目。荷兰的格罗宁根大学自 1982 年以来在此领域就一直很活跃。该大学的增长与发展中心在开展生产率水平的国际研究和建立国际经济增长数据库方面发挥了关键作用。该中心先后出版了有关巴西、德国、印度尼西亚、日本、韩国、墨西哥、荷兰、泰国和中国台湾地区的 GDP 增长研究报告以及有关 6 个拉丁美洲国家的比较研究报告。它与乌特勒支大学研究荷兰经济增长的范赞登(J. L. van Zanden)小组,以及研究比利时长期经济增长的鲁汶大学(University of Leuven)都保持了密切的关系。同时它还与 COPPAA(亚洲和澳大利亚的产出、生产率和购买力的比较)研究小组保持联系,该小组以布里斯班为基地,曾对亚太地区经济体的经济表现开展了一系列比较研究,还同 Maddison(1998)合作对中国以及同 Sivasubramonian(2000)合作对印度进行了研究。在此领域,斯堪的纳维亚具有较长时间的研究经验。自 1937 年以来,在瑞典已经开展了五轮研究,奥勒·克兰茨(Olle Krantz)对 1800 年以来的年度 GDP 增长作了估算。丽塔·海耶普(Riitta Hjerppe)主持了一项针对芬兰的研究,并于 1989 年完成一份长达 13 卷的研究报告。斯文德·艾基·汉森(Svend Aage Hansen)在 1974 年对丹麦经济增长状况作了第二项重要研究,并将年度 GDP 估计值回推到 1818 年。此外,目前北欧小组正致力于修订斯堪的纳维亚的历史账户以增强它们的可比性。1949 年以来,国际收入与财富研究学会就不同经济体相对 GDP 增长和经济表现的测算以及方法和定义的问题召开了多次国际会议和专题学术研讨会,并从 1968 年起出版其季刊《收入与财富评论》(*Review of Income and Wealth*)。该学会的成员包括官方统计员、致力于历史经济核算并有所建树的学者,以及正在这一领域中学习的年轻研究人员。该学会在开发标准化方法和拓宽研究范围方面发挥了关键作用。1997 年,欧洲历史经济协会(EHES)创办了《欧洲经济史评论》(*European Review of Economic History*)期刊,并从那以后一直积极推动计量经济史的研究。

　　从表 8-1 中可以清楚地看到目前研究活动的活力,该表列出了我本人自《世界经济千年史》一书出版以来对我的估计值的修正。我对 1870 年到 20 世纪 20 年代保加利亚、波兰、罗马尼亚和南斯拉夫的替代指标估计值来自 Good and Ma(1999)。他们的方法其实是 Beckerman(1966)原创的测算相对收入水平的简便横截面技术的变体。Crafts(1983)是使用该方法进行历时性分析研究的第一人,参见 Maddison(1990)。

表 8-1 对《世界经济千年史》中 1820—1950 年 GDP 估计值的修正

西欧	西方后裔国	东欧和苏联	拉丁美洲	亚洲	非洲
修正并采用新的估计值					
法国 1820—1870	澳大利亚 1820—1870，1911—1938	匈牙利 1870—1900	古巴 1929—1950	约旦 1820—1950	阿尔及利亚 1880—1950
荷兰 1820—1913			牙买加 1820—1950	马来西亚 1911—1950	埃及 1886—1950
葡萄牙 1851—1910			乌拉圭 1870—1913	巴勒斯坦 1820—1950	加纳 1891—1950
西班牙 1850—1950				菲律宾 1902—1950	突尼斯 1910—1950
瑞士 1851—1913				斯里兰卡 1820—1950	
				韩国 1913—1950	
				叙利亚 1820—1950	
				土耳其 1820—1950	
				越南 1820—1950	
修正并采用新的替代指标估计值					
希腊 1820—1913	新西兰 1870—1913	阿尔巴尼亚 1870—1950	加勒比 1820—1950	阿拉伯 1820—1950	阿尔及利亚 1820—1980
瑞士 1820—1851 1914—1924		保加利亚 1870—1924		伊朗 1820—1950	埃及 1820—1886
		波兰 1870—1929		伊拉克 1820—1950	加纳 1820—1891
		罗马尼亚 1870—1926		黎巴嫩 1820—1950	摩洛哥 1820—1920
		南斯拉夫 1870—1912		朝鲜 1820—1950	突尼斯 1820—1910
					南非 1820—1912

1820 年以前的 GDP 增长

西欧:我在《世界经济千年史》中所估计的 1820 年以前德国、希腊、荷兰、葡萄牙、西班牙、瑞典以及 13 个小国的人均 GDP 增长率没有变化,但这些国家 1500—1700 年的收入水平在我对 1820 年数据进行修正后受到了一定影响。对于法国而言,正如布瓦斯吉尔伯(Boisguilbert)和沃班(Vauban)所指出的那样,1700—1820 年它的经济增长率并无变化,但在 17 世纪下半叶,由于受到饥荒和频发战争的负面影响,我假定它的人均收入是停滞不前的。

西方后裔国:本书中有关 1700—1820 年澳大利亚、加拿大和新西兰的"多元文化"人均 GDP 估计值有所变化,详情参见表 2-1 和表 2-5;在此之前的那些世纪的数据没有任何变化。

东欧:本书中 1820 年以前的东欧国家人均 GDP 增长率没有变化(每年 0.1%),但它们 1500—1700 年的 GDP 水平因我对 19 世纪采用了古德和马同恕的替代估计值而有所增加,但俄国的数据没有发生明显变化。

拉丁美洲:本书对加勒比糖料生产殖民地的证据更为审慎的考察导致了对拉丁美洲国家 1700—1820 年人均 GDP 和人口水平的上调。有关 1500—1820 年间拉丁美洲的更详细数据参见表 4-1,该表比《世界经济千年史》中的相关表格更为详尽。

亚洲:与《世界经济千年史》相比,本书对中国、印度、印度尼西亚和日本的 GDP 估计值并无变化,但因潘姆克(Pamuk)的最新研究,我得以对西亚作一个更为详细的考察(见表 5-6 和表 5-8)。这样一来,该组经济体 1820 年的人均 GDP 水平和 1700—1820 年的经济增长率都有所提高,但 1700 年以及之前的 GDP 水平估计值没有受到影响。

非洲:与《世界经济千年史》相比,本书提供了非洲次区域水平上更为详细的长期人均 GDP 变化推测,并对影响人口发展轮廓的因素作了详细分析,有关详情可参考第六章中的资料来源注释以及表 6-1 和表 6-2。

对 1950 年以前经济表现相对水平的验证

在本研究中,构成证据的主体是单个国家实际 GDP 的跨时期变动数据,并以 2001 年为起点向回推。这些证据与按照 1990 年价格计算的相对于基准年 1990 年的 GDP 水平相结合。关于如何获得跨空间的估计值，参见第七章的资料来源注释以及表 7-2。在 Maddison（1995，pp. 162-179）中可以找到对 1970—1990 年各年各种水平估计值更全面的考察。它指出了利用各种版本的 ICP 和 PWT 得到的计算结果之间的变动范围，并揭示了不同加总方法（帕氏、拉氏、费氏、EKS 和吉尔瑞-开米斯方法）之间的不同特性。Heston and Summers（1993）将在不同时点反映各国相对排序的 ICP 横截面估计值所隐含的 GDP 增长率，与直接测算的跨时期 GDP 增长率进行了比较。虽然他们没有明确指出这种间接指标和直接指标之间的偏差是否会导致对后者的严重置疑，但这种偏差显然是一种非常有用的交叉检验。

令我感到满意的是，我所使用的 1990 年基准估计值是现有估计值中最好的，不过可能不包括东欧和非洲，因为 OECD（2002）的结果和 PWT 6.1 的资料只是最近才发表，以至于我还来不及对其进行充分的消化和吸收（见表 6-11）。当世界银行对 2004 年的 ICP 估计结果可以获得时，就可以对我的 1990 年基准估计值进行全面评估了。

然而，相对于对 1990 年基准估计值的更新来说，将它们作为测量过去经济表现相对水平的指标，对其有效性进行交叉检验则更为重要。显而易见，支出结构在如此漫长的时间中已发生了根本性变化（正如表 2* 中对 1688 年及 1996 年英国国内支出结构的比较所示），并且相对价格和产出结构也发生了很大的变化。其中某些变化可能在不同国家之间产生相似的影响，但这肯定需要作进一步研究。

对我有关过去国家相对水平的估计最有希望的交叉检验，是对占世界 GDP 份额较大的国家进行双边比较。其中一些检验是由我自己完成的，还有其他人的一些研究对我的估计结果给予了肯定，比如下文将提到的布劳德贝瑞（Broadberry）、户田（Toda）和范赞登（van Zanden）的研究。

另外，对过去不同时点进行 ICOP 或 ICP 类型的多边横截面研究也是有益的。虽然不可能复制现代 ICP 实践中的细节和系统的严密性（其中包括了 200 个支出项目中的 2 000 多项商品和服务），但是实际工资的分析人员已积累了大量关于价格结构的材料，可用于此研究目的。利用不完整的信息，对过去（如

---

* 原书为"表 1"，疑误。——译者注

1900 年或 1870 年)建立起这样的估计指标是有意义的,而且是可行的,就像 PWT 针对那些没有参与 ICP 项目的国家所使用的方法一样。

在缺乏这种指标的情况下,利恩德罗·普拉多斯(Leandro Prados)利用经济计量学方法对 1820 年以来各基准年的购买力平价和人均收入相对值进行了替代指标估计,但没有利用相对价格结构的信息。这种估计的结果非常不可靠,难以对我的 1820 年相对水平估计值(见表 8-2)构成足够的挑战。

一些作者,如保罗·拜罗克(Paul Bairoch)、苏珊·汉利(Susan Hanley)和彭慕兰(Kenneth Pomeranz),对亚洲主要经济体和西欧的相对经济表现的判断与我的估计大相径庭,在下文中我将给出不赞同他们观点的理由。

最后,我想对实际工资的研究文献做点评论,其中部分文献同我对过去几个世纪西欧发展的观点相左。

确认性检验

(1) Broadberry(1997a)提供了最为重要的双边交叉检验,因为他对两大相继领先国家(英国和美国)在 1870—1990 年间基准年的相对经济表现进行了仔细考察。他发现美国制造业的生产率到 19 世纪中期开始领先于英国,而我却发现美国在总量水平上生产率(每工时的 GDP)的领先地位是在几十年后才开始确立的。乍看起来,这些判断似乎是相互矛盾的。作为验证,Broadberry (1997a)采用 1937 年增加值权重,对这两个国家 1870—1990 年 9 个产业的增加值和 GDP 总量进行了 ICOP 类型的经济表现分析,他得到的结果与我采用 1990 年支出权重进行总量比较的结果是一致的。

Broadberry(1997b)采用 1935 年权重,对同期的英国和德国的经济表现也进行了比较。通过加总各部门增加值,他得出了一个类似的确认性结果,该结果也符合我采用 1990 年支出权重对这两个国家按 GDP 总量衡量的相对经济表现的估计。

(2) Toda(1990)对日本和俄国在 1913 年以及日本和苏联在 1975—1976 年的城镇消费水平进行了双边比较。他拥有一个 1913 年分别按日本和俄国价格计算的 46 个项目的配对样本,以及一个 1975—1976 年分别按日本和苏联价格计算的 110 个项目的配对样本。他发现日本的实际人均消费水平在 1913 年低于俄国,但在 1975—1976 年显著高于苏联。虽然他没有有关经济增长的显性指标,但他的经济增长率隐性差距与我对同期人均 GDP 增长率差距的估计非常相似。

（3）van Zanden（2003）对运用 1990 年基准追溯到 1820 年表示了担忧，因相对价格结构的变化可能会扭曲事实。作为验证，他比较了 1815—1880 年荷兰的经济增长和他对爪哇 GDP 增长的新估计值，并进一步比较了两者在 19 世纪 20 年代经购买力平价调整后的人均收入水平，他的结论是"爪哇在 19 世纪 20 年代的人均 GDP 大致相当于荷兰人均 GDP 的 1/3"，并且认为我对这两个国家在 1820 年相对水平的估计"基本上是正确的"。此外，他还对荷兰人和印度尼西亚人的实际工资、食物消费模式、预期寿命以及身高进行了比较估计。这些"直接指标"表明两国之间差别不大。他认为实际收入和人均 GDP 水平之间的关系极不稳定，高度依赖于诸如工作年限、收入分配和相对价格之类的多种因素。

相矛盾的解释

（1）普拉多斯（Prados，2000）提供了 1820—1990 年间 17 个基准年相对美国的人均 GDP 水平的替代指标估计值。对于 1880 年，他给出了 23 个国家的估计值，但对于 1820 年他的覆盖面降为 6 个国家。他将覆盖范围限定在 OECD 国家以及阿根廷和俄罗斯。他既没有利用实际 GDP 的跨时期变化来估计过去的经济表现水平，也没有对价格结构进行度量，而是采用 1950—1990 年的购买力平价换算因子和汇率之间的经济计量学关系回推过去的估计值。

他的这种计量关系中有 89 个来自 ICP 或 OEEC 的直接指标，以支持他 1950—1990 年间 7 个参考年份的 155 个估计值（参见他的表 3 和表 9）。数据缺口则由一个结构方程来填补，该方程用以下 4 个变量来解释购买力平价和汇率之间的差距：① 以对外贸易额（出口和进口）占 GDP 的比重度量的一个经济体的对外开放程度；② 资本净流入占 GDP 的比重；③ 以国土面积和人口度量的国家规模；④ 一个边缘性哑变量用以考虑人均收入低于平均水平一半的情形。他的横截面相对值是根据他所考察的时期内这 4 个变量的估计值以及同期的汇率推算出来的。通过这一信息，他首先推算出各国在过去的一个给定年份的帕氏购买力平价，然后根据这些购买力平价估计值将按本币计算的名义 GDP 估计值换算成该年按美元计算的名义 GDP。对于 1950 年之前的年份，由于没有任何 ICP 或者 PWT（简化信息）的购买力平价指标可用，因此他就假定 1950—1990 年的购买力平价/汇率关系可以作为 1820—1938 年情形的良好近似。

他提供了两页的资料来源注释,但只给出了他的研究结果,却没有给出有关购买力平价、他的 4 个变量和名义 GDP 估计值的基础资料。对于早期年份来说,变量(1)和变量(2)的估计值非常不可靠,且 GDP 的名义估计值又常常无法得到。他对基准国——美国——的处理也是如此,他通过生活费用和批发价格指数将美国 1820—1860 年的实际 GDP 估计值反推成名义值。

表 8-2 显示了普拉多斯对 6 个国家的估计结果,他的估计值可追溯到 1820 年。该表比较了他和我估计的 1820 年和 1900 年的人均 GDP 相对值,并给出了按照 1990 年国际元计算的我的估计值以及他的绝对水平推算,后者可通过用他的相对值乘以我对美国的估计值得到。在该表最下面一部分中,我将我对人均 GDP 增长率的估计值与他的推算值进行了比较。对于 1820 年,我和他的相对值之间存在巨大的差异;对于 1900 年,差异有所缩小但仍很显著。对于1820—1900 年,我计算的人均 GDP 增长率同他的增长率推算值有很大的不同。他估计的澳大利亚的增长率比我的低很多,但他估计的 4 个欧洲国家的增长率则比我的高得多,其中法国和丹麦的增长率比美国的还要高。

表 8-2 麦迪森的人均 GDP 水平和普拉多斯的替代指标估计值比较(1820—1900)

	麦迪森的人均 GDP(1990 年国际元)	麦迪森的人均 GDP(相当于美国的百分比)	普拉多斯的人均 GDP(相当于美国的百分比)	普拉多斯推算的人均 GDP(1990 年国际元)	麦迪森的名义人均 GDP(相当于美国的百分比)	普拉多斯的名义人均 GDP(相当于美国的百分比)
1820 年						
澳大利亚	518	41.2	102.2	1 285		136.1
美国	1 257	100.0	100.0	1 257		100.0
英国	1 706	135.7	96.5	1 213		122.8
荷兰	1 838	146.2	80.0	1 006		95.9
法国	1 135	90.3	71.3	896		69.0
丹麦	1 274	101.4	51.3	645		54.8
1900 年						
澳大利亚	4 013	98.1	97.6	3 993	104.5	99.3
美国	4 091	100.0	100.0	4 091	100.0	100.0
英国	4 492	109.8	91.7	3 751	91.9	92.3
荷兰	3 424	83.7	71.5	2 925	45.6	50.2
法国	2 876	70.3	76.8	3 142	52.6	66.6
丹麦	3 017	73.7	66.8	2 733	56.0	59.4

（续表）

	麦迪森的人均GDP（1990年国际元）	麦迪森的人均GDP（相当于美国的百分比）	普拉多斯的人均GDP（相当于美国的百分比）	普拉多斯推算人均GDP（1990年国际元）	麦迪森的名义人均GDP（相当于美国的百分比）	普拉多斯的名义人均GDP（相当于美国的百分比）
1820—1900年平均复合增长率(%)						
澳大利亚	2.59			1.43		
美国	1.49			1.49		
英国	1.22			1.42		
荷兰	0.78			1.34		
法国	1.17			1.58		
丹麦	1.08			1.82		

资料来源：麦迪森的估计值来自本书中的基本表格，第5列数据来自 Maddison(1991c)。第3列和第6列数据来自 Prados(2000)的表9。第4列数据是将我在第1列给出的估计值乘以第3列中普拉多斯的相对值(%)再除以第2列的相对值(%)得到的。美国是他采用的基准国家，但他并没有给出他的绝对估计值。他将估计值标为"麦迪森的修正值"，但从他的描述中我看不出他是如何得到这些估计值的，因此这里必须做出一个免责声明。对于澳大利亚1820年的数据，他针对的是白人人口，而我的估计值还包括了土著人口（参见第二章中有关白人人口的描述）。

(2) 拜罗克(Bairoch，1930—1999)是一位多产的数量历史学家，曾发表过多部关于 GNP 水平、城市化率和劳动力参与率的比较研究著作。他所作的分析中有很大一部分集中于造成发达资本主义国家和第三世界国家经济增长分化的因素。拜罗克认为，富裕国家的发展过程和政策导致了第三世界国家的贫穷(Bairoch,1967)。在一项早期研究(Bairoch,1981，pp.8，12，14)中，他指出"第三世界国家"人均 GNP 的平均水平在 1750 年略高于"发达国家"，在 1800 年略低于后者。他还指出，中国同西欧在 1800 年基本处在同一水平，拉丁美洲则领先于北美洲。拜罗克的资料来源注释往往显得含糊不清，并常常引用从未发表过的"个人估计值"。这些资料来源很少涉及亚洲或拉丁美洲，因此对他有关这些大陆的估计结果不能全盘接受。对他的估计结果的详细整理可参见他的《欧洲国民生产总值：1800—1975 年》("Europe's Gross National Product：1800—1975"，*Journal of European Economic History*，Fall 1976)。我在 1990 年的一项研究(Maddison,1990,p.104)中对他这些估计值的质量进行过评论。

拜罗克的最后一部重要著作《胜利与挫折》(*Victoires et Déboires*，Gallimard，Paris，1997，3 vols.)是关于 1492—1995 年世界经济史的宏大、综合和神奇的概述性文献。相对于他的其他著作来说，该书含有较少的数量研究内容。在该书的第 1 卷第 111 页中有一个很小的表格（表 P.4），它比较了 1750—1995 年间 6 个基准年的"发达国家"（欧洲、西方后裔国和日本）和"第三世界"（非洲、亚洲和拉丁美洲）人均 GNP 的表现。正如在他的早期著作中所提到的，在 1750

年第三世界的经济发展水平要高于发达国家,直到 1950 年之后这种情况才有了微小的改变,但他并没有给出第三世界的详细国别数据。该书第 2 卷第252—253 页中的表 XII. 2 提供了 1800　1913 年间 7 个基准年 24 个"发达国家"的估计值。其中,他对欧洲按 1960 年价格计算的估计值与他在 1976 年提供的估计值相似,主要来自 OEEC 在 1958 年发布的关于购买力的研究,并根据Beckerman(1966)的购买力平价替代指标估计值进行了增补。

他的 1997 年研究中最令我惊讶和感兴趣的部分在于,他有关 1500—1800年间欧洲和亚洲经济体的相对表现和交互影响的讨论(Bairoch,1997,pp. 527-645)。他提出,亚洲在 1500 年左右可能曾在一定程度上领先于欧洲,但到了 18世纪该领先优势就消失了。伊斯兰世界对欧洲的优势在 10 世纪的阿巴斯王朝时期达到顶峰;中国对欧洲的优势在公元 12 世纪最为突出;印度莫卧儿帝国的鼎盛时期为 16 世纪,奥斯曼帝国的鼎盛时期在 1600 年左右。此后上述这些国家开始走向停滞和衰落,而欧洲却在 1500—1800 年间取得了长足进步(Bairoch,1997,pp. 642-645)。这种分析同他早年的观点不一致,也与表 P. 4 中的估计值不同,但是却同我对 1500—1800 年欧洲和亚洲在世界经济中相对表现的观点非常接近。

(3)汉利是一位人口学家和社会史学家,她的研究重点为日本德川幕府时代的经济史。她是一位修正主义学派的成员,该学派与上一代的学者相比,倾向于寻找证据支持有关 1600 年到 19 世纪 60 年代经济表现的更乐观的观点。不过,她对日本的崇拜似乎有点过头,她过度地夸大了 19 世纪 60 年代日本的经济水平。在 1997 年的一项研究中,她声称"日本在 19 世纪 60 年代的物质生活水平至少可以同 19 世纪的英国相媲美"(Hanley,1997)。其实,她所提供的有关英国的证据非常脆弱。她承认那时候日本实际上是没有肉吃的,但她断言19 世纪中叶的英国也是这样,并进一步声称 19 世纪中叶英国工人阶级的饮食基本上就是由"面包和人造黄油"(那时人造黄油还未被发明)构成的。事实上,我们可以从表 1 *(见导论部分)中看到,1695 年英国的食品支出中,只有 20% 由面包或用粗磨粉或面粉制成的食物构成,35% 是由肉类、鱼类和奶制品构成。

在历史上的某一个既定时点上对两个国家的相对位置进行评估时,考察两国从该点开始的增长轨迹总是有用的。日本和英国的历史经济核算账户的质量都很高,我们的基本表格显示,自 1870 年以来日本的人均收入增加了 28 倍,而英国的人均收入只增加了 6 倍。如果汉利对 19 世纪两国经济水平的判断是正确的,那么日本如今早已遥遥领先于英国了。事实上,这两个国家在 2001 年

---

* 此处数据与表 1 中不一致,疑原书标注有误。——译者注

的人均 GDP 水平不相上下。

（4）彭慕兰在《大分流》（*The Great Divergence*, 2000）一书中描绘了一幅18 世纪和 19 世纪早期中国经济表现的神奇对比图，比较的主要对象是西欧。他在比较这两个地区的差异时不乏真知灼见。他的主要论点在于，这两个经济体都受到马尔萨斯人口论或生态学的限制，其中中国在 1800 年以前在许多方面的表现都比欧洲要好。他指出西欧"并不是一个非同寻常的经济体，直到 18世纪晚期尤其是 19 世纪它才成为一个幸运儿，当时发生的意想不到的重要跳跃使得西欧能够突破能量和资源的根本束缚，而这种束缚先前约束了每个人的视野"。彭慕兰的判断主要依赖说明性证据和部分经济表现指标，他只用了四个表格，并且没有尝试宏观计量分析（他对人口预期寿命的比较是一个例外）。他也没有提供欧洲或者中国在比较时点之前和之后的发展年表。他只略微引用了李约瑟的著作，且对影响中国和欧洲技术发展分化的因素只字不提。他的结论和我的大相径庭。我在 1998 年的研究（Maddison, 1998）中得出的结论是西欧在 14 世纪同中国并驾齐驱，而到了 1820 年西欧人均 GDP 的平均水平已是中国的两倍了（见表 8-3）。

表 8-3　中国和西欧的双边比较（公元 1—2001）

	中国	西欧
	人口（百万）	
1	59.6	24.7
1000	59.0	25.4
1300	100.0	58.4
1400	72.0	41.5
1500	103.0	57.3
1820	381.0	133.0
1913	437.1	261.0
1950	546.8	304.9
2001	1 275.4	392.1
	人均 GDP（1990 年国际元）	
1	450	450
1000	450	400
1300	600	593
1400	600	676
1500	600	771
1820	600	1 204
1913	552	3 458
1950	439	4 579
2001	3 583	19 256

（续表）

	中国	西欧
	GDP（十亿 1990 年国际元）	
1	26.8	11.1
1000	26.6	10.2
1300	60.0	34.6
1400	43.2	28.1
1500	61.8	44.2
1820	228.6	160.1
1913	241.3	902.3
1950	239.9	1 396.2
2001	4 569.8	7 550.3

资料来源：Maddison(1998,2001)，第一、五、八章中的基本表格。

　　我发现彭慕兰的判断不具有说服力。在 1800 年,西欧的城市化水平为中国的三倍,虽然欧洲在饮食上包含了更高比例的肉类和奶制品,但是其农业人口所占比例却远低于中国。中国的人口预期寿命为西欧的 2/3。彭慕兰强调西欧从国际贸易中得到了很多好处,国际贸易增加了来自遥远异邦"幽灵土地"的食物和原材料供应。他认为这些好处就像是一笔横财。事实上,中国在 15 世纪中叶已基本停止了对外贸易,清朝禁止在其"幽灵土地"满洲定居。

　　彭慕兰的观点在表述上有四点细微的差别。在《大分流》的第 49 页,他说:"看起来,即使到了 18 世纪晚期,日本、中国和东南亚部分地区的平均收入都能和西欧相媲美(或甚至更高)。"但在其他地方,他的表述则显得要谨慎一些,例如他声称亚洲的优势仅限于"核心地带"。因此在第 17 页中,他说:"中国和日本的核心地带在大约 1750 年基本上同西欧最发达的地区不相上下。"他认为中国的核心地带为长江下游地区(该地区的人口约占中国人口的 18％)。尽管他的理由比较充分,但我仍认为他夸大了中国的表现。在过去的 20 年里,对中国经济史的研究无论从数量上还是质量上都有了很大提高。李伯重(Li,1998)的研究显示,在清朝时期,长江下游地区的生产率和收入都显著提高。马德斌(Ma,2003)的研究表明,在 1753 年该地区的人均土地税收收入约为全国水平的 145％。我对 1750 年中国和西欧收入水平的估计值可以在表8c-1 中 1700 年和 1820 年的估计值之间通过插值得到。如果将马德斌对 1750 年左右长江下游地区的财政估计值作为人均收入的替代指标,则该地区的人均收入约为 870 美元,相比之下,整个西欧的人均收入为 1 080 美元,而英国的人均收入超过

1 400 美元。

在《大分流》的第 44 页，彭慕兰声称"在 1750 年，欧洲在整体生产率上并没有领先"。这一观点在我看来是完全站不住脚的，因为中国的多季水稻种植、密集水资源管理和农村产业与欧洲相比都需要高得多的人力投入（尤其是在长江下游地区）。波斯拉普则强调，中国为了应对土地短缺必须增加劳动力投入密集度。彭慕兰受到马尔萨斯人口论的迷惑，从而忽视了中国和欧洲在劳动力投入上的根本差异。

彭慕兰在《大分流》的第 37 页提出，中国人的寿命是完全可以和欧洲人"相媲美的"。他在书中引用了 Lee and Campbell（1997）的估计值，即 1792—1867 年满洲 1 岁人口的预期寿命为 32 岁。他将这个数字与 Wrigley and Schofield（1981）对 1600—1749 年英国新生儿预期寿命为 37 岁的估计值进行了比较。与雷兹尔（Razzell）的批评相同，他认为 Wrigley and Schofield（1981）的估计值是错误的，应当将其下调到"31.6 岁和 34 岁之间的某个值"，也就是说平均寿命应为 32.8 岁。如果这个修正正确的话，那就意味着英国人和中国人的寿命确实是可以"相媲美的"。不过，他们二人对英国人口预期寿命的估算应当向上而不是向下调整。在 18 世纪英国 1 岁人口的预期寿命比新生儿约高出 7 岁，因为 17% 的新生儿在 1 岁之前就死亡了，感谢俄朋（Oeppen）提供了这一信息。剑桥工作组在其 1997 年的研究（Wrigley et al.，1997）中反驳了雷兹尔的批评。在《世界经济千年史》中，我比较了 1820 年世界各地的人口预期寿命。西欧和亚洲新生儿的预期寿命分别为 36 岁和 24 岁。

目前关于中国的长期发展轮廓至少有四种看法，关于西欧至少有两种看法。

对于中国，李约瑟的观点是，从公元 2 世纪开始中国的科技就领先于西欧。"中国的发展轨迹是一条缓慢上升的曲线。在 2—15 世纪，中国的发展水平一直要比欧洲高，有时还高出很多。"中国的精英官僚政治较早地催生了印刷术以及统一书面语言的应用，从而使得高效实用的技术在中国比在欧洲更容易得到推广。林毅夫（Lin，1995）强调了这一观点。在欧洲发生科学革命之后，中国丧失了领先地位，因为它没有出现相应的革命。李约瑟在《中国和西方的文员和技工》(*Clerks and Craftsmen in China and the West*，1970，p.414) 一书中，对中国和欧洲的技术发展轮廓进行了一个图示比较。这幅图同我在《世界经济千年史》(p.42) 中所展示的中国和西欧的人均 GDP 变动图相似，两者的差别仅在于李约瑟没有考虑到宋朝的例外。

伊懋可(Mark Elvin，1973)解释说,中国在宋朝时期(960—1280)取得了长足的进步,并一直在高水平上徘徊到 19 世纪。我认为他对于宋朝时期特殊性的强调是正确的。可惜的是,他并没有尝试宏观计量分析,不过他的定性评价可能暗示着宋朝取得了比我所知的更大进步。我认为伊懋可夸大了宋朝之后的停滞。在 1400—1820 年间,中国的人口增长明显快于西欧,而其 GDP 增长只略微慢于欧洲。因此,中国经历的是一种粗放式经济增长,而欧洲经历的则是温和的集约式经济增长。

我的解释其实是李约瑟和伊懋可解释的混合体,它以数量形式在表 8-3 以及《世界经济千年史》(p.42)的示意图中予以概括。

最难以让人信服的应当是赵冈(Chao,1986,pp.87，89，216-220)的解释。他提出公元 1—11 世纪,中国人均粮食产量仅增加了一半,在接下来的一千年中又不断下降,到了 1949 年,因人口在有限的土地资源上受到马尔萨斯压力,遂又退回到公元 1 世纪的水平。他没有为他的估计提供足够的资料证据,并且当他抛出所谓确凿性的实际工资估计值时,其可信度也没有随之提高。他认为实际工资(以人均粮食单位"升"计算)从 1 世纪的 120 升上升到 1086 年的 800升,然后又降低到 1818 年的 12 升!

我对西欧发展轮廓的观点是,在罗马帝国衰败之后,西欧的人均收入开始下降。这种情况并没有在中国发生。西欧从 11 世纪到 19 世纪早期保持了缓慢的经济增长,此后的经济增长显著加快。另一种不同的观点是"马尔萨斯式停滞"持续了数个世纪,直到出现了工业革命后的经济起飞。很显然,彭慕兰的解释意味着他接受了第二种观点。

(5) 有关实际工资的研究文献与国民账户之间的关系

关于实际工资的严肃研究始于索罗尔德·罗杰斯(Thorold Rogers，1823—1890)。在这一领域中,他的主要著作有《英格兰农业和价格史》(*A History of Agriculture and Prices in England*，7 vols.，1866—1902)和《6 个世纪的工作和工资》(*Six Centuries of Work and Wages*，1884)。罗杰斯是一名活跃的政治家和多产的价格史学家,他还是牛津大学的政治经济学教授。他是英国下议院中的一名自由党成员(1880—1886),支持政治改革,并认为英国工薪阶层的状况可以通过扩大公民权利和鼓励工会活动得到改善。在他之后几代实际工资分析领域的研究者们基本上追随了他的做法:① 采用非常长期的分析视野;② 对劳动力收入给予无比的重视;③ 极为关注价格史;④ 最后得出悲观的结论。不过,罗杰斯在两个重要方面和他的追随者们有很大不同。第一,他不是一个马尔萨斯主义者,并且肯定不会认为实际工资是实际 GDP 的一个替代估计。第二,他认为低工资是由统治阶层对劳动者的剥削造成的。他在引用格里高利·金有关不平等的估计时,将工资收入和国民收入加以清晰区分(Rogers,1884, pp. 463-465)。他在总结自己的立场时说:"社会可能在财富上取得了显著进步的同时维持了低工资……相对而言,当今工人的生活水平并不比 15 世纪时好多少。"(Rogers,1884,p. 355)

　　将他的著作和与他基本同处一个时代的迈克尔·穆尔哈尔(Michael Mulhall,1836—1900)的著作相比较是很有意思的。穆尔哈尔是一位国民收入比较分析方面的先驱者,其主要研究兴趣是测算宏观增加值(见导论中的表 3),而罗杰斯的研究主要集中于对某一种收入的测算。穆尔哈尔的分析的时间跨度要比罗杰斯短得多,而且他并不是一个社会或政治的改革者。穆尔哈尔的所有估计值都是指名义收入,但对英国的估算是一个例外,他使用了小麦价格作为粗略的平减指数。相比之下,罗杰斯在价格史上投入了巨大的精力。

　　将罗杰斯和穆尔哈尔的工作进行对比是很有意思的,因为实际工资分析和国民经济历史核算继续寻求各自不同的发展道路。目前学者们在国民经济历史核算领域所取得的成就已超过穆尔哈尔。他们已开发出测算实际产出和实际支出的方法,并且构造出这些总量组成部分的平减指数,但他们几乎从未试图构造名义收入各组成部分的平减指数(Maddison,1995,pp. 120-123)。直到最近,实际工资分析所取得的进展也没能超越罗杰斯多少。他们继续忽视非工资收入,且使用一小部分工薪阶层的数据而从不关心他们占全部劳动力的比例。国民经济历史核算领域的研究者们从宏观经济的角度出发,开发出了一套标准化体系(该体系清晰地定义了各种活动的覆盖范围),并对内在逻辑一致性作了相当全面的交互验证。但是,迄今为止他们分析的时间跨度仍远远短于实际工资分析的时间跨度。

　　在 20 世纪 20 年代到 40 年代,在国际价格史委员会的资助下,欧洲和美国曾合作开展相关课题研究。在如贝弗里奇(Beveridge)和波斯图穆斯(Posthumus)等一些研究者集中研究价格史的同时,也有人投入了很大的精力测算实际工资的长期变动趋势。从 Cole and Crandall(1964)编制的账户中可以清楚地看出，他们在覆盖范围和研究方法上并无标准路线。他们对工资率而不是收入进行了测算，没有考虑每年的工作小时，也没有尝试确定非工资收入的相对规模。在工资性收入领域，样本覆盖率通常很低。跨时期测算方法的有效性备受质疑，并且也没有对工资水平进行跨国比较。从 1939 年到 1968 年，库岑斯基(Jürgen Kuczynski, 1904—1995)提供了一个马克思主义方法下的研究结果，它包含了 40 卷关于资本主义社会工人阶级日渐恶化的生活状况的著作。在当时，实际工资研究者与国民经济历史核算研究者之间还有一些往来和交流。Clark(1940)对 20 个国家使用了实际工资作为实际收入的替代指标。阿瑟·鲍利(Arthur Bowley, 1869—1957)花费了大量的心血将实际工资和实际收入分析纳入国民经济核算中。

对实际工资产生的第三波研究兴趣发生在 1952—1957 年，当时亨利·费尔普斯·布朗(Henry Phelps Brown, 1906—1994)、希拉·霍普金斯(Sheila Hopkins)等人于 1981 年发表的学术论文对 1264—1954 年英格兰的工资和价格使用了新的测算方法。他们综合了战前研究小组埃尔萨斯(Elsas)、汉密尔顿(Hamilton)和普里布拉姆(Pribram)对奥地利、德国和西班牙的有关研究成果，并对法国做出了一个新的估计值。对于英格兰，他们有位于英格兰南部的牛津和剑桥学院、伊顿公学以及其他雇主为建筑工人支付的日工资率数据。在大多数情况下，他们每年掌握技工工资的 15 个或更多的报价，以及建筑工人工资的 3 个报价。在 1500—1800 年间，有 82 年没有任何工资数据。他们没有提供周薪、年薪或工作天数的数据，也没有讨论他们的工资指标的代表性。即使他们对建筑工人的覆盖是全面的，建筑工人在 1700 年也仅占全部劳动力的 5％。在 1700 年，有 56％的劳动者在农业部门就业，其中大多数人生产并直接消费很多在价格指数中占有很大比重的产品。很多诸如佣人、手艺人、牧师和军人之类的其他人所得到的报酬中有相当一部分是实物报酬，因而工作人口中的很大一部分人并不受价格上涨的影响。尽管有这些缺点，但他们的研究成果还是受到了人们的关注，这是因为他们的研究所覆盖的时间长，并且他们提供的资料来源和估算方法详细且透明，反映出了他们严谨的学术态度。由于在那个时代没有开展国民经济历史核算工作，因此他们的结果很容易为人们所接受。

费尔普斯·布朗和霍普金斯的结论是极其悲观的。他们认为，1500—1800

年英格兰南部建筑工人的实际工资下降了 60%。他们的这些结论被布罗代尔（Braudel）和斯普纳（Spooner）在《剑桥欧洲经济史》（*Cambridge Economic History of Europe*，1967）中欣然接受。他们总结道："从 15 世纪晚期直到 18 世纪初期，欧洲的生活水平在逐步下降。而在此之前的 13 世纪和 14 世纪……生活水平要更高。"（p.429）这个判断在法国很容易被接受，因为年鉴学派的成员都是虔诚的马尔萨斯主义者。勒罗伊-拉杜里（Le Roy Ladurie）在 1960 年判断，郎格多克地区遭受了循环往复和旷日持久的人口倒退，这是因为有限的土地资源极大地限制了农业生产。1973 年，他在法兰西大学的就职演说中重申了"历史停滞"的观点。德国历史学家威廉·阿贝尔（Wilhelm Abel，1978）也认为，从 14 世纪上半叶到 18 世纪上半叶，德国的实际生活水平在下降。

　　费尔普斯·布朗的分析同样也被 Wrigley and Schofield（1981）所接受，并作为他们对英国 1541—1871 年人口变化过程分析的补充。他们发现费尔普斯·布朗的做法很简便，因为在那个时代它是"生活水平波动的近似指南"（pp.312-313）。他们对费尔普斯·布朗的结果进行了调整以便对数据缺口通过插值进行填补（pp.638-641）。虽然他们对其不足之处作了独到的评论，但仍将实际工资指数视为生活水平的真实代表。在他们关于人口增长和生活水平关系的分析中，他们得出结论认为马尔萨斯是正确的，"1800 年以前事实的结果正如马尔萨斯坚持认为的那样，人口增长越快，生活水平就越低，为生存进行的斗争也就更为严酷"，然后在工业革命时期发生了"决定性突变"（pp.402-412）。他们反对波斯拉普的以下观点："在工业革命前的人口增长引发了农业技术的变化，从而维持农业人均生产率不变，但代价是需要延长工作时间。与此同时，它促使了经济中其他方面的变化，从而导致整体人均产出的增加。"

　　如今，人们已普遍抛弃了将费尔普斯·布朗的工资分析结果作为实际人均 GDP 变动替代估计的做法。布罗代尔则轻易地推翻了自己的判断，他在研究中说道："欧洲历史有明显的连贯性。其中首要一条是 GNP 无论在什么情况下都能有规律地上升。"（Braudel，1985，p.314）里格利在他敏锐的新分析中总结说："从 16 世纪晚期到 19 世纪早期，英格兰经济史上的一个最显著特点就是农业人均产出的上升。"（Wrigley，1988，p.39）

　　de Vries（1993）加入了对实际工资分析方法的批判队伍。他质疑建筑工人经历的代表性，强调费尔普斯·布朗的指数中遗漏了大量重要的项目，并对比该指数的悲观结论与他自己在遗嘱清单中所发现的证据:"我对新英格兰和切萨皮克殖民地以及英格兰和荷兰的所有研究都一致地揭示出两个特征。除了极少的例外,从 17 世纪中期到 18 世纪末期每一代死者都留下了更多和更好的财产。"于是,他得出结论:"经济增长的起始时间比先前认为的要早,工业对其他产业产生作用的时间比先前认为的要晚,并且在工业革命发生的那个世纪里,无论是生产还是消费都没有出现明显加快的增长。"de Vries(1994)发展了"勤勉革命"(industrious revolution)的观点,这与 Boserup(1965)对亚洲的分析相类似,有助于解释高强度的劳动力投入如何克服先前所考虑的马尔萨斯约束条件。

实际工资分析领域在方法上仍旧原始的原因之一是,国民经济历史核算方面的研究者以及他们的先驱者——库兹涅茨对此毫无兴趣。库兹涅茨(Kuznets,1973,pp.139-140)对 1500—1750 年欧洲实际人均 GDP 增长的推算结果与费尔普斯·布朗及其信仰者们的结论形成鲜明的对比,但他并没有提及他们的著作。两位具有国民经济核算传统的重量级历史学家斯图登斯基(Studenski,1958)和斯通(Stone,1997a,1997b)也没有提及有关实际工资分析领域中的研究文献。

在过去的十年中,学术界曾掀起第五波实际工资分析的热潮,其中包括两篇关于亚洲的文章。Feinstein(1998)继 Bowley(1900)之后第一个以国民经济历史核算研究者的身份对体力劳动者 1770—1870 年的实际工资收入进行了严谨和全面的测算;随后 Allen(2001)对第二代实际工资分析的结果进行了修正;Williamson(1995)对 1830—1988 年间 17 个国家的实际工资进行了新的估算,该估算结合了跨时空的比较分析。

下面,我们将介绍关于亚洲的一些开拓性的论文。

Özmucur and Pamuk(2002)给出了伊斯坦布尔 1489—1914 年间建筑工人实际工资的估计值。他们发现 1820 年的水平同 15 世纪末的水平差不多(在此期间有较大的下降),1910—1914 年上升了 40% 左右。他们并不认为他们的指标可作为人均收入的一个令人满意的替代估计,但由于他们没有 19 世纪以前人均收入的估计值,因此他们根据所掌握的证据推断,奥斯曼帝国的衰落在 16 世纪发生了逆转,从 17 世纪到 19 世纪,它成功地适应了环境变化。他们的研究有充足的资料文献,得出的结论也很谨慎,并且 Pamuk 还对土耳其和奥斯曼帝国其他部分的 GDP 作了尝试性的估算,可以追溯到 1820 年。该项研究结果对这个在世界历史中扮演了长达数世纪重要角色的地区提供了新的诠释。

Parthasarathi(1998)对 18 世纪南印度和英格兰的纺织工人工资水平进行了跨国比较。他的比较研究还包含了纺纱工人和农业工人,但所采用的证据比较薄弱。他将两个国家纺织工人的周薪转化为粮食单位,并假定 1 磅印度米饭相当于 1500 卡路里,1 磅英国面包相当于 1 000 卡路里。因此,一个英国纺织工人的周薪可买到 40—140 磅的粮食,而一个南印度纺织工人的周薪可买到 65—160 磅的粮食。因此,他声称南印度的工人比英国的工人处在一个更有利的谈判地位,因为他们以村庄"集体"的形式来行动,一旦发生争执,他们可以求助于公平的政治当局,而在英国法律禁止工人的联合。这篇文章虽然有助于打破传统的观念,但它并非无懈可击。在英国,单个工人也许确实处于不利的谈判地位,但是印度的村庄"集体"似乎是由低种姓群体(lower castes)和贱民(untouchables)组成的,受到婆罗门阶层的盘剥。Parthasarathi 对他的印度工资估计值所使用的资料来源并没有提供十分清楚的解释,并且他对英国工人从面包房买来的小麦面包中获取卡路里的假定也显得十分奇怪。因为英国工人还可能从肉和土豆、奶酪和啤酒中获得大量卡路里,而这些食品在南印度都是没有的。此外,英国工人所吃的大部分面包都是自己家里做的。

| 纪年法 |

我在《世界经济千年史》中对过去两千年的经济发展进行考察时,从 0 年开始似乎是符合逻辑的,正如官方的庆祝活动都将 2000 年视为新千年的开始那样。事实上,在基督纪元中并没有 0 年,而是从公元 1 年开始的,之前的一年为公元前 1 年。在第八章的表格中,我遵循惯例用 1 年取代了 0 年,不过这并不影响对第一个千年增长率的估算。

也许有必要考察一下过去两千年中时间测量惯例的变化。在儒略历(Julian calendar)中,平均每年 365.25 天的天数是由罗马独裁者尤利乌斯·恺撒(Julius Caesar)于公元前 46 年接受了埃及亚历山大天文学家索西琴尼(Sosigenes)的建议之后订立的。它对一年的时间长度稍微有一点夸大,因此在 1582 年 10 月 4 日,欧洲天主教国家按照教皇格里高利十三世(Gregory XIII)采纳克拉维斯(Clavius)和其他天文学家的建议所颁布的手令将其更改。格里高利年稍微短一些(平均为 365.2425 天)。为了衔接这两个体系,那年被减少了十天(10 月 5 日到 14 日)。欧洲的新教国家于 1700 年开始采用这种历法。欧洲国家中,苏联于 1918 年最后一个采用了该历法。

英格兰及其殖民地于 1752 年完成了历法的转换。在此之前,它们的一年从圣母领报节即 3 月 25 日开始。英国国会在 1751 年批准了这一更改,并规定一年应当在 12 月 31 日结束,新的格里高利年于 1 月 1 日开始。为了完成这一转换,1752 年的日历上抹去了 9 月 3 日到 13 日的 10 天(9 月 2 日的周三之后就是 14 日的周四)。因此,先前的错误年代体系意味着在 1 月 1 日到 3 月 24 日发表的任何作品都要归到上一年。

在对纪元的测定和命名上也发生了变化。传统罗马纪元从罗马建立时开始计算,时间为公元前 753 年。此外,还有从公元前 31 年亚克兴战役后开始的奥古斯都帝国纪元,以及戴克里先于公元 284 年继位后开始的戴克里先帝国纪元。基督纪元最先是由狄奥尼修斯在公元 532 年提出的。当时的教皇约翰一世曾要求他为计算复活节的具体日期提供明确指导。他还建议设立基督纪元代替戴克里先纪元(因为戴克里先曾经杀害过基督徒)。狄奥尼修斯认为耶稣基督诞生于公元前 1 年,因而新纪元(anno domini)的第一年应当为在此之后的一年,他称之为公元 1 年(Richards, 1998, pp. 106, 217-218, 351)。在罗马的计数系统中并没有零的符号,而直到数个世纪之后,欧洲才接受零是一个数字的概念。由于基督纪元似乎没有通过教皇手令的确认,因此直到 11 世纪才开始被普遍应用。贝德(Bede)在他的《英国人的教会历史》(*Ecclesiastical History of the English People*)的年表中首次系统地使用了这个概念,该书于公元 731 年完成。他没有使用"新纪元"这一术语,而是将这个时代中的第一年称为"基督诞生纪年"(Colgrave and Mynors, 1969)。

事实上,还是有一个从 0 年开始计算基督纪元的先例。格里高利·金在他的《手记》(p. 4)中,利用"创世纪年"的概念制定了创世(他假定这发生于 1695 年的 5 630 年之前)以来各年份的连续编号,并对世界人口进行了全面的考察和预测。他还为耶稣基督之前和之后的年份提供了另一种年份编号系统,其划分点就是 0 年。他并没有使用公元前(BC)和公元后(AD)的概念,但做出了耶稣基督前(ante Christum)和耶稣基督后(post Christum)的划分。

表 8a-1 世界人口,20 个国家和地区的人口合计(公元 1—2001)

(千人)

	1	1000	1500	1600	1700	1820	1870	1913	1950	1973	2001
奥地利	500	700	2 000	2 500	2 500	3 369	4 520	6 767	6 935	7 586	8 151
比利时	300	400	1 400	1 600	2 000	3 434	5 096	7 666	8 639	9 738	10 259
丹麦	180	360	600	650	700	1 155	1 888	2 983	4 271	5 022	5 353
芬兰	20	40	300	400	400	1 169	1 754	3 027	4 009	4 666	5 176
法国	5 000	6 500	15 000	18 500	21 471	31 250	38 440	41 463	41 829	52 157	59 658
德国	3 000	3 500	12 000	16 000	15 000	24 905	39 231	65 058	68 375	78 950	82 281
意大利	7 000	5 000	10 500	13 100	13 300	20 176	27 888	37 248	47 105	54 797	57 845
荷兰	200	300	950	1 500	1 900	2 333	3 610	6 164	10 114	13 438	15 981
挪威	100	200	300	400	500	970	1 735	2 447	3 265	3 961	4 503
瑞典	200	400	550	760	1 260	2 585	4 169	5 621	7 014	8 137	8 875
瑞士	300	300	650	1 000	1 200	1 986	2 655	3 864	4 694	6 441	7 283
英国	800	2 000	3 942	6 170	8 565	21 239	31 400	45 649	50 127	56 210	59 723
12 国合计	17 600	19 700	48 192	62 580	68 796	114 571	162 386	227 957	256 377	301 103	325 088
葡萄牙	500	600	1 000	1 100	2 000	3 297	4 327	5 972	8 443	8 976	10 066
西班牙	4 500	4 000	6 800	8 240	8 770	12 203	16 201	20 263	28 063	34 837	40 087
其他西欧国家	2 100	1 113	1 276	1 858	1 894	2 969	4 590	6 783	12 058	13 909	16 860
西欧合计	24 700	25 413	57 268	73 778	81 460	133 040	187 504	260 975	304 941	358 825	392 101
东欧	4 750	6 500	13 500	16 950	18 800	36 457	53 557	79 530	87 637	110 418	120 912
苏联	3 900	7 100	16 950	20 700	26 550	54 765	88 672	156 192	179 571	249 712	290 349
美国	680	1 300	2 000	1 500	1 000	9 981	40 241	97 606	152 271	211 909	285 024

（千人）（续表）

	1	1000	1500	1600	1700	1820	1870	1913	1950	1973	2001
其他西方后裔国	490	660	800	800	750	1 250	5 847	13 795	24 186	38 932	54 815
西方后裔国合计	**1 170**	**1 960**	**2 800**	**2 300**	**1 750**	**11 231**	**46 088**	**111 401**	**176 457**	**250 841**	**339 839**
墨西哥	2 200	4 500	7 500	2 500	4 500	6 587	9 219	14 970	28 485	57 643	101 879
其他拉丁美洲国家	3 400	6 900	10 000	6 100	7 550	15 118	31 180	65 965	137 453	250 756	429 334
拉丁美洲合计	**5 600**	**11 400**	**17 500**	**8 600**	**12 050**	**21 705**	**40 399**	**80 935**	**165 938**	**308 399**	**531 213**
日本	**3 000**	**7 500**	**15 400**	**18 500**	**27 000**	**31 000**	**34 437**	**51 672**	**83 805**	**108 707**	**126 892**
中国	59 600	59 000	103 000	160 000	138 000	381 000	358 000	437 140	546 815	881 940	1 275 392
印度	75 000	75 000	110 000	135 000	165 000	209 000	253 000	303 700	359 000	580 000	1 023 590
其他亚洲经济体	36 600	41 400	55 400	65 000	71 800	89 400	119 792	184 849	392 827	677 613	1 227 630
亚洲合计（不包括日本）	171 200	175 400	268 400	360 000	374 800	679 400	730 792	925 689	1 298 642	2 139 553	3 526 612
非洲	16 500	32 300	46 610	55 320	61 080	74 236	90 466	124 697	227 333	390 034	821 088
全世界	230 820	267 573	438 428	556 148	603 490	1 041 834	1 271 915	1 791 091	2 524 324	3 916 489	6 149 006

表 8a-2   世界人口增长率、20 个国家和地区的人口增长率（公元 1—2001）

（年均复合增长率，%）

	1—1000	1000—1500	1500—1820	1820—1870	1870—1913	1913—1950	1950—1973	1973—2001
奥地利	0.03	0.21	0.16	0.59	0.94	0.07	0.39	0.26
比利时	0.03	0.25	0.28	0.79	0.95	0.32	0.52	0.19
丹麦	0.07	0.10	0.20	0.99	1.07	0.97	0.71	0.23
芬兰	0.07	0.40	0.43	0.81	1.28	0.76	0.66	0.37
法国	0.03	0.17	0.23	0.42	0.18	0.02	0.96	0.48
德国	0.02	0.25	0.23	0.91	1.18	0.13	0.63	0.15
意大利	−0.03	0.15	0.20	0.65	0.68	0.64	0.66	0.19
荷兰	0.04	0.23	0.28	0.88	1.25	1.35	1.24	0.62
挪威	0.07	0.08	0.37	1.17	0.80	0.78	0.84	0.46
瑞典	0.07	0.06	0.48	0.96	0.70	0.60	0.65	0.31
瑞士	0.00	0.15	0.35	0.58	0.88	0.53	1.39	0.44
英国	0.09	0.14	0.53	0.79	0.87	0.25	0.50	0.22
12 个国家平均	**0.01**	**0.18**	**0.27**	**0.70**	**0.79**	**0.32**	**0.70**	**0.27**
葡萄牙	0.02	0.10	0.37	0.55	0.75	0.94	0.27	0.41
西班牙	−0.01	0.11	0.18	0.57	0.52	0.88	0.94	0.50
其他西欧国家	−0.06	0.03	0.26	0.88	0.91	1.57	0.62	0.69
西欧国家合计	**0.00**	**0.16**	**0.26**	**0.69**	**0.77**	**0.42**	**0.71**	**0.32**
东欧	**0.03**	**0.15**	**0.31**	**0.77**	**0.92**	**0.26**	**1.01**	**0.32**
苏联	**0.06**	**0.17**	**0.37**	**0.97**	**1.33**	**0.38**	**1.44**	**0.54**
美国	0.06	0.09	0.50	2.83	2.08	1.21	1.45	1.06
其他西方后裔国	0.03	0.04	0.14	3.13	2.02	1.53	2.09	1.23
西方后裔国合计	**0.05**	**0.07**	**0.44**	**2.86**	**2.07**	**1.25**	**1.54**	**1.09**
墨西哥	**0.07**	**0.10**	**−0.04**	0.67	1.13	1.75	3.11	2.05
其他拉丁美洲国家	0.07	0.07	0.13	1.46	1.76	2.00	2.65	1.94
拉丁美洲合计	**0.07**	**0.09**	**0.07**	**1.25**	**1.63**	**1.96**	**2.73**	**1.96**
日本	**0.09**	**0.14**	**0.22**	**0.21**	**0.95**	**1.32**	**1.14**	**0.55**
中国	0.00	0.11	0.41	−0.12	0.47	0.61	2.10	1.33
印度	0.00	0.08	0.20	0.38	0.43	0.45	2.11	2.05
其他亚洲经济体	0.01	0.06	0.15	0.59	1.01	2.06	2.40	2.15
亚洲合计（不包括日本）	**0.00**	**0.09**	**0.29**	**0.15**	**0.55**	**0.92**	**2.19**	**1.80**
非洲	**0.07**	**0.07**	**0.15**	**0.40**	**0.75**	**1.64**	**2.37**	**2.69**
全世界	**0.01**	**0.10**	**0.27**	**0.40**	**0.80**	**0.93**	**1.93**	**1.62**

表 8a-3 20 个国家和地区的人口占世界人口的比重(公元 1—2001)

（%）

	1	1000	1500	1600	1700	1820	1870	1913	1950	1973	2001
奥地利	0.2	0.3	0.5	0.4	0.4	0.3	0.4	0.4	0.3	0.2	0.1
比利时	0.1	0.1	0.3	0.3	0.3	0.3	0.4	0.4	0.3	0.2	0.2
丹麦	0.1	0.1	0.1	0.1	0.1	0.1	0.1	0.2	0.2	0.1	0.1
芬兰	0.0	0.0	0.1	0.1	0.1	0.1	0.1	0.2	0.2	0.1	0.1
法国	2.2	2.4	3.4	3.3	3.6	3.0	3.0	2.3	1.7	1.3	1.0
德国	1.3	1.3	2.7	2.9	2.5	2.4	3.1	3.6	2.7	2.0	1.3
意大利	3.0	1.9	2.4	2.4	2.2	1.9	2.2	2.1	1.9	1.4	0.9
荷兰	0.1	0.1	0.2	0.3	0.3	0.2	0.3	0.3	0.4	0.3	0.3
挪威	0.0	0.0	0.1	0.1	0.1	0.1	0.1	0.1	0.1	0.1	0.1
瑞典	0.1	0.1	0.1	0.1	0.2	0.2	0.3	0.3	0.3	0.2	0.1
瑞士	0.1	0.1	0.1	0.2	0.2	0.2	0.2	0.2	0.2	0.2	0.1
英国	0.3	0.7	0.9	1.1	1.4	2.0	2.5	2.5	2.0	1.4	1.0
12 个国家平均	**7.6**	**7.4**	**11.0**	**11.3**	**11.4**	**11.0**	**12.8**	**12.7**	**10.2**	**7.7**	**5.3**
葡萄牙	0.2	0.2	0.2	0.2	0.2	0.3	0.3	0.3	0.2	0.2	0.2
西班牙	1.9	1.5	1.6	1.5	1.5	1.2	1.3	1.1	1.1	0.9	0.7
其他西欧国家	0.9	0.4	0.3	0.3	0.3	0.4	0.4	0.4	0.5	0.4	0.3
西欧国家合计	**10.7**	**9.5**	**13.1**	**13.3**	**13.5**	**12.8**	**14.7**	**14.6**	**12.1**	**9.2**	**6.4**
东欧	**2.1**	**2.4**	**3.1**	**3.0**	**3.1**	**3.5**	**4.2**	**4.4**	**3.5**	**2.8**	**2.0**
苏联	**1.7**	**2.7**	**3.9**	**3.7**	**4.4**	**5.3**	**7.0**	**8.7**	**7.1**	**6.4**	**4.7**
美国	0.3	0.5	0.5	0.3	0.2	1.0	3.2	5.4	6.0	5.4	4.6
其他西方后裔国	0.2	0.2	0.2	0.1	0.1	0.1	0.5	0.8	1.0	1.0	0.9
西方后裔国合计	**0.5**	**0.7**	**0.6**	**0.4**	**0.3**	**1.1**	**3.6**	**6.2**	**7.0**	**6.4**	**5.5**
墨西哥			1.7	0.4	0.7	0.6	0.7	0.8	1.1	1.5	1.7
其他拉丁美洲国家			2.3	1.1	1.3	1.5	2.5	3.7	5.4	6.4	7.0
拉丁美洲合计	**2.4**	**4.3**	**4.0**	**1.5**	**2.0**	**2.1**	**3.2**	**4.5**	**6.6**	**7.9**	**8.6**
日本	**1.3**	**2.8**	**3.5**	**3.3**	**4.5**	**3.0**	**2.7**	**2.9**	**3.3**	**2.8**	**2.1**
中国	25.8	22.1	23.5	28.8	22.9	36.6	28.1	24.4	21.7	22.5	20.7
印度	32.5	28.0	25.1	24.3	27.3	20.1	19.9	17.0	14.2	14.8	16.6
其他亚洲经济体	15.9	15.5	12.6	11.7	11.9	8.6	9.4	10.3	15.6	17.3	20.0
亚洲合计(不包括日本)	**74.2**	**65.6**	**61.2**	**64.7**	**62.1**	**65.2**	**57.5**	**51.7**	**51.4**	**54.6**	**57.4**
非洲	**7.1**	**12.1**	**10.6**	**9.9**	**10.1**	**7.1**	**7.1**	**7.0**	**9.0**	**10.0**	**13.4**
全世界	**100.0**	**100.0**	**100.0**	**100.0**	**100.0**	**100.0**	**100.0**	**100.0**	**100.0**	**100.0**	**100.0**

表 8b-1 世界 GDP，20 个国家和地区的 GDP 合计（公元 1—2001）

（百万 1990 年国际元）

	1	1000	1500	1600	1700	1820	1870	1913	1950	1973	2001
奥地利			1 414	2 093	2 483	4 104	8 419	23 451	25 702	85 227	164 851
比利时			1 225	1 561	2 288	4 529	13 716	32 347	47 190	118 516	214 655
丹麦			443	569	727	1 471	3 782	11 670	29 654	70 032	123 978
芬兰			136	215	255	913	1 999	6 389	17 051	51 724	105 298
法国			10 912	15 559	19 539	35 468	72 100	144 489	220 492	683 965	1 258 297
德国			8 256	12 656	13 650	26 819	72 149	237 332	265 354	944 755	1 536 743
意大利			11 550	14 410	14 630	22 535	41 814	95 487	164 957	582 713	1 101 366
荷兰			723	2 072	4 047	4 288	9 952	24 955	60 642	175 791	347 136
挪威			192	304	450	1 071	2 485	6 119	17 838	44 544	110 683
瑞典			382	626	1 231	3 098	6 927	17 403	47 269	109 794	182 492
瑞士			411	750	1 068	2 165	5 581	16 483	42 545	117 251	162 150
英国			2 815	6 007	10 709	36 232	100 180	224 618	347 850	675 941	1 202 074
12 国合计	11 115	10 165	38 459	56 822	71 077	142 693	339 104	840 743	1 286 544	3 660 253	6 509 723
葡萄牙			606	814	1 638	3 043	4 219	7 467	17 615	63 397	143 234
西班牙			4 495	7 029	7 481	12 299	19 556	41 653	61 429	266 896	627 733
其他西欧国家			602	975	1 106	2 110	4 712	12 478	30 600	105 910	269 582
西欧合计	11 115	10 165	44 162	65 640	81 302	160 145	367 591	902 341	1 396 188	4 096 456	7 550 272
东欧	1 900	2 600	6 696	9 289	11 393	24 906	50 163	134 793	185 023	550 756	728 792
苏联	1 560	2 840	8 458	11 426	16 196	37 678	83 646	232 351	510 243	1 513 070	1 343 230
美国			800	600	527	12 548	98 374	517 383	1 455 916	3 536 622	7 965 795

（百万 1990 年国际元）（续表）

	1	1000	1500	1600	1700	1820	1870	1913	1950	1973	2001
其他西方后裔国			320	320	306	951	13 129	65 558	179 574	521 667	1 190 472
西方后裔国合计	**468**	**784**	**1 120**	**920**	**833**	**13 499**	**11 493**	**582 941**	**1 635 490**	**4 058 289**	**9 156 267**
墨西哥			3 188	1 134	2 558	5 000	6 214	25 921	67 368	279 302	722 198
其他拉丁美洲国家			4 100	2 629	3 788	10 024	21 305	93 950	348 539	1 109 727	2 364 808
拉丁美洲合计	**2 240**	**4 560**	**7 288**	**3 763**	**6 346**	**15 024**	**27 519**	**119 871**	**415 907**	**1 389 029**	**3 087 006**
日本	**1 200**	**3 188**	**7 700**	**9 620**	**15 390**	**20 739**	**25 393**	**71 653**	**160 966**	**1 242 932**	**2 624 523**
中国	26 820	26 550	61 800	96 000	82 800	228 600	189 740	241 344	239 903	740 048	4 569 790
印度	33 750	33 750	60 500	74 250	90 750	111 417	134 882	204 242	222 222	494 832	2 003 193
其他亚洲经济体	16 470	18 630	31 301	36 725	40 567	52 177	76 994	163 109	363 646	1 388 124	4 908 218
亚洲合计（不包括日本）	**77 040**	**78 930**	**153 601**	**206 975**	**214 117**	**392 194**	**401 616**	**608 695**	**822 771**	**2 623 004**	**11 481 201**
非洲	7 096	13 720	19 283	23 349	25 692	31 161	45 234	79 486	203 131	549 993	1 222 577
全世界	**102 619**	**116 787**	**248 308**	**330 982**	**371 269**	**695 346**	**1 112 655**	**2 732 131**	**5 329 719**	**16 023 529**	**37 193 868**

表 8b-2　世界 GDP 增长率、20 个国家和地区的 GDP 增长率（公元 1—2001）

（年均复合增长率，%）

	1—1000	1000—1500	1500—1820	1820—1870	1870—1913	1913—1950	1950—1973	1973—2001
奥地利			0.33	1.45	2.41	0.25	5.35	2.38
比利时			0.41	2.24	2.02	1.03	4.08	2.14
丹麦			0.38	1.91	2.66	2.55	3.81	2.06
芬兰			0.60	1.58	2.74	2.69	4.94	2.57
法国			0.37	1.43	1.63	1.15	5.05	2.20
德国			0.37	2.00	2.81	0.30	5.68	1.75
意大利			0.21	1.24	1.94	1.49	5.64	2.30
荷兰			0.56	1.70	2.16	2.43	4.74	2.46
挪威			0.54	1.70	2.12	2.93	4.06	3.30
瑞典			0.66	1.62	2.17	2.74	3.73	1.83
瑞士			0.52	1.91	2.55	2.60	4.51	1.16
英国			0.80	2.05	1.90	1.19	2.93	2.08
12 个国家平均			**0.41**	**1.75**	**2.13**	**1.16**	**4.65**	**2.08**
葡萄牙			0.51	0.66	1.34	2.35	5.73	2.95
西班牙			0.32	0.93	1.77	1.06	6.60	3.10
其他西欧国家			0.39	1.62	2.29	2.45	5.55	3.39
西欧国家合计	**−0.01**	**0.29**	**0.40**	**1.68**	**2.11**	**1.19**	**4.79**	**2.21**
东欧	**0.03**	**0.19**	**0.41**	**1.41**	**2.33**	**0.86**	**4.86**	**1.01**
苏联	**0.06**	**0.22**	**0.47**	**1.61**	**2.40**	**2.15**	**4.84**	**−0.42**
美国			0.86	4.20	3.94	2.84	3.93	2.94
其他西方后裔国			0.34	5.39	3.81	2.76	4.75	2.99
西方后裔国合计	**0.05**	**0.07**	**0.78**	**4.31**	**3.92**	**2.83**	**4.03**	**2.95**
墨西哥			0.14	0.44	3.38	2.62	6.38	3.45
其他拉丁美洲国家			0.28	1.52	3.51	3.61	5.16	2.74
拉丁美洲合计	**0.07**	**0.09**	**0.23**	**1.22**	**3.48**	**3.42**	**5.38**	**2.89**
日本	**0.10**	**0.18**	**0.31**	**0.41**	**2.44**	**2.21**	**9.29**	**2.71**
中国	0.00	0.17	0.41	−0.37	0.56	−0.02	5.02	6.72
印度	0.00	0.12	0.19	0.38	0.97	0.23	3.54	5.12
其他亚洲经济体	0.01	0.10	0.16	0.78	1.76	2.19	6.00	4.61
亚洲合计(不包括日本)	**0.00**	**0.13**	**0.29**	**0.05**	**0.97**	**0.82**	**5.17**	**5.41**
非洲	**0.07**	**0.07**	**0.15**	**0.75**	**1.32**	**2.57**	**4.43**	**2.89**
全世界	**0.01**	**0.15**	**0.32**	**0.93**	**2.11**	**1.82**	**4.90**	**3.05**

表 8b-3 20 个国家和地区的 GDP 占世界 GDP 的比重(公元 1—2001)

（%）

	1	1000	1500	1600	1700	1820	1870	1913	1950	1973	2001
奥地利			0.6	0.6	0.7	0.6	0.8	0.9	0.5	0.5	0.4
比利时			0.5	0.5	0.6	0.7	1.2	1.2	0.9	0.7	0.6
丹麦			0.2	0.2	0.2	0.2	0.3	0.4	0.6	0.4	0.3
芬兰			0.1	0.1	0.1	0.1	0.2	0.2	0.3	0.3	0.3
法国			4.4	4.7	5.3	5.1	6.5	5.3	4.1	4.3	3.4
德国			3.3	3.8	3.7	3.9	6.5	8.7	5.0	5.9	4.1
意大利			4.7	4.4	3.9	3.2	3.8	3.5	3.1	3.6	3.0
荷兰			0.3	0.6	1.1	0.6	0.9	0.9	1.1	1.1	0.9
挪威			0.1	0.1	0.1	0.2	0.2	0.2	0.3	0.3	0.3
瑞典			0.2	0.2	0.3	0.4	0.6	0.6	0.9	0.7	0.5
瑞士			0.2	0.2	0.3	0.3	0.5	0.6	0.8	0.7	0.4
英国			1.1	1.8	2.9	5.2	9.0	8.2	6.5	4.2	3.2
12 个国家合计			**15.5**	**17.2**	**19.1**	**20.5**	**30.5**	**30.8**	**24.1**	**22.8**	**17.5**
葡萄牙			0.2	0.2	0.4	0.4	0.4	0.3	0.3	0.4	0.4
西班牙			1.8	2.1	2.0	1.8	1.8	1.5	1.2	1.7	1.7
其他西欧国家			0.2	0.3	0.3	0.3	0.4	0.5	0.6	0.7	0.7
西欧国家合计	**10.8**	**8.7**	**17.8**	**19.8**	**21.9**	**23.0**	**33.0**	**33.0**	**26.2**	**25.6**	**20.3**
东欧	**1.9**	**2.2**	**2.7**	**2.8**	**3.1**	**3.6**	**4.5**	**4.9**	**3.5**	**3.4**	**2.0**
苏联	**1.5**	**2.4**	**3.4**	**3.5**	**4.4**	**5.4**	**7.5**	**8.5**	**9.6**	**9.4**	**3.6**
美国			0.3	0.2	0.1	1.8	8.8	18.9	27.3	22.1	21.4
其他西方后裔国			0.1	0.1	0.1	0.1	1.2	2.4	3.4	3.3	3.2
西方后裔国合计	**0.5**	**0.7**	**0.5**	**0.3**	**0.2**	**1.9**	**10.0**	**21.3**	**30.7**	**25.3**	**24.6**
墨西哥			1.3	0.3	0.7	0.7	0.6	0.9	1.3	1.7	1.9
其他拉丁美洲国家			1.7	0.8	1.0	1.4	1.9	3.4	6.5	6.9	6.4
拉丁美洲合计	**2.2**	**3.9**	**2.9**	**1.1**	**1.7**	**2.2**	**2.5**	**4.4**	**7.8**	**8.7**	**8.3**
日本	**1.2**	**2.7**	**3.1**	**2.9**	**4.1**	**3.0**	**2.3**	**2.6**	**3.0**	**7.8**	**7.1**
中国	26.1	22.7	24.9	29.0	22.3	32.9	17.1	8.8	4.5	4.6	12.3
印度	32.9	28.9	24.4	22.4	24.4	16.0	12.1	7.5	4.2	3.1	5.4
其他亚洲经济体	16.0	16.0	12.6	11.1	10.9	7.5	6.9	6.0	6.8	8.7	13.2
亚洲合计(不包括日本)	**75.1**	**67.6**	**61.9**	**62.5**	**57.7**	**56.4**	**36.1**	**22.3**	**15.4**	**16.4**	**30.9**
非洲	**6.9**	**11.7**	**7.8**	**7.1**	**6.9**	**4.5**	**4.1**	**2.9**	**3.8**	**3.4**	**3.3**
全世界	**100.0**	**100.0**	**100.0**	**100.0**	**100.0**	**100.0**	**100.0**	**100.0**	**100.0**	**100.0**	**100.0**

表 8c-1　世界人均 GDP，20 个国家和地区的人均 GDP（公元 1—2001）

（1990 年国际元）

	1	1000	1500	1600	1700	1820	1870	1913	1950	1973	2001
奥地利			707	837	993	1 218	1 863	3 465	3 706	11 235	20 225
比利时			875	976	1 144	1 319	2 692	4 220	5 462	12 170	20 924
丹麦			738	875	1 039	1 274	2 003	3 912	6 943	13 945	23 160
芬兰			453	538	638	781	1 140	2 111	4 253	11 085	20 344
法国			727	841	910	1 135	1 876	3 485	5 271	13 114	21 092
德国			688	791	910	1 077	1 839	3 648	3 881	11 966	18 677
意大利			1 100	1 100	1 100	1 117	1 499	2 564	3 502	10 634	19 040
荷兰			761	1 381	2 130	1 838	2 757	4 049	5 996	13 082	21 722
挪威			640	760	900	1 104	1 432	2 501	5 463	11 246	24 580
瑞典			695	824	977	1 198	1 662	3 096	6 739	13 493	20 562
瑞士			632	750	890	1 090	2 102	4 266	9 064	18 204	22 264
英国			714	974	1 250	1 706	3 190	4 921	6 939	12 025	20 127
12 国平均			**798**	**908**	**1 033**	**1 245**	**2 088**	**3 688**	**5 018**	**12 156**	**20 024**
葡萄牙			606	740	819	923	975	1 250	2 086	7 063	14 229
西班牙			661	853	853	1 008	1 207	2 056	2 189	7 661	15 659
其他西欧国家			472	525	584	711	1 027	1 840	2 538	7 614	15 989
西欧平均	450	400	**771**	**890**	**998**	**1 204**	**1 960**	**3 458**	**4 579**	**11 416**	**19 256**
东欧	400	400	496	548	606	683	937	1 695	2 111	4 988	6 027
苏联	400	400	499	552	610	688	943	1 488	2 841	6 059	4 626
美国			400	400	527	1 257	2 445	5 301	9 561	16 689	27 948

（1990 年国际元）（续表）

	1	1000	1500	1600	1700	1820	1870	1913	1950	1973	2001
其他西方后裔国			400	400	408	761	2 245	4 752	7 425	13 399	21 718
西方后裔国平均	400	400	400	400	476	1 202	2 419	5 233	9 268	16 179	26 943
墨西哥			425	454	568	759	674	1 732	2 365	4 845	7 089
其他拉丁美洲国家			410	431	502	663	683	1 424	2 536	4 426	5 508
拉丁美洲平均	400	400	416	438	527	692	681	1 481	2 506	4 504	5 811
日本	400	425	500	520	570	669	737	1 387	1 921	11 434	20 683
中国	450	450	600	600	600	600	530	552	439	839	3 583
印度	450	450	550	550	550	533	533	673	619	853	1 957
其他亚洲经济体	450	450	565	565	565	584	643	882	926	2 049	3 998
亚洲平均（不包括日本）	450	450	572	575	571	577	550	658	634	1 226	3 256
非洲	430	425	414	422	421	420	500	637	894	1 410	1 489
全世界	445	436	566	595	615	667	875	1 525	2 111	4 091	6 049

表 8c-2 世界人均 GDP 增长率、20 个国家和地区的人均 GDP 增长率 (公元 1—2001)

（年均复合增长率，%）

	1—1000	1000—1500	1500—1820	1820—1870	1870—1913	1913—1950	1950—1973	1973—2001
奥地利			0.17	0.85	1.45	0.18	4.94	2.12
比利时			0.13	1.44	1.05	0.70	3.54	1.95
丹麦			0.17	0.91	1.57	1.56	3.08	1.83
芬兰			0.17	0.76	1.44	1.91	4.25	2.19
法国			0.14	1.01	1.45	1.12	4.04	1.71
德国			0.14	1.08	1.61	0.17	5.02	1.60
意大利			0.00	0.59	1.26	0.85	4.95	2.10
荷兰			0.28	0.81	0.90	1.07	3.45	1.83
挪威			0.17	0.52	1.30	2.13	3.19	2.83
瑞典			0.17	0.66	1.46	2.12	3.06	1.52
瑞士			0.17	1.32	1.66	2.06	3.08	0.72
英国			0.27	1.26	1.01	0.93	2.42	1.86
12 个国家平均			**0.14**	**1.04**	**1.33**	**0.84**	**3.92**	**1.80**
葡萄牙			0.13	0.11	0.58	1.39	5.45	2.53
西班牙			0.13	0.36	1.25	0.17	5.60	2.59
其他西欧国家			0.13	0.74	1.37	0.87	4.89	2.68
西欧国家合计	−0.01	0.13	**0.14**	**0.98**	**1.33**	**0.76**	**4.05**	**1.88**
东欧	0.00	0.04	**0.10**	**0.63**	**1.39**	**0.60**	**3.81**	**0.68**
苏联	0.00	0.04	**0.10**	**0.63**	**1.06**	**1.76**	**3.35**	**−0.96**
美国			0.36	1.34	1.82	1.61	2.45	1.86
其他西方后裔国			0.20	2.19	1.76	1.21	2.60	1.74
西方后裔国合计	0.00	0.00	**0.34**	**1.41**	**1.81**	**1.56**	**2.45**	**1.84**
墨西哥			0.18	−0.24	2.22	0.85	3.17	1.37
其他拉丁美洲国家			0.15	0.06	1.72	1.57	2.45	0.78
拉丁美洲合计	0.00	0.01	**0.16**	**−0.03**	**1.82**	**1.43**	**2.58**	**0.91**
日本	0.01	0.03	**0.09**	**0.19**	**1.48**	**0.88**	**8.06**	**2.14**
中国	0.00	0.06	0.00	−0.25	0.10	−0.62	2.86	5.32
印度	0.00	0.04	−0.01	0.00	0.54	−0.22	1.40	3.01
其他亚洲经济体	0.00	0.05	0.01	0.19	0.74	0.13	3.51	2.42
亚洲合计(不包括日本)	0.00	0.05	**0.00**	**−0.10**	**0.42**	**−0.10**	**2.91**	**3.55**
非洲	0.00	−0.01	**0.00**	**0.35**	**0.57**	**0.92**	**2.00**	**0.19**
全世界	0.00	0.05	**0.05**	**0.54**	**1.30**	**0.88**	**2.92**	**1.41**

部分参考文献[*]

ABEL，W. (1978)，*Geschichte der deutschen Landwirtschaft von frühen Mittelalter bis zum 19. Jahrhundert* (third newly revised edition)，Verlag Eugen Ulmer，Stuttgart.

ALDCROFT，D. H. AND A. SUTCLIFFE (eds.) (1999). *Europe in the International Economy：1500 to 2000*，Elgar，Cheltenham.

ALLEN，R. C. (2001)，"The Great Divergence in European Wages and Prices from the Middle Ages to the First World War"，*Explorations in Economic History*，38，pp. 411-447.

ALTON，T. P. (1970)，"Economic Structure and Growth in Eastern Europe"，*Economic Developments in Countries of Eastern Europe*，Joint Economic Committee，US Congress，p. 46.

ALTON，T. P. (1985)，"East European GNPs：Origins of Product，Final Uses，Rates of Growth and International Comparisons"，*East European Economies：Slow Growth in the 1980s*，Vol. I，Economic Performance and Policy，Joint Economic Committee，US Congress，pp. 109-110.

BAGNALL，R. S. AND B. W. FRIER (1994)，*The Demography of Roman Egypt*，Cambridge University Press.

BAIROCH，P. AND M. LEVY-LEBOYER (1981)，*Disparities in Economic Development since the Industrial Revolution*，Macmillan，London.

BAIROCH，P. (1967)，*Diagnostic de l'éVolution économique du tiers-monde，1900—1966*，Gauthiers-Villars，Paris.

BAIROCH，P. (1976)，"Europe's Gross National Product：1800—1975"，*Journal of European Economic History*，Fall，pp. 273-340.

BAIROCH，P. (1977)，"Estimations du revenu national dans les sociétés occidentales pré-industrielles et au dixneuvième siècle：propositions d'approches indirectes"，*Revue économique*，March，pp. 177-208.

BAIROCH，P. (1981)，"The Main Trends in National Economic Disparities since the Industrial Revolution." in Paul Bairoch and Maurice Levy-Leboyer (ed.)，*Disparities in Eco-*

---

* 因大量文献已在正文中详述，作者在此处仅列出部分参考文献。——译者注

nomic Development since the Industrial Revolution, Palgrave Macmillan, pp. 3-17.

BAIROCH, P. (1997), *Victoires et Déboires*, 3 Vols. , Gallimard, Paris.

BARDET, J. -P. AND J. DUPAQUIER (1997), *Histoire des populations de l'Europe*, Fayard, Paris, 2 Vols.

BARNETT, G. E. (1936), *Two Tracts by Gregory King*, Johns Hopkins Press, Baltimore.

BECKERMAN, W. (1966), *International Comparisons of Real Incomes*, OECD Development Centre, Paris.

BELOCH, J. (1886), *Die Bevölkerung der Griechisch-Römischen Welt*, Duncker and Humblot, Leipzig.

BERGSON, A. (1953), *Soviet National Income and Product in 1937*, Columbia University Press, New York.

BETHELL, L. (1985—1986), *The Cambridge History of Latin America*, Vols. III and IV, Cambridge University Press, Cambridge.

BOISGUILBERT, P. DE (1696), *La France ruinée sous la règne de Louis XIV par qui et comment*, Marteau, Cologne (author not shown, publisher fictitious, clandestinely printed in Rouen).

BOISGUILBERT, P. DE (1697), *Le détail de la France* (author and publisher not shown).

BOISGUILBERT, P. DE (1966), see INED (1966).

BOOMGAARD, P. (1993), "Economic Growth in Indonesia, 500—1990", *in* SZIRMAI, VAN ARK AND PILAT.

BORAH, W. AND S. F. COOK (1963), *The Aboriginal Population of Central Mexico on the Eve of the Spanish Conquest*, University of California, Berkeley.

BORDO, M. D. AND R. CORTÉS-CONDE (2001), *Transferring Wealth and Power from the Old to the New World*, Cambridge University Press, Cambridge.

BOSERUP, E. (1965), *The Conditions of Agricultural Growth*, Allen and Unwin, London.

BOWLEY, A. L. (1900), *Wages in the United Kingdom in the Nineteenth Century*, Cambridge University Press, Cambridge.

BOWLEY, A. L. (1942), *Studies in the National Income*, Cambridge University Press, Cambridge.

BOWMAN A. K. AND E. ROGAN (eds.) (1999), *Agriculture in Egypt from Pharaonic to Modern Times*, Oxford University Press.

BRAUDEL，F. (1985)，*Civilization and Capitalism: 15th—18th Century*，Vol. 3，Fontana，London.

BRESNAHAN，T. F. AND R. J. GORDON (1997)，*The Economics of New Goods*，NBER and University of Chicago Press.

BREWER，J. (1989)，*The Sinews of Power: War，Money and the English State，1688—1783*，Unwin Hyman，London.

BREWER，J. AND R. PORTER (eds.) (1993)，*Consumption and the World of Goods*，Routledge，London.

BROADBERRY，S. N. (1997*a*)，"Forging Ahead，Falling Behind and Catching-up: A Sectoral Analysis of Anglo-American Productivity Differences，1870—1990"，*Research In Economic History*，17，pp. 1-37.

BROADBERRY，S. N. (1997*b*)，"Anglo-German Productivity Differences 1870—1990: A Sectoral Analysis"，*European Review of Economic History*，I，pp. 247-267.

BROADBERRY，S. N. (1998)，"How did the United States and Germany Overtake Britain? A Sectoral Analysis of Comparative Productivity Levels，1870—1990"，*Journal of Economic History*，June，pp. 375-407.

BUTLIN，N. G. (1962)，*Australian Domestic Product，Investment and Foreign Borrowing 1861—1938，1939*，Cambridge University Press，Cambridge.

BUTLIN，N. G. (1983)，*Our Original Aggression*，Allen and Unwin，Sydney.

BUTLIN，N. G. (1988)，"Our 200 Years"，Queensland Calendar.

CHALMERS，G. (1802)，*An Estimate of the Comparative Strength of Great Britain*，Stockdale，Piccadilly，London.

CHAO，K. (1986)，*Man and Land in Chinese History: An Economic Analysis*，Stanford University Press，Stanford.

CHRISTENSEN，J. P.，R. HJERPPE，O. KRANTZ AND C.-A. NILSSON (1995)，"Nordic Historical National Accounts since the 1880s"，*Scandinavian Economic History Review*，XLIII，no. 1.

CIPOLLA，C. M. (1976)，*Before the Industrial Revolution: European Society and Economy，1000—1700*，Norton，New York.

CLARK，C. (1937)，*National Income and Outlay*，Macmillan，London.

CLARK，C. (1940)，*The Conditions of Economic Progress*，Macmillan，London.

CLARK，C. (1951)，*The Conditions of Economic Progress*，second edition，Macmillan，London.

CLARK，C. (1957)，*The Conditions of Economic Progress*，third edition，Macmillan，London.

COLE, A. H. AND R. CRANDALL (1964), "The International Scientific Committee on Price History", *Journal of Economic History*, September, pp. 381-388.

COLGRAVE, B. AND R. A. B. MYNORS (eds.) (1969), *Bede's Ecclesiastical History of the English People*, Clarendon Press, Oxford.

COLLINS, J. B. (1995), *The State in Early Modern France*, Cambridge University Press, Cambridge.

COLQUHOUN, P. (1815), *A Treatise on the Wealth, Power, and Resources of the British Empire in Every Quarter of the World*, Mawman, London.

CRAFTS, N. F. R. (1983), Gross National Product in Europe 1870—1910: Some New Estimates", *Explorations in Economic History* (20), pp. 387-401.

CRAFTS, N. F. R. (1985), *British Economic Growth during the Industrial Revolution*, Oxford University Press, New York.

CRAFTS, N. F. R. AND C. K. HARLEY (1992), "Output Growth and the British Industrial Revolution: A Restatement of the Crafts-Harley View", *Economic History Review*, November, pp. 703-730.

CREUTZBERG, P. AND P. BOOMGAARD (eds.) (1975—1996), *Changing Economy in Indonesia: A Selection of Statistical Resource Material from the Early 19th century up to 1940*, 16 Volumes, Royal Tropical Institute, Amsterdam.

CROSBY, A. W. (1972), *The Columbian Exchange: Biological and Cultural Consequences of 1492*, Greenwood Press, Westport.

CROUZET, F. AND A. CLESSE (eds.) (2003), *Leading the World Economically*, Dutch University Press, The Netherlands.

DAVENANT, C. (1694), *An Essay on Ways and Means of Supplying the War* (see Whitworth, 1771).

DAVENANT, C. (1699), *An Essay upon the Probable Methods of Making a People Gainers in the Balance of Trade* (see Whitworth, 1771).

DEANE, P. (1955), "The Implications of Early National Income Estimates for the Measurement of Long-Term Economic Growth in the United Kingdom", *Economic Development and Cultural Change*, pp. 3-38.

DEANE, P. (1955—1956), "Contemporary Estimates of National Income in the First Half of the Nineteenth Century", *Economic History Review*, VIII, 3, pp. 339-354.

DEANE, P. (1956—1957), "Contemporary Estimates of National Income in the Second Half of the Nineteenth Century", *Economic History Review*, IX, 3, pp. 451-461.

DEANE, P. (1957), "The Industrial Revolution and Economic Growth: The Evidence of Early British National Income Estimates", *Economic Development and Cultural Change*, pp. 159-174.

DEANE, P. (1968), "New Estimates of Gross National Product for the United Kingdom, 1830—1914", *Review of Income and Wealth*, June, pp. 95-112.

DEANE, P. AND W. A. COLE (1964), *British Economic Growth, 1688—1959*, Cambridge University Press, Cambridge.

DENISON, E. F. (1947), "Report on Tripartite Discussions of National Income Measurement", *in Studies in Income and Wealth*, Vol. 10, NBER, New York.

DENISON, E. F. (1967), *Why Growth Rates Differ*, Brookings, Washington, D. C.

ECE (ECONOMIC COMMISSION FOR EUROPE) and UN (1994), *International Comparison of Gross Domestic Product in Europe 1990*, New York and Geneva.

EISNER, G. (1961), *Jamaica, 1830 — 1930: A Study in Economic Growth*, Manchester University Press.

ELTIS, D. (1995), "The Total Product of Barbados, 1664—1701", *Journal of Economic History*, June.

ELTIS, D. (1997), "The Slave Economies of the Caribbean: Structure, Performance, Evolution and Significance", in KNIGHT(1997), pp. 105-137.

ELVIN, M. (1973), *The Pattern of the Chinese Past*, Methuen, London.

ENG, P. VAN DER (1993), *Agricultural Growth in Indonesia Since 1880*, University of Groningen.

ENGERMAN, S. L. AND B. W. HIGMAN (1997), "The demographic structure of the Caribbean slave societies in the eighteenth and nineteenth centuries", in KNIGHT(1997), pp. 45-104.

ENGERMAN, S. L. AND R. E. GALLMAN (1996—2000), *The Cambridge History of the United States*, 3 Vols. , Cambridge University Press, Cambridge.

ESCAP (ECONOMIC COMMISSION FOR ASIA AND THE PACIFIC) (1999), *ESCAP Comparisons of Real Gross Domestic Product and Purchasing Power Parities, 1993*, Bangkok.

ESCWA (ECONOMIC AND SOCIAL COMMISSION FOR WESTERN ASIA) and WORLD BANK (1997), *Purchasing Power Parities: Volume and Price Level Comparisons for the Middle East, 1993*, Beirut.

EUROSTAT (1996), *Comparisons of Price Levels and Economic Aggregates 1993: The Results of 22 African Countries*, Luxembourg.

FEINSTEIN, C. H. (1972), *National Income, Expenditure and Output of the United Kingdom, 1855—1965*, Cambridge University Press, Cambridge.

FEINSTEIN, C. H. (1988),"The Rise and Fall of the Williamson Curve", *Journal of Economic History*, September, pp. 699-729.

FEINSTEIN, C. H. (1998), "Pessimism Perpetuated: Real Wages and the Standard of Living in Britain during and after the Industrial Revolution", *Journal of Economic History*, September, pp. 625-658.

FOGEL, J. A. (1964), *Railroads and American Economic Growth*, Johns Hopkins University Press, Baltimore.

FRANK, A. G. (1998), *Reorient: Global Economy in the Asian Age*, University of California Press, Berkeley.

GALBRAITH, J. K. *et al.* (1945), *The Effects of Strategic Bombing on the German War Economy*, US Strategic Bombing Survey, Washington, D. C.

GILBERT, M. AND ASSOCIATES (1958), *Comparative National Products and Price Levels*, OEEC, Paris.

GILBERT, M. AND I. B. KRAVIS (1954), *An International Comparison of National Products and Purchasing Power of Currencies*, OEEC, Paris.

GLASS, D. V. (1965), "Two Papers on Gregory King", in Glass and Eversley (1965), pp. 159-221.

GLASS, D. V. AND D. E. C. EVERSLEY (eds.) (1965), *Population in History: Essays in Historical Demography*, Arnold, London.

GOITEIN, S. D. F. (1967—1993), *A Mediterranean Society: The Jewish Communities of the Arab World as Portrayed in the Documents of the Cairo Geniza*, 6 Vols. ,University of California Press, Berkeley and Los Angeles.

GOLDSMITH, R. W. (1984), "An Estimate of the Size and Structure of the National Product of the Roman Empire", *Review of Income and Wealth*, September.

GOOD, D. (1994), "The Economic Lag of Central and Eastern Europe: Income Estimates for the Habsburg Successor States, 1870—1970", *The Journal of Economic History*, Vol. 54, No. 4.

GOOD, D. AND T. MA(1999), "The Economic Growth of Central and Eastern Europe in Comparative, 1870—1989", *European Review of Economic History*, Vol. 3, Part 2, pp. 105,107.

GOODY, J. (1971), *Technology, Tradition and the State in Africa*, Oxford University Press.

GRAUNT, J. (1662), *Natural and Political Observations Made Upon the Bills of Mortali-ty*, reprinted in Laslett.

HABIB, I. (1978—1979), "The Technology and Economy of Moghul India", *Indian Economic and Social History Review*, Vol. XVII, No. 1, pp. 1-34.

HABIB, I. (1995), *Essays in Indian History*, Tulika, New Delhi.

HAIG, B. (2001), *The First Official National Accounting Estimates*, Canberra (processed).

HANLEY, S. (1997), *Everyday Things in Premodern Japan*, University of California, Berkeley.

HANLEY, S. B. AND K. YAMAMURA (1977), *Economic and Demographic Change in Preindustrial Japan, 1600—1868*, Princeton University Press, New Jersey.

HARALDSON, W. C. AND E. F. DENISON (1945), "The Gross National Product of Germany 1936—1944", Special Paper I (mimeographed), *in* GALBRAITH *et al.* (1945).

HAYAMI, A. (1986), "Population Trends in Tokugawa Japan 1600—1970", International Statistical Institute Conference.

HESTON, A. AND R. SUMMERS (1993), "What Can be Learned from Successive ICP Benchmark Estimates?" in SZIRMAI, VAN ARK AND PILAT (1993).

HESTON, A., R. SUMMERS AND B. ATEN (2002), PWT Version 6. 1 (CICUP), http:/pwt. econ. upenn. edu.

HIGMAN, B. W. (1984), *Slave Populations of the British Caribbean, 1807—1834*, Johns Hopkins University Press, Baltimore.

HJERPPE, R. (1996), *Finland's Historical National Accounts 1860—1994*, University of Jyväskylä, Jyväskylä.

HO, P. T. (1959), *Studies on the Population of China, 1368—1953*, Columbia University Press, New York.

HOFMAN, A. A. (2000), *The Economic Development of Latin America in the Twentieth Century*, Elgar, Cheltenham.

HOPKINS, K. (1980), "Taxes and Trade in the Roman Empire (200 BC-400 AD)", *Journal of Roman Studies*, Vol. LXX, pp. 101-125.

IBN KHALDUN (1958), *The Muqqadimah: An Introduction to History*, 3 Vols., translated by Franz Rosenthal, Routledge and Kegan Paul, London.

INED (1966), *Pierre de Boisguilbert ou la naissance de l'économie politique*, Vol. I, Biographie, correspondance, bibliographies, Vol. II, œuvres manuscrites et imprimées, Paris.

JARRETT, H. S. AND J.-N. SARKAR (1949), '*Ain-I-Akbari of Abul Fazl-I-'Allami*, Royal Asiatic Society of Bengal, Calcutta.

JONES, E. L. (1981), *The European Miracle*, Cambridge University Press, Cambridge.

JONES, E. L. (1988), *Growth Recurring: Economic Change in World History*, Clarendon Press, Oxford.

KALDOR, N. (1946), "The German War Economy", *Review of Economic Studies*, Vol. XIII, 1.

KAUSEL, A. (1985), *150 Jahre Wirtschaftswachstum*, Staatsdruckerei, Vienna.

KENDRICK, J. (1961), *Productivity Trends in the United States*, NBER, Princeton.

KING, G. (1695—1670), *Manuscript Notebook*, reproduced in LASLETT (1973).

KING, G. (1696), *Natural and Political Observations and Conclusions upon the State and Condition of England*, reproduced in BARNETT (1936).

KING, G. (1697), *Natural and Political Observations and Conclusions upon the State and Condition of England*, manuscript copy of above, interleaved with detailed comments by Robert Harley and King's replies, Manuscript (MS 1458) in National Library of Australia.

KNIGHT, F. W. (ed.) (1997), *General History of the Caribbean*, Vol. III, UNESCO, London.

KRAVIS, I. B., A. HESTON AND R. SUMMERS (1978), "Real GDP Per Capita For More Than One Hundred Countries", *Economic Journal*, June.

KRAVIS, I. B., A. HESTON AND R. SUMMERS (1982), *World Product and Income, International Comparisons of Real Gross Product*, Johns Hopkins, Baltimore.

KUZNETS, S. (1938), *Commodity Flow and Capital Formation*, Vol. 1., National Bureau of Economic Research, New York.

KUZNETS, S. (1948), "Discussion of the New Department of Commerce Income Series", *Review of Economics and Statistics*, August, with reply by Gilbert, Jaszi, Denison and Schwartz, and comment by Kalecki.

KUZNETS, S. (1952), *Income and Wealth of the United States: Trends and Structure*, Bowes and Bowes, Cambridge.

KUZNETS, S. (1973), *Population, Capital and Growth: Selected Essays*, Norton, New York.

KWON, T. H. AND Y. H. SHIN (1977), "On Population Estimates of the Yi Dynasty, 1392—1910", *Tong-a Munhwa*, 14, p. 328.

LAL, D. (1988), *The Hindu Equilibrium*, Oxford University Press.

LAL, D. (1998), *Unintended Consequences*, MIT Press, Cambridge.

LANDES, D. S. (1969), *The Unbound Prometheus*, Cambridge University Press, Cambridge.

LANDES, D. S. (1998),*The Wealth and Poverty of Nations*, Little Brown and Company, London.

LARSEN, H. K. (2001), *Convergence? Industrialisation of Denmark*, *Finland and Sweden 1870—1940*, Finnish Society of Science and Letters, Helsinki.

LASLETT, P. (ed.) (1973), *The Earliest Classics: John Graunt and Gregory King*, Gregg International, London.

LE ROY LADURIE, E. (1978), "Les comptes fantastiques de Gregory King", in *Le territoire de l'historien*, Vol. 1, Gallimard, Paris.

LEE, B. A. AND K. E. CAMPBELL (1997), "Neighbor Networks of Black and White Americans." in B. WELLMAN (ed.), *Networks in the Global Village: Life in Contemporary Communities*, Westview, Boulder, 1999.

LEE, B. AND A. MADDISON (1997), "A Comparison of Output, Purchasing Power and Productivity in Indian and Chinese Manufacturing in the mid-1980s", *COPPAA Paper*, No. 5, Brisbane.

LI, B. (1998), *Agricultural Development in Jiangnan*, *1620—1850*, Macmillan, London.

LIN, J. Y. (1995), "The Needham Puzzle: Why the Industrial Revolution did not Originate in China", *Economic Development and Cultural Change*, January.

LINDERT, P. H. AND J. G. WILLIAMSON (1983), "English Workers Living Standards during the Industrial Revolution: A New Look", *Economic History Review*, February, pp. 1-25.

LOVEJOY, P. E. (2000), *Transformations in Slavery*, Cambridge University Press, Cambridge.

MA, D. (2003), "Modern Economic Growth in the Lower Yangzi: A Quantitative and Historical Perspective", http://aghistory.ucdavis.edu/ma.pdf.

MADDISON, A. (1962), "Growth and Fluctuation in the World Economy, 1870—1960", *Banca Nazionale del Lavoro Quarterly Review*, June.

MADDISON, A. (1969), *Economic Growth in Japan and the USSR*, Allen and Unwin, London.

MADDISON, A. (1970), *Economic Progress and Policy in Developing Countries*, Allen and Unwin, London.

MADDISON, A. (1971), *Class Structure and Economic Growth: India and Pakistan Since* the Moghuls, Allen and Unwin, London.

MADDISON, A. (1982), *Phases of Capitalist Development*, Oxford University Press.

MADDISON, A. (1983), "A Comparison of Levels of GDP Per Capita in Developed and Developing Countries, 1700—1980", *Journal of Economic History*, March, pp. 27-41.

MADDISON, A. (1987a), "Growth and Slowdown in Advanced Capitalist Economies: Techniques of Quantitative Assessment", *Journal of Economic Literature*, June, pp. 649-698.

MADDISON, A. (1987b), "Recent Revisions to British and Dutch Growth, 1700—1870 and their Implications for Comparative Levels of Performance", in MADDISON AND VAN DER MEULEN (1987).

MADDISON, A. (1989), *The World Economy in the Twentieth Century*, Development Centre Studies, OECD, Paris.

MADDISON, A. (1989b), "Dutch Income in and from Indonesia 1700—1938", *Modern Asian Studies*, pp. 645-670.

MADDISON, A. (1990), "Measuring European Growth: the Core and the Periphery", *in* E. AERTS AND N. VALERIO, *Growth and Stagnation in the Mediterranean World*, Tenth International Economic History Conference, Leuven.

MADDISON, A. (1991), *Dynamic Forces in Capitalist Development*, Oxford University Press.

MADDISON, A. (1991b), "A Revised Estimate of Italian Economic Growth, 1861—1989", *Banca Nazionale del Lavoro Quarterly Review*, June, pp. 225-241.

MADDISON, A. (1991c), *A Long Run Perspective on Saving*, Research Memorandum 443, Institute of Economic Research, University of Groningen (shorter version in *Scandinavian Journal of Economics*, June 1992, pp. 181-196).

MADDISON, A. (1995), *Monitoring the World Economy 1820—1992*, Development Centre Studies, OECD, Paris.

MADDISON, A. (1995b), *Explaining the Economic Performance of Nations: Essays in Time and Space*, Elgar, Aldershot.

MADDISON, A. (1995c), "The Historical Roots of Modern Mexico: 1500—1940", in MADDISON (1995b).

MADDISON, A. (1997), "The Nature and Functioning of European Capitalism: A Historical and Comparative Perspective", *Banca Nazionale del Lavoro Quarterly Review*, December.

MADDISON, A. (1998), *Chinese Economic Performance in the Long Run*, Development Centre Studies, OECD, Paris.

MADDISON, A. (1998*b*), "Measuring the Performance of A Communist Command Econo-my: An Assessment of the CIA Estimates for the USSR", *Review of Income and Wealth*, September.

MADDISON, A. (1999), Review of Hanley (1997), *Journal of Japanese and International Economies*.

MADDISON, A. (2001), *The World Economy: A Millennial Perspective*, Development Centre Studies, OECD, Paris.

MADDISON, A. (2002), "The Nature of US Economic Leadership: A Historical and Com-parative View", *in* O'BRIEN AND CLESSE.

MADDISON, A. (2003), http://eco. rug. nl/~Maddison/

MADDISON, A. (2003), "Growth Accounts, Technological Change, and the Role of Ener-gy in Western Growth" in *Economia e Energia Secc. XIII—XVIII*, Instituto Internaz-ionale di Storia Economica "E. Datini", Prato.

MADDISON, A. (2004), *The West and the Rest in the World Economy*, forthcoming.

MADDISON, A. AND ASSOCIATES (1992), *The Political Economy of Economic Growth: Brazil and Mexico*, Oxford University Press, New York.

MADDISON, A. AND B. VAN ARK (1988), *Comparisons of Real Output in Manufactur-ing*, Policy, Planning and Research Working Papers WPS 5, World Bank, Washington, D. C.

MADDISON, A. AND B. VAN ARK (1989), "International Comparisons of Purchasing Power, Real Output and Labour Productivity: A Case Study of Brazilian, Mexican and US Manufacturing, 1975", *Review of Income and Wealth*, March.

MADDISON, A. AND B. VAN ARK (2000), "The International Comparison of Real Prod-uct and Productivity" in MADDISON, PRASADA RAO AND SHEPHERD(2000).

MADDISON, A. AND G. PRINCE (eds.) (1989), *Economic Growth in Indonesia, 1820—1940*, Foris, Dordrecht.

MADDISON, A. AND H. VAN DER MEULEN (eds.) (1987), *Economic Growth in Northwestern Europe: The Last 400 Years*, Research Memorandum 214, Institute of Economic Research, University of Groningen.

MADDISON, A. AND H. VAN DER WEE (eds.) (1994), *Economic Growth and Struc-tural Change: Comparative Approaches over the Long Run*, Proceedings of the Elev-enth International Economic History Congress, Milan, September.

MADDISON, A., D. S. PRASADA RAO AND W. SHEPHERD (eds.) (2000), *The Asi-an Economies in the Twentieth Century*, Elgar, Aldershot.

MANARUNGSAN, S. (1989), *Economic Development of Thailand, 1850—1950*, University of Groningen.

MATTHEWS, R. C. O. ,C. H. FEINSTEIN, AND J. C. ODLING-SMEE (1982), *British Economic Growth, 1856—1973*, Stanford University Press, Stanford.

MCEVEDY, C. (1995), *Penguin Atlas of African History*, Penguin Books, London.

MCEVEDY, C. AND R. JONES (1978), *Atlas of World Population History*, Penguin, Middlesex.

MCNEILL, W. H. (1963), *The Rise of the West*, University of Chicago Press.

MCNEILL, W. H. (1977), *Plagues and Peoples*, Anchor Books, Doubleday, New York.

MCNEILL, W. H. (1990), "The Rise of the West after Twenty-Five Years", *Journal of World History*, Vol. 1, no. 1.

MEADE, J. R. AND R. STONE (1941), "The Construction of Tables on National Income, Expenditure, Savings and Investment", *Economic Journal*, Jun. -Sep. , pp. 216-233.

MITCHELL, B. R. (1975), *European Historical Statistics 1750—1970*, Macmillan, London.

MITCHELL, B. R. (1982), *International Historical Statistics: Africa and Asia*, Macmillan, London.

MITCHELL, B. R. (1983), *International Historical Statistics: the Americas and Australasia*, Macmillan, London.

MOOSVI, S. (1987), *The Economy of the Moghul Empire c. 1595: A Statistical Study*, Oxford University Press, Delhi.

MULDER, N. (2002), *Economic Performance in the Americas*, Elgar, Cheltenham.

MULHALL, M. G. (1880), *The Progress of the World*, Stanford, London.

MULHALL, M. G. (1881), *Balance Sheet of the World for 10 Years 1870—1880*, Stanford, London.

MULHALL, M. G. (1884), *The Dictionary of Statistics*, Routledge, London.

MULHALL, M. G. (1896), *Industries and Wealth of Nations*, Longmans, London.

NEEDHAM, J. (1954—1997), *Science and Civilisation in China*, Cambridge University Press, Cambridge.

NEEDHAM, J. (1970), *Clerks and Craftsmen in China and the West*, Cambridge University Press, Cambridge.

NORDHAUS, W. D. (1997), "Do Real-Wage Measures Capture Reality? The Evidence of Lighting Suggests Not", in BRESNAHAN AND GORDON(1997).

NORTH, D. C. (1990), *Institutions, Institutional Change and Economic Performance*, Cambridge University Press, Cambridge.

NORTH, D. C. AND R. P. THOMAS (1973), *The Rise of the Western World*, Cambridge

University Press, Cambridge.

OECD (1993), *Purchasing Power Parities and Real Expenditures 1990 : GK Results*, Vol. II, Paris.

OECD (2002), *Purchasing Power Parities and Real Expenditures, 1999 Benchmark Year*, Paris.

OECD (2003), *Measuring Productivity Levels-A Reader*, Paris.

OHKAWA, K., M. SHINOHARA AND M. UMEMURA (eds.) (1966—1988), *Estimates of Long-Term Economic Statistics of Japan since 1868*, 14 Volumes, Toyo Keizai Shinposha, Tokyo.

O'BRIEN P. K. AND A. CLESSE (eds.) (2002), *Two Hegemonies : Britain 1846—1914 and the United States 1941—2001*, Ashgate, Aldershot.

ÖZMUCUR, S. AND S. PAMUK (2002), "Real Wages and Standards of Living in the Ottoman Empire, 1489—1914", *Journal of Economic History*, June, pp. 293-321.

PAIGE, D. AND G. BOMBACH (1959), *A Comparison of National Output and Productivity of the United Kingdom and the United States*, OEEC, Paris.

PAMUK, S. (2001), "Economic Growth in Southeastern Europe and the Middle East since 1820", European Historical Economics Society Conference, Oxford, September.

PARTHASARATHI, P. (1998), "Rethinking Wages and Competitiveness in the Eighteenth Century: Britain and South India", *Past and Present*, 158, pp. 79-109.

PERKINS, D. W. (1969), *Agricultural Development in China, 1368—1968*, Aldine, Chicago.

PETTY, W. (1997), *The Collected Works of Sir William Petty*, 8 Volumes, Routledge/Thoemes Press, London (includes Hull's (1899) collection of Petty's economic writings; E. G. Fitzmaurice's (1895) biography of Petty; Lansdowne's (1927 and 1928) collection of Petty papers and the Southwell-Petty correspondence; Larcom's (1851) edition of Petty's Irish Land Survey, and critical appraisals by T. W. Hutchinson and others).

PHELPS BROWN, H. AND S. V. HOPKINS (1981), *A Perspective on Wages and Prices*, Methuen, London.

PILAT, D. (1994), *The Economics of Rapid Growth : The Experience of Japan and Korea*, Elgar, Aldershot.

POMERANZ, K. (2000), *The Great Divergence : China, Europe and the Making of the Modern World Economy*, Princeton University Press, New Jersey.

PRADOS, L. (1982), "Comercio Exterior y Crecimiento Economico en Espana, 1826—1913: Tendncias a Largo Plaza", *Estudios de Historia*, No. 7, Banco de Espana.

PRADOS, L. (2000), "International Comparisons of Real Product, 1820—1990: An alternative Dataset", in *Explorations in Economic History*, 37 (1), pp. 1-41.

RANKIN, K. (1992), "New Zealand's Gross National Product: 1859—1939", *Review of Income and Wealth*, March, pp. 60-61.

RAYCHAUDHURI, T. AND I. HABIB (1982), *The Cambridge Economic History of India, c. 1200—1750*, Vol. I, Cambridge University Press.

REN, R. (1997), *China's Economic Performance in an International Perspective*, Development Centre Studies, OECD, Paris.

RICCIOLI, G. B. (1672), *Geographiae et Hydrographiae Reformatae, Libri Duodecim*, Venice.

RICHARDS, E. G. (1998), *Mapping Time*, Oxford University Press.

ROGERS, T. J. E. (1884), *Six Centuries of Work and Wages*, Swan Sonnenschein, London.

ROGERS, T. J. E. (1866—1902), *A History of Agriculture and Prices in England*, 7 Vols. Clarendon Press, Oxford.

ROSENBLAT, A. (1945), *La Poblacion Indigena de America Desde 1492 Hasta la Actualidad*, ICE, Buenos Aires.

ROSTAS, L. (1948), *Comparative Productivity in British and American Industry*, Cambridge University Press, Cambridge.

ROSTOW, W. W. (1960), *The Stages of Economic Growth*, Cambridge University Press, Cambridge.

SHEPHERD, V. AND H. M. BECKLES (eds.) (2000), *Caribbean Slavery in the Atlantic World*, Wiener, Princeton.

SIVASUBRAMONIAN, S. (2000), *The National Income of India in the Twentieth Century*, Oxford University Press, New Delhi.

SIVASUBRAMONIAN, S. (2003), *The Sources of Economic Growth in India 1950—2000*, Oxford University Press, New Delhi.

SMITS, J. P., E. HORLINGS AND J. L. VAN ZANDEN (2000), *Dutch GNP and Its Components, 1800—1913*, Groningen Growth and Development Centre, Monograph Series, No. 5.

SNOOKS, G. D. (1993), *Economics Without Time*, Macmillan, London.

SNOOKS, G. D. (1996), *The Dynamic Society: Exploring the Sources of Global Change*, Routledge, London.

SNOOKS, G. D. (1997), *The Ephemeral Civilisation*, Routledge, London.

STONE, R. (1956), *Quantity and Price Indexes in National Accounts*, OEEC, Paris.

STONE, R. (1961), *Input-Output and National Accounts*, OEEC, Paris.

STONE, R. (1971), *Demographic Accounting and Model Building*, OECD, Paris.

STONE, R. (1997a), "The Accounts of Society"(1984 Nobel Memorial Lecture), *American Economic Review*, December, pp. 17-29.

STONE, R. (1997b), *Some British Empiricists in the Social Sciences 1650—1900*, Cambridge University Press, Cambridge.

STUDENSKI, P. (1958), *The Income of Nations: Theory, Measurement and Analysis: Past and Present*, New York University Press, Washington Square.

SUH, S. C. (1978), *Growth and Structural Change in the Korean Economy, 1910—1940*, Harvard University Press.

SUMMERS R. AND A. HESTON (1988), "A New Set of International Comparisons of Real Product and Prices: Estimates for 130 Countries, 1950—1985", *Review of Income and Wealth*, March, pp. 1-26.

SUMMERS, R., I. B. KRAVIS AND A. HESTON (1980), "International Comparison of Real Product and its Composition: 1950—1977", *Review of Income and Wealth*, March, pp. 19-66.

SZIRMAI, A., B. VAN ARK AND D. PILAT (eds.) (1993), *Explaining Economic Growth: Essays in Honour of Angus Maddison*, North Holland, Amsterdam.

TODA, Y. (1990), "Catching-up and Convergence: the Standard of Living and the Consumption Pattern of the Russians and the Japanese in 1913 and 1975—1976", paper presented at session C28, 10th World Congress of the International Economic History Association, Leuven, mimeographed.

UN (1987), *World Comparisons of Purchasing Power and Real Product for 1980*, New York.

UN (1993), *System of National Accounts 1993*, Paris (jointly with EU, IMF, OECD and World Bank), earlier versions in 1953 and 1968.

UN (1994), *World Comparisons of Real Gross Domestic Product and Purchasing Power, 1985*, New York.

UN (2001) *World Population Prospects: The 2000 Revision*, Vol 1, *Comprehensive Tables*, Population Division, Dept. of Economic and Social Affairs, New York. Annual estimates on CD ROM Disk 2: Extensive Set.

VAN ZANDEN, J. L. (1999), "Wages and the Standard of Living in Europe, 1500—1800", *European Review of Economic History*, August, pp. 175-198.

VAN ZANDEN, J. L. (2002), "Taking the Measure of the Early Modern Economy: Historical National Accounts for Holland in 1510/14", *European Review of Economic Histo-

ry，6，pp. 131-163.

VAN ZANDEN, J. L. (2003)，"Rich and Poor before the Industrial Revolution: A Comparison between Java and the Netherlands at the beginning of the 19th Century"，*Explorations in Economic History*，40，pp. 1-23.

VAN ZANDEN, J. L. (forthcoming)，"Economic Growth in Java, 1815—1939: Reconstruction of the Historical National Accounts of a Colonial Economy"，http://iisg. nl/research/jvz-reconstruction. pdf.

VAN ZANDEN, J. L. AND E. HORLINGS (1999)，"The Rise of the European Economy 1500—1800"，in ALDCROFT AND SUTCLIFFE(1999).

VAUBAN, S. (1707)，*La dime royale* (1992 edition，with introduction by E. Le Roy Ladurie，Imprimerie nationale，Paris).

VRIES, J. DE (1984)，*European Urbanization 1500—1800*，Methuen，London.

VRIES, J. DE (1993)，"Between Purchasing Power and the World of Goods: Understanding the Household Economy in Early Modern Europe"，in BREWER AND PORTER (1993).

VRIES, J. DE (1994)，"The Industrial Revolution and the Industrious Revolution"，*Journal of Economic History*，June，pp. 249-270.

VRIES, J. DE AND A. VAN DER WOUDE (1997)，*The First Modern Economy: Success，Failure and Perseverance of the Dutch Economy，1500—1815*，Cambridge University Press，Cambridge.

WARD, M. (1985)，*Purchasing Power Parities and Real Expenditures in the OECD*，OECD，Paris.

WESTERGAARD, H. (1932)，*Contributions to the History of Statistics*，King，London (Kelley reprint，1969).

WHITE, E. N. (2001)，"France and the Failure to Modernise Macroeconomic Institutions"，*in* BORDO AND CORTÉS-CONDE(2001).

WHITWORTH, C. (ed.) (1771)，*The Political and Commercial Works of Charles Davenant*，5 Vols.，London.

WILLIAMS, E. (1944)，*Capitalism and Slavery*，Russell and Russell，New York.

WILLIAMS, E. (1970)，*From Columbus to Castro: The History of the Caribbean 1492—1969*，Deutsch，London.

WILLIAMSON, J. G. (1985)，*Did British Capitalism Breed Inequality?* Allen and Unwin，London.

WILLIAMSON, J. G. (1995)，"The Evolution of Global Labor Markets since 1930: Background Evidence and Hypotheses"，*Explorations in Economic History*，32， pp. 141-196.

WRIGLEY, E. A. (1988), *Continuity*, *Chance and Change*, Cambridge University Press, Cambridge.

WRIGLEY, E. A. AND R. S. SCHOFIELD (1981), *The Population History of England 1541—1871*, Arnold, London.

WRIGLEY, E. A., R. S. DAVIES, J. E. OEPPEN AND R. S. SCHOFIELD (1997), *English Population History from Family Reconstitution 1580—1837*, Cambridge University Press, Cambridge.

YOUNG, A. (1794), *Travels During the Years 1787—1789 with a View to Ascertaining the Cultivation*, *Wealth*, *Resources and National Prosperity of the Kingdom of France*, 2nd edition, Richardson, London.